U0067070

社會問題與適應

Issues on Social Change and Adaptation

〔第三版〕

郭靜晃／主編
蔡宏昭等／著

主編序

社會問題與適應課程的規劃，旨在增進學生對個人、家庭及社會變遷與相關時事現象的瞭解，由關懷社會人群的角度出發，分別探討個人、家庭、社會各層面的生活議題，並且從實際的生活經驗裏思索問題現象可能的解決策略，而整體課程設計更是扣緊社會福利概念的論述架構，培養同學之於個人認同、學校認同、社區認同以及社會認同的連帶關係。

教材內容涵蓋範疇包括個人、家庭、社會三個主要構面，延伸出來的相關主題爲：個人層面的主題包括幸福人生、人生全程發展、兩性關係、壓力與調適、大學生生涯規劃、偏差行爲、數位學習與個人適應；家庭層面的主題包括婚姻與家庭、親子關係、家庭經濟、家庭危機管理；社會層面的主題則含蓋了兒童議題與社會福利、少年議題與社會福利、婦女議題與社會福利、老人議題與社會福利、身心障礙者議題與社會福利、跨文化議題與社會福利、社會變遷底下的人口樣貌、社會圖象與福利論述。本教材作者群以中國文化大學社會福利學系專兼任教師爲主，包括筆者本身、黃志成教授、王順民教授、蔡宏昭副教授、邱貴玲助理教授、游美貴助理教授、賴月蜜助理教授、陳正芬助理教授、鄭美華助理教授、徐錦鋒講師、賴宏昇講師、蔡嘉洳講師。

期望透過瞭解當代台灣地區社會問題與適應各種的主題概念，並藉由生活中實際案例，一起嘗試解讀時事現象、深究現象議題背後的結構性意涵以及思索相關的解決對策，並延伸社會資源之開發聯結的具體行動以及解決問題的思考能力。

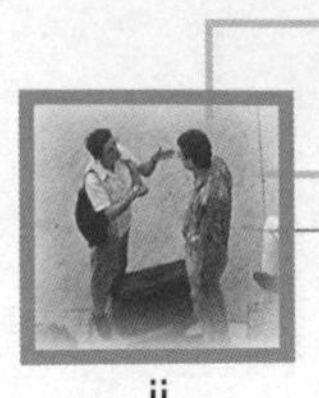

感謝揚智文化公司一直以來的合作與協助，使本書得以付梓成冊，期盼透過本書之出版，能分享、傳承作者群之想法與理念。

郭靜晃　謹識
於中國文化大學　華岡
2007年8月

目 錄

主編序 i

Chapter 1 幸福人生 蔡宏昭 1

第一節 幸福的內涵 2
第二節 能力的創造 5
第三節 社會的適應 9
第四節 價値的設定 13
第五節 潛能的發揮 16
參考書目 21

Chapter 2 人生全程發展 郭靜晃 23

第一節 何謂人生全程發展 24
第二節 人生全程發展之理論 35
第三節 人生全程之生命期待 56
第四節 結 論 61
參考書目 62

Chapter 3 兩性關係 邱貴玲 65

第一節 緒 論 66
第二節 相關理論 66

第三節　相關議題　69

第四節　結　論　85

參考書目　86

Chapter 4　兩性關係　黃志成　89

第一節　壓力的意義　90

第二節　壓力的基本模式　91

第三節　Lazarus和Folkman的壓力取向　102

第四節　壓力的因應　104

參考書目　109

Chapter 5　大學生生涯問題與規劃　賴宏昇　113

第一節　青少年失業問題　116

第二節　大學生的生涯發展　120

第三節　生涯規劃及其重要性　128

第四節　如何做好生涯規劃　132

第五節　結　語　139

參考書目　140

Chapter 6　偏差行爲　徐錦鋒　143

第一節　偏差行為的定義　144

第二節　偏差行為的判定　144

第三節　偏差行為的類型　147

第四節 偏差行為與犯罪行為的關係 149

第五節 偏差行為的理論 151

第六節 偏差行為舉隅 155

第七節 偏差行為的復原力 193

參考書目 198

Chapter 7 數位學習與個人適應 王順民 203

第一節 前言：不斷在蛻變的傳播媒介與發展特性 204

第二節 傳播、全球化及其相關的媒介形式 206

第三節 網路社群、數位學習的衝擊影響及其適應難題 214

第四節 生產體制的變動：「知識經濟」的角色扮演 221

第五節 代結語：在圖書館培養另一個比爾蓋茲!?——關於網際網路使用的迷思、弔詭 223

附 錄 228

參考書目 231

Chapter 8 婚姻與家庭 郭靜晃 233

第一節 前 言 234

第二節 成功的婚姻 235

第三節 家庭的演進 237

第四節 家庭功能 239

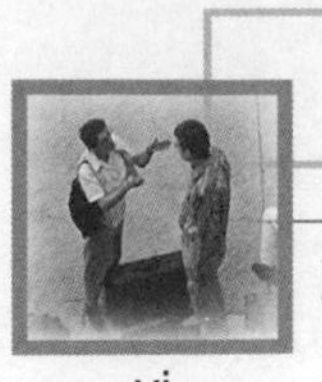

第五節　家庭類型　242

第六節　兩性角色　247

第七節　家庭組成過程與管理　249

第八節　結　論　254

參考書目　255

Chapter 9　親子關係　鄭美華　257

第一節　前　言　258

第二節　親子互動的本質　259

第三節　親子關係的理論分析　263

第四節　親子關係的時代性意涵　272

第五節　親子關係在人生全程發展的因應　275

第六節　結語——優質親子關係的培養　279

參考書目　282

Chapter 10　家庭經濟　蔡宏昭　285

第一節　家庭經濟的內涵　286

第二節　家庭週期　287

第三節　家計規劃　289

第四節　家庭消費　293

第五節　家庭儲蓄　296

第六節　家事勞動　300

參考書目　305

Chapter 11 家庭危機管理 游美貴 307

第一節 緒 論 309
第二節 家庭危機議題 310
第三節 家庭危機的管理策略 314
第四節 結 論 322
參考書目 324

Chapter 12 兒童福利議題與社會福利 蔡嘉洳 327

第一節 緒 論 328
第二節 兒童福利的現況與議題 333
第三節 兒童福利需求與因應策略 340
第四節 結 論 357
參考書目 358

Chapter 13 少年議題與社會福利 賴月蜜 363

第一節 緒 論 364
第二節 少年的問題與需求 367
第三節 少年與社會福利 374
第四節 結論——年少輕狂的可為之處 383
參考書目 388

Chapter 14 婦女議題與社會福利 邱貴玲 393

第一節 緒 論 394

第二節 婦女研究相關理論 395

第三節 婦女的福利需求與因應策略 399

第四節 結 論 413

參考書目 415

Chapter 15 老人議題與社會福利 陳正芬 419

第一節 緒 論 420

第二節 老人的定義與人口老化的議題 421

第三節 老人的需求與因應策略 426

第四節 結 論 441

參考書目 442

Chapter 16 身心障礙者議題與社會福利 黃志成 447

第一節 緒 論 448

第二節 身心障礙的成因 450

第三節 身心障礙者的醫療服務 453

第四節 身心障礙學生的特殊教育 457

第五節 身心障礙者的就養服務 461

第六節 身心障礙者的就業服務 467

第七節 結 論 473

參考書目 475

Chapter 17 跨文化議題與社會福利 游美貴 479

第一節 緒 論 481

第二節 多元文化的議題 483

第三節 跨文化與社會福利服務 493

第四節 結 論 500

參考書目 502

Chapter 18 社會變遷底下的人口樣貌、社會圖象與福利論述 王順民 507

第一節 前言：快速變遷底下的台灣人口樣貌 508

第二節 台灣地區的社會圖象、福利作為及其人文迷思 511

第三節 社會變遷底下之人口樣貌、社會圖象及其論述意涵 524

第四節 結論：風險時代裏的個人、家庭、社會與國家的不安全？ 531

參考書目 534

Chapter 1 幸福人生

蔡宏昭
國立中正大學社會福利博士
中國文化大學社會福利學系副教授

第一節　幸福的內涵
第二節　能力的創造
第三節　社會的適應
第四節　價值的設定
第五節　潛能的發揮

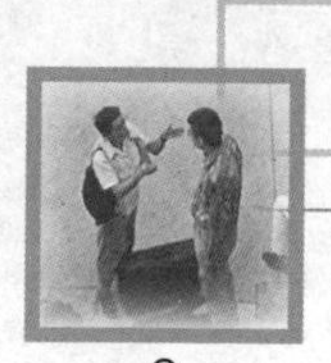

第一節　幸福的內涵

幾乎每一個人都在追求幸福，但是大部分的人卻都不知道幸福的定義與內涵，也不知如何去追求幸福。關於幸福，有人是以財富（wealth）作爲判定的準據，也就是財富的擁有愈多愈幸福；有人則以效用（utility）作爲衡量的指標，也就是自我的滿足愈高愈幸福。在學術界J. Rawls是以社會基本財（social primary goods）作爲評價的基準，也就是擁有的權利、財富、自尊與地位所導致的權能愈多愈幸福（Rawls, 1971）。A. Sen是以基礎機能（basic functions）評量幸福，也就是以生活機能的自由度決定幸福的程度（Sen, 1985）。P. Pettit認爲，幸福就是道德的善、合理的活動、能力的發揮、知識的充實以及美的認識（Pettit, 1997）。I. D. A. MacIntyre認爲，幸福是個人能力的發揮與社會規則的遵守（MacIntyre, 1981）。M. C. Nussbaum則以壽命、健康、體力、思考力、情感力、計劃能力、協調能力、享受能力以及環境統御能力等基本潛能（basic capabilities）作爲幸福的指標（Nussbaum, 2000）。A. H. Maslow則以健康（生理需求）、富裕（安全需求）、連帶（社會歸屬）、尊嚴（自尊）與自我實現作爲幸福的依據（Maslow, 1954）。日本的塩野谷祐一則以人性的發展、能力的發揮、生產的增進、道德的遵守、創造性、社會機能與社會秩序作爲幸福的基本命題（塩野谷祐一，2002）。總之，大家對幸福的內涵是衆說紛紜，莫衷一是。

要瞭解幸福的內涵必須從幸福的定義切入，定義不同內涵就有異。本文將幸福（well-being）界定爲好的存在（good existence）。從生命的觀點而言，存在是由肉體（corporeality）與精神（spirit）所構成。肉體的存在需要物質的擁有（possession of materials）；精神的存在則需要價

值的享有（enjoyment of value）。因此好的存在（幸福）必須要有充分的物質或資源，也要有明確的價值觀。更進一步說，好的存在必須要有好的生活（good living）與有價值的生命（valued life）。如果只有好的生活條件而沒有生命的價值，也不算是幸福。譬如說以犯罪的手段累積財富，雖可獲得好的生活，卻無法達成有價值的生命，就喪失了幸福的眞諦。一個幸福的人不僅要追求量的擴張也要追求質的提升，唯有質量並重才是幸福人生。因此幸福的定義可概化成由生活資源的富足與生命價值的實現所形成的好的存在。資源的擁有和價值的享有都是人生的目的，幸福的人會透過能力的高度發揮，達成資源擁有的目的，也會藉由資源的有效運用，達成價值享有的目的。因此資源的擁有是幸福的第一個目的，而價值的享有則是幸福的第二個目的，唯有這兩個目的的充分實現才是幸福人生。有資源卻沒有價值就無法達成幸福人生，但是有價值卻沒有資源也無法實現幸福人生。這就是一般人常說的「有錢不一定幸福，無錢一定不幸福」的道理。

在瞭解幸福的定義之後，就要去思考如何獲得幸福。這個問題可以從兩個層面去思考。首先在資源擁有方面，一個人若能追求能力的高度創造與社會的良好適應，就能擁有充分的生活資源。所謂的能力（ability）就是活動或職業的才能（competence in an activity or occupation），包括生理能力（physical ability）、心理能力（psychological ability）及職業能力（vocational ability）。一個人具有某種程度的能力之後就必須在社會系統（經濟系統、社群系統與政治系統）中運用這些能力才能獲得必要的資源。如果我們能夠在自己所選擇的社會系統中有良好的適應，就可以獲得較多的資源。所謂社會適應（social adaptation）就是爲了達成社會要求或條件（requirement or conditions），排除障礙，克服困難的社會行爲。社會適應不是一味的符合（correspondence）或順

應（conformity），而是在不違反社會規範下尋求問題的解決，甚至創造新的社會規範。社會適應不是消極的接受而是積極的面對，尋求成功的社會行為。其次在價值的享有方面，必須先設定生命的價值指標作為運用生活資源的依據，然後再去選擇運用生活資源的手段或組合以達成生命價值的目的。所謂價值（value）就是被認為值得或想要的原則、標準或品質（a principle, standard, or quality considered while or desirable）。價值可以作為比較的指標，也可以作為目的客體。Max Weber認為價值具有三個作用：第一就是一貫原則；第二是邏輯推理；第三是結果推定（黃振華、張興健譯，1992）。易言之，價值具有目的（goal）、手段（means）與結果（consequence）三個要素。更具體的說，價值必須具有目的性的價值命題（value postulate），其次要有手段性的邏輯推理（logic inference），最後才有結果預測（consequence expectation）。一個人若將提升知識水準作為價值命題，那麼將生活資源用於充實知識就是正常的或合理的行為，而且當他運用不同的方法去充實知識時，他就可以預期能獲得什麼結果。運用生活資源達成某種目的價值的能力就是A. Sen所稱的潛能（capability）。所謂潛能就是能量的品質（the quality of being capable），而所謂能量（capacity）就是做事的能力（actual ability to do something）。每一個人的潛能都不一樣，兩個人即使具有相同的價值命題、運用生活資源的能力、可能性或自由度卻不一樣。因此潛能也可以定義為追求幸福的可能性。潛能除了本身的能力之外，也受環境的左右。例如，在台北運用一百萬元的自由度就比在蘭嶼運用一百萬元的自由度高。此外，在一個自由的社會，人們潛能的發揮就高於不自由的社會。因此人們在追求幸福人生時，不僅要考量自身的因素，也要考量環境的問題。相同的人在不同的環境會有不同的潛能；相同的資源在不同的環境也會有不同的運用可能性。

每一個人都必須追求幸福，這不僅是做爲一個國民必須享有的權利，也是做爲一個人（human-being）必須善盡的義務。雖然幸福是無止境的，但是每一個人都必須永不止息的追求。我們可以借用A. H. Maslow的需要層次來說明人們追求幸福的步驟，人們在滿足生理需求之後就會追求安全感，在獲得安全感之後就會追求社會歸屬與愛；在獲得社會歸屬與愛之後就會追求自尊，最後則在追求自我實現（Maslow, 1954）。其實人們在追求幸福的過程中是沒有層次之分的，而是同時並行的，人們在滿足生理需要的同時，也在追求自我實現以及其他需要。爲了達到幸福人生的終極目標，個人將其傑出的特質發揮到最高程度（the highest degree of excellence）就是卓越或完美（perfection）。易言之，將自己對生理能力、心理能力、職業能力、適應能力以及潛在能力發揮到極致就是卓越。因此卓越是追求幸福的手段，幸福是追求卓越的目的。

第二節　能力的創造

人類的肉體（corporeality）或軀體（body）的結構與動力都是生理能力。身體的組織結構（the organ of the body）是由各種不同的系統組成，例如循環器官、呼吸器官、消化器官、泌尿器官、內分泌代謝器官、免疫系、骨骼關節肌肉系以及感覺（視覺、聽覺、嗅覺、味覺、觸覺等）器官等。如果身體的組織結構很健全（soundness），組織運作很活躍（activity），就會有充沛的活力（vitality）。所謂活力就是強壯（strength）、力氣（energy）、力量（power）或強度（intensity）的程度。因此生理能力涵蓋組織的健全與身體的活力。生理能力部分來自先天的遺傳，部分來自後天的培養。身體組織即使先天不足仍可藉由後天

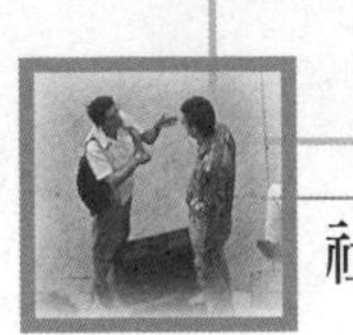

的努力加以補足。相反地，身體組織天生健全，卻在後天任意糟蹋，結果也會造成不健全的身體。追求幸福的人會善待自己的身體組織，不會虐待自己的身體組織，他不會抽菸、酗酒、暴食甚至吸毒，這些自我虐待的行為都會造成生理疾病，削弱身體活力。至於身體活力，除了自然的活力之外，也有人為的活力。身體活力可靠鍛鍊而增強。例如舉重選手在經過漫長的訓練之後就可以不斷更新自己的記錄。有些人喜歡去挑戰身體活力的極限，他會在不斷的挑戰之中將身體活力提升至最高點。追求幸福的人會善用自己的身體活力，不斷提升自己的身體活力。總之，要提升生理能力就必須維護身體組織的健全，也要不斷的創造身體的活力。

人類的心理能力是由結構性的心意以及活動性的心智所構成，因為心理是屬於心意與心智的現象（pertaining to the mind or mental phenomena）。所謂心意（mind）是理性（reasons）、理解（understands）、意志（wills）、知覺（perceives）或情緒（emotions）的意識結構。所謂心智（mentality）是心意的潛能（capability）或智力的性質（intellect character）。心意或意識的結構一般是由認知、態度、情緒和動機所構成。所謂認知（cognition）是對人、事、物的認識或理解的心理活動，例如知覺、想像、推理或判斷等。所謂態度（attitude）是對人、事、物的評價性感覺或反應，例如正向、負向或中立的態度。所謂情緒（emotion）是接受刺激所產生的激動狀態或即時表現的情感，例如喜、怒、哀、樂、愛、恨、愁等的情緒。所謂動機（motive）是指引起行為的內在驅力，例如成就、親和、權力或利益等的動機（張春興，1998）。認知、態度、情緒與動機是循環性的結構，不同的認知造成了不同的態度；不同的態度造成不同的情緒；不同的情緒造成不同的動機。如果某一個人對工作的認知是不得已的壓力，那麼他就會採取

負向的態度，也會產生討厭的情緒與逃避的動機，進而表現出消極的行爲。如果我們能正確瞭解一個人對人事物的認知，就可以預測他的外顯行爲。易言之，我們若要瞭解一個人的行爲就必須去掌握他對人事物的認知。相同地，我們若要瞭解一個人爲什麼會有負向的態度或不良的動機，也就必須去瞭解他對人事物的認知。追求幸福的人必須努力思考自己對人事物的認知，採取正向的態度，做好情緒的管理，建構有價值的動機。我們可以將動機視爲目的，而將行爲視爲手段，行爲的目的就是要達成動機所預設的價值。我們可以透過能力的創造與社會的適應（手段行爲）達成資源的擁有（目的動機）；再藉由資源運用的手段行爲達成生命價值的目的動機。

另一種心理能力就是心智能力，也就是心意的活動力，更具體的說就是一種認識或理解的能力（the power of faculty of the mind by which one knows or understands），包括思考力、解釋力、評價力、計劃力、創造力、調整力及統制力等能力。智力部分來自天賦，部分來自努力。有些人天生聰明，有些人則天生笨拙。但是後天的努力可使聰明者的智力更高，也可使笨拙者的智力提升。智力若不善加運用就會退化，相反地，愈善加運用就會愈進化。我們除了要用生理的眼睛去看，也要用心理的智力去想，然後再用行爲去實踐，這是追求幸福人生的必要通則。唯有生理能力、心理能力與行爲能力同時提升才能創造幸福人生。

所謂職業能力是指一個人在賴以維生的職業（vocation）中所表現的能力。職業能力包括職業知識（vocational knowledge）、職業技術（vocational skills）與職業倫理（vocational ethics）（硯川眞旬，1998）。職業知識包括基礎性知識（basic knowledge）、應用性知識（applied knowledge）與職業性知識（vocational knowledge）。以社會科學爲例，基礎性知識有如人類學、心理學、社會學、經濟學、政治學等，應用性知

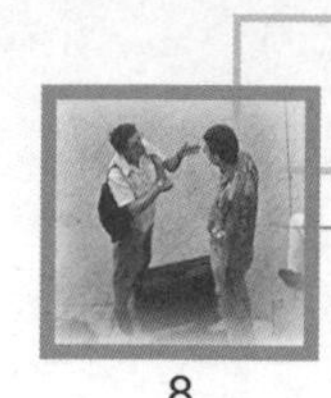

識則如應用人類學、應用心理學、應用社會學、應用經濟學、應用政治學等；職業性知識則有財務管理、會計、社會工作、社會行政管理等。職業技術一般有基礎性技術（basic skills）、專業性技術（professional skills）與開創性技術（promotional skills）。若以社會工作爲例，基礎知識有認知、觀察溝通、整合、同理心等技術；專業技術則有訪談、互動、評定、管理、資料蒐集、問題解決等技術；開創性技術有個案記錄、個案討論、個案研究以及督導等技術（奧田いさよ，1992）。至於職業倫理則有適任性（competence）、使命感（commitment）、配合度（congruence）、有效性（effectiveness）及忠誠度（loyalty）等（許士軍，1998）。由於職業是一個人取得生活資源最重要的場所，職業表現攸關資源的擁有。一個人若能在他所從事的職業中表現卓越，就能獲得充分的生活資源。每一個人在踏入職業之前必須做好心理能力的準備，要問自己：職業知識充分嗎？職業技術足夠嗎？職業倫理符合嗎？一個人如果沒有做好這些準備，只爲了工作而找職業，將會成爲一個平凡的勞動者。職業能力的強化需要漫長的訓練過程，更嚴格的說從出生就要加以訓練。有些大學畢業生經過了十六年的教育訓練仍然不具高度的職業能力，原因是他在整個訓練過程中沒有投入充分的心思去關心這個問題，也沒有足夠的努力去提升自己的職業能力。其實大學四年是提升職業能力最佳的時機，職業知識、職業技術與職業倫理均可在這段期間獲得充分的準備。

有部分的生理能力（如身體的組織結構）和心理能力（如智力）是先天存在的，但是仍有很多部分的生理能力、心理能力和職業能力都是後天創造的。如果今天具有的某種能力是昨天所沒有的，自己就在創造能力了。如果今天的某種想法是昨天所沒有的，你也在創造能力了。要相信能力是可以創造，可以無中生有，可以無限提升。追求幸福的人要創造新的能力，不要只利用原有的能力；要創造命運，不要依賴命運。

第三節　社會的適應

每一個人都帶著自己的能力踏入社會。在踏入之前要面對的是要選擇什麼社會系統，在踏入之後則要面對如何因應或如何行爲的問題。選擇適合自己能力的社會系統是十分重要的。「入錯行有如嫁錯郎」，在不適合的社會系統中不僅能力無法充分發揮，也難以獲得充分的資源。主要的社會系統有經濟系統、社群系統與政治系統。在經濟系統中有各式各樣的產業、企業和職業；在社群系統中有各種人際關係與社群組織，在政治系統中則有政黨、國會、政府、利益團體等組織。一個人在面對多樣化的社會系統時，至少會選擇一個公司工作；選擇一個人結婚；選擇一個政黨參與。在一個開放的社會，每一個人都有選擇社會系統的自由與公平的競爭機會。例如你有應徵某種工作的自由，也有公平的競爭機會。你可能在競爭中失敗，就表示這個工作有許多人比你更適合。由於類似的工作不是獨一無二，你可挑戰第二個類似的機會，直到獲得工作爲止。如果一個人對自己的能力具有高度的自我效能（self-efficacy）。一定可以獲得充分的機會，不管是經濟系統的工作機會，社群系統的結婚機會或是政治系統的當選機會。至於要如何適應社會系統的要求，R. S. Lazarus與S. Folkman曾提出面對問題、疏遠或忽略、自我控制、尋求支持、接受責任、逃避行爲、解決問題與再度評估等八項策略（Lazarus & Folkman, 1988）。C. L. Kleinke則提出利用支持系統、解決問題、自我放鬆、內在控制、克服挑戰、發揮幽默感、運動激勵與任務完成等因應方法（Kleinke, 1998）。這些方法是一個追求幸福的人必須學習的社會適應行爲。由於不同社會系統有不同的規範（norm）與規則（rule），人們在不同的社會系統中應有不同的適應方法。

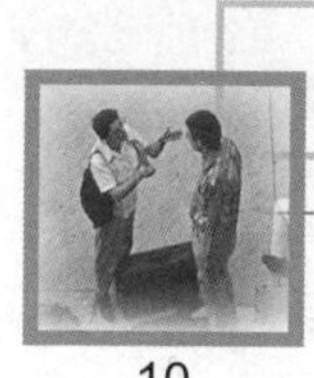

首先，在經濟系統方面，人們可以依循理性主義（rationalism）的原則去因應財物與勞務（goods and services）的交換關係。所謂理性主義就是邏輯思考的信條或教條（a doctrine or dogma of thinking logically），而邏輯思考能力就是導致正確或可信的推論的能力（ability of governing correct or reliable inference）。經濟系統所依循的規範就是市場均衡法則（rule of market equilibrium），在各種市場（勞動市場、商品市場、貨幣市場與資本市場）中，都有共同的價值基準，那就是自私自利的人類本性、公平競爭的市場法則、等價交易的交換規則以及合理分配的報酬制度。一個追求幸福的人必須在市場價值的基本命題下，透過邏輯的推理，採取理性的經濟行爲。所謂自私（selfish）就是只奉獻或在乎自己（devoted to or caring only for oneself）；所謂自利（self-interest）就是只考慮自己的利益或利得（regarded only for one's own interest or advantage）。自私和自利就構成自愛（self-love），也就是提升自己幸福的天性（the instinct to promote one's own well-being）。爲了追求幸福，每一個人都必須自愛，這種人類的本性可以被矯正，卻永遠不會被抹滅。人人自愛的結果，市場均衡就可達成。所謂公平（fair）就是對所有參與者都恰當（just to all parties）或是與規則一致（consistent with rules）；所謂競爭（competition）就是爲了利潤、獎賞、地位或生活所需，而與他人鬥爭或比賽的活動（a striving or vying with others for profit, prize, position, or the necessities of life）。個人只要與他人從事相同的活動就是競爭。每一個人都必須在一定的競爭規則下公平競賽，若不遵守競爭規則就必須受到制裁。所謂等價（equivalent）就是相等價值（equal in value）；所謂交易（exchange）就是以互惠的態度從事給予和接受的活動（to give and receive in a reciprocal manner）。在市場中買賣雙方對交換物的價值有相同的認知，而同意以相等的代價交易。因此

在自由意願下的交易都是合理的，除非以詐欺手段欺騙對方。所謂合理（reasonable）就是可同意的（agreeable to）或符合道理（in accordance with reason）；所謂分配（distribution）就是一分的分割與分發（to divide and dispense in portions）。每一個人都希望能在市場中獲得更多的分配，但是在一個均衡的市場中分配是合理的。一個人若接受某種分配，該分配就是合理。對理性主義者而言，凡是接受的就是合理（acceptability is reasonability）。

其次，在社群系統方面，人們可以採取情感主義（affectionism）的原則去因應情誼與愛（fellowship and love）的贈與關係。所謂情感主義就是對某個人或某件事的鍾愛或奉獻（fondness for or devotion to a person or thing）的信條或教條。社群系統是建立在人與人之間的情感上，它有四個價值基準：第一是信任與愛；第二是同理與同情；第三是慈愛與利他；第四是相互依存。所謂信任（confidence）就是一種確信或確定的感覺（a feeling of assurance or certainty）。因為有這種感覺的存在，人與人之間信賴與親密關係才能建立。在相互信任的基礎下，人與人之間的愛才會產生。所謂愛（love）就是一種銘心的、強烈的或激動的情感（a deep, intense, or passionate affection）或是一種溫馨的依附感（a feeling of warm personal attachment）。我們不僅要對自己所接觸的人有信任與愛，也要對自己所選擇的社群（如家庭）有信任與愛，這是情感主義最基本的命題。在信任與愛的基礎下，就會發展出同理與同情以及慈善與利他的社會行為。所謂同理（empathy）就是對他人的感覺、思想或態度的理智認同（intellectual identification with the feelings, thoughts, or attitude of another person）。所謂同情（sympathy）是指分享他人感覺的能力，尤其是悲傷或苦惱（the ability to share the feelings of another, especially in sorrow or trouble）。所謂慈善（charity）是指善心或情愛的行為或感覺

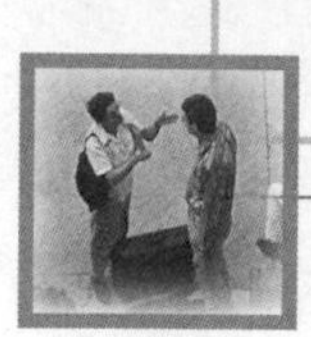

（an act or feeling of good will or affection）。所謂利他（altruism）則指對他人福祉的關心或奉獻（concern for or devote to the welfare of others）。P. Spicker則更具體的定義利他為：為他人利益所採取的行動（Spicker, 2000）。同理、同情、慈善與利他等社會行為都是心甘情願的贈與。如果每一個人都能採取相同的贈與行為，就是一個相互依存的社群。所謂相互依存（mutuality）就是每一個人都以相同的關係對待他人（having the same relation each toward the other or others）。一個人若能充分發揮情感主義的精神，不僅在人際關係上會獲得改善，也會使自己的生活更加快樂。

最後，在政治系統方面，人們可以採取合法主義（legalism）的原則去因應權力與權利（power and rights）的法律關係。因為政治系統的遊戲規則就是法律。所謂合法主義就是嚴格而翔實的遵守法律的信條或教條（a doctrine or dogma of being strict and literal adherence to law）。政治系統是建立在國家與國民之間的權利義務關係上，它有四個價值基準：第一是民主政治；第二是公正之理；第三是法律制度；第四是依法行事。所謂民主政治（democracy）是由人民代表所統治的政治體制（a political system governed by elected representative）。民主政治的運作有兩個主要機制：第一是權利的保障（基本人權、政治權與社會權）；第二是公民的參與。每一個公民都必須參與政治，如果公民對政治冷漠，民主政治就失去了實質的意義。所謂公正（equity）就是正義、中立與公平的狀況或理想（the state or ideal of being just, impartial and fair）。Plato重視美德（virtue）；Aristotle重視平等（equality）；A. Spencer重視自由（freedom）；T. Hobbes重視安全（security）；J. Rawls則以社會正義（social justice）整合自由、平等、公平和安全的概念試圖建立一個理想的社會（徐振雄，2005）。公正之理是由公共意志（public will）所達成，也就是社會共同接受的價值基準。所謂法律（law）就是國家統治人們事務的規則（the body of rules governing the affairs of man within a state）。法律必須依公正之理制定，才具有正當性，才能發揮社會控制的作用。所謂依法行事就法律的順從（obedience of law）。在一個法治國家，官僚必須依法行政；人民必須依法行事，法官必須依法審判。合法主義主張法治國家，反對行政國家。官僚必須依法律需要而非行政需要執行公務，也必須以法律解釋行政而非以行政解釋法律。人人都依法行事的結果，社會秩序就可以維護。所謂社會秩序（social order）就是與法律一致性的狀況（a state of conformity to law）。在一個良好社會秩序下，人民的福祉就會受到安全的保障。

張禮文曾在《窮人與富人的距離》一書中提出八個社會適應的原則：第一是一切可行（行動）；第二是信用無價（信用）；第三是審時度勢（時機）；第四是膽識過人（膽識）；第五是永不言敗（堅持）；第六是經營細節（細膩）；第七是超前規劃（規劃）；第八是野心勃勃（野心）（張禮文，2005）。這些只是在經濟系統中的適應方法，並不適用於其他系統。本文的觀點是個人在不同的系統中應有不同的適應方法，在經濟系統中宜採理性主義；在社群系統中宜採情感主義；在政治系統中宜採合法主義。在不同的因應原則下，每一個人都要發展出自己的因應策略。凡有助於資源擁有的策略就是好的策略；凡是好的策略必有利於資源的取得。

第四節　價值的設定

生命價值雖無客觀的基準，每一個人仍應該主觀的加以設定。如

果一個人擁有許多財富卻沒有明確的生命價值，那麼他的財富只是一種耀人的數字而已，對他本身的幸福並無具體意義。每一個人都必須建構自己生命價值的指標，然後依這些指標去運用自己擁有的資源。如果沒有生命價值，資源的運用就失去了正當性和意義性。生命價值的實現度就是幸福的達成度。我們不僅要知道自己有沒有幸福，更要知道自己有多少幸福（如果以十等分位測量，自己可以給自己打個分數）。本文基於卓越主義的構想，提出了自立性、尊嚴性、道德性、創造性與自我實現等五個生命價值指標。所謂自立性（self-reliance）是指依賴自己的潛能、判斷或資源的狀況或品質（the state or quality relying upon one's won capabilities, judgment, or resources）。自立性不僅要具有不受他人影響、導引或控制的獨立性，也要有以自己的意志控制情緒、欲望或行動的自我控制。生命價值最重要的是要依賴自己的能力、資源和潛能去實現幸福人生。一個人若需依賴他人才能生存或依他人的指示運用資源，就不具有生命的價值。自立性或自我依賴必須對自己的能力有自信；對自己的行爲能自律；對自己的生活能自立，對自己的價值能自我肯定。因此，追求生命價值的第一步就是要使自己成爲一個自立的人。

所謂尊嚴性（dignity）就是尊重的表現或風度（presence or deportment that inspire respect），而尊重則是謙遜的對待（to treat with deference）。尊重與尊敬（esteem）是不同的，前者是人與人之間的平等對待；後者則是下對上的不平等對待。尊嚴性包括自我尊重（self-respect）、尊重他人（respect others）與被尊重（respected）。每一個人都必須尊重自己和他人，才能被他人尊重，相反地個人必須被尊重，才能尊重自己和他人。如果國家不尊重國民，國民也不會尊重國家；如果主管不尊重部屬，部屬也不會尊重主管。尊嚴性對個人而言是自我尊重，對社會而言則是相互尊重。有些人要求他人尊重卻不要求自我尊重

或不尊重他人，這樣的人就不會有良好人際關係，就不會有快樂的社會生活。一個具有高度尊嚴性的人生活在一個低度尊嚴性的社會也會很痛苦，因爲尊重人卻不被尊重，就有如愛人卻不被愛的感覺一般，到頭來就只有降低自己的尊嚴性，逐漸不尊重他人。因此生命價值的第二個指標就是尊嚴性。

所謂道德性（morality）就是正當行爲的法則（the rules of right conduct），是一種心靈世界的善。凡由道德所引導的行爲就是正當的行爲。個人道德至少應有三個指標：第一是守禮（integrity or probity）；第二是守正（righteousness）；第三是守善（goodness）。守禮就是要嚴格遵守行爲禮儀（code of behavior）；守正就是要符合正當的基準（meeting the standard of what is right）；守善就是要有好的狀況（the state of being good）。正當的基準包括事實、眞理、理智、正確與適當等；良善的基準則有和善、慈善、寬大、績效、價值、傑出等（塩野谷祐一，2002）。每一個人都必須努力接近這些道德的基準，自己的行爲愈符合這些道德基準，道德性就愈高。禮儀法則是社會最基本的規範，一個人從出生就受到這些規範所薰陶，這是一個人行爲的原始狀態。個人由禮儀法則出發，經過行爲正當性或合理性的過程，逐漸達到好的或善的成果。一個人若無守禮和守法的價值觀就不會發展出正當的行爲，也就不會產生好的或善的結果。因此追求幸福的人必須將道德性列入重要的生命價值。

所謂創造性（creativity）就是造成存在的力量（the power cause to exist or being into being）。簡單的說，創造性就是從無到有的力量或能力。小林純一在《爲創造性而活》一書中指出，人類是創造性的存在，創造性不僅是人類先天的才能也是後天無法消滅的存在。他認爲人在面對新的生活環境與生活問題時，就會努力尋求解決的方法，並依自己的

意志選擇最有效的方法，以實現自己的生命價值，這就是創造性（小林純一，1986）。個人的成長其實就是一連串的創造過程，每一個人都會不斷地將無的東西變有，將少的東西變多。創造性有兩個基本意涵：第一是想像（imagination）；第二是創造（creation）；前者是個人內在的驅力；後者則是外顯行爲。想像需要長期的醞釀，而創造則需要堅強的毅力。如果光有想像卻沒有毅力去完成，就無法實現創造的成果。一般說來，創造無形的東西（如思想或藝術）要比創造有形的東西（如財富或實物）更需要時間和毅力，而且較不容易被發掘和被承認。雖然如此，個人若能在生命的過程中，充分發揮創造性就是有價值的生命。

所謂自我實現（self-realization）就是自我潛力的完全發展或實現（the complete development or fulfillment of one's potential capabilities）。這個定義並不完全正確，因爲一個人的能力或潛能是無限的，如何界定充分或完全的發展或實現是十分困難的。如果採用生命價值的充分實現（fulfillment of life value）作定義或許比較貼切，因爲自我實現不應該是手段的能力或潛能，而是目的的生命價值的實現程度。自我實現是個人依自己的判斷去評估，如果評價很高，幸福度就很高，自我滿足（self-satisfaction）就很大。如果一個人不滿意自己的自我實現，就表示他不是很幸福。

第五節　潛能的發揮

潛能是在一定的生命價值下，運用生活資源的可能性或自由度。不同的生命價值即使有相同的生活資源也會有不一樣的運用方法。相反地，在相同的價值前提下，不相同的生活資源也會有不一樣的運用

方法。每一個人的潛能不同，資源的運用方法就不一樣。如果我們送一箱魚給在孤島上的魯賓遜，他至少會有三種運用方法：第一他會把魚吃了，而剩下的魚則任由腐爛；第二他會把剩下的魚晒乾，以備不時之需；第三他會用剩下的魚去釣更多的魚。如果採用第一種方法，他可能會很快餓死；如果採用第二種方法，他可能有存活的機會；如果採用第三種方法他就可以長久存活。相同的一箱魚卻有不同的運用方法，結果造成了不同的命運。運用資源的可能性或自由度愈大，潛能就愈高，目的價值就愈能實現。如果你擁有一部汽車，你可以用來上下班、接送小孩上下學、購物、旅遊、做生意……等。如果你只將汽車用來上下班，你的潛能就很低。有些人擁有生活資源卻不會使用或懶得使用，結果就成爲一個弱者或窮人。在《態度決定一切》這本書中，作者舉一個例子，一個慈善的企業家本想捐錢給一戶連桌子、椅子、筷子之類的東西都沒有的窮人家，但是當他發現窮人家的門前有一大片竹林的時候，他就決定不幫助這家人了。原因很簡單，對於不會使用資源的人，資源是一種浪費（杜風譯，2006）。其實我們每個人都擁有許多資源，可是有些人卻不知道（not know）、不願意（would not）或不能夠（could not）運用這些資源。對於不知道或不能夠運用資源的人，社會需要給予協助，但是對於不願意運用資源的人其實是不值得同情的。有一些大學生會抱怨在學校學不到東西，其實就是不願意運用資源或故意浪費資源的人，結果是自己受害了。追求幸福的人必須運用資源創造價值，不可以浪費或消耗資源（沒有目的價值的資源運用）。在明確的價值前提下，掌握資源和運用資源就是潛能的發揮。

擁有什麼資源和擁有多少資源是發揮潛能的首要問題。所謂資源（resource）就是可以轉換成可支持或有助益的東西（something that can be turned to for support or help）。易言之，資源是可支持或有助於實現

生命價值的東西。依此定義，如果一個人沒有明確的生命價值，他所擁有的資源就沒有意義，他只是在浪費或消耗資源而已。資源的種類很多，包括經濟資源（如財物與勞務）、社群資源（如人際與情誼）、政治資源（如權力與權利）、文化資源（如資訊與知識）以及環境資源（如自然環境與人爲環境）。每一種資源都具有特定的功能，而資源的組合就會發揮更多的功能。例如將權力資源和人際資源有效組合就可發揮更大的功能。我們可以將資源用於能力的創造與社會的適應，但最終的目的是在實現生命價值。在不同的經濟系統中，人們會獲得不同的經濟資源。例如在一個較大的市場系統中，就可以獲得較多的經濟資源。同理，在不同的社群、政治、文化和環境系統中，人們也會獲得不同的資源，例如美國人可以獲得的資源就比我們多。資源的擁有不僅是私有資源（個人私有財），也包括公共資源（社會資本財）。私有資源的缺乏是個人貧窮，而公共資源的缺乏就是社會貧窮。貧窮社會中的富人與富裕社會中的窮人在資源擁有的本質上是相同的，前者擁有私有資源卻缺乏公共資源；後者缺乏私有資源卻擁有公共資源。一個人必須同時擁有個人資源與社會資源才算充分擁有資源。C. McCord與H. P. Freeman在一篇〈哈林區的大規模死亡〉的文章中指出，在繁榮的紐約哈林區四十歲以上男性的存活率比孟加拉（Bangladesh）爲低（McCord & Freeman, 1990）。可見富裕中的貧窮不僅突顯資源的缺乏，也阻礙了潛能的發揮。A. Sen則在《財物與潛能》一書中，以印度爲例，說明印度的富人，尤其是女性，在封閉的文化束縛下仍無法享有充分的社群、政治與文化資源（Sen, 1985）。可見貧窮中的富裕也有資源的貧窮與潛能的障礙。

發揮潛能的另一個重要議題就是如何運用資源。本文一再標榜：資源的運用是在創造價值而不是在滿足需要。易言之，凡能增進生命價值的資源運用就是合理、就是有效。爲了達成自立性的目的價值，一個人必須掌握自己的資源，不可依賴他人的資源。例如一個嫁入豪門的婦女雖擁有許多資源，卻無法任意使用資源，她的潛能就無法提升，幸福就難以實現。我們在運用資源時往往會受他人的影響、導引或控制，就喪失了自立性。爲了實現自立性的目的價值，一個人必須學會自我控制與自我決定。所謂自我控制（self-control）就是以自我的意志控制自己的情緒、欲望或行動（control of one's emotion, desire, or action by one's own will）；所謂自我決定就是在無強制的條件下，去決定自己的命運或做法（determination of one's own fate or course of action without compulsion）。一個不會自我控制或自我決定的人不管如何運用資源都難以實現自立性的目的價值。其次，爲了達成尊嚴性的目的價值，我們必須學會自我尊重、尊重他人與被尊重。例如在運用環境資源時必須自我尊重，不可任意破壞；在運用權力資源時必須尊重他人，不可盛氣凌人；在運用財物資源時必須選擇能被尊重的對手進行交易。再以搭飛機爲例，如果認爲商務艙的服務要比經濟艙較能被尊重，那麼花費較高的代價購買商務艙的機票就是合理。要知道凡能創造價值或達成目的價值的事花費再多都是值得；凡不能創造價值或沒有目的價值的事花費再少也是浪費。第三爲了達成道德性的目的價值，一個人必須學會守禮、守正和守善。運用資源必須符合道德的基準。爲了禮儀法則、社會正義或善良結果的目的價值，我們都可以運用資源。如果運用財物資源去傷害他人，運用權力資源去貪污或運用資訊資源去犯罪，都失去了資源運用的意義。政治家運用權力資源造福國民福祉；企業家運用財物資源幫助需要幫助的人；知識分子運用文化資源教育學子，都是符合道德性目的價值的行爲。第四爲了達成創造性的目的價值，一個人必須學會問題解決與創新的技巧。所謂問題（problem）就是一種未確定、困惑或困難的狀況（a situation that presents uncertainty, perplexity, or difficulty）。能將一個未確

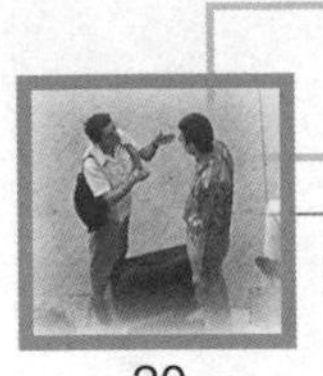

定的、困惑的或困難的問題解決就是一種創造。爲了解決問題而運用資源就是創造性目的價值的實現。所謂創新（innovation）就是去開創或介紹新的事物（to begin or introduce something new）的行動。創新不只限定在新事物的發明或發現，也包括介紹新的事物。凡在一個社會中（不一定要全世界）第一個知道的就是創新。我們可以運用財物資源去發明新東西，也可運用文化資源去創造更多的財物資源，也可以運用人際資源去創造更多的權力資源。最後，爲了達成自我實現的目的價值，一個人必須學會自我評估與自我滿足。對資源的運用成果要不斷自我評估，如果運用成果不佳，就要改變運用策略；如果運用成果不錯，也要思考有無更好的方法。追求幸福的人必須不斷改進資源的運用效果直到滿意爲止。當一個人能夠充分發揮潛能達成自己的生命價值時就是自我實現；當一個人能夠自我實現的時候就能自我滿足；當一個人能夠自我滿足的時候就是幸福人生。

參考書目

中文部分

杜風譯（2006）。哈伯德．阿爾伯特著。《態度決定一切》。台北：喬木書房。

徐振雄（2005）。《法治視野下的正義理論》。台北：洪葉文化事業有限公司。

許士軍（1998）。《管理學》。台北：東華書局。

黃振華、張興健譯（1992）。韋伯著。《社會科學方法論》。台北：時報文化出版企業有限公司。

張春興（1998）。《現代心理學》。台北：東華書局。

張禮文（2005）。《窮人與富人的距離》。台北：海鴿文化出版圖書有限公司。

英文部分

Kleinke, C. L. (1998). *Coping with Life Challenges.* Brooks／Cole Publishing Company.

Lazarus, R. S. & Folkman, S. (1988). Coping as a mediator of Emotion, *Journal of Personality and Social Psychology,* 54(3): 466-475.

MacIntyre, I. D. A. (1981). *After Virtue.* University of Notre Dame Press.

Maslow, A. H. (1954). *Motivation and Personality.* Harper and Row.

MeCord, C. & Freeman, H. P. (1990). Excess mortality in Harlem, *New England Journal of Medicine,* 322(18) Jan.

Nussbaum, M. (2000). *Women and Human Development: The Capabilities Approach.* Cambridge University Press.

Pettit, P. (1997). *Republicanism: A Theory of Freedom and Government.* Oxford University Press.

Rawls, J. (1971). *A Theory of Justice.* Harvard University Press.

Sen, A. (1985). *Commodities and Capabilities.* Flsevier Science Publishers, B. V.

Spicker, P (2000). *The Welfare State: A General Theory.* SAGE Publications.

日文部分

小林純一（1986）。《創造的に生きる》。金子書房。

硯川眞旬（1998）。《新社会福祉方法原論》。ミネルヴァ書房。

奥田いさよ（1992）。《社会福祉専門職性の研究》。川島書店。

塩野谷祐一（2002）。《經濟と理論》。東京大學出版社。

Chapter 2 人生全程發展

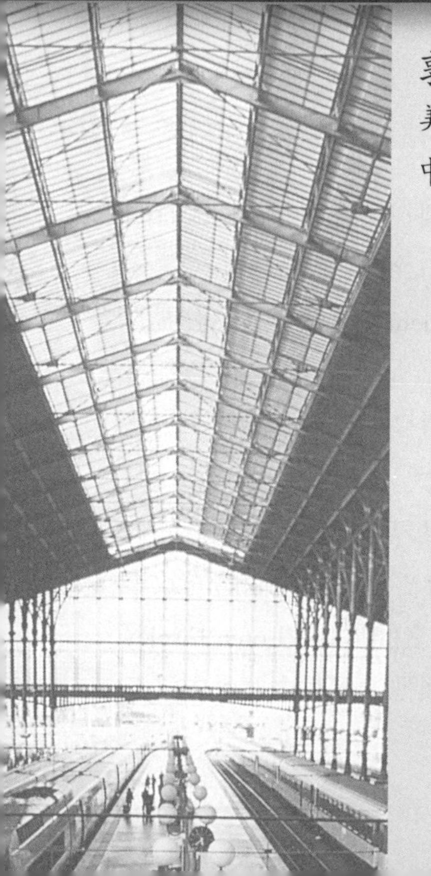

郭靜晃
美國俄亥俄州立大學家庭關係與人類發展博士
中國文化大學社會福利學系教授兼系主任及所長

第一節　何謂人生全程發展
第二節　人生全程發展之理論
第三節　人生全程之生命期待
第四節　結　論

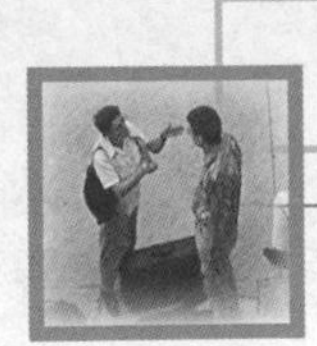

人生全程發展主要在研究人類從受精卵形成到死亡的整個生命歷程（life course）中心理與行爲的發生及改變。因對象的不同，又可分爲兒童階段、青少年階段、成人階段及老人階段。人生全程發展最初的研究對象僅侷限於學齡兒童，之後才往前推移至幼兒，及再擴展及新生兒與胎兒；在第二次世界大戰之後，才開始研究青少年及擴大至成人。

近年來對於整體的兒童發展提供一全方位（holistic perspective）的探討，也是探討個體心理研究來自三個源頭，即生物性、心理性及社會性，也就是生物—心理—社會（bio-psycho-social model）的互動模式來提供個體心理與行爲之成因探討，有別於過去強調遺傳VS.環境之爭議。本章主要描述人生全程發展之要題及理論，共分爲三節：何謂人生全程發展、人生全程發展之理論及人生全程發展之生命期待。

第一節　何謂人生全程發展

人生全程發展（life-span development）主要在研究個體行爲因時間推移而產生成長變化的歷程，更是對人類行爲的詮釋。在探索千變萬化的人類行爲之前，應去瞭解「發展」（development）這個名詞。發展的基本概念是行爲改變（behavior change），不過並非所有的行爲改變都具有發展性，諸如中樂透或車禍。對人類而言，這是一種意外事件，更是一種因周遭環境的改變而影響過去的固定生活模式（life pattern）。

每個人帶著個人獨特的遺傳結構來到這個世界，並隨之在特定的社會文化與歷史背景展露（upholding）個人的特質，而形成個體的敘事（narrative）及生活風格（life style）。就如同著名的哲學家Loren Eiseley所主張：「人類行爲是在於歷史的特定時間內與他人傳說之互動中逐漸

模塑成形的。它受個體之生理、心理及所受環境之社會結構和文化力之相互作用，逐漸形成其人生歷程。」從社會學的觀點來看，人生歷程是穿越時間而進展（Clausen, 1986），也就是說，隨著時間的推移而產生個體行為的改變。因此，個體除了生物性的成長改變，也必須隨著社會變遷而改變，以迎合更穩定的社會結構、規範和角色。生命只有兩種選擇，改變或保持現狀。誠如二千五百年前的希臘哲人Heraclitus所言：「世界無永恆之物，除了改變。」

從心理社會的觀點（psychosocial perspective）來看，人生歷程指的是工作以及家庭生活階段順序之排列的概念。這個概念可用於個體生活史的內容，因為個人生活史體現於社會和歷史的時間概念之中（Atchley, 1975; Elder, 1975）。每個人的生活過程皆可喻為是一種人生的適應模式，是每個人對於在特定時間階段所體驗到的文化期望，所衍生的人生發展任務、資源及所遭受障礙的一種適應。

一、人生歷程與發展之意含

Atchley（1975）提出一種在職業和家庭生活歷程中，與年齡聯繫在一起所產生變化的觀點（參考**圖2-1**）。由此圖中，我們將可看到生命歷程中工作與家庭生活之間的可能結合形式。例如，兒童最主要受其原生家庭所影響，其主要工作任務是上學，達成社會規範及期待，為日後成人工作生涯做準備，同時也深受家中成員及環境與角色期待所影響。

生命過程模式受歷史時代的影響。生活於一九〇〇至一九七五年的人，其生命過程可能就不同於生活於一九二五至二〇〇〇年的人。人們可能在不同人生階段，面對著不同的機遇、期望和挑戰而經歷那同樣的歷史年代。職業機遇、教育條件和同族群人數的差異，是可能影響生活

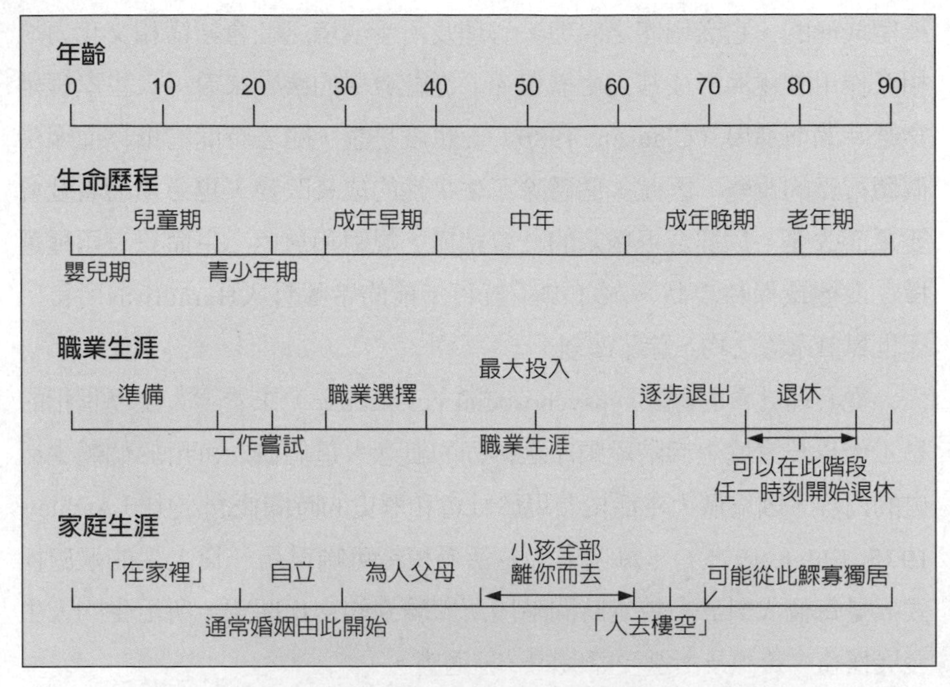

圖2-1　年齡、生命歷程、職業生涯和家庭生涯之間的關係

資料來源：Adapted from R. C. Atchley. "The life course, age grading, an age-linked demands for decision marking," in N. Datan & L. H. Ginsberg (eds), *Lifespan Development Psychology: Normative Life Crises,* p.264. Copyright 1975 by Academic Press, Inc. Reprinted by permission.

經歷模式的三個族群因素（Elder, 1981）。最近，日本學者將一九五五年之前出生者歸之為舊人類，在一九五五年之後出生者稱之為新人類。而這些新人類在一九六五年之後出生者稱之為X世代（X generation），一九七五年之後出生者為Y世代（Y generation），及一九八五年之後出生者謂之為Z世代（Z generation）。這些世代歷經了社會變遷、教育模式及不同境遇也衍生了不同價值觀，甚至形成了特定的次文化（subculture）。換言之，處於不同世代的父母，因受社會變動因素之影

響，而有不同之機遇及別人對其角色的期望，而產生此世代的個別經驗及知覺。應用於兒童福利（尤其是托育服務），此世代之父母對於養育子女的觀念及需求也會異於不同世代之父母，加上父母因需求之滿足或個人境遇之變化（例如，離婚家庭或外籍配偶家庭）而產生對子女管教與保育之差異，進而對子女發展產生不同之影響。

人的全人發展的起點是從個體受孕開始，一直到終老死亡爲止。發展改變（change）的過程是有順序的、前後連貫的、漸進的及緩慢的，其內容包含有生理和心理的改變，此種改變受遺傳、環境、學習和成熟相關。而人類行爲是由內在與外在因素之總和塑造而成，藉著社會規範所給予個人的方向與指引，因此有些人類行爲是可預期的且規律的。例如，在吾人社會中，依時間前後排序的年齡，時常會隨著地位和角色轉換而產生改變，文化上也相對地規範在「適當的」時間中展開上托兒所、學才藝、上學、約會、開車、允許喝酒、結婚、工作或退休。當在這些特殊生活事件中存在相當的變異性時，個人將「社會時鐘」（social clock）內化並時常依照生命歷程的進行來測量他們的發展進程，例如，某些父母會（因他們二歲的小孩尚未開始說話，或是一近三十歲的已成年子女並未表現出職業發展方向，或一近三十五歲結婚女性尚未生育子女等行爲）開始擔心他們子女是否有問題。問題是與「在某段時間之內」有關，會因此受內在情緒強度所掌握，此種社會規範的影響是與特定生活事件所發生的時間有關。

社會規範界定社會規則，而社會規則界定個體之社會角色。若社會角色遭受破壞，那他可能會產生社會排斥。例如，過去的傳統社會規範「女性無才便是德」，女性被期待在他們青少年晚期或二十歲初結婚，再來相夫教子並維持家務。至於選擇婚姻及家庭之外的事業，常被視爲「女強人」，並被社會帶著懷疑的眼光，而且有時還會視爲「老處女」

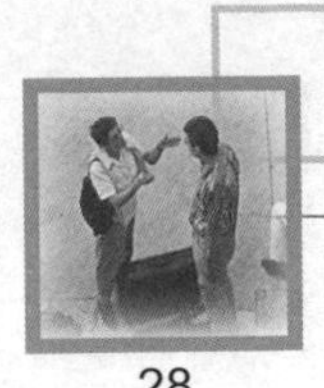

或「嫁不出去的老女人」。或現代之父母育兒觀：「望子成龍，望女成鳳」，孩子在小時候被期望學習各種智能及才藝，甚至要成爲超級兒童（super kids）。

人生全程發展常令人著迷，有著個別之謎樣色彩，相對地也是少人問津的領域。想去理解它，我們就必須弄清楚在發展各個階段上，人們是怎樣將他們的觀念與經歷統合，以期讓他們的生命具有意義，而這個生命歷程就如每個人皆有其生活敘事（narrative），各有各的特色。

由人類發展的涵義來看，它包括有四個重要觀念：

1. 從受孕到老年，生命的每一時期各個層面都在成長。
2. 在發展的連續變化時程，個體的生活表現出連續性和變化性；要瞭解人類發展必須要瞭解何種因素導致連續性和變化性的過程。
3. 發展的範疇包含身心各方面的功能，例如，身體、社會、情緒和認知能力的發展，以及它們相互的關係。我們要瞭解人類，必須要瞭解整個人的各層面發展，因爲個人是以整體方式來生存。
4. 人的任何一種行爲必須在其相對的環境和人際關係的脈絡中予以分析，因爲人的行爲是與其所處的脈絡情境有關，也就是說人的行爲是從其社會脈絡情境中呈現（human behavior nested in the social environment），故一種特定的行爲模式或改變的涵義，必須根據它所發生的物理及社會環境中加以解釋。

持平而論，個人的人生歷程是本身的資源、文化與次文化的期待，社會資源和社會暨個人歷史事件的綜合體，深受年齡階段、歷史階段和非規範事件所影響（參考**圖2-2**），茲分述如下：

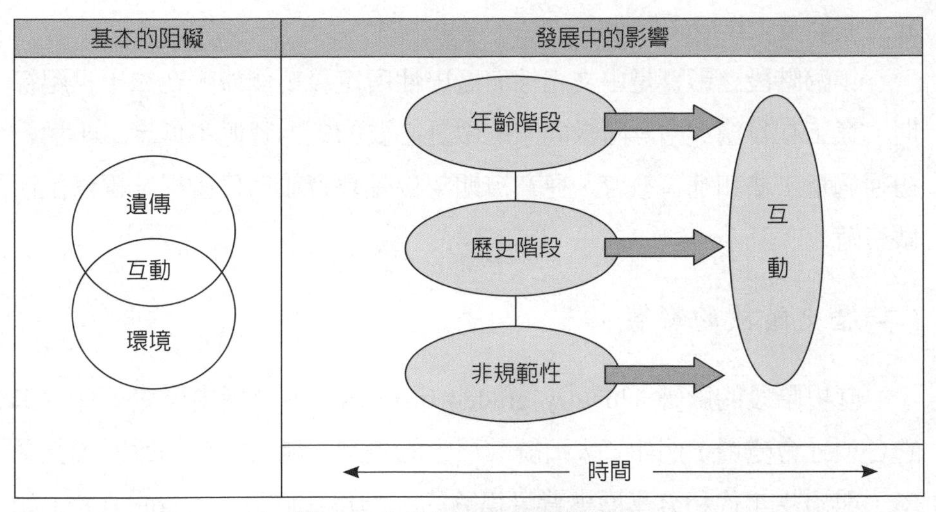

圖2-2 人生歷程中之影響因素

資料來源：陳怡潔譯（1998）。《人類行爲與社會環境》。台北：揚智文化，頁173。

(一)年齡階段的影響

人類行爲受年齡階段之影響（age graded influences）是那些有關於依照時間進程的年齡（例如，出生、青春期），以及特定的年齡期待（例如，學業、結婚生子、退休）。在發展心理學的佛洛伊德（S. Freud）的心理分析論、艾力克遜（E. Erikson）的心理社會論、皮亞傑（J. Piaget）的認知發展論及柯爾堡（L. Kohlberg）的道德發展論，皆指明人類行爲根植於生命歷程中各年齡階段的行爲改變（下節中將會有詳細的介紹）。

人類行爲會因個體的成熟機能所表現出不同的行爲結構，加上這些事件上許多文化期待的規範性和預期性的型態而產生預期社會化的行爲（Hagestad & Neugarten, 1985）。預期的社會化過程規範個人在文化中所假定的扮演角色行爲。例如，在某些文化，要求青少年獨立自主，並會安排家務或其他雜務給子女，並視此種獨立及幫忙家務是爲日後職業生

涯之價値及工作取向做準備。

年齡階段之影響是由文化性與歷史性所定義，例如，在二十世紀初期，童工在貧窮與中等階級的家庭中是必要的人力資源；但至二十世紀初通過童工法和補習教育，兒童被期望接受教育並為日後提升經濟生活做準備。

(二)歷史階段的影響

歷史階段的影響（history-graded influences）意指由歷史事件帶來的各項社會變遷，例如，人口統計學上的更動、能力技巧的改變和就業率；與出生年代和分享歷史背景經驗的人稱為「族群」（cohort）。如前面所述的舊人類和新人類的X、Y、Z世代。族群的概念在解釋人生歷程中不同時間點上所受之歷史階段影響，它會受歷史階段或同儕來相互影響而形成一種特殊的行為模式。例如，最近臺灣的經濟不景氣即是一歷史事件，此事對失業的青壯年及其家庭的生活造成衝擊。幾十萬人無法找到工作且承受著經濟不景氣及通貨膨脹的痛苦。結果，造成他們在工作、節約和經濟消費行為的信念改變。工作不再是事求人、唾手可得的，因此，經濟上的節約變得相當重要。對那些原本就是貧窮的人而言，他們會經歷到「比原本更困苦」的沮喪；而對那些富有的人而言，這只是一段困苦的時間，並非原本就必須要承受的災難，或許暫時咬緊牙關，忍耐一陣就會否極泰來。

(三)非規範性的影響

非規範性的影響（non-normative influences）係指在行為上的各種事件是無法預測及始料未及的事件，例如，天災（火災、地震、風災、水災、SARS）或失業，突然喪偶或暴發疾病。這些事件與歷史上的推移關聯甚少，而且時常比預期中的生命事件具有更大的壓力及影響。

二、人類發展的意義、分期與原則

(一)發展的意義

發展（development）的意義牽連甚廣，要如何界定，端賴學者以何種角度切入，Gesell（1952）認為發展是一種有順序的、前後連貫方式做漸進的改變。Hurlock（1968）認為發展是一個過程，在這個過程，內在的生理狀況發生改變，心理狀況也受到刺激而產生共鳴，使個體能夠應付未來新環境的刺激。Anderson（1960）亦強調：發展不僅是個體大小或比例的改變，也不只是身高的增加或能力的增強，發展是統合個體許多構造與功能的複雜過程。朱智賢（1989）認為發展係指一種持續的系列變化，尤指有機體在整個生命期的持續變化，這種變化既可以是由於遺傳因素，也可以局限於出生到青春期這一段時間。張春興（1991）將發展分為廣義與狹義：就廣義而言，係指出生到死亡的這段期間，在個體遺傳的限度內，其身心狀況因年齡與學得經驗的增加所產生的順序性改變的歷程；至於狹義的定義，其範圍則縮短至由出生到青年期（或到成年期）的一段時間。在以上兩界說中，雖然均以「自出生」做為研究個體發展的開始，而事實上目前多從個體生命開始（受孕）研究發展。黃志成（1999）在其所著《幼兒保育概論》一書中，則將發展的意義界定如下：係指個體自有生命開始，其生理上（如身高、體重、大腦、身體內部器官等）與心理上（如語言、行為、人格、情緒等）的改變，其改變的過程是連續的、緩慢的，其改變的方向係由簡單到複雜、由分化到統整，而其改變的條件乃受成熟與學習，以及兩者交互作用之影響。

綜觀上述各家之言，發展之意義可歸納出下列幾點：

1.發展的起點應為個體受孕開始；而其終點就廣義而言，應到死亡為止；就狹義而言，則約到青年期為止。

2.發展為個體的改變，其改變的過程是有順序的、前後連貫的、漸進的、持續的。

3.發展的內容應包含生理和心理的改變。

4.發展的改變與遺傳、環境、學習、成熟有關。

5.發展不單是量的變化，也是質的變化。

6.發展的方向是由簡單到複雜，由分化到統整。

(二)發展改變的類型

兒童發展上的改變，包括生理的、心理的兩大類，其改變的內容，Hurlock（1978）曾提出在發展上變化的類型（type of change）如下：

■大小的改變

在兒童期，無論是身高、體重、頭圍、胸圍，以至於內部的器官，都一直不斷的在增長中，以體重為例，剛出生的嬰兒約三點二公斤，至四個月大時，再成長一倍，至週歲時，其體重再增一倍，約近十公斤。

■比例的改變

兒童不是成人的縮影，在心理上不是如此，於生理上亦同。以頭部和身長的比例而言，在胚胎期，頭與身長的比例約為1：2，出生時約為1：4，而長大成人後約1：7（或1：8）。

■舊特徵的消失

在兒童期的發展過程中，有些身心特徵會逐漸消失。在生理上，如

出生前胎毛的掉落；在嬰兒期，許多反射動作自然消失；在幼兒後期，乳齒的脫落等皆是。在心理上，如自我中心語言逐漸減少，轉向較多的社會化語言；對父母的依賴慢慢減少，轉向同儕。

■ 新特徵的獲得

兒童身心之若干新的特徵，是經由成熟、學習和經驗獲得的。在生理上，如六歲左右，恆齒的長出；在兒童後期，青春期的到來，男女兩性在主性徵及次性徵的變化。在心理上，例如，語言的使用、詞類越來越多、認知層次越高、興趣越廣泛等皆屬之。

(三)發展的一般原則

兒童發展，雖有個別差異，但大致仍遵循一些普遍的原則，有助於吾人對兒童的瞭解，說明如下：

■ 早期的發展比晚期重要

人類的發展，以越早期越重要，若在早期發展得好，則對日後有好的影響，反之則不然。例如，在胚胎期可能因一點點藥物的傷害，而造成終身的殘障；艾力克遜（1963）也認爲在嬰兒期如果沒有得到好的照顧，以後可能發展出對人的不信任感；佛洛伊德爲精神分析學派的心理學者，此學派的理論重點也主張人類行爲均受到早期經驗的影響，可見早期發展的重要性。

■ 發展依賴成熟與學習

兒童發展依賴成熟，成熟爲學習的起點，生理心理學派即持此一觀點，例如，六、七個月的嬰兒吾人無法教他學習走路，因爲還未成熟到學習走路的準備狀態（readiness），但到了十一、十二個月時，因爲生理上的成熟，嬰兒即有學習走路的動機，因此嬰兒會走路的行爲，端賴成

熟與學習。

■發展有其關鍵期

所謂關鍵期（critical period）係指兒童在發展過程中，有一個特殊時期，其成熟程度最適宜學習某種行為；若在此期未給予適當的教育或刺激，則將錯過學習的機會，過了此期，對日後的學習效果將大為減少。例如，語言的學習其關鍵期應在幼兒期，此期學習速度較快，效果也好，過了此期再學效果較差，許多人到了青少年期，甚至成年期開始學習第二種語言或外語，常發現發音不正確的現象即是一例。一般所謂學習的關鍵期是針對較低等層次的動物行為，例如鴨子看移動物體而跟著它，對於人類則對本能成熟之發音及爬行較能解釋，對於學習高等層次之思考行為則較無法用學習的關鍵期來做解釋。

■發展的模式是相似的

兒童發展的模式是相似的，例如，嬰幼兒的動作發展順序為翻滾、爬、站、走、跑，次序不會顛倒。也因為如此，吾人在教養兒童時，掌握了發展的預測性，依循關鍵期的概念更能得心應手。

■發展歷程中有階段現象

有些學者認為人的發展是一個階段接著一個階段發展，當一個兒童由一個階段邁向一個更高的階段時，即會有定性的變化（qualitative change）。例如，當兒童的認知發展由一個階段邁向一個更高的階段，表示他們的思維方式有顯著的定性變化（馬慶強，1996）。

■發展中有個別差異

兒童發展雖有其相似的模式，但因承受了不同的遺傳基因，以及後天不同的家庭環境、托育環境、學校環境、社區環境等因素，故在發展

上無論是生理特質、心理特質仍會有個別差異。此種差異並未違反「發展模式相似性」的原則，因爲在此所謂的差異是指發展有起始時間的不同，發展過程中環境的不同而造成個體的差異。

■ 發展的速率有所不同

兒童發展，並非循固定的發展速率，各身心特質的進程在某些時候較快，在某些時候則較慢。例如，在幼兒期，淋巴系統、神經系統是快速成長，而生殖系統則進展緩慢，直到進入青春期時則快速發展。

■ 發展具有相關性

兒童身心發展，相輔相成，具有相關性。生理發展良好，可能帶動好的心理、社會發展。反之，有些生理障礙的兒童，如視覺障礙、聽覺障礙、肢體障礙、身體病弱的兒童，其心理、社會發展常受到某些程度的影響。

第二節　人生全程發展之理論

當我們檢驗人類發展時，重要的是能夠從發展模式的一般性看法轉入對特殊變化過程的解釋。心理社會理論爲我們探究人類發展提供了概念保護傘，但是我們也需要其他理論在不同的分析層次上來解釋行爲。如果我們要說明一生中的穩定性和可變性，我們就需要有理論構想，來幫助說明全面演化的變化，社會和文化的變化以及個體的變化。我們也需要有種種概念，解釋生活經驗、成熟因素，以及一個人的經驗結構對生理、認知、社會的、情緒的和自我發展模式之作用。

本節將介紹五種重要影響個體行爲改變理論之基本概念：成熟論、

心理分析論、認知理論、行爲理論和生態環境論。

理論乃是指針對觀察到種種現象與事實（facts）以及其彼此之間的關係所建構出之一套有系統的原理原則。理論是整合與詮釋資料之一種架構，主要的功能是用於探究兒童的成長與行爲，對於所觀察到的行爲提出一般性的原則並加以詮釋，它指出了個體在遺傳的結構上和環境之條件下，哪些因素影響個體發展和行爲改變，以及這些要素如何產生關聯。

一、成熟理論

成熟理論（maturationist theory）主張人類之發展過程主要是由遺傳所決定。人類之行爲主要受內在機制，以有系統之方式，且不受環境影響的情況下指導著發展的進行，進而影響個體組織的改變。

在遺傳上，個體在成熟的時間產生行爲逐漸外露（upholding）的過程。成熟理論學派認爲當一些行爲尚未自然出現時，即予以刻意誘導是不必要的，甚至造成揠苗助長。被強迫性地要求達到超過其成熟現狀發展的個體，他們的發展不僅效率低而且須經歷低自我與低自我價值，但個體的發展情況若不符期望中的成熟程度，則產生低學習動機，則需要予以協助與輔導。

被視爲發展心理學之父的George Stanley Hall，其觀點影響了人類發展與教育學之領域，他的學生Arnold Gesell更延續Hall的論點，將其論點以現代的科學研究加以運用。

(一) G. Stanley Hall

G. Stanley Hall（1844-1924）在哈佛大學跟隨心理學家William James

取得博士學位，又轉往德國跟隨實驗心理學派Wilhelm Wundt（亦是心理學之父）研究，回到美國後，便將實驗心理學之知識應用於兒童發展的研究，並且推展至兒童保育之應用。

Hall的研究發展雖然採用不合科學系統研究之嚴謹要求，其論點反映發展是奠基於遺傳。兒童行爲主要是受其基因組合之影響。其研究是招募一群對兒童有興趣的人來進行實地觀察（field observation），大量蒐集有關兒童的資料，企圖顯示不同階段兒童之發展特質。

Hall的研究工作反映出達爾文進化論的論點，其深信：人類每一個體所經歷的發展過程卻類似於個體發展的順序，即是「個體重複種族演化的過程」（ontology recapitulates phylogeny）。兒童行爲從進化的原始層面脫離出來，透過成熟帶來兒童的行爲及自然的活動。

(二) Arnold Gesell

Arnold Gesell（1890-1961）以更有系統的方式延續Hall的研究，他待在耶魯大學的兒童臨床中心（Yale University Clinic for Child Development）近四十年的歲月，研究兒童的發展。他藉由觀察並測量兒童各種不同領域：生理、運動、語言、智力、人格、社會等之發展。Gesell詳細的描述從出生至十歲兒童發展的特徵，並建立發展常模。

Gesell的發展理論強調成熟在兒童發展之重要性，他與G. S. Hall不同之處是其不支持發展的進化論，但是相信兒童發展是取決於遺傳，並且人類發展之能力及速率是因人而異，故在兒童保育要尊重每個人與生俱來的個人特質。環境對改變兒童行爲僅扮演次要的角色，爲應取決於人類內在具有的本質，而保留應配合兒童發展的模式，故教育更要配合兒童發展的基調，壓迫與限制只會造成兒童負面之影響（Thomas, 1992）。

成熟理論多年來在兒童發展領域深深地影響兒童托育。成熟學派之

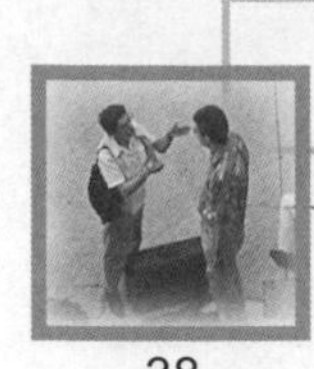

論點之哲學觀點與Rousseau之浪漫主義相符，支持「以兒童爲本位」的教育觀點。因爲後天環境對於個體的發展影響不大，所以企圖擴展超越兒童之天賦能力，只會增加兒童的挫折與傷害，甚至揠苗助長。配合兒童目前的能力提供學習經驗，是較符合兒童發展與人性（本）之教育理念，同時亦是美國幼兒教育協會（National Association of Education for Young Children, NAEYC）所倡導的「適齡發展實務」（Developmentally Appropriate Practice, DAP）的重要依據。基於這個觀點，兒童保育之專業人員被要求本於兒童的「需求與興趣」來設計教學計畫，課程要配合兒童發展，並以遊戲爲主要的教學設計原則。

此論點同時也導引出學習準備度（readiness）的概念。假使兒童被評定爲尚無能力學習某些事，則教師必須等待兒童進一步成熟，這種準備度之觀點尤其在閱讀教學的領域裏更爲明顯。成熟學派對於幼兒早年學習所持有之取向是依賴個體之成熟機能，不同於往年教育學者所採用之介入論者（interventionist）的取向。後者針對失能兒童（disabled children）或處於危機邊緣之兒童（children at risk）所設計，主要是依據行爲主義之觀點，利用特殊介入模式來協助兒童符合學習的期望。

二、行為理論

行爲理論（behaviorism theory）影響心理學的理論發展已超過一世紀之久，行爲理論基本上是一種學習理論，同時也一直被當作是一種發展理論，其提出解釋由經驗而引起的相對持久的行爲變化的機轉（mechanism）。它與成熟學派持有不同看法，此學派認爲除了生理上的成熟之外，個體的發展絕大部分是受外在環境的影響。人類之所以具有巨大的適應環境變化的能力，其原因就在於他們做好了學習的充分準備，學習理論之論點有四：(1)古典制約；(2)操作制約；(3)社會學習；(4)認知行爲主義，茲分述如下：

(一)古典制約

古典制約（classical conditioning）的原則，由Ivan Pavlov（1927/1960）所創立的，有時又稱巴卜洛夫制約。Pavlov的古典制約原則探究了反應是由一種刺激轉移到另一種刺激的控制方法，他運用唾液之反射作用作爲反應系統。

古典制約模型由**圖2-3**可見，在制約之前，鈴聲是一中性刺激（neutral stimulus, NS），它僅能誘發一個好奇或注意而已，並不會產生任何制約化之行爲反應。食物的呈現和食物的氣味自動地誘發唾液分泌（是一反射作用），即非制約反應（unconditioned response, UR）（流口水）的非制約刺激（unconditioned stimulus, US）（食物）。在制約試驗期間，鈴聲之後立即呈現食物。當狗在呈現食物之前已對鈴聲產生制約而分泌唾液，我們則說狗已被制約化。於是，鈴聲便開始控制唾液分泌反應。僅在鈴聲鈴響時才出現的唾液分泌反應稱作爲制約反應（conditioned response, CR）。此一原則先對動物實驗，再由John B. Watson（1878-1959）應用到Albert的小男孩身上，將新的刺激與原先的刺激聯結在一起，對新刺激所產生的反應方式相類似於其對原先刺激所做出的反應。

古典制約可以說明人一生中出現的大量的聯想學習。當一個特殊信號與某個表象、情緒反應或物體相互匹配之後，該信號便獲得了新的意義。在嬰兒期和幼兒童，隨著兒童依戀的發展，各種正性和負性的情緒反應便與人物和環境建立了制約作用，目標的恐懼也不能成爲古典制約的作用，許多人可能回憶出一次恐怖經驗，如被蛇咬、溺水、挨打等，

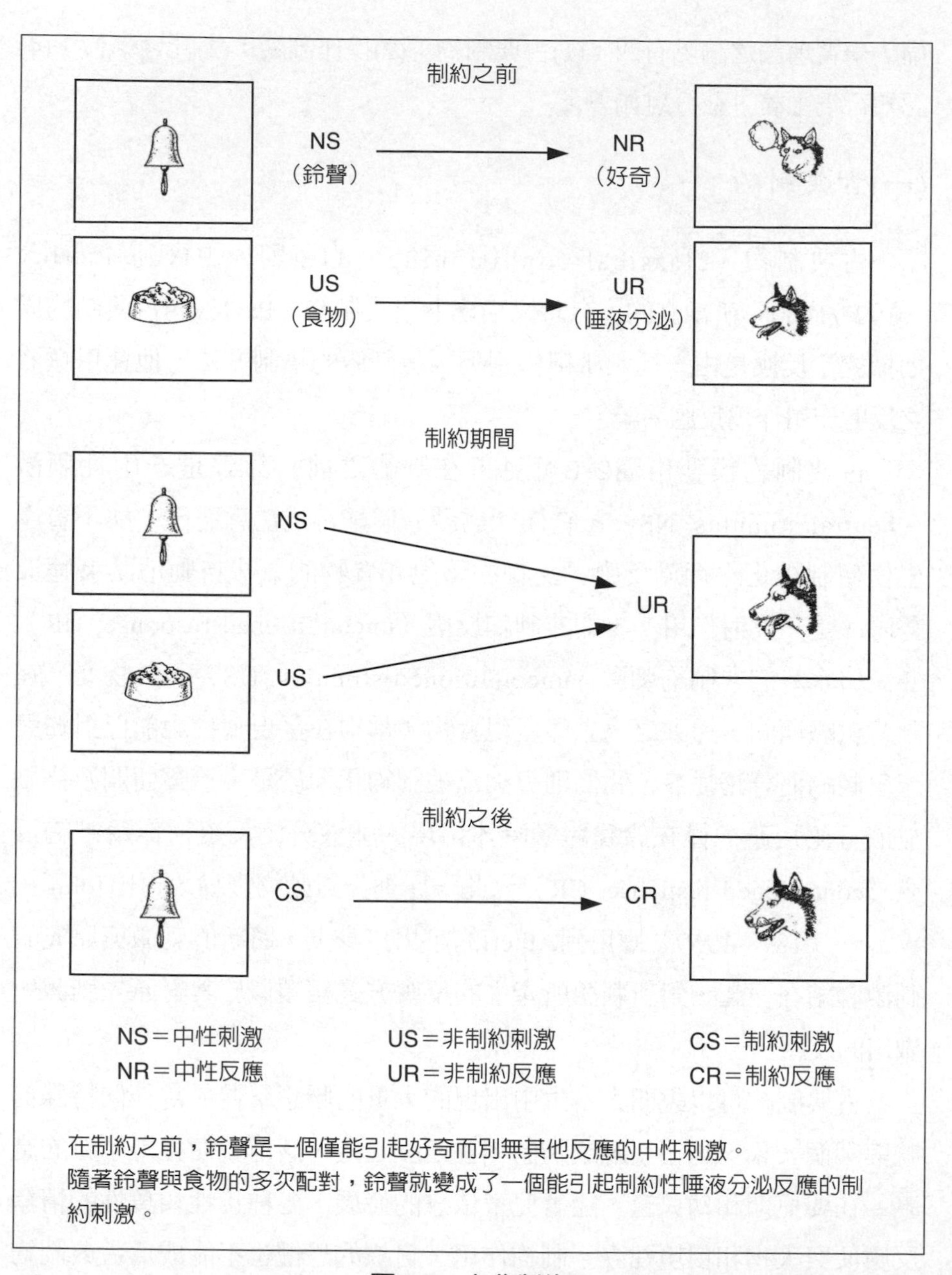

制約之前
NS
（鈴聲）
NR
（好奇）
US
（食物）
UR
（唾液分泌）
制約期間
NS
UR
US
制約之後
CS
CR
NS＝中性刺激
NR＝中性反應
US＝非制約刺激
UR＝非制約反應
CS＝制約刺激
CR＝制約反應
在制約之前，鈴聲是一個僅能引起好奇而別無其他反應的中性刺激。
隨著鈴聲與食物的多次配對，鈴聲就變成了一個能引起制約性唾液分泌反應的制約刺激。

圖2-3　古典制約

此恐懼反應可能與特定目標相聯結，而造成此人一生會逃避那目標，正如俗語所言，一朝被蛇咬，十年怕草繩。

(二)操作制約

Edward L. Thorndike（1874-1949）採用科學方法來研究學習，他嘗試由聯結刺激與反應的過程來解釋學習，又稱爲操作制約（operant conditioning）學習，強調學習中重複的作用和行爲的結果。Thorndike利用貓逃出迷籠的行爲，他觀察貓是利用嘗試錯誤（trial and error）的學習過程，在學習過程中，貓的盲目活動越來越少，行爲越來越接近正確解決之方法。他發展出一組定律來說明制約過程，其中最主要爲效果率（law of effect）：說明假如一個刺激所引起的反應是愉快、滿足的結果，這個反應將會被強化，反之，這個反應會被削弱。另一定律爲練習率（law of exercise），主張：個體經歷刺激與反應鍵之聯結次數愈頻繁，則聯結將會愈持久。第三個定律爲準備率（law of readiness），說明：當個體的神經系統對於行動容易產生反應的話，則學習將更有效果。

Thorndike之效果率實爲增強概念及操作制約概念之先驅，亦是B. F. Skinner之行爲主義取向之基礎。Skinner對學習心理學與發展理論的貢獻在於其巧妙地將學習理論應用到教育、個人適應及社會問題上。Skinner相信，欲瞭解學習必須直接觀察兒童在環境改變的因素下所產生的行爲改變，他認爲兒童表現出來的大部分行爲，都是透過工具制約學習歷程所建立的。換言之，行爲的建立端賴於行爲的後果是增強或處罰而定，是受制於環境中的刺激因素。增強與處罰正是行爲建立或解除的關鍵，增強被用於建立好的行爲塑化（shaping good behavior），而處罰被用於移除不好的行爲聯結（removal of bad behavior）。

增強物（reinforcement）有兩種，分爲正增強或負增強。對兒童而言，食物、微笑、讚美、擁抱可令其產生愉悅的心情，當它們出現時，正向之行爲反應連續增加，稱之爲正增強物。反之，負增強物，如電擊、剝奪兒童心愛的玩物，當他們被解除時，其正向行爲反應便增加。另一個的觀點是處罰，是個體透過某種嫌惡事件來抑制某種行爲的出現。有關正增強、消弱、負增強及處罰之區別請參考**圖2-4**。

	愉快的事物	嫌惡的事物
增加	正增強 小明上課專心給予記點，並給予玩具玩	處罰 小明上課不專心，給予罰站
剝奪	消弱 小明上課不專心，而不讓他玩所喜歡的玩具	負增強 小明取消罰站的禁令，因而增加上課的專心

圖2-4　正增強、負增強和處罰的區別

(三)社會學習

社會學習論（social learning theory）認爲，學習是由觀察和模仿別人（楷模）的行爲而學習（Bandura & Walters, 1963），尤其在幼兒期的階段，模仿（imitation）是其解決心理社會危機的核心，此外青少年也深受同儕及媒體文化所影響，漸漸將其觀察的行爲深入其價值系統，進而學習其行爲，這也就是兒童在生活周遭中，透過觀察和模仿他人來習得他們大部分的知識，而成人及社會也提供兒童生活中的榜樣（model）。換言之，也是一種身教，如此一來，兒童便習得了適應家庭和社會的生活方式。

Bandura（1971, 1977, 1986）利用實驗研究方法進行兒童對楷模示範對兒童學習之影響，結果表現兒童喜歡模仿攻擊、利他、助人和吝嗇的榜樣，這些研究也支持了Bandura之論點：學習本身不必透過增強作用而習得。社會學習的概念強調榜樣的作用，也就是身教的影響，榜樣可以是父母、兄弟姊妹、老師、媒體人物（卡通）、運動健康，甚至是政治人物。當然，學習過程也不只是觀察模仿這般簡單而已，一個人必須先有動機，並注意到模仿行爲，然後個體對行爲模式有所記憶、儲存他所觀察到的動作訊息，之後再將動作基模（訊息）轉換成具體的模仿行爲而表現產出（郭靜晃等，2001）。換言之，行爲動作之模仿學習是透過注意（attention）→取得訊息的記憶（retention）→行爲產出（reproduction）→增強（reinforcement）的四種過程。

(四)認知行爲主義

過去的行爲主義以操作與古典制約強調環境事件和個體反應之間的聯結關係，而卻忽略個體對事件的動機、期望等的認知能力。Edward Tolman（1948）提出個體之認知地圖（cognitive map）作爲刺激與反應聯結中的學習中介反應的概念，此概念解釋個體在學習環境中的內部心理表徵。Walter Mischel（1978）認爲，要解釋一個人的內部心理活動，至少要考量六種認知因素：認知能力、自我編碼、期望、價值、目標與計畫，以及自我控制策略（見**圖2-5**）。認知能力（cognitive competency）是由知識、技巧和能力所組成。自我編碼（self-encoding）是對自我訊息的評價和概念化。期望（expectancy）一個人的操作能力、行爲結果和環境事件的意義和預期。價值（value）是由一個人賦予環境中行爲結果的相對重要性。目標和計畫（goal and plan）是個人的行爲標準和達到標準的策略。自我控制策略（self-control strategy）是個體調節其自我行爲的技術。所有這四種學習理論都對洞察人類行爲有所貢獻（見**表2-1**），也

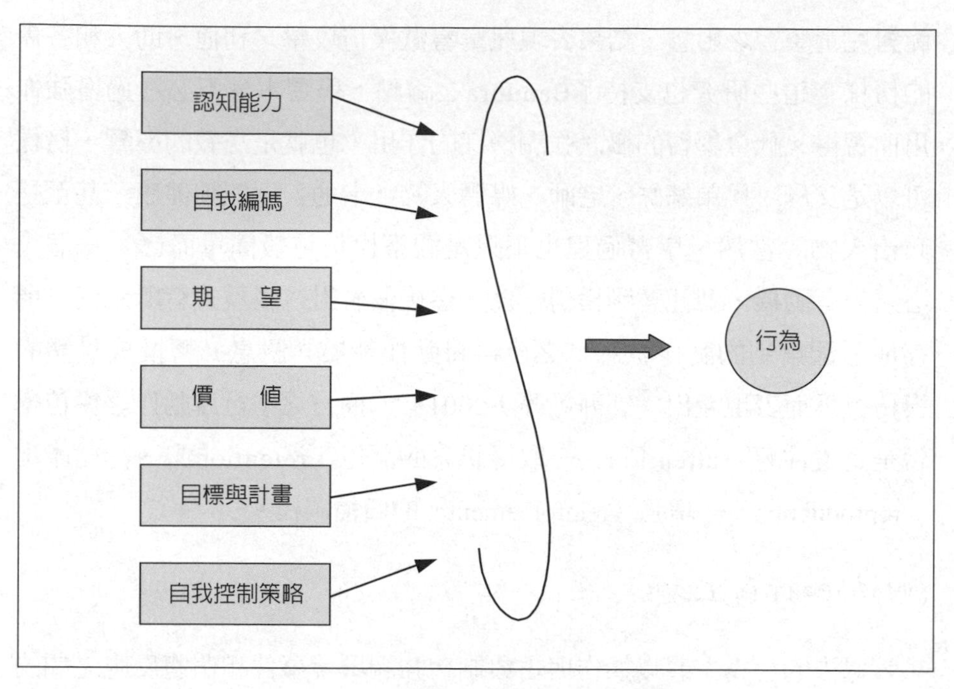

圖2-5　影響行為的六個認知向度

表2-1　四種學習過程

古典制約	操作制約	社會學習	認知行為主義
當兩個事件在非常接近的時間內一起出現時，它們就習得了相同的意義並產生相同的反應。	隨意控制的反應既可以加強，也可以消除，這取決於和它們相聯繫的結果。	新的反應可以透過對榜樣的觀察和模仿而習得。	除了新的反應以外，學習者還習得了關於情境的心理表徵，它包括對獎賞和懲罰的期望、適當的反應類型的期望以及反應出現的自然和社會環境的期望。

說明人類行為習得的過程。古典制約能夠說明信號與刺激之間形成的廣泛的聯想脈絡、對環境的持久的情緒反應，以及與反射類型相聯繫的學習的組織。操作制約強調以行為結果為基礎的行為模式的習得。社會學習理論增加了重要的模仿成分。人們可以透過觀察他人學習新的行為。最後，認知行為主義認為，一組複雜的期望、目標和價值可以看作是行為，它們能夠影響操作。訊息或技能在被習得之時並不能在行為上表現出來，除非關於自我和環境的期望允許它們表現。這種觀點強調了個人指導新的學習方向的能力。

三、心理動力論

心理動力論（psychodynamic theory）如同認知論學者，皮亞傑、柯爾堡對兒童發展及兒童教育領域有廣大之影響，他們皆認為兒童隨年齡成長，機體成熟有其不同階段的發展特徵及任務（參考表2-2），如同認識發生論（epigenetic）般，個體要達到機體成熟，其學習才能達到事半功倍。

(一)心理分析論

佛洛依德（Sigmund Freud, 1959/1939）的心理分析理論集中於個人之情緒與社會生活的人格發展，他更創立性心理發展。雖然該理論大部分已被修正、駁倒或扼殺，但許多佛洛依德的最初假設仍存留於現代之人格理論中。佛洛依德集中研究性慾和攻擊驅力對個體心理活動之影響，他認為強而有力的潛意識生物性驅力（drive）促成了人的行為（尤其是性與攻擊驅力）。佛洛依德的第一個假定：人有兩種基本的心理動機：性慾和攻擊，他認為人的每一行為都源自個體之性慾和攻擊衝動的

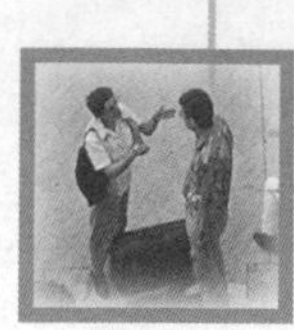

表現。其第二個假定是：人具有一種叫做潛意識（unconscious）的精神領域。它是無法被察覺到，且是強大的，是原始的動機儲存庫。無意識動機和有意識的動機會同時激發行爲。佛洛依德將此種假定應用到個人之心理治療，而個人之精神問題源自於童年（尤其前五年）影響個人行爲和情緒的潛意識衝突。佛洛依德認爲活動個人之意識和潛意識需要心理能量，稱爲原慾（libido），其集中於性慾或攻擊衝動的滿足，個體基本上的行爲是追求快樂，避免失敗與痛苦，故心理能量激發個體兩種行爲本能：生的本能（Eros）及死的本能（Thanato）。而隨著個體生理的成熟，性本能透過身體上不同的區域來獲得滿足，他稱之爲個體之性心理發展階段（stage of psychosexual development）（參見表2-2）。佛洛依德發展獨特的心理治療模式，他稱之爲精神分析（psychoanalysis），讓患者主述其過去的歷史及目前的狀況，利用夢的解析（dream interpretation）及自由聯想（free association）等技術，協助患者面對其潛意識的害怕與矛盾；其心理分析論廣泛影響了心理學家、精神病醫師與精神分析師的思想，甚至也影響了日後的遊戲療法。

此外，佛洛依德將人的人格結構分爲三種成分：本我（id）、自我（ego）及超我（superego）。本我是本能和衝動的源泉，是心理能量的主要來源，更是與生俱來。本我依據唯樂原則（pleasure principle）表現其生物性之基本需要，此種思維稱作原始過程思維（primary process thought），其特點是不關心現實的制約。自我是個人同環境有關的所有心理機能，包括：知覺、學習、記憶、判斷、自我察覺和語言技能。其負責協調本我與超我之間的衝突。自我對來自環境的要求作出反應，並幫助個人在環境中有效地發揮作用。自我依據現實原則（reality principle）來操作個體與環境互動及協調個人生物性之需求，在自我中，原始過程思維（即本我）要配合現實環境之要求，以更現實的取向來

滿足個人的本我衝動，所以此思維爲次級過程思維（secondary process thought）。次級過程思維即是一般我們在與人談論中所用的一般邏輯，序列思維，其必須要透過現實來體驗。超我包括一個人心中的道德格言——良心（conscience）以及個人成爲道德高尙者的潛在自我理想（ego ideal）。超我爲一個人的觀念，如哪些行爲是適當的、可接受的、需要追求的，以及哪些是不適當的、不可接受的，提供一個良好的衡量，它也規定一個人要成爲一個「好」人的志向和目標。兒童則是透過認同（identification）與父母及社會互動，在愛、親情和教養的驅使下，兒童積極地模仿他們的重要他人，並將社會準則內化，成爲他們日後的價值體系及理想的志向。

(二)心理社會發展論

艾力克遜（Eric Erikson）是出生於德國的心理分析家，他擴展了佛洛依德的精神分析論，並修正佛氏的性心理發展，是社會化之概念解釋一般人（不限於病態人格）並擴及人的一生的生命歷程發展的心理社會發展理論（psychosocial theory）。艾力克遜主張個體在其一生的發展乃透過與社會環境互動所造成，成長是經由一連串的階段進化而成的（Erikson, 1968）（參考**表2-2**）。在人的一生發展中，由於個人身心發展特徵與社會文化要求不同，每一階段有其獨特的發展任務與所面臨的轉捩點（即心理危機），雖然這個衝突危機在整個人生中多少會經歷到，但此一時期特別重要，需要透過核心過程（central process），例如幼兒期的模仿或認同，學齡兒童期之教育來化解心理社會發展危機，進而形成轉機，以幫助個體的因應能力，那麼個體行爲則能獲得積極性地適應社會環境的變化，以促進個體的成長，更能順利地發展至下一個階段。艾力克遜之心理社會發展強調解決社會之衝突所帶來的心理社會危

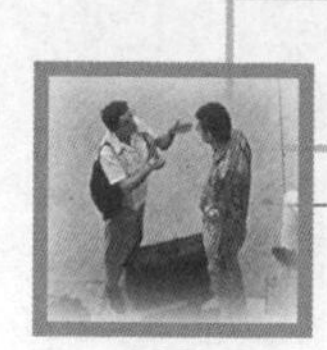

表2-2　各理論的發展階段對照表

生理年齡及分期	性心理階段（佛洛伊德）	心理社會階段（艾力克遜）	認知階段（皮亞傑）	道德發展階段（柯爾堡）
0歲　乳兒期	口腔期	信任←→不信任	感覺動作期	
1歲　嬰兒期				避免懲罰
2歲	肛門期	活潑自動←→羞愧懷疑		服從權威
3歲　嬰幼兒期			前運思期	
4歲　幼兒期	性器期	積極主動←→退縮內疚		
5歲				
6歲				現實的個人取向
7歲　學齡兒童期	潛伏期	勤奮進取←→自貶自卑		
8歲			具體運思期	
9歲				
10歲				
11歲				和諧人際的取向
12歲			形式運思期	
13歲　青少年前期	兩性期	自我認同←→角色混淆		
14歲				
15歲				
16歲				
17歲				社會體制與制度取向
青少年後期（18歲~22歲）	※		※	
成年早期（22歲~34歲）	※	親密←→孤獨疏離	※	基本人權和社會契約取向
成年中期（34歲~60歲）	※	創生←→頹廢遲滯	※	
成年晚期（60歲~70歲）	※		※	
老年期（70歲~死亡）	※	自我統合←→悲觀絕望	※	普遍正義原則

機，而非如佛洛依德般強調性與攻擊的衝突；因此，個體必須能掌控一連串的社會衝突，方能達到個體成熟（Erikson, 1982），衝突則是由於個體在文化上以及個體在社會上所經歷的處境所致。

心理動力論強調人際需要與內在需要在塑造人的人格發展中的重要性，佛洛依德強調個人的性和攻擊衝動的滿足，而艾力克遜則強調個人與社會互動中的人生發展，前者較著重童年期對成人行爲之影響，而後者則強調個人的一生中的各階段的成長。心理動心論則認爲兒童期的發展非常重要，同時也體察到如果我們冀望幼兒能成長爲一健全的成人，則在幼兒階段便需幫助他們面對，解決發展上的衝突，而且成人與社會應扮演著重要的角色，此理論也深深影響兒童心理、教育及福利工作之實務者。

四、認知理論

認知（cognition）是經驗的組織和解釋意義的過程。解釋一個聲明、解決一個問題、綜合訊息、批判性分析一個複雜的課題皆是認知活動。而認知理論在一九六〇年代之後除了一致性研究兒童的智力發展的建構論點，且研究也持續地進行，而理論也不斷地修正，進而形成更周延的建構理論。建構理論（constructivist theory）主張個體是由處理其經驗中所獲得的資訊，而創造出自己的知識。建構理論乃是針對理性主義和經驗主義兩者間對立之處而提出的一種辯證式的解決之道。這兩種理論的論點皆是探索個體是如何知悉世界萬物的方法。理性主義者（rationalism）視理性（即心智）爲知識的來源，而經驗主義者（empiricalism）視經驗爲知識的來源。建構主義者自一九六〇年代之後才開始影響美國兒童發展和教育領域，其中以Jean Piaget, Lev. S. Vygotsky

及Jerome S. Bruner為代表人物，茲就其分別之論點，特分述如下：

(一)皮亞傑

皮亞傑（Jean Piaget, 1896-1980）乃是認知發展建構理論的先驅。他利用個案研究方法，長期觀察其女兒而建立其認知發展階段理論（參考**表2-2**）。除此之外，他長期蒐集一些不同年齡層的兒童解決問題，傳達夢境、道德判斷及建構其他心智活動之方法與資訊。皮亞傑主張兒童的思考系統是透過一連串階段發展而來，而且這些發展階段在各種文化中適用於所有的兒童。

皮亞傑假定，認知根植於嬰兒天生的生物能力（又稱之為反射動作），只要在環境提供充分的多樣性和對探索（遊戲）的支持，智力則會系統地逐步發展。在皮亞傑的發展理論中，有三個重要的概念：基模、適應和發展階段。

■ 基模

依皮亞傑的觀點，兒童是經由發展基模來瞭解世間萬物的意義。基模（schema）乃是思考世間萬物之要素的整合方式。對嬰兒而言，基模即行動的模式，在相似的情境當中會重複出現，例如嬰兒具有吸吮（sucking）和抓握（grasping）的基模，稍後隨基模逐漸分化及練習而發展出吸吮奶瓶、奶嘴和乳房的不同方式，或抓握不同物品的動作基模。基模是透過心理調節過程而形成的，它隨著個體成長與環境的各個層面的反覆相互作用而發展，人終其一生皆不斷地產生並改變基模。

■ 適應

適應（adaptation）是兒童調整自己以適應環境要求的傾向。皮亞傑擴充演化論之適應概念，提出「適應導致邏輯思維能力的改變」

（1936/1952: 7-8）。

適應是一個兩方面的過程，也是基模的連續性與改變。此過程是透過同化（assimilation）及順應（accommodation）。同化是依據已有基模解釋新經驗，也是個體與外在互動造成過去基模的改變，同化有助於認識的連續性。例如有一幼兒小明認爲留長鬍子的男性都是壞人。當小明遇到男性，他留著長長的鬍子，小明預料（認知）留鬍子的這位男性是壞人。在與這位蓄著鬍子的陌生男子在一起，小明認爲這位男性是壞人。

適應過程的第二方面是順應，說明物體或事件顯露出新的行爲或改變原有基模，換言之，也是個體改變原有的基模以爲了調適新的環境要求。例如小明如果與那位留著鬍子的男性相處的時間更久些，或與他有所互動，小明可能發現，這位男性雖留著鬍子，但他很熱情、親切並且很友善。日後，小明就瞭解並非每個留著鬍子的男性都是壞人。兒童即透過此兩個歷程增加其對世界的瞭解並增進個體認知的成長。在一生中，個體透過相互關聯的同化和順應過程逐漸獲得知識。爲了得到新的觀點與知識，個體必須能夠改變其基模，以便區分新奇和熟悉的事物。個體之同化與順應之過程造成適應的歷程，也造成個體心理平衡的改變。平衡（equilibrium）是在個人與外界之間，以及個人所具有的各個認知元素之間，求取心理平衡的一種傾向。當個體無法以既有的認知結構處理新經驗時，他們會組織新的心理型態，以回復平衡的狀態（郭靜晃等，2001）。

■發展階段

皮亞傑的興趣在於理解人是如何獲得知識。認識（knowing）是一種積極過程，一種構造意義的手段，而不是瞭解人們知道那些特定內容。皮亞傑的研究集中兒童探索經驗方式之基礎抽象結構，他對兒童如何瞭

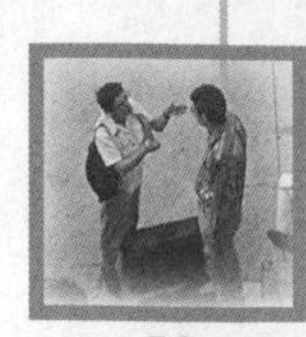

解問題的答案，比對答案本身更感興趣。基於這個觀點，他不斷觀察兒童如何獲知問題的答案過程，而創立了認知發展的基本階段理論，共分為四個階段：感覺動作期、前運思期、具體運思期和形式運思期。皮亞傑認為個體透過此四種認知成熟的基本模式成長，發展個體的邏輯推理能力。因此，他所指述的階段包含著能夠運用於許多認知領域的抽象過程，以及在跨文化條件下，在實際年齡大致相同的階段中觀察到的抽象思維過程。六○年代之後，許多研究兒童發展的學者除受皮亞傑理論之影響，也深入探究其理論，也有些人駁斥皮亞傑的理論並修正其理論而成為新皮亞傑學說（neo-Piagetian theory）。

(二) Lev. Semenovich Vygotsky

Lev. Semenovich Vygotsky（1896-1934）是一位蘇聯的心理學家，也是一位建構心理學的理論家，他原先是一位文學教師，非常重視藝術的創造，日後轉而效力發展心理學和精神病理學的研究。

Vygotsky認為人同時隨著兩種不同類型的發展——自然發展和文化發展來獲得知識。自然發展（natural development）是個體機體成熟的結果；文化發展（cultural development）則是與個體之語言和推理能力有關。所以，個體之思考模式乃是個體在其成長的文化中，從他所從事的活動後所獲得的結果。此外，進階的思考模式（概念思想）必須透過口頭的方式（即語言發展）來傳達給兒童。所以說來，語言是決定個體學習思考能力中的基本工具，也就是說，透過語言媒介，兒童所接受正式或非正式的教育，決定了其概念化思考的層次。

Vygotsky提出文化發展的三階段論，有一個階段又可再細分為一些次階段（Thomas, 1992）（見表2-3）。Vygotsky認為兒童的發展是透過他們的「近似發展區」（zone of proximal development）或在能力較強的同

表2-3　Vygotsky的文化發展階段

階段	發展內涵
階段1	思考是無組織的堆積。在此階段，兒童是依據隨機的感覺將事物分類（且可能給予任何名稱）。
階段2	利用複合方式思考，兒童不僅依據用主觀印象，同時也是依據物體之間的聯結，物體可以在兒童心中產生連結。兒童脫離自我中心思考，而轉向客觀性的思考。在複合思考中，物體是透過具體性和真實性來進作思維操作，而非屬於抽象和邏輯的思考。
階段3	兒童可從概念思考，也發展了綜合與分析能力，已具有抽象和邏輯思考能力

資料來源：Thomas (1992). pp.335-336.

儕合作下運思而不獨立自己運作。在這個區域中，兒童從比他們更成熟的思考者（如同儕或成人）提供協助，猶如建築中的鷹架（scaffolding）一般，支持並促使兒童發揮功能及學習新的能力。從Vygotsky的觀點，學習指導著發展，而非先發展再有學習。Vygotsky的理論近年來引起廣大的注意，尤其是那些對皮亞傑理論有所質疑的兒童發展與教育學者，Vygotsky的理論已在語言及讀寫能力之教育應用上有研究的雛型。

(三) Jerome Bruner

Jerome Bruner（1915-　）如同Vygotsky般，對兒童思考與語言之間的關心，他提出三個認知過程：(1)行動模式（enactive mode）；(2)圖像模式（iconic mode）；(3)符號模式（symbolic mode）。行動模式是最早的認知階段，個體用動作與操作來表達訊息，大約在零至兩歲的嬰兒期，嬰兒透過行動來表達他的世界，例如用手抓取手搖鈴表示他想說，或用吸吮物體表示他的飢餓。

圖像模式約在二歲至四歲的幼兒期，兒童藉由一些知覺意象來表達一個行為，如用視覺的、聽覺的、觸覺的或動態美學的方式來表達其心中的圖像或其所目睹的事件。符號模式發展在五歲之後，由於兒童語言

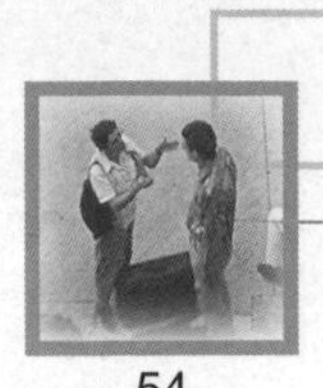

的擴增，可幫助其表達經驗並協助他們操作及轉化這些經驗，進而產生思考與行動，故語言成爲兒童思考與行動的工具。之後，理解力得以發展。故兒童的認知過程始於行動期，經過了關係期， 最後到達符號期，如同個體對事物的理解力般，一開始是透過動手作而達到瞭解，進而藉由視覺獲得瞭解，最後透過符號性的方式表達個體意念。建構主義對幼兒發展的解釋，也影響日後幼兒保育及兒童福利。皮亞傑的理論已被廣泛地運用於幼兒的科學與數領域的認知模式之托育，而近年來，Vygotsky及Bruner之理論已影響到幼兒閱讀與語言領域之幼兒保育，尤其在啓蒙讀寫之課程運作上。

五、生態環境論

生態環境理論（ecological theory）視兒童整個人為其周遭的環境系統所影響，此理論可應用解釋到兒童保育及兒童福利。此理論相對於個體之成熟論，是由Urie Bronfenbrenner（1917- ）所倡導的。他認爲人類發展的多重生態環境，是瞭解活生生的、成長中的個體如何與環境產生互動關係，他將環境依與人的空間和社會距離，分別連環圖層的四種系統——微視、中間、外部、鉅視和年代等系統（參見圖2-6）。個人被置於核心，個人受其個人的原生能力及生物基因的影響，以及日後受環境互動中所形成個人的經驗及認知，稱之爲微視系統（micro system），而與個體最密切的家庭或重要他人如照顧者、保母與個人互動最直接與頻繁，故影響最直接也最大。中間系統（mesosystem）是各微視系統（如家庭、親戚、同儕、托育機構、學校、宗教機構等）之間的互動關係，兒童最早的發展即是透過與這些微視系統所組成之居間系統的接觸而達成社會化，進而瞭解最早的周遭環境。外部系統（ecosystem）是指社

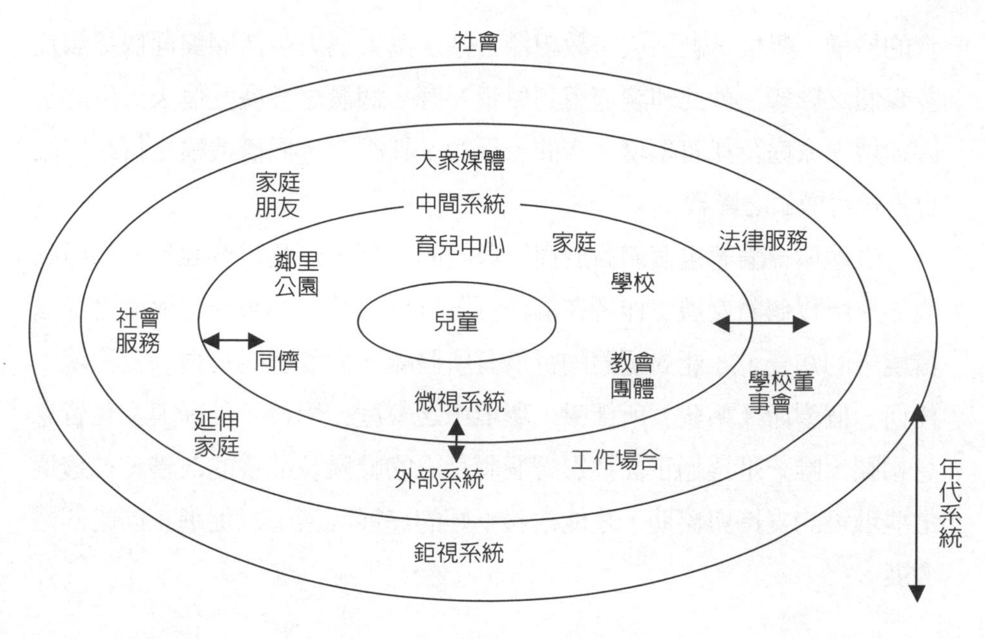

圖2-6　生態系統理論之系統組合

資料來源：郭靜晃（2005）。《兒童發展與保育》。

會情境直接影響其中間系統的運作，間接地影響兒童的發展，例如父母的工作情境、學校的行政體系、政府的運作、社會制度或民間團體……等。最後的系統是鉅視系統（macro system）是直接受到各個社會文化的意識形態和制度模式所影響，例如社會文化、社會意識形態和價值觀，直接影響外部系統、中間系統及微視系統的運作，再間接影響個體的發展。年代系統（chronological system）是受不同世代在社會變遷下對個體所形成的態度與價值，例如一百年前（1900s）與當代（2007）的愛情觀、養育子女觀、學校體制等皆有很大的差異。

在Bronfenbrenner理論，人類發展最重要的本質是透過與環境互動增加個體之適應社會之能力。年小的兒童因個人之成熟性不夠，受微視系統影響最大，而隨著年齡的成長，其微視系統擴大，個體可從家庭、托

育的機構、學校、社區或宗教組織，甚至擴大個人生活圈與同儕接觸及多媒體之影響。就此理論運用到兒童托育、個體之發展受個人天生之基因遺傳、家庭及托育環境（空間、玩物、課程），同儕機構之行政與社會對托育價值之影響。

生態環境論著重個體對於周遭環境的詮釋，以及這些詮釋是如何改變的。所以個體發展工作者在解釋個體行為之時，必須先瞭解個體身處情境中的知覺，才能對個體的行為有所體認。而個體的行為深受環境中任何一個環節（系統）所衝擊，環境中之家庭、學校、社區與文化皆息息相關，唯一是透過正面地影響個體身處的社區及社會的改善，並透過這些環境的支持與協助，才能改善不好的發展因素，以促進正向的個體發展。

第三節　人生全程之生命期待

勾勒一個人的未來端賴於他期望要活多久。當然，我們可以大概推估：吾人生命可能因一災難事件、意外或生病而結束，但是，概算一個人可以活多久，是根基於一個人平均的生命期待（life expectancy）。在過去美國歷史的九個時段中，平均每個人的生命歷程的期待是不同的（見**表2-4**）。**表2-4**指出，在二十世紀初期，在出生時，只能被預估可以活到49.2歲，但當他們活到六十五歲時（預期他們可以活到76.9歲）；活到七十五歲（預期他們活到82.1歲）；而活到八十歲時（預期可活到85.3歲）。在二〇〇〇年，他們在出生時被預期可活到77.0歲；當他們活到六十五歲時（他們預期可活到83.0歲）；到七十五歲時（預期活到86.4歲）；而到八十歲時（他們預期可活到88.7歲）。

表2-4　從一九九〇至二〇〇〇年在不同齡層平均存活律率

年代	2000	1994	1989	1978	1968	1954	1939-1941	1929-1931	1900-1902
出生	77.0	75.7	75.3	73.3	70.2	69.6	63.6	59.3	49.2
65歲	18.0	17.4	17.2	16.3	14.6	14.4	12.8	12.3	11.9
75歲	11.4	11.0	10.9	10.4	9.1	9.0	7.6	7.3	7.1
85歲	8.7	8.3	8.3	8.1	6.8	6.9	5.7	5.4	5.3

資料來源：U. S. Bureau of Census, 1984, 1992, 2000, 2003.

生命表爲測定一國國民生命力強弱之重要指標，可以瞭解一國國民健康水準及生命消長情況。其「平均餘命」函數可用以說明各年齡人口預期生存之壽年（參考表2-5）。八十五年台閩地區人口平均壽命男性爲72.38歲、女性爲78.05歲，其中台灣地區人口平均壽命已由民國四十五年男性60.40歲、女性爲64.38歲，升至民國九十四年男性74.50歲、女性80.80歲。近五十年來，男性平均壽命增加14.10歲、女性增加16.42歲。依據一九九八年世界人口估計要覽資料顯示，台灣男七十三歲、女七十九歲，較亞洲國家，如韓國男七十歲、女七十七歲，菲律賓男六十三歲、女六十九歲，馬來西亞男七十歲、女七十五歲爲高，較日本男七十七歲，女八十四歲則差距仍大。與美國男七十三歲、女七十九歲；德國男七十三歲、女八十歲，丹麥男七十三歲、女七十八歲等已開發國家相若。

表2-5　民國八十五年至民國九十五年台灣地區國民平均壽命

	民國85年	民國86年	民國87年	民國88年	民國89年	民國90年	民國91年	民國92年	民國93年	民國94年
男	72.38	72.97	73.12	73.33	73.83	74.06	74.59	74.77	74.68	74.50
女	78.05	78.61	78.93	78.98	79.56	79.92	80.24	80.33	80.75	80.80

資料來源：內政部統計處（2007），光復後歷年簡易生命表平均餘命。

使用這類統計數字推估個人的生命全程，我們可以計算生命全程的改變。在一九九四年出生，每人平均比在一九九○年出生時被期待有多26.5年的壽命。除此之外，美國社會安全局（the Social Security Administration）所做的生命期待的計劃是相當可靠的，尤其對男女生的預測（請參考表2-6）。整體來看，男生不如女生活得久，不僅在美國是如此，相對地在世界各地亦是如此。美國男女性在生命期待中之差距從一九八○年到現在已漸漸減少，至少到二○一○年彼此的差距會更小。影響一個人的生命已有相當證據顯示社會系統影響到一個人的生物系統，諸如醫藥的進步、相關生活方式的選擇、健康照顧服務的可及性以及成功因應壓力。

根據美國政府的方案推估（見表2-6），男女性出生時的生命期待從現在到二○一○年是增加的。到底人出生時生命期待是繼續增加還是現在已是人生生命期待的極限，目前呈現兩極化的說法。Bernice Neugarten（1981）（著名的人生發展學者）辯稱：假如人類在醫藥及營養在未來四十年如果像過去六十年來快速的進展，那屆至二○二○年，人類活到一百二十歲高齡是無庸置疑。然而，相對地，Olshansky等人（1990）卻提及在嬰兒、成人及老年人時的主要相關致命因子已被控制得不錯，也少有進展空間，所以我們只能期待有一更好的健康生活，而不是更長壽。

表2-6　一九八○、一九九○、二○○○、二○○五、二○一○在性別上出生時生命週期待計畫

性別	1980	1990	2000	2005	2010
男性	70.0	72.1	73.0	73.5	74.1
女性	77.4	79.0	79.7	80.2	80.6
差距	7.4	6.9	6.7	6.7	6.5

資料來源：U. S. Bureau of Census, 1991, 1997.

儘管如此，當一個人期望推估某個人的生命期待，吾人必須考量那個人居住地區、年齡、教育、種族及性別族群。除此之外，相關研究已證實基因會影響一個人的壽命；如果一個人祖先長壽，那他／她也可能會較長壽；個人的生活型態也與壽命呈現正相關。《美國新聞周刊》（*Newsweek* Magazine）在一九九七年有一篇報導記載有關〈如何活到一百歲〉（How to Live to 100），並列表推估個人的生命年齡，並依個人的年齡、健康、生活型態、家庭及其祖先（Cowley, 1997）（見表2-7），除此之外，個人之家庭收入、是否有高血壓、背痛、關節炎、抽菸、正常體重及酗酒等皆是影響個人是否長壽之因素。最近相關研究亦指出，均衡飲食、體重過重及有策略服用維他命及礦物質，皆有助於免於細胞老化及損壞（Carper, 1995; Rusting, 1992; Walford, 1990）。

吾人一生的抉擇常被個人預估活多久所影響，例如：A君期望活到八十歲，他覺得四十歲前要保持單身，但往後四十年，他必須與另一伴

表2-7　長壽之相關因子

此表給你一個大概生命期待的常模。下列的年齡推估是各年齡層的中數，然後依下列的危險因子來增減〔假如你年齡超過六時，你依右列正負百分比（±%）來調整危險因子分數〕	年齡	男性	女性	計分：危險因子
	20～59	73	80	參考此表
	60～69	76	81	+/-20%
	70～79	78	82	+/-50%
	80↑	加5歲		+/-75%

	增加生命期待			沒有改變	減少生命期待			
健康	增加三歲	增加兩歲	增加一歲		減少一歲	減少兩歲	減少三歲	劃記
血壓	在90/65及120/81	沒有心臟病，但低於90/65	在121/82及140/90之間	130/86	在131/87及140/90之間	141/91及150/95之間	超過151/96	
糖尿病	—	—	—	無	第二型（成人發病）	—	第一型（青少年發病）	

（續）表2-7　長壽之相關因子

	增加生命期待			沒有改變	減少生命期待			
健康	增加三歲	增加兩歲	增加一歲		減少一歲	減少兩歲	減少三歲	劃記
HDL膽固醇	—	—	高於55	45-54	40-44	低於40	—	
依我的年齡與同年齡層人相比較，我的健康是	—	—	良好	不錯	—	不好	很差	
生活形態	增加三歲	增加兩歲	增加一歲		減少一歲	減少兩歲	減少三歲	劃記
抽菸	無	過去抽菸已超過近五年不抽菸	過去抽菸近一至三年不抽菸	過去抽菸近一至三年不抽菸	過去抽菸近一年不抽菸	抽菸一天一包以內	抽菸一天一包以上	
二手煙	—	—	—	—	一天一小時	一天一至三小時	一天三小時以上	
運動平均	每天九十分鐘運動量（例如：走路、游泳）超過三年以上習慣	每天超過六十分鐘，超過三年習慣	每天二十分鐘，超過三年習慣	每天十分鐘，超過三年習慣	每天五分鐘，超過三年習慣	每天少於五分鐘	無	
飲食脂肪攝取量	—	低於20%	21-30%	31-40%	—	高於40%	—	
水果及蔬菜	—	—	每五種及以上	—	無	—	—	
家庭	增加三歲	增加兩歲	增加一歲		減少一歲	減少兩歲	減少三歲	劃記
婚姻狀況	—	健康已婚男性	健康已婚女性	單身女性或鰥夫	離婚男性或寡婦	離婚女性	單身男性	
過去一年重大壓力事件	—	—	—	—	一件	兩件	三件	
平均每月朋友見面次數	—	三次	兩次	一次	—	無	—	
父母死亡年齡	—	—	父母已超過七十五歲	一位超過七十五歲	—	—	沒有一位超過七十五歲	

你估計的生命期待：＿＿＿＿＿＿歲。

資料來源：*Newsweek,* June 30, 1997, p.65.

侶共同生活，所以，一個人的生命期待影響到個人之行為、自我概念、態度及對未來的願景。

第四節　結　論

人生全程發展是由現代發展心理學所加以演進，亦是心理學的一支，主要的研究變項是年齡，探討由年齡成長所產生身心各方面的變化。人生全程發展與發展心理學的主要區別有四：(1)發展是連續的；(2)成熟是相對的；(3)發展存於脈絡中；(4)發展的影響是雙向的。

本章探討了人生全程發展的定義、內涵、歷史的演進、影響發展的因素、發展的原則與過程，以及人生全程發展常用的理論——如成熟論、心理分析論、認知理論、行為理論和生態環境論。

人生全程之人口統計資訊刺激一個人推估個人之生命期待。在美國，這世紀以來，個人平均生命期待增加50%以上，此種劇烈改變影響吾人前瞻未來。我們需要持續不斷鑽研人類發展，因為我們不能滿足於從過去歷史的數據來推估我們的下一代。

參考書目

中文部分

內政部統計處（2007）。〈光復後歷年簡易生命表平均餘命〉，《內政部統計年報》。台北：內政部統計處。

朱智賢（1989）。《心理學大辭典》。北京：北京師範大學。

馬慶強（1996）。〈發展心理學〉。收錄在高尚仁主編之《心理學新論》。台北：揚智文化。

陳怡潔譯（1998）。《人類行爲與社會環境》。台北：揚智文化。

張春興（1991）。《張氏心理學辭典》。台北：東華書局。

郭靜晃（2005）。《兒童發展與保育》。台北：威仕曼文化。

郭靜晃、黃志成、陳淑琦、陳銀螢（2001）。《兒童發展與保育》。台北：國立空中大學。

黃志成（1999）。《幼兒保育概論》。台北：揚智文化。

英文部分

Anderson, J. E. (1960). Behavior and personality. In E. Ginsberg (ed.). *The Nation's Children: Development and Education.* NY: Columbia.

Atchley, R. C. (1975). The life course, age grading, an age-linked demands for decision marking, in N. Datan & L. H. Ginsberg (eds.). *Lifespan Development Psychology: Normative Life Crises,* p.264. New York: Academic Press.

Bandura, A. (ed.) (1971). *Psychological Modeling.* Chicago IL: Aldine-Atherton.

Bandura, A. (1977). Social learning theory. *Englewood Cliffs,* NJ: Prentice-Hall.

Bandura, A. (1986). Social foundations of thought and action: A social cognitive theory. *Englewood Cliffs.* NJ: Prentice-Hall.

Bandura, A. & Walters, R. H. (1963). *Social Learning and Personality Development.* New York: Holt, Rinehart & Winton.

Carper, J. (1995). *Stop Aging Now: The Ultimate Plan for Staying Young and Reversing the Aging Process.* New York: Harper Collins Publishers.

Clausen, J. (1986). The life course: A sociological perspective. *Englewood Cliffs,* NJ: Prentice Hall.

Cowley, G. (1997, June 30). How to live to 100. *Newsweek,* pp.56-67.

Elder, G. H. (1975). Age differentiation and life course. *Annual Review of Sociology,* 1, 165-190.

Elder, G. H. (1981). Social history and life experience. In D. H. Eichorn, J. A. Clausen, N. Haan, M. P. Honzik, & P. H. Mussen (eds.), *Present and Past in Middle Life,* pp.3-31. New York: Academic Press.

Erikson, E. H. (1963). *Childhood and Society* (2nd ed). New York: Norton.

Erikson, E. H. (1968). *Identity: Youth and Crisis.* New York: Norton.

Erikson, E. H. (1975). *Life History and the Historical Moment.* New York: Norton.

Erikson, E. H. (1982). *The Life Cycle Completed: A review.* New York: Norton.

Gesell, A. (1952). Developmental pediatrics. *Nerv. Child,* 9.

Hagestad, G. & Neugarten, B. (1985). Ageing and the life course. In R. Binstock & E. Shanas (eds.), *Handbook of Ageing and the Social Science,* pp.35-61. New York: Van Norstrand Reinhold.

Hurlock, E. B. (1968). *Developmental Psychology* (3rd ed). NY: McGraw-Hill Inc.

Hurlock, E. B. (1978). *Child Development* (6th ed.). NY: McGraw-Hill Inc.

Mischel, W. (1978). On the interface of cognition and personality: Beyond the person-situation debate. *Psychological Review,* 80: 252-283.

Neugarten, B. L. (1981). Growing old in 2020: How will it be different? *National Forum,* 61(3): 28-30.

Olshansky, S. J., Carnes B. A., & Cassel, C. (1990). In search of Methuselah: Estimating the upper limit to human longevity. *Science,* 250: 634-640.

Rusting, R. L. (1992). Why do we age? *Scientific American,* 267: 130.

Thomas, R. M. (1992). *Comparing Theories of Development* (3rd ed.). Belmont, CA: Wadsworth.

Tolman, E. C. (1948). Cognitive maps in rats and men. *Psychological Review,* 55: 189-208.

U. S. Census Bureau (1984). *Statistical Abstract of the United States,* 1984. Washington, DC: Government Printing Office.

U. S. Census Bureau (1991). *Statistical Abstract of the United States,* 1991. Washington, DC: Government Printing Office.

U. S. Census Bureau (1992). *Statistical Abstract of the United States,* 1992. Washington, DC: Government Printing Office.

U. S. Census Bureau (1997). *Statistical Abstract of the United States,* 1997. Washington, DC: Government Printing Office.

U. S. Census Bureau (2000). *Statistical Abstract of the United States,* 2000. Washington, DC: Government Printing Office.

U. S. Census Bureau (2003). *Statistical Abstract of the United States,* 2003. Washington, DC: Government Printing Office.

Walford, R. L. (1990). The clinical promise of diet restriction. *Geriatrics,* 45: 81-83, 86-87.

Chapter 3 兩性關係

邱貴玲
美國哥倫比亞大學社會工作學院博士
中國文化大學社會福利學系助理教授

第一節　緒論
第二節　相關理論
第三節　相關議題
第四節　結　論

第一節　緒論

近幾年來，在社會風氣開放和多元發展下，性別平等教育成爲學校教育的重要領域。兩性的交往和相處對剛結束青春期，生理已發育成爲成年人，但心理成熟度還在成長的大學生而言，更是一個重要的經驗和挑戰。

民國八十七年三月，轟動全國的清華大學研究所女學生殺害情敵，毀屍滅跡的社會事件，和近幾年來常發生的青春男女殉情事件，讓台灣社會更警覺青春男女，理性成熟的兩性交往態度觀念的重要性。

本章第一部分，因此從性別發展出發，討論兩性生理、心理異同和性別認同的發展，到社會文化對兩性文化的影響。第二部分敘述兩性間的互動議題，包括約會、戀愛、性行爲、避孕、懷孕、分手的藝術、性騷擾／性暴力和同性戀相關的議題。從不同層面的兩性互動關係，作理論和實務的分析，以探討兩性成熟理性相處的生命課題。

第二節　相關理論

性別認同的形成，從不同理論學派來看，無論是先天生理差異發展，或是後天社會化互動結果，各家理論各有不同看法。一般來說，性格特質和性別發展，對性別認同的影響，都大於兩性生理基因的決定因素，如果沒有適當的性別學習，只有單純的性別基因，不足以成就一個人的性別認同。性別認同發展理論主要分爲以下幾個派別：

一、心理分析論（psychoanalytic theory）

佛洛伊德認爲影響兒童早期的人格發展可分爲不同階段，並影響其未來的人格建立。包括一歲左右的「口腔期」，二至三歲的「肛門期」，四至六歲的「戀母情結期」，七歲至青春期的「潛伏期」，到青春期以後的「生殖期」。佛洛伊德認爲，兒童對身體生殖器官的知覺發展，透過潛意識的作用，產生男女性別的不同認同。所以，性別認同歷程是察覺生殖器官差異，向同性父母認同，產生性別認同，再造成男女性別行爲（林美和，2006；劉秀娟，1999）。

二、社會學習論（social learning theory）

社會學習論代表學者Bandura認爲，性別角色認知和性別行爲是透過行爲觀察，和社會學習、模仿而來。包括電視媒體、圖片、廣告、圖書，或成人如父母、家人、老師、保育員等，兒童觀察不同性別行爲，加上成人對兒童行爲作各種性別教化，讓兒童開始察覺哪些行爲是被鼓勵的，哪些是不被接受的，在成人對兒童行爲的增減觀察中，兒童學到不同的性別行爲模式。過程包括：觀察行爲－模仿行爲－性別行爲形成－性別認同（林美和，2006）。例如「女生穿裙子比較漂亮」、「男生不可以哭」等等，都是社會學習而來。

三、認知發展論（cognitive theory）

認知發展是綜合心理分析學派和社會學習理論而來。認知理論認爲，兒童從行爲當中，自己認知到自己的性別，發展出性別概念和認同。所

表3-1 美國刻板的性別角色描述

受試者為美國大學生，男=74，女=80（1972）

女性化	男性化
不具攻擊性	富攻擊性
無法獨立	非常獨立
情緒化	不情緒化
不隱藏情緒	隱藏情緒
主觀	客觀
易受影響	不易受影響
順從	具支配性
討厭數學、科學	喜歡數學、科學
在小冒險危機中感到興奮	在小冒險危機中不感到興奮
被動	主動
不具挑戰性	具挑戰性
沒有邏輯	重邏輯
家庭取向	有世界觀
沒有生意技能	有生意技能
隱密保留	直接
對世界不瞭解	對世界瞭解
容易感傷	不易感傷
不愛冒險	愛冒險
不易作決定	易作決定
愛哭	不哭
不扮演領導角色	扮演領導角色
較無自信	較有自信
對攻擊不舒服	對攻擊不會不舒服
不具野心	有野心
無法分辨感覺和想法	容易分辨感情和想法
依賴	不依賴
對外貌自負	不會因外貌而自負
認為女性比男性優越	認為女性比男性優越
無法自在的和男人談「性」	可以自在的和男人談「性」

資料來源：Broveman, I. etc, “Sex roles stereotypes: A current appraisal”，引自劉秀娟、林明寬（1996）。

以性別的發展是一種認知的過程，如男童發現爸爸站著小便等等。

兒童性別認知過程可以分爲三個階段，包括：(1)「性別認同」：分辨自己和他人性別；(2)「性別穩定性」：瞭解性別不能隨便改變；(3)「性別恆常性」（constancy）：性別不會隨外在環境和行爲不同而改變（Kohlberg, 1966）。

第三節　相關議題

一、友誼、互相吸引、約會、戀愛

(一)友誼（friendship）

在社會化過程中，經由就學、工作、交誼和社會互動，建立各種友誼關係。由於異性戀的社會期待，所以，很多時候異性不容易建立純友誼的關係，如好萊塢電影《當哈利遇見莎莉》（*When Harry Met Sally*），就是探討男女之間是否有純友誼存在。友誼和異性戀一樣，都是先建立在「喜歡」的基礎上，兩人相處，只要有一方有不喜歡的感覺，都不會成爲朋友。喜歡是一種感覺，也是一種反應，友誼包括了互惠、互信和忠誠、包容、寬容，沒有「喜歡」這個因素，很難建立友誼和互動（Basow, 1992; 林蕙瑛，1995）。但由於性別角色、兩性特質和男女互動方式不同，女性和男性的異性友誼建立，比男性和男性，女性和女性，同性之間友誼更加困難。而社會也傾向期待異性友誼進一步發展成戀愛關係的型式（劉秀娟，1995）。

(二)互相吸引（attraction）

「這是如何發生的？」，所謂「來電」的感覺（have a crush on someone），古今中外，多少文學藝術都在問這個問題。劉秀娟（1999）根據國外研究歸類指出，兩個人要互相吸引，需要幾個基本條件。包括：

1. 「時空的接近性」（proximity），互動愈頻繁、相處時間愈多，感情的發展也就愈迅速。所謂「一日不見如隔三秋」這都是雙方來電初期的重要反應。
2. 「外表的吸引」也非常重要，尤其是在認識初期，建立第一印象時，「外表的吸引」是個重要因素。但研究也發現，外表吸引的取向因人而異，有人在乎身高、有人在意胖瘦、也有人重視皮膚或五官等等。從**表3-2**來看，「外表乾淨」在友誼取向中，排名第二，但在約會特質中排名第五，結婚特質中，排名第七。**表3-2**顯示，隨著人與人的交往，外表長相的重要程度也漸消弱。
3. 「人格特質」。只有外表吸引，並不構成兩人相處的發展，隨著兩人的時間交往，人格特質扮演了加分、減分的作用。如愉快的、體貼的、可信賴的、幽默感等，都是一個人在與人交往過程中，吸引對方的人格特質；相反的，小氣、粗魯、退縮等，都可能造成對方減分。
4. 「相似性」，包括聰明才智、社會地位、生活背景、興趣與經驗、價值觀、生活態度、前途規劃等，都影響到兩人關係的繼續發展。
5. 「互補性」。相似性的另一面爲「互補性」，兩個各有互相欣賞對方的原因，而這些原因可能和自己個性不同。例如一個外向活潑的女性，可能被一個內斂穩重的男性吸引。個性依賴的人可能會喜歡個性權威的人。

表3-2 高中生交友、約會與結婚對象所需重要特質評量表

友誼重要特質	約會重要特質	結婚重要特質
1.愉快的	1.愉快的	1.愉快的
2.外表乾淨	2.可信賴的	2.可信賴的
3.有幽默感	3.體貼	3.體貼
4.可信賴	4.有幽默感	4.誠實正直
5.受異性歡迎	5.外表乾淨	5.有感情的
6.自在的	6.誠實正直	6.自在的
7.有感情的	7.自在的	7.有幽默感
8.體貼的	8.有感情的	8.聰明
9.有車子或容易有車	9.聰明	9.好聆聽者
10.會跳舞會玩	10.思考周密	10.運動好
11.偶爾有冒險	11.穿著適當	11.思考周密
12.思考周密	12.運動好	12.穿著適當

資料來源：Hansen (1977). Dating choices of high school students, 引自黃德祥（1994）。

(三)約會（dating）

吃飯可以是偶爾聚餐、單純朋友吃飯或是異性約會，主要是看雙方互動的情境和氣氛。傳統的約會模式，以男主動、女被動開始。男性先提出邀約，女性只有答應和拒絕兩種選擇。雖然兩性互動隨著社會開放有所改變，但在兩性刻板印象的影響下，男性主動邀約還是比較常見。而學者也發現，如果男方被女方吸引，就會主動邀約；反之，如果男方沒有被吸引，女方邀約也沒有用；同樣的，男方有意，女方拒絕，交往也是無從發展。因此，與其被對方拒絕，自討沒趣，如果男方沒有主動邀約，女方也不需給對方製造機會。

另一個問題是，女性表達友善時，在傳統社會中，常被解讀成「性的訊息」，而也因此容易造成約會強暴迷思，認為是女性主動邀約，她一定有此意等等（Muehlenhard, 1990）。約會主要提供一個單獨相處和

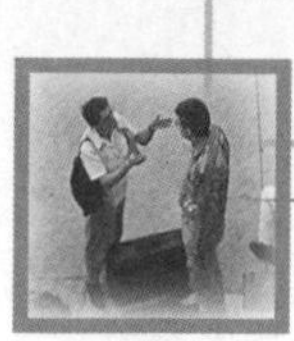

進一步瞭解的機會。有時幾次約會，就沒有下文，也有幾次約會後，就更深入交往，進入戀愛的階段。

(四)戀愛（fall in love）

約會不同於戀愛。約會是互相交往，彼此互相熟悉，比較多的是吸引（attraction），而不一定到愛的程度（love）。戀愛就是愛上對方，願意和對方一對一交往方式出現。

「愛」有主要三個組成項目（Sternberg & Grajek, 1984），包括：

1.「親密感／親近感」（intimacy/closeness）。在相處時的親近、界線距離和感情連結，親密感指標包括：

(1)希望促成對方的福祉，讓對方快樂。

(2)分享對方的快樂。

(3)推崇對方。

(4)在碰到危難時，有信心可以依靠對方。

(5)相互瞭解。

(6)和對方分享自己的財物所有等。

(7)給對方情緒支持。

(8)和對方親密溝通。

(9)珍惜對方在自己生活／生命的重要性。

2.「熱情」（passion）被定義爲「想要和對方在一起」。在異性戀愛過程中，「熱情」程度表現各有不同和各種生理反應，如牽手、擁抱、接觸、接物、撫摸、甚至進一步的性行爲等，都是因熱情而起。但熱情也包括心理的感覺，包括保護、自尊、自我確認、控制、順從等各種複雜情緒。熱情和親密感可能同時而來，兩者程度有時也不易分辨，但對兩人交往關係的持續，是重要的因素。

3.「決定／承諾」（decision/commitment），如「我要不要和對方在一起，成為固定男女朋友，或結成夫妻」。因此，「決定／承諾」分為短期承諾和長期承諾。短期承諾包括選定對方當伴侶的決定；長期承諾則包括願意長期和對方相伴甚至結婚。沒有熱情熱度或親密感加溫，「承諾」也不成為考慮的因素，比較是一種沉默的進行式，但卻是兩人關係的關鍵因素，否則再多的親密感、再多的熱情，一旦決定不要，關係還是無法持續。

Sternberg（2004）以「親密感」、「熱情」、「決定／承諾」三個愛情成分為基礎，將兩性的情愛關係分成不同層次；

1.無愛（nonlove）：三個成分都沒有，只是普通交往，也是最常見的社會關係。
2.喜歡（liking）：有親密感，但沒有熱情，也沒有長期承諾。友誼多屬這個層次。喜歡一個朋友，有親密感，分享許多生活事物，但不會有來電的熱情感覺，也不會有一生相伴的承諾。
3.迷戀（infatuated love）：也就是所謂的「一見鍾情」（love at first sight），在適當的情境下，可以很快就發生，甚至會產生性衝動和熱情反應。
4.空愛／單戀（empty love）：也就是情愛的三個成分，對方都沒有回報，是一廂情願的親密、熱情和承諾。除了青年男女的單戀外，在一些不和諧的婚姻關係中也常出現這種空愛，和對方沒有情緒的關心，外表的吸引力不存，或性愛的熱度冰點，除非當初的婚姻承諾非常強烈，否則長期下來，婚姻即使存在，也都名存實亡。
5.浪漫之愛／熱戀（romantic love）：相對為空愛／單戀，浪漫之

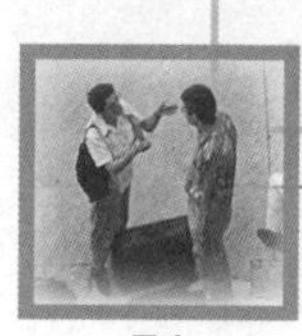

愛，就是兩情相悅之愛。三個情愛成分都達到高點。兩人不只情緒、心理、生理互相吸引，熱戀難分難捨。

6.伴侶之愛（companionate love）：在長期兩性關係中，也許肢體吸引力不再，但彼此的承諾已深，相處親近感已久，兩人生活中互相爲伴支持照顧，彼此成爲最好的朋友和伴侶。

7.愚愛（fatuous love）：主要指「熱情」、「決定／承諾」，但缺少「親密感」的兩性關係。像許多好萊塢速食婚姻一樣，認識幾天就訂婚、結婚，幾個月後又離婚。雖然「熱情」可以快速發展，「承諾」可以當下決定，但「親密感／親近感」卻需要時間和相處的互動培養，所以只有熱情和承諾，仍不足以發展成長期關係。

8.完全之愛／眞愛（consummate love）：包括三種情愛成分，發展出兩人長期完全關係，也是許多人所嚮往的愛情最高境界。在兩人追尋眞愛的過程中，也不一定都完全順利平坦，而達到眞愛目標後，要如何維持又是另一個挑戰。眞愛隨著時間和兩人的變化成長，也可能漸漸變質。就像很多婚姻，剛結婚時，也是兩情相悅，互許白

表3-3 「親密感」、「熱情」、「承諾」在不同愛情中的比重分配

分類	親密感 intimacy	熱情 passion	承諾 commitment
無愛（nonlove）	---	---	---
喜歡（liking）	+	---	---
迷戀（infatuated love）	---	+	+
空愛（empty love）	---	---	---
熱戀（romantic love）	+	+	+
伴侶（companionate love）	+	---	+
愚愛（fatuous love）	---	+	+
眞愛（consummate love）	+	+	+

資料來源：Sternberg, R. (2004) “A triangular theory of love”, in Reis, H. & Rusbult, C. (eds.), *Close Relationship*, pp.213-227.

首偕老，但還是漸行漸遠，等發現時已形同陌路（One is not aware of the loss of the goal until it is far gone，人總要等到目標已離很遠，才發覺早已失去它多時）。

二、性行為和懷孕

性行爲的法律定義有其不同層次，但本章爲簡便讀者瞭解，性行爲直接定義爲造成女性懷孕的性交行爲的生理行爲。

兩性交往，性行爲的發生有其自然生理因素，但跨出這一步，尤其是在兩人婚約之前，是一個重大決定。如以上所提，情愛的三個成分「親密感」、「熱情」、「承諾」。性行爲可以是熱情的延伸，增加親密感的方法，也是一種決定進一步交往關係的承諾。

但同樣的，即使兩人有「親密感」、「熱情」和「承諾」，也可以沒有性行爲，兩人決定結婚在新婚之夜再跨過界線。也有可能，兩人雖交往但一直到分手結束都沒有性行爲，只是純純的愛。所以，性行爲在兩性關係間，是充分但非必要條件。

然而，在社會風氣開放下，婚姻關係已不再是性行爲發生的唯一社會關係。性行爲發生受到不同因素影響，除了生理性慾望衝動以外，心理社會因素，包括父母影響、同儕影響、性格和對性的概念，都會影響一個青年決定是否在婚前，和戀愛對象發生性行爲。社會文化因素，在現代社會中，更是一個重要的影響因素。主要因爲，現代社會還是一個父權社會，女性容易被視爲是性慾的接受對象，而性行爲也以男性掌控爲主。

在父權社會的文化環境下，婚前性行爲，對女性仍有所謂的「處女情結」，婚前性行爲對女性的壓力，還是比對男性的壓力更大。呂

昌明（1994），抽樣調查台北市某大學二年級學生發現（來自母群體一千五百人的樣本共三百二十六人），男大學生認爲婚前性行爲會「增加雙方的感情」、「增加我的性知識」、「滿足我的生理需求」、「有助於未來婚姻幸福」等，多持正面的看法；相反的女學生對婚前性行爲則表示「造成心理負擔」、「危害身體健康」、「破壞未來婚姻幸福」、「不被社會接受」等，顯示同是婚前性行爲，女性青少年覺得性行爲是一種代價付出，對男性青少年卻更多認爲是一種正面所得。

性行爲時，首先要面對的就是懷孕和性病感染問題，台灣許多未婚年輕男女，在從事性行爲時，對懷孕的可能性，多抱持著僥倖心理，加上性知識不足，有些人甚至連如何懷孕、怎麼避孕都一知半解。

更大的問題是，台灣的青年男女，對於懷孕可能帶來的影響，包括對小爸媽本身、出生嬰兒和家庭未來發展，都沒有應有的瞭解。使得許多青年男女以爲，如果懷孕，結婚就可以解決所有問題，而沒有考慮後續可能引發的問題。使得青少年懷孕的防治工作，仍多停留在「先上車，補不補票的問題」，而沒有得到進一步宣導，青少年懷孕，即使補了票結婚，後面還有更多問題要面對。

青年男女身心未成熟就懷孕，經濟沒有基礎，影響後續的子女教養問題。因懷孕而勉強結婚，也造成許多日後的婚姻關係，產生許多家暴問題。懷孕可能的引發相關問題，從個人、家庭影響的探討，近年也延伸到公共衛生和愛滋病傳染的世紀問題。相關研究從衛生、醫療，和社會、文化等不同角度分析，發現青少年懷孕的社會現象，無論是青少年結婚或未婚，對個人、家庭和社會都造成負面影響（王釋逸、程小蘋，2001；晏涵文、林燕卿、張利中，1998；Hoffman, 1998; Geronimus & Korenman, 1990）。

研究還發現，小媽媽們比一般懷孕婦女更容易在懷孕和生產期間出

現身心相關病症，包括焦慮、情緒失調、失眠等。由於許多青少女因自己個人尚在發育階段，更容易產生死胎、胎兒體重過高或過輕而必須剖腹生產及發生產後憂鬱症等。因此，小媽媽生下來的新生兒，也較一般成年婦女的新生兒，容易發生早產、體重不足、智力不足、發展遲緩、基因發育不良或發育不全，甚至死亡等負面結果。這些因青少年懷孕生子所引發的健康問題，也成爲了家庭和社會問題（Cunnington, 2001）。

三、避孕、安全性行為

因爲性知識不足，許多青年男女分不清「避孕」和「安全性行爲」不同。性病傳染和愛滋病人數日益增加的現代社會，「使用保險套」是唯一可以避孕和防治性病、愛滋病傳染的方法。但許多青年男女往往把「懷孕」等同於「安全性行爲」，諸不知沒有懷孕不表示不會傳染性病、愛滋病，所以「懷孕」和「安全性行爲」不可混爲一談。

台灣保守觀念認爲，報導性知識會變向鼓勵學童對性的好奇，進而發生性行爲。但美國經驗發現，性知識和性行爲發生並不一定相關。知道的多不一定性行爲就發生的早或出現的多，知道的少也不定發生的晚或發生的少。相反的，青少年的性知識教育愈充分，對性行爲發生的決定反而會愈謹慎，也愈知道如何避孕和避免傳染性病（Kalmuss, 2003）。更重要的是，正確的性教育更可以破除青少年在各種非正式管道，如色情網站或大衆傳播等私下取得的性迷思，避免青少年對性充滿過度好奇，而在性知識不完全下，從事性行爲，甚至連懷孕都不知，而無可挽回。

如上所述，保險套是最有效也最方便的「避孕」兼「安全性行爲」的方法。但許多青少年將避孕和安全性行爲混爲一談。不瞭解沒有懷孕

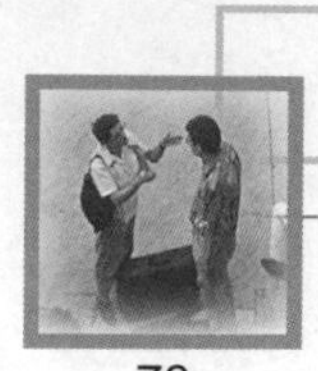

不等於沒有傳染性病，傳染性病也不一定會懷孕。因此，避孕的方法雖然很多，除了沒有發生性行爲之外，一旦有性行爲時，眞正且唯一可以防止性病傳染的方法，還是首推最方便取得，使用容易的保險套。

楊金裡、晏涵文（1998）在六百七十一份二專生回答自己有無性經驗的樣本中，女生一百一十人，和男生五十五人，共一百六十五人爲主要研究對象發現，只有三十五人（24.2%）表示每次都使用保險套。而影響青少年使用保險套因素依次分別爲：「意願」、「性別」（女生較少要求對方使用）、「社會規範」、「性接受度高」、「安全性溝通」、「愛滋病課程」、「自覺患病」等不同因素。

葉昭幸（2000）則發現，青少年在「有懷孕焦慮」、「對性伴侶認識不深」，或「父母壓力」及「同儕正面影響」下，使用保險套的機會增加。而不用保險套的因素則包括：「沒有懷孕顧慮（如未在學）」、「與伴侶認識時間較長」、「擔心沒有快感」或「瞭解伴侶的性史經歷」。這些資料顯示，青少年對性病和愛滋病傳染，及過早懷孕可能帶來的負面影響都沒有清楚的認知。因此，社會和學校未來在性教育和愛滋病宣導和防治工作上，應將青少年納入重要的宣導對象。避免青少年成爲過早懷孕和性病／愛滋病傳染的雙重犧牲者。

基於「懷孕」的最終面對者是女性本人，所以許多性別平等研究學者（林美和，2006；邱貴玲，2005；林蕙瑛，1995）都強調，女性在面對未婚情愛關係跨出性行爲重要一步時，要有清楚的認知，並一定要堅持保護自己，全程使用保險套，以避免造成任何遺憾。如果對方不使用保險套，甚至不使用任何避孕方法，表示對方沒有尊重和負責的觀念，即使對方承諾會結婚，但如以上所述，這樣的結婚決定不一定是兩情相悅的結果，在雙方因懷孕而付出結婚的代價後，關係的維繫也可能會成爲婚姻生活的挑戰，出現婚姻危機。

表3-4　各種避孕方式比較

方法	理論上的懷孕率％	實際可能的懷孕率％	如何運作	優點	缺點
禁慾	0	0	無性交	不會懷孕 不會傳染性病 不會傳染愛滋病	無性交
無任何防護	90	90	無任何防護	無	傳染性病、愛滋病 懷孕
避孕藥	0.34	4-10	防止排卵	減少經痛， 性交時不需使用	醫師處方 副作用
保險套	3	10	阻止精子	唯一預防性病與愛滋病的方法	性交前準備
殺精劑	3	17-22	阻止精子 破壞精子	不需醫生處方	使用不當會失敗
安全期	2-13	20-25	禁慾，無性交	花費低	無性交 只適合週期固定的婦女
抽出	9	20-28	體外射精	不用花費	降低性趣 失敗率高
灌洗	?	40	沖洗	便宜	失敗率非常高
哺乳	15	40	阻止排卵	無花費	不可靠
輸精管結紮	0.15	0.15	阻斷精子	永遠	非常可靠，無法再受孕
輸卵管結紮	0.04	0.04	阻斷精子	永遠	非常可靠，無法再受孕
墮胎	0	0	將受精卵移除	有效	未來受孕機會低

資料來源：羅惠筠等（1992），《現代心理學》。

四、分手／失落

常言道「相愛容易，相處難」。分手固然令人神傷，但相愛的兩人得以終成眷屬，其實也不一定「從此幸福美滿的過了一生」，否則現代人的離婚率也不會節節上升。

在交往過程中，當「親密感」漸淡、「熱情」漸消、而有一方或雙方都「決定」不再以對方爲伴侶時，兩人就面臨愛情的盡頭——「分手」收場。

美國《紐約時報》幾年前的暢銷書《他就是沒那麼在乎你》（*He is not that into you*）（Behrendt, 2004），以女性讀者爲對象，列出幾大項對方行爲指標，作爲讀者檢視個人愛情關係的參考。整本書強調的重點就是對方如果眞的在乎你，就會和你努力溝通、瞭解你，但不是討好你，而是就會尊重你，就會珍惜你。而如果沒有這樣的回應，就表示對方沒有那麼在乎你，也沒有那麼愛你，所以作者建議讀者「沒有他／她比較快活，下一個會更好」。

這些被視爲不值得留戀的指標，依感情交往的程度階段來分，包括：

1.對方沒有約你。

2.對方沒有再來電話。

3.對方不想和你繼續約會。

4.對方不想和你有親密關係。

5.對方和別人有親密關係，俗稱劈腿。

6.對方只有在需要你的時候才來找你。

7.對方要和你分手。

8.對方不要和你結婚。

9.對方突然失聯。

10.對方是個不負責任的渾球。

11.對方是個已婚者。

這些的指標，主要以生活爲例，輕鬆易懂。而在學術研究上，Rubin（1981）發現，性別差異對分手的感受有顯著影響，面對問題和分手的調適也不同。研究發現，女性較易主動提出分手，而被告知的男性，在分手後也較容易有情緒反應和嚴重失落感。可能原因是，男性對於自己感情失去控制的失落感大於女性，因爲女性對於操控的需求，在社會期待和社會化過程中較男性低。

劉秀娟（1999）認爲，在父權社會依然的現代社會環境下，兩性關係的發展，男性還是較占優勢，包括誰來約，多久見面一次，未婚的主動權等。而如果在交往過程中，一方勉強自己，沒有誠實面對自身感受和自主的生活需求，一味的配合對方需要，日後在長期的交往或婚姻過程中，也會帶來更大的隱憂。

如何面對感情失落，是所有青年男女在兩性交往中都可能面對的人生過程挑戰。就像失去親人一樣，失落、哀傷都是生命必經的過程。

失落和哀傷是種複雜的心理過程。Marris（1974）指出，「失落」影響一個人的安全感，讓一個人對許多已建立的價值和信念動搖。這個失落的心理過程包括：

1.需要重新整理過去經驗中什麼是有價值、最重要的。

2.在面對失落時，如何保存自我，不對自己產生懷疑。

3.需要在失落中，重建一種有意義的關係模式，例如，如何再面對對方，未來如何面對新的對象。

4.擁抱未來，向前走或作改變。

由於，「失落」造成過去和未來的斷層，所以失落者如何將自己和過去的相處經驗、感情聯結、有對方存在時的生命意義，作一個切割，以建立一個新的沒有對方的生活和人生世界，對任何失落者而言都是一

個經驗挑戰。

Lishman（2001）指出，面對「失落」情緒，有幾個不同的階段，包括：(1)「察覺」；(2)「尋找」；(3)「減輕壓力」；(4)「拒絕面對／否認」；(5)「忿怒」；(6)「罪惡感」；(7)「漸漸接受失落事實」；(8)「建立新的自我認知」。而這個過程，根據研究，可以不斷循環，直到失落者完全面對失落的事實，接受對方不會再回來，重建新的自我認知，展開新生活爲止。

五、性騷擾／性侵害

(一)性騷擾

性騷擾是一種性別權力的濫用和不平等，可能是長者對幼者、尊者對晚者、上位者對下位者，或是強者對弱者。性騷擾分爲口語和非口語、肢體和非肢體的騷擾。類型包括：性別騷擾、性別挑逗、性賄賂、性要脅、性攻擊。

如何判定是否爲性騷擾。葉芊玲列出幾個識別指標：

1.雙方是否有權力關係差距，包括；職位、地位、知識、年齡、體力身分、族群、資源不對等。

2.對方的行爲是否具有性或性別歧視意涵。

3.對方的行爲是不受歡迎、未經同意的。

4.被行爲者不一定需要口語拒絕或有明顯拒絕動作，因爲可能因雙方權力不對等、事情突然發生或氣氛不宜而沒來得及反應。

5.對方的行爲對被行爲者產生負面影響是最重要的。而不是行爲者動機，因行爲者通常否認或說無意、是不小心的。

6.不一定需要重複發生。

性騷擾可以發生在三個不同場所（劉秀娟，1999）：

1.家庭中的性騷擾：

(1)報復性的性騷擾：如因爲和某一方生氣，便以騷擾他的家人作爲報復。

(2)威脅、交換性的性騷擾：提供利益給對方，讓對方忍受騷擾。

(3)情境式的家庭性騷擾：如全家一起看色情片，帶子女去看脫衣舞。

2.學校／辦公室的性騷擾：

(1)威脅和交換式的性騷擾：如以要將對方革職或退學爲騷擾條件。

(2)製造一個令學生／員工感到敵對、受恐嚇或被侵犯的學習環境：如講黃色笑話，或播放色情影片、作不雅動作等。

(3)對提供性服務者給予特殊待遇之間接性騷擾：讓被性騷擾者享有某些特權。

(4)濫用學生／員工信賴所造成的性騷擾：利用學生信賴獲取學生／員工的個人秘密，加以性騷擾。

3.社會性騷擾：包括公共場所的偷窺、大衆交通工具上的不當接觸等等。

無論發生在任何場所，性騷擾都是一種性剝削、性暴力行爲，研究發生，女性經常成爲性騷擾受害者，主要是因爲社會性別角色不平等的結果。許多騷擾者認爲騷擾行爲沒有什麼大不了，並將騷擾行爲加以合理化，或是「我騷擾你是因爲看得起你」、「你性感我才會騷擾你」，或是怪罪受害者「誰叫你身材那麼好」。加上，許多媒體將性騷擾娛樂

化，使得社會對性騷擾的嚴重性更加漠視，或對性騷擾產生不同標準。

陳皎眉（1997）認爲，很多年輕人由於不完全明白騷擾是什麼，所以，碰到被騷擾時，不知如何反應，加上社會性別觀念扭曲，受害者有時反而會懷疑自己行爲不端、服裝不整所以才被性騷擾，或害怕被報復而不敢聲張，也讓更多性騷擾加害者繼續騷擾行爲，沒有得到制裁。所以，中止性騷擾最好的方法就是留下證據或記住對方特徵，儘快提出指控，透過合法管道和機制，尋找保護和制裁對方繼續犯罪。

(二)性侵害

性侵害亦稱強暴，也稱爲性暴力。性暴力是比性騷擾更進一步的暴力行爲。性暴力，不是暴力的性行爲，如伴侶之間，有時玩性虐待遊戲，是一種暴力的性行爲。但，性暴力和暴力性行爲完全不同，是以性方式呈現的暴力行爲。性侵害根據刑法界定，包括強姦罪、趁機姦淫罪、利用權勢姦淫罪、強制猥褻罪、乘機猥褻罪、利用權勢猥褻罪、公然猥褻罪，和散布販賣猥褻物品罪等（王如玄，1997）。

研究發現，性侵害受害者，沒有特別年齡、身分、背景之別。由於性侵害受害者，常常無法面對自己，不敢報警，因此反而讓許多加害者更加囂張作案。如白曉燕案陳進興逃竄時，事後發現許多被他性侵受害者都沒有報警。根據警政署統計，民國七十八年的全台強暴案件爲605件，十年後的民國八十八年，增爲1,701件，而學者推估，強暴案的報案率，只有實際數字的十分之一。因此，1,701可能實爲17,010件。

強暴發生的原因，歸納爲以下幾種（劉秀娟，19991；周月清，1995；黃富源，1995；傅立葉，2004）：

1.「性別歧視論」：父權社會以支配女性爲控制手段，如當年鄧如雯殺夫案，就是先被她丈夫林阿祺強暴，家人在反正也沒有人會再娶

她的情況下，逼她嫁給強暴者（周月清，1995；羅燦煐，1995）。

2.「暴力容許論」：例如，社會容許暴力的存在，如體罰、兒虐等，所以性暴力也被認為是可以容許的暴力行為（黃富源，1995）。

3.「色情刊物污染論」：指色情過度描繪性別意識，加深男尊女卑的性別刻板印象，助長了性暴力和性別歧視。

4.「社會解組論」：指社會現象嚴重解組，讓各種暴力、犯罪事件叢生，性暴力是其中一種犯罪行為。

近幾年來，社會對性侵害的社會教育提升，也提供女性保護專線緊急救援。對女性權益促進是重大一步。除了防範犯罪於未然，其實是更多女性在現代生活中要具備的基本生活常識。除了隨時提高警覺以外，更要隨時注意身邊的動靜和安全逃生的方向和方法。夜間晚歸，或在公共場所發現任何可疑狀況，更要保持鎮定，就近走入便利商店，靠近收費窗口、保全人員等有人出入的地方，避免讓自己陷入任何險境。而如果很不幸的發生任何情事，不分性騷擾、性侵害，無論程度輕重，都要留下所有相關物件作為證據，在法律前為自己作最大的保護。

第四節　結　論

兩性交往是人類永遠的生理、心理課題，人類因兩性關係才得以永續發展，生生不息。兩性相處貴於互信和尊重，這是一個成長的學習過程，也是必經的過程，只有在兩性平等對待、互信的溝通下，真愛才有發展的空間，最終無論是幸福結合或平和分手，都是一個成熟的句點，也是未來兩人婚後兩人生活相待，或未來和新的對象建立相處關係時的重要基礎。

參考書目

中文部分

王如玄（1997）。〈婦女人身安全與法律〉，《福利社會》，5期，頁1-11。

王釋逸、程小蘋（2001）。〈同儕對性經驗之國中學齡青少年性行為影響之研究〉，《彰化師輔導學報》，22期，頁89-124。

林美和（2006）。《成人發展、性別與學習》。台北；五南圖書。

林蕙瑛（1995）。〈戀愛與性教育〉，收錄於江漢聲等編，《性教育》。台北；性林文化。

邱貴玲（2005）。〈小爸媽的天空：未成年懷孕的影響研究〉，發表於《邊緣／高風險青少年社區及外展工作理論、實務與實踐」國際研討會》，2005年11月16、17日。台北：中國文化大學社會福利學系舉辦。

周月清（1995）。《婚姻暴力－理論分析與社工處置》。台北；巨流。

陳皎眉（1997）。〈青春期的兩性關係〉，收錄於陳皎眉等著，《兩性關係》。台北；國立空中大學。

呂明昌（1994）。〈影響大學生婚前性行為因素的性別差異之研究〉，《衛生教育論文集刊》，7期，五月號，頁78-86。

晏涵文、林燕卿、張利中（1998）。〈青少年婚前性行為及其趨勢之探討〉，《台灣性學學刊》，4卷2期，頁1-14。

劉秀娟（1999）。《兩性教育》。台北：揚智文化。

劉秀娟（1996）。《幼兒玩性與社會遊戲的評量》。台北：揚智文化。

黃德祥（1994）。《青少年發展與輔導》。台北；五南圖書。

黃富源（1995）。〈婦女人身安全政策篇〉，《婦女政策白皮書》。中國國民黨中央婦女工作會編。

楊金裡、晏涵文（1998）。〈某夜二專學生與性伴侶使用保險套情形及其相關因素之探討〉，《台灣性學學刊》，4卷2期，頁50-62。

葉昭幸（2000）。〈有性經驗之高職及大專學生是否使用保險套之相關因素〉，《長庚護理》，11卷4期，頁24-34。

傅立葉（2004）。〈婦女福利服務〉，收錄於呂寶靜編，《社會工作與台灣社會》，台北：巨流。

羅惠筠等（1992）。《現代心理學》。台北；美亞出版。

羅燦煐（1995）。〈解構迷思，奪回暗夜：性暴力之現況與防治〉，收錄於劉毓秀編，《台灣婦女處境白皮書》。台北；時報文化。

外文部分

Basow, S. (1992). *Gender Stereotypes and Roles.* California: Brooks Publishing Company.

Cunnington, A. (2001). What's so bad about teenage pregnancy? *The Journal of Family Planning and Reproductive Health Care,* 27(1): 36-41.

Gehrendt, G. & Tuccillo, L. (2004). He's just not that into you. *Simon Spotlight Entertainment.* New York, U.S.A.

Geronimus, A. & Korenman, S. (1990). The socioeconomic consequences of teen childbearing reconsidered. Ann Arbor, Michigan.

Hoffman, S. (1998). Teenage childbearing is not so bad after all....or is it? A review of the new literature. *Family Planning Perspectives,* 30(5): 236-243.

Lishman J. (2000). "Loss" in Davies, M. (ed.). *The Blackwell Encyclopaedia of Social Work.* Blackwell Publishers Inc. Malden, Ma. U.S.A.

Marris, P. (1974). "Loss and Change". London: Routledge and Kegan Paul.

Muehlenhard. C. (1990). "Men's hetero-social skill and attitudes toward women as predictors of verbal sexual coercion and forceful rap". *Sex Rroles,* 23: 241-259.

Peace & Paymer (1993). "Education groups for men who batter: the Dutch Model" . New York, Springer.

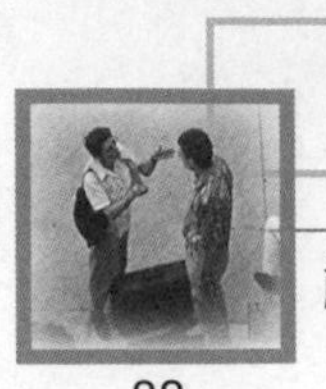

Rubin, Z., Peplau, L. & Hill, C. (1981). Loving and leaving: Sex differences in romantic attachments. *Sex Roles,* 7: 821-835.

Sternberg, B. (2004). A triangular theory of love. In Reis, H. & Rusbult, C. (ed.). *Close Relationships.*

Sternberg, B. & Grajerk, S. (1984). The nature of love. *Journal of Personality and Social Psychology,* 47: 312-329. NY: Psychology Press.

Chapter 4 壓力與調適

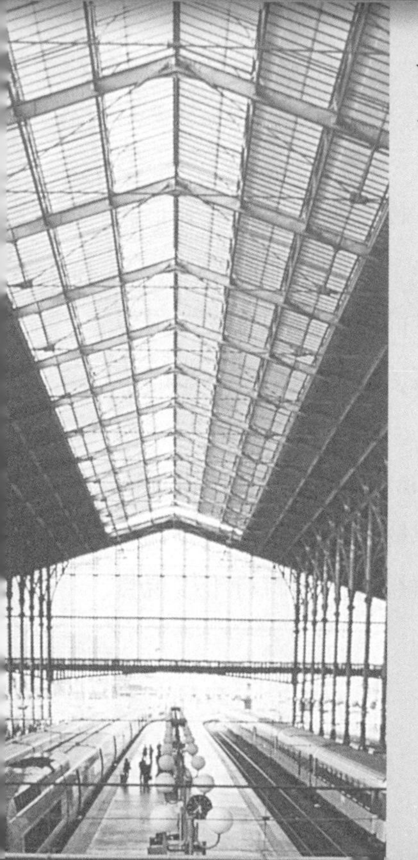

黃志成
美國紐約州立大學特殊教育研究所碩士
中國文化大學社會福利學系教授

第一節　壓力的意義
第二節　壓力的基本模式
第三節　Lazarus和Folkman的壓力取向
第四節　壓力的因應

與生活在農業社會的人比較，現代人每天所面對的壓力有越來越多越大的趨勢。這些壓力有些是自己造成的，例如：自己想要考大學、考研究所、結交異性朋友、辦活動、打工等；也有些壓力是別人造成的，例如：父母要我努力用功、老師宣布下週要期中考、異性朋友要求分手等。有些壓力是偶發性的，如地震、颱風、生病、車禍、與朋友吵架等；有些壓力是經常發生的，如應付考試或交報告、城市的交通阻塞、趕時間等。面對這些壓力，可能造成生理上的疾病或問題，如頭痛、肌肉酸痛、胃痛、失眠、性慾降低等；也可能造成心理上的疾病，如緊張、憂鬱、挫折、沮喪、焦慮等。因此，身為一位現代人，有必要去瞭解壓力、正視壓力、面對壓力與調適壓力。如此才能有效的管理生活，做一個健康快樂的現代人。

第一節　壓力的意義

壓力的概念源自於物理學及工程學，它涉及物質的能量及抗緊張的能力（莊淑灣，2004）。壓力係在強制性的情境下從事某種活動時（被動的或是自動的），個體身心所產生的一種複雜而又緊張的感受（張春興，1991）。壓力是個人與環境間恆定性的失常，使個人承擔過重的負荷，而導致身心上的不健康（李榕峻，2005）。一個人面臨壓力時，內心世界將知覺到受到威脅與必須面對挑戰（Huffman, 2002）。由上面的意義可知，壓力是強制性的，雖然有些壓力可以躲得掉，但大部分的壓力必須去面對；一個人有壓力時，內心世界很難平靜，它將會干擾現實生活。

第二節　壓力的基本模式

一個人從沒有壓力到有壓力，壓力的整個過程到底會包括哪些項目呢？其基本模式爲何？至少會有三個變項，也就是引起壓力的「壓力源」（stressor），個體面對壓力後的「壓力反應」，而其中最複雜的就是介於壓力源和壓力反應中間的「認知評估」，如圖4-1，說明如下：

一、壓力源

所謂壓力源即指引起個體產生壓力的刺激，周巧芳（2005）指出國小學童壓力來源包括個人壓力、老師壓力、同儕壓力、課業壓力四個層面。這些刺激有來自於整個自然環境、社會環境；也有來自於個人的生理因素、心理因素；當然也有來自於個人的生活改變和日常瑣事，說明如下：

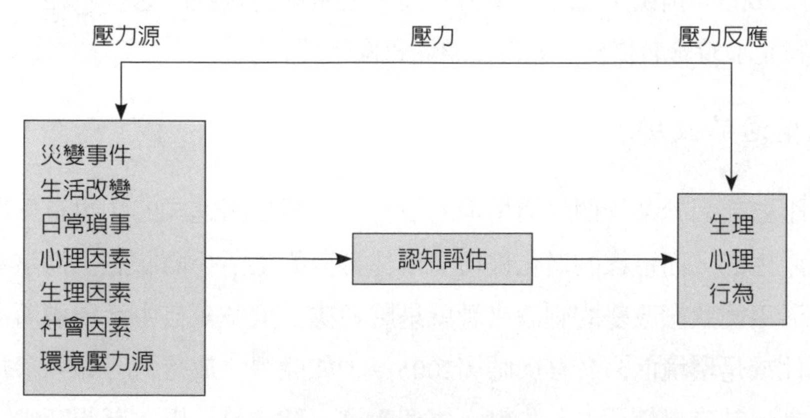

圖4-1　壓力的基本模式

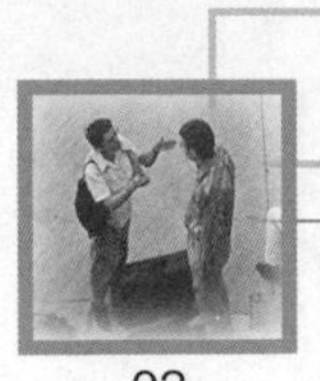

(一)自然環境的壓力源

指大自然環境中，上至天文、下至地理，如溫室效應、空氣污染、水質污染、能源短缺、地震、颱風、水災、旱災等。

(二)社會環境的壓力源

李素吟（2004）的研究經因素分析萃取出七個構面壓力源，其中「社會環境」即爲壓力源之一。如與人發生口角、與人鬥毆、收到不想收到的喜帖、不喜歡的人來邀約、有人向你借錢但不想借他等。

(三)個人生理因素

如生病、口渴、肚子餓、覺得太熱（冷）、覺得長相不雅、覺得身材不好、覺得太矮、覺得太胖、月經、性慾不滿足等。

(四)個人心理因素

如自卑、挫折、衝突、沮喪、憂鬱、神經質、恐懼、缺乏愛等。林金生（2003）指出，當工作壓力愈高，則負向情緒經驗愈多，在「工作不受肯定」時會有憤怒、悲傷及整體負向情緒經驗。

(五)生活的改變

壓力起因於某一個生活情境的變化，可能是漸進式的，也有可能是突然產生的，而這樣的變化破壞了以往習慣的生活平衡狀態，而這些導致生活平衡狀態改變的刺激來源就是壓力源，大多來自生活周遭所面臨的事件或是環境而來（林興皓，2005）。如開學、放暑假、報名參加社團活動、結交異性朋友、失戀、修理手機、結（離）婚、至親死亡、找到工作、退休等。

表4-1　生活改變壓力排序

生活改變	排序	生活改變	排序
配偶死亡	1	與上司不睦	22
近親的家人死亡	2	打官司	22
離婚	3	改變行業	26
被監禁或限制自我	4	退休	27
夫妻分居	5	家庭成員團聚	28
本人受傷或重病	6	負債未還，抵押被沒收	29
工作被開革	7	初入學或畢業	29
事業上的轉變	8	妻子剛就業	31
多量貸款	9	改變社會活動	32
少量貸款	10	財務狀況變好	33
家人的健康或行為有重大的改變	11	改變上班時間或環境	33
財務狀況變壞	11	搬家	35
好友死亡	13	居住情形的重大改變	36
結婚	14	轉學	36
懷孕	15	妻子剛去職	36
性行為不協調	16	輕微觸犯法律	39
工作職責上的降級	16	改變個人習慣	39
子女成年離家	16	春節	39
夫妻吵架加劇	19	改變休閒方式	42
分居夫婦恢復同居	20	改變宗教活動	43
個人有傑出成就	20	改變飲食習慣	43
家中增加新成員	22	改變睡眠習慣	45
工作職責上的升遷	22	長假	46

資料來源：改編自張苙雲等（1988）。

(六)日常瑣事

指在日常生活中，幾乎每天（或每週）會發生的事，這些事雖不至於產生太大的壓力，但由於雜事多，也常會「累死人」或有「蠟燭兩頭燒」之感。以家庭主婦爲例，常被認爲不用上班，每天一定是「閒閒沒事幹」，但一些家庭主婦也常抱怨有做不完的家事，日常瑣事如購物、

煮飯、洗衣服、帶小孩、交作業、應付考試、上學（班）、洗澡、存（領）錢等。吳曉霖（2004）對八位婦女所作的研究指出，最感到有壓力的工作是照顧工作，而且很容易造成生活中的忙碌感，因爲照顧工作充滿不確定性、難以預料，並且需要投入相當多的情感與心力，過程中會伴隨著更多的家務工作。

二、認知評估

由於每一個人都是獨立的個體，從發展上有遺傳與環境的不同，彼此間有個別差異，相同的壓力源對不同的個體可能產生相同或不同的反應。例如：兩位學生面對期末考的壓力，都顯得緊張焦慮；但另外一位同學可能就「老神在在」，不慌不忙。同班同學面對相同的壓力源爲什麼會有不同的反應呢？這就涉及「認知評估」的問題。所謂認知評估指的就是個體接受外在刺激時，刺激內容經由大腦判斷（評估），作爲回應的準備。影響大腦判斷的因素可能與下列數者有關：

(一)生理狀況

例如一位身材弱小的兒童，面對身體強壯的同儕攻擊，在考慮反擊或逃避時，經認知評估後，選擇逃避。

(二)人格特質

例如一位A型性格的上班族，面對強大的工作壓力時，他傾向於接受挑戰，全力以赴。所謂A型性格就是個性急躁、求成心切、有野心、好冒險的一種性格。此種性格的養成，顯然與現代都市化的社會有關，A型性格受到高度的讚揚，並且被認爲是實現雄心壯志及獲取成功的必備條件

（繆敏志，1995）。但是B型性格的上班族，則可能選擇逃避。

(三)舊經驗

例如一位歷經地震摧殘家園過的人，再次遭遇地震時，其內心恐慌的程度會較沒有經驗的人大。

(四)抱負與動機

例如面對升學壓力時，抱負與動機強的學生傾向於面對挑戰，抱負與動機弱的學生傾向於逃避。

(五)性別

不同性別的人可能面臨不同的壓力，在傳統家庭，男性認知上覺得有養家活口的責任，所以面臨較多的工作壓力、經濟壓力；女性認知上則面臨較多的家務壓力、養兒育女的壓力。當然，現代已婚女性（尤其是受過高等教育的女性）除背負有家庭壓力外，也如同男性一樣，有或多或少的職場壓力。

丁淑萍（2005）在疲勞感與職業壓力的相關研究中也指出，在職業壓力的某些層面上會因性別之不同而有顯著差異。陳佳瑩（2005）認爲工作壓力是受到環境之刺激，所產生的生理反應會受到性別影響。女性通常被社會賦予更多的道德上的責任，爲維持社會標準對女性在家庭、工作及人際上的期許，尤其是已婚育有子女的職業婦女，背負著更多工作、婚姻、親子……等問題，必須忍受更多元、複雜的壓力（林千惠，2005）。

(六)年齡

一年級研究生在整體生活壓力上顯著高於二年級研究生（林翠玟，2004）。不同年齡族群的受雇者，各有不同的生理、心理、情緒等壓力反應（鄭崠瑾，2002）。從發展心理學的觀點來看，一位一、兩歲的嬰幼兒，有看不到「依附對象」——通常是媽媽的壓力，造成所謂分離焦慮；一位四、五歲的幼兒可能因得不到喜歡的食物或玩具而感到焦慮；一位學齡兒童可能因找不到玩伴而有壓力；進入青春期的國中、高中學生，可能有升學壓力、性衝動壓力與渴求異性友誼的壓力；一位大學生可能會有應付期中考、期末考、交報告、異性交往的壓力；根據葉明華（1981）的研究指出：在四十八項「生活改變」壓力事件中，大學生所面臨壓力平均值的排序前十名依序爲：父母死亡、家族近親逝去、父母離婚、個人名譽受損、好友死亡、家屬健康重大改變、發生性關係、個人身體有重大傷害、個人身體有重大疾病、經濟來源中斷、戀人移情別戀（註：後二者並列第十名）；一位未婚的青年可能面臨工作壓力、經濟壓力、感情與性的壓力；一位已婚的青年可能面臨工作壓力、經濟壓力、婚姻調適的壓力、家務工作的壓力、養兒育女的壓力；一位中年人可能面臨工作壓力、健康壓力及家庭壓力；一位老年人可能面臨健康的壓力、經濟壓力、生離死別的壓力。大學生與國中生壓力源的比較，如表4-2所示。

三、壓力反應

一個人面對壓力時，生理上、心理上、行爲上可能會產生一些變化，說明如下：

表4-2　大學生與國中生的壓力源比較

排序	大學生*	國中生**
1	父親或母親去世	兄弟姐妹之間發生爭吵
2	父母離婚	學校各種考試太多
3	手足去世	學業成績不理想
4	父母分居	面臨重要大考
5	健康因疾病或意外而有重大改變	對某些科目不感興趣
6	家人患了嚴重的疾病	被老師處罰
7	發生性關係	身體成長發育的改變
8	家庭經濟發生困難	班上課業競爭太激烈
9	自己與父母起了衝突	覺得治安不好，威脅自己安全
10	好友死亡	父母對我期望太高

*資料來源：彭秀玲、柯永河（1986）。

**資料來源：江承曉（1995）。

(一)生理反應

壓力源的突然湧至或慢慢持續而來，生理反應也不盡不同，前者會產生「緊急反應」，後者如加拿大生理心理學家Hans Selye（1979）提出了「一般適應徵候」（General Adaptation Syndrome，簡稱GAS），說明如下：

■緊急反應

一個人遇到壓力時，內心世界會產生防衛機轉，心理上如此，生理上亦然。當一個人遇到緊急壓力源時（如強烈地震、惡犬近距離對你猛吠、壞人拿刀指向你的脖子等），基於防衛勢必會有所因應，採取的措施不外乎逃跑、抵抗或其它。此時肝臟會釋出多餘的葡萄糖，以增強全身肌肉之活動所需之能量；身體的新陳代謝加速，已備體力消耗之需；心跳加快、血壓增高、呼吸加速，以吸入更多的氧氣；分泌腦內啡

（endorphin），可以抑制痛覺的傳導；皮膚表面下的微血管收縮，以避免受傷時流血過多；骨髓製造更多的白血球以防止感染（繆敏志，1995）。

■一般適應徵候

Selye以白老鼠做實驗，觀察白老鼠在長久壓力下的反應，包括下面三個階段（引自繆敏志，1995）：

1.警覺反應階段（alarm reaction stage）：此爲個體對壓力源的初期反應，又按生理上的不同反應分爲兩個時期，一爲震撼期（shock phase）：因刺激的突然出現，產生情緒震撼，隨之體溫及血壓下降，心跳加速，肌肉反應遲緩，顯示缺乏適應能力。緊跟著這些反應之後，即出現第二期反應，是爲反擊期（countershock phase）：此時腎上腺分泌加速，繼而全身生理功能增強，並激起防衛的本能進入類似本文前述的緊急反應階段。
2.抗拒階段（resistance stage）：在此階段個體生理功能大致恢復正常，這表示個體已能適應艱苦的生活環境。惟如壓力持續存在，個體的適應能力就會下降，終而進入第三階段。
3.衰竭階段（exhaustion stage）：個體對壓力源的抵抗能力會消耗殆盡，部分警覺反應的症狀重新出現。惟若壓力仍然存在，則個體終將死亡。

■壓力與疾病

江欣霓（2002）在《國小教師工作壓力、情緒智慧與身心健康相關研究》指出，工作壓力與身心健康有顯著的正相關。丁淑萍（2005）研究認爲職業壓力越高者，健康生活型態越低。可見壓力與疾病確實有關，說明如下：

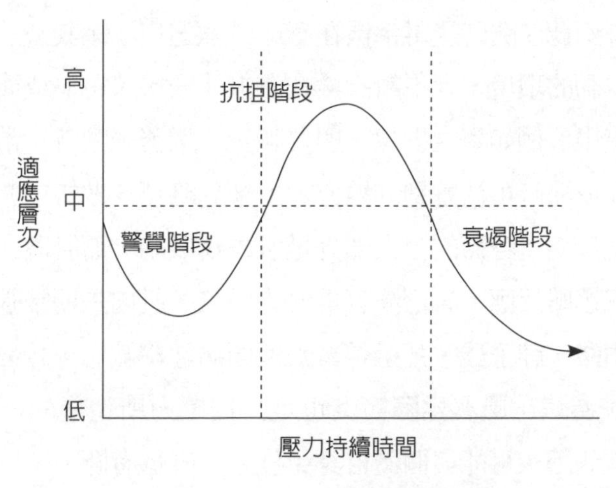

圖4-2　Selye的壓力反應圖

1.免疫系統：免疫系統功能良好的人可以防止很多疾病的產生。而壓力的產生（如親人死亡、生病動手術、失眠、離婚）會引起一些生理的改變，去抑制免疫系統的功能，造成一些病變（Miller & Cohen, 2001）。在實務上，我們自己或周圍的人可能都經歷過的事件，如在很忙的時候容易感冒，我們可以解釋爲：因爲忙有壓力，造成免疫系統功能降低，此時再有病毒侵入，就很容易感冒。

2.精神疾病：以目前非常流行的手機使用者爲例，特別是使用特性爲「不關機族」，唯恐漏接接了重要電話，一天二十四小時待命（on call），造成隨時處在壓力中。尤其有些高時效性、高競爭性職業（如跨國企業、醫師、國際通訊記者、政要或其秘書、股市匯市期貨營業員、消防員等），當然也包括非常重視社交的人、極端渴望朋友來電的人，尤其正在談戀愛的人。也有些人合併夜間「掛網」，深怕睡覺時錯過有朋友上MSN。長期處在此種壓力下，容易造成輕重程度不一的精神疾病，如失眠（害怕睡著後漏接電話）、幻聽（隨時覺得手機在響）、強迫症（尤其被迫手機要在靜音、震動的環境，會不斷的檢查有無「未接來電」或簡訊）、注意力不集中（例如學生上課、朋友聊天、業務談判時，常會把手機放在桌上或隨時可注意到的地方，但卻忽略正在做的事）。

3.肌肉系統疾病：身體的絕大部分是肌肉構成的，而肌肉在個體準備做抵抗或逃離反應上，扮演著重要的腳色。肌肉長期緊張會導致無力、肌肉酸、脖子酸，甚至是緊張性頭痛（繆敏志，1995）。

4.骨骼系統疾病：風濕性關節炎也是長期壓力所造成的一種慢性疾病，論其病因，可能與個體自身免疫系統降低有關。

5.消化系統疾病：生爲現代人，患有胃病、胃潰瘍的人不少，尤其是長期處在高壓族群的人，如功課壓力很大的學生，工作很忙碌的上班族等，常是消化系統疾病的高危險群。

6.循環系統疾病：美國衛生福利部（U. S. Department of Health and Human Service, 1984）的報告指出，A型性格的人較容易罹患心臟病。很顯然的，由於A型性格的人承受比較大的壓力，故容易罹患循環系統方面的疾病。

7.呼吸系統疾病：一個人有壓力時，必須增加氧氣的攝取，以維持活動之所必需，若長期有壓力，長期過度使用呼吸系統，可能危急呼吸系統的運作，造成咳嗽、氣喘方面的疾病。

(二)心理反應

一個人有壓力時，心理上可能會產生一些變化，說明如下：

■ 恐懼

就如前述嬰幼兒的「分離焦慮」，嬰幼兒有失去依附對象（如母親）的恐懼感；戀愛中的人雖然享受甜蜜生活，但也常要面對惟恐失去對方的恐懼感。

■ 焦慮

一位學生較常遇到的壓力不外乎考試或交報告，在考試前的準備、考試中的振筆疾書，以及交報告的資料收集、報告的撰寫等，多多少少都會有焦慮感，尤其是遇到難題或詞窮之時。洪嘉璸（2004）研究發現，國小學童在平時生活中有負向情緒的產生，且在負向情緒裏最容易感受到緊張焦慮的情緒。

■ 倦怠

倦怠是一種情緒性衰竭的症狀，通常會出現在持續性的一種工作、學習或活動之時，尤其遇到瓶頸之際，倦怠之心理傾向油然而生。在人類生活中，最常出現的就是職業倦怠，例如：一位教師面對學生不易管教、專業知能受到挑戰、學校行政業務繁忙，就產生了職業倦怠。

■ 冷漠

當一個人長期面臨挫折的壓力，又無法突破開創新局之時，就會以冷漠的態度來面對壓力源。例如：一對每天相處在同一屋簷下的夫妻，若因個性不合，長期溝通無效，又不願離婚，遂天天冷漠以待。

■ 抑鬱

抑鬱的情緒常因人類長期處在痛苦的經驗中，卻又無法獲得有效紓解的機會之時。例如：一位中年人，長期在職場上的不如意，在婚姻關係上的不和諧，子女的表現又遠不如預期，如此的心理壓力易造成抑鬱的個性。

(三)行為反應

壓力可能造成的行為反應包括：藥物濫用、抽菸、酗酒、滋事等，並且容易造成衝動傾向。對一個上班族來說也導致工作表現上會發生逃避個人責任、參與組織意願降低、工作績效降低、離職與缺席的傾向增加、工作品質降低與缺乏創造力等現象。

第三節　Lazarus和Folkman的壓力取向

個體壓力理論中最為人所知曉的莫過於Lazarus和Folkman（1984）所整理出來的三種壓力理論取向，即刺激取向、反應取向、互動取向，茲說明如下：

一、刺激取向

刺激包括內在事件（如飢餓、冷熱、口渴、性……等）與外在事件（如離婚、吵架、車禍……等），這種觀點將壓力視為是為一種刺激，強調壓力源的重要性，此種定義將刺激本身視為壓力，導致個體必須採取一些行動以取得平衡。這種取向最有名的就是Cannon提出的「攻擊或逃離反應」（fight or fight reaction），遇到突如其來的威脅時，應急的表現行為大多有兩種形式：一種是攻擊，另一種是逃離現場。

二、反應取向

此觀點視壓力為個體對環境刺激所產生的整體性反應，強調個人對內外在環境（壓力源）的刺激所做的某種反應，此反應可能是生理上的，如心跳加快、血壓升高、呼吸急促；亦可能是心理上的，如悶悶不樂、易怒，或者二者兼顧，如圖4-3。

此一反應取向如同上述Selye的一般適應徵候模式。

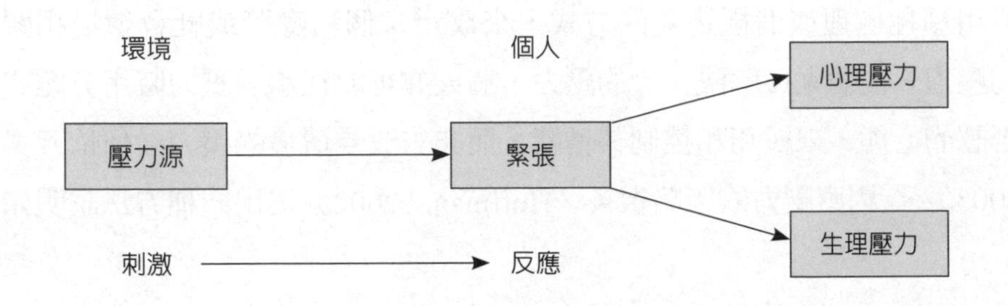

圖4-3　反應本位的壓力模式

資料來源：取自蔡素美（2003）。

三、互動取向

互動取向注重個體與環境的關聯，重視個體與環境之間的關係，認爲壓力是個體面對環境刺激，經過主觀的認知歷程，產生心理威脅與生理激動的現象，因此可以解釋爲何相同的情境之下，個體會有不同的反應。這個觀點統整了刺激取向與反應取向兩大觀點，強調個體知覺的重要性。Lazarus強調認知有著重要的影響力，認爲壓力爲認知評估後的產物，並因此衍生出情緒，因此壓力結果的產生，取決於個體對於客觀事件的知覺與判斷，而後來的研究也發現，主觀的壓力知覺遠比客觀的壓力來源更具影響力。

第四節　壓力的因應

因應（coping）是指一種行爲及想法，是人們避免因生活壓力受到傷害的反應，可分爲外在的直接行動及內在的心理防衛機轉，個人可能用積極處理或消極逃避的方式，來改變一個和身體或社會環境相關的壓力，使個人可解決一般的壓力，個人亦可能在承受壓力時用分離或否認的心態，來緩和和控制其情緒，而非去改變情境的壓力（何依芳，2003）。因應壓力的策略很多，Huffman（2002）提出四種方法說明如下：

一、情緒導向的因應（emotion-focused forms of coping）

情緒導向的因應可分爲（引自周巧方，2005）：

1.情緒調整：努力壓抑即將爆發的情緒困擾，正視自己的情緒變化，力求鎮靜與包容。

2.消極認命：自暴自棄，甘願接受現有情境的狀況，放棄努力。

3.情緒發洩：包括口語的和身體的宣洩，如大吼大叫、暴飲暴食、抽菸酗酒、從事一種衝動的外向性行爲。

面對壓力產生身體與情緒反應時有兩種面對的方式，就是正向行爲與負向行爲，若是採用負向的行爲面對方式，則可能增加壓力源對個人的影響，使身體與情緒受到更大的壓迫，而進入一種惡性循環中，相對的如果採用正向的行爲來調適，則可能減低壓力或將壓力源的影響縮到最小（李榕峻，2005）。

二、問題導向的因應（problem-focused forms of coping）

(一)尋求資訊或建議

尋求更多資訊與資源，例如向專家或親友請求協助。

(二)改變現有情境

藉由改變個人認知與活動方式以調適壓力情境，如拓展新的社交關係，提高個人的自主權與獨立性、培養新嗜好。

(三)採取解決問題的行動

擬定各種解決問題的方案，採取具體的行動以直接處理壓力情境。指應用於藉著積極地做某些事情來改變壓力源，進而努力的解決問題，解決問題因應方式是與更多正面的情緒的結果有關聯（莊淑灣，2004）。壓力的因應策略可採取「問題解決」及轉向「情緒取向」的因應策略，或以身體運動方式來減少壓力（王富民，2005）。

三、因應策略的資源（resources for effective coping）

(一)健康的身體與活力

劉惠美（2006）指出，靜坐能讓學生心情感覺放鬆、舒服、平靜與快樂，對自己的情緒有控制與管理能力。

(二)積極的信念

孫瑜成（2003）認爲國中資優學生最常使用的壓力因應方式以「理性應對」爲主，常使用正向壓力因應方式去面對壓力。蔡素美（2004）在國小學童課業壓力與因應策略研究中指出，國小學童課業壓力因應策略最常使用「面對問題」。在面對問題時，針對壓力的本質來對症下藥，做好心理建設，眞切的面對，且能以各種理性的角度來思考問題，主動積極尋求資訊及解決的辦法，化解壓力（黃善慈，2004）。

(三)尋求輔導

放鬆訓練與輔導結合，可以逐步紓解重大生活壓力事件所造成的身心壓力反應。穩定情緒，對生活壓力忍受度提升（林宜靜，2005）。

(四)社會支持

人類是社會的動物，因此個人本身所具有的價値觀，對於外來的評價，在在依賴周遭的人，所謂社會支持就是解決問題時有人可以依靠（黃郁雅，2002）。莊淑雯（2000）研究認爲一個人如果有了正式和非正式的支持網絡，可增加面對問題的能力，降低所面對的壓力，在心理上也較安定。李美銀（2003）指出，當社會支持程度愈低時，親職壓力愈高。由上述說明可見社會支持的重要性。

(五)實質資源

李美幸（2006）指出，適度紓解壓力的方法在於彈性安排休閒生活，善用社會支持管道，建立職業婦女親職網絡。

(六)人格調適

Schultz和Schultz（2001）提及增進自我效能（self-efficacy）可以用來因應壓力，如此可以降低對生理功能的傷害。曾月菊（2003）指出，A型性格和非A型性格已婚職業婦女在生活壓力源與壓力因應方式有差異性，表示已婚婦女應認清自身在整個生存環境中所扮演的角色，並要不斷的自我調整，以面臨接踵而來的壓力及維持個體身心能量，來因應外在環境的影響。

四、生理策略

(一)運動

洪鈺娟（2005）認爲，適度規律的運動是維持身心健康、紓解壓力的重要方法。有規律的運動行爲讓工作壓力較小、身心健康情況較好。工作壓力與身心健康有其相關性，工作壓力愈大，身心健康愈差（盧雅萍，2006）。

(二)鬆弛

蘇瓊慧（2004）認爲青少年正值身心快速發展，又需面對各方壓力，時常累積許多情緒，而休閒活動正可紓解青少年的身心壓力，提供疏導負面情緒的管道。何淑禎（2002）指出，國小女教師在覺察自身情緒不佳時，多採先離開現場的方式，找人聊天、買東西自我回饋或者安靜的獨處，偶爾「善待自己」是女教師調整心情再作出發的法則。林千惠（2005）指出，職業婦女可以適當的安慰自己，或是利用一些興趣、

運動、購物……休閒方式，發洩心中的情緒，藉此調整自己的心情，降低與幼兒之間的親職壓力。老年人面對壓力時會採取之休閒調適策略，以「提升正面情緒的休閒調適策略」構面最高，其次為「友伴式的休閒調適策略」（陳智瑩，2005）。

參考書目

中文部分

丁淑萍（2005）。《台北市國中教師自覺疲勞感與職業壓力、健康生活型態之相關研究》。國立臺灣師範大學衛生教育學系碩士論文。

王富民（2005）。《國民小學總務主任工作壓力與因應策略之研究》。國立嘉義大學國民教育研究所碩士論文。

江承曉（1995）。〈國中青少年的生活壓力與輔導之探討〉，《測驗與輔導雙月刊》。129期，頁2653-2659。

江欣霓（2002）。《國小教師工作壓力、情緒智慧與身心健康之相關研究》。國立高雄師範大學教育學系碩士論文。

何依芳（2003）。《寄養家庭的壓力與調適》。私立東海大學社會工作學系碩士論文。

何淑禎（2002）。《職業婦女工作與家庭生活調適之研究：以已婚國小女教師爲例》。國立嘉義大學家庭教育研究所碩士論文。

吳曉霖（2004）。《婦女家務勞動壓力暨休閒之個案研究》。國立政治大學勞工研究所碩士論文。

李美幸（2006）。《職業婦女情緒智力、親職壓力與家庭生活滿意度之相關研究》。國立高雄師範大學教育學系碩士論文。

李美銀（2003）。《妥瑞症患童父母親職壓力、因應方式及其相關因素之探討》。國立臺灣大學護理學研究所碩士論文。

李素吟（2004）。《急診護理人員工作壓力之探討》。國立雲林科技大學工業工程與管理研究所碩士論文。

李榕峻（2005）。《安寧療護醫療團隊工作壓力與壓力調適之研究》。私立慈濟大學社會工作研究所碩士論文。

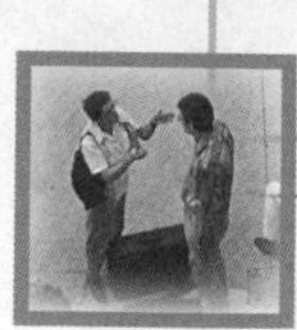

周巧芳（2005）。《嘉義市國小高年級學童學校壓力與因應策略之相關研究》。國立嘉義大學家庭教育研究所碩士論文。

林千惠（2005）。《嘉義市養育幼兒職業婦女親職壓力及其因應策略方式之研究》。國立嘉義大學家庭教育研究所碩士論文。

林宜靜（2005）。《放鬆訓練融入青少年生活壓力輔導之行動研究——以高職學生爲例》。國立臺北科技大學技術及職業教育研究所碩士論文。

林金生（2003）。《國民中學輔導教師工作壓力、因應策略與負向情緒經驗之研究》。國立高雄師範大學輔導研究所碩士論文。

林翠玟（2004）。《中山大學理工學院研究生生活壓力及其因應策略之研究》。國立中山大學教育研究所碩士論文。

林興皓（2005）。《情緒智力對於壓力反應與組織結果變項之干擾效果研究》。國立雲林科技大學企業管理系碩士論文。

洪鈺娟（2005）。《加護病房護理人員工作壓力、壓力反應與因應策略關係之研究》。國立高雄師範大學成人教育研究所碩士論文。

洪嘉璸（2004）。《高雄地區學童負向情緒感受、同儕接納與因應方式之探討》。國立臺東大學教育研究所碩士論文。

孫瑜成（2003）。《國中資優學生人格特質、壓力調適及其相關因素之研究》。國立彰化師範大學特殊教育研究所碩士論文。

張春興（1991）。《張氏心理學辭典》。台北市：東華書局。

張苙雲等（1988）。《生活壓力與精神疾病之間關係的研究——一個長期的觀察》，第三年報告。國家科學委員會。

莊淑雯（2000）。《偏差行爲少年父母在家庭教養福利服務需求之研究》。私立東海大學社會工作系碩士論文。

莊淑灣（2004）。《中部地區國民小學主任工作壓力與因應方式之研究》。國立臺中師範學院國民教育研究所碩士論文。

陳佳瑩（2005）。《國中體育教師工作壓力、壓力因應方式與工作倦怠之研究》。國立體育學院運動科學研究所碩士論文。

陳智瑩（2005）。《休閒調適策略對日常生活壓力之影響—以台北縣新莊市老年人爲例》。私立世新大學觀光學研究所碩士論文。

彭秀玲、柯永河（1986）。〈大學生的生活壓力和自我強度對心理健康的影響〉。心理衛生與精神醫療學術研討會。台北市：中國新衛生協會。

曾月菊（2003）。《已婚職業婦女生活壓力源與壓力因應之研究》。國立嘉義大學家庭教育研究所碩士論文。

黃郁雅（2002）。《成年男性面對癌症母親死亡之調適過程》。私立東海大學社會工作學系碩士論文。

黃善慈（2004）。《屏東縣國民中學教師兼任行政職務者工作壓力與因應策略之研究》。國立屏東科技大學高階經營管理碩士論文。

葉明華（1981）。《生活壓力、自我強度與現代性對心理健康之影響》。國立台灣大學心理學研究所碩士論文。

劉惠美（2006）。《靜坐對國小高年級班級經營之成效研究》。私立大葉大學休閒事業管理學系碩士論文。

蔡素美（2003）。《國小學童課業壓力與因應策略之研究》。國立嘉義大學國民教育研究所碩士論文。

鄭崠瑾（2002）。《經濟不景氣下受雇者之工作壓力及負面情緒反應研究——以中、彰、投地區中小型製造業從業人員爲例》。國立雲林科技大學企業管理系碩士論文。

盧雅萍（2006）。《高雄市國小級任教師運動參與行爲、工作壓力與身心健康之研究》。國立高雄師範大學教育學系碩士論文。

繆敏志（1995）。〈壓力〉，編於郭靜晃主編之《心理學》。台北市：揚智文化公司。

蘇瓊慧（2004）。《台北縣國中生休閒參與及情緒調整之相關研究》。國立臺灣師範大學公民教育與活動領導學系碩士論文。

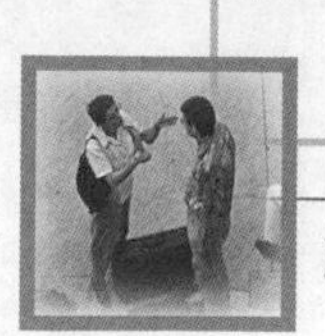

英文部分

Huffman, K. (2002). *Psychology in Action.* New York: John Wiley & Sons, Inc.

Lazarus, R. S. & Folkman, S. (1984). *Strss, Appraisal and Coping.* New York: Springer.

Miller, G. E. & Cohen, S. (2001). Psychological interventions and the immune system: A meta-analytic review and critique. *Health Psychology,* 20(1), 47-63.

Schultz, D. P. & Schultz, S. E. (2001). *Theories of Personality (7th Edition).* CA: Wadsworth / Thomson Learning.

Selye, H. (1979). *Stress without Distress.* New York: Signet.

U. S. Department of Health and Human Service (1984). *The 1984 Report of the Joint National Committee on Detection. Evaluation, and Treatment of High Blood Pressure.* (DHHS Publication No. HIH: 84-1088). Washington, D. C.: U. S. Government Printing Office.

Chapter 5 大學生生涯問題與規劃

賴宏昇
中國文化大學兒童福利研究所碩士
中國文化大學中山學術研究所博士班（進修中）
中國文化大學推廣教育部輔導老師
中國文化大學社會福利學系兼任講師

第一節　青少年失業問題
第二節　大學生的生涯發展
第三節　生涯規劃及其重要性
第四節　如何做好生涯規劃
第五節　結　語

每年畢業季節來臨時，大學校園中總不難聽到諸如「畢業即失業」、「高學歷、高失業率」一類的煩惱，有些大學生開始擔心自己的未來而尋求協助，有些大學生則慶幸自己已經決定好繼續升學或是開始工作。根據報載，有一群新出現的職場「弱勢族群」，總數占高學歷社會新鮮人的一、兩成，值得關注，一種是沒有傳統穩定工作的「飛特族」，一種是尚未能獨立自主的「啃老族」（彭漣漪，2007a）。報紙亦載：每年有超過三十萬大專以上高學歷社會新鮮人投入職場，大量生產的大學生及碩博士，由於供需失調，造成「價格下跌」，許多人成為落入M型社會左端的一群。這群社會新鮮人，工作愈來愈不好找，很多只能靠打工過日子，有些則賴在家中靠父母，面對可能淪落為「新貧階級」，焦慮油然而生（彭漣漪，2007b）。由此看來，大學生在即將脫離青少年階段的學習生涯而尋求自我獨立時，所面臨的事實可能是學歷貶值的殘酷挑戰。

青少年人力大都屬於初次尋職者，但其本身就業能力與條件均未臻成熟，因此容易顯現就業困難、低度就業或是失業的情形。依據行政院主計處（2006）的人力資源調查統計資料顯示，台灣地區青少年的失業率較平均年齡層總體情況為高。民國九十一年台灣地區總失業率為5.17%，而十五至二十四歲人口失業率高達11.91%；民國九十四年總失業率為4.13%，而十五至二十四歲人口失業率則為10.59%（**表5-1**），此一事實反映出青少年在職場中相對羸弱的生存困境，由政府統計資料顯示：當前青少年失業問題已經較一般失業問題更為嚴重，失業率也較一般失業率來得高。青少年在工作生涯初期就面臨失業，通常會導致未來失業和低度就業可能性的增加；而青少年失業經常會導致犯罪、藥物濫用、社會不安和衝突的發生。大體上，青少年就業機會受到限制可歸諸於缺乏教育、就業技能、工作經驗或在職訓練的機會等原因。因此，青

表5-1 臺灣地區年齡組別失業人數與失業率 單位：千人、%

年別	總計		男		女		15~24歲		25~44歲		45~64歲	
	人數	失業率	人數	失業率	人數	失業率	人數	失業率	人數	失業率	人數	失業率
90年	450	4.57	302	5.16	148	3.71	130	10.44	243	4.17	76	2.92
91年	515	5.17	348	5.91	167	4.10	145	11.91	279	4.73	91	3.38
92年	503	4.99	326	5.51	177	4.25	131	11.44	265	4.47	106	3.76
93年	454	4.44	288	4.83	166	3.89	120	10.85	239	3.97	95	3.20
94年	428	4.13	259	4.31	169	3.88	112	10.59	230	3.78	86	2.79

資料來源：行政院主計處（2006）。〈人力資源調查提要分析〉。

少年所需要的協助，大體上包括教育、訓練及就業機會的提供等（成之約，2003）。

上述事實所指涉的內涵應可包含兩個層面，一方面是關於專業能力不足、缺乏工作經驗、就業技能不足等就業力議題，另一方面則是往回推至從國中高中階段缺乏對生涯的探索、對自我性向與特質的認知，乃至大學階段的生涯規劃（career planning）與抉擇能力不足所延伸出來的選錯科系、學非所用、對未來的不確定感等生涯規劃議題，從青少年的整體發展來看，就業力的培養與生涯規劃同等重要。事實上，自九○年代以來，就業力已經成爲先進國家高度重視的青年政策議題，而提升大學畢業生就業力也成爲歐美高等教育改革的主要驅動力之一。在我國，由於近年來大學入學比率大幅提高，同時大專畢業青年失業率出現上升現象，促使社會大衆高度關注高等教育能否培養具備充分就業力之畢業生（行政院青年輔導委員會，2006）。

至於，從現有高等教育體制所培育之青少年人力，在進入職場時，所呈現的事實爲何？青輔會針對九十一年度大專畢業生及九十五年度大專應屆畢業生進行大專畢業生就業力調查發現：約二成七的九十一年度大專畢業生有「學用不相符」的情形，五成五大專畢業生的目前工作符合理想職涯發展方向，而約有一成爲完全無關；而其工作表現還能夠符合雇主的期望，不過仍然有相當的進步空間。約有四成的九十五年度應屆畢業生認爲自己選擇了錯誤的科系，最主要的原因是「性向興趣不符」，其次是「畢業後出路不如預期」；也就是大約有三成的大學生在即將畢業之際，發現就讀的科系與自己未來理想的職涯發展方向不符；至於其就業力的自我評估，有36.1%的應屆畢業生「有信心」或「非常有信心」自己在踏入職場時能夠具備充足的就業力，「有點信心」爲38.4%，「不太有信心」爲19.9%，而「沒有信心」及「非常沒有信心」則爲5.5%（行政院青年輔導委員會，2006）。由調查資料所顯示的青少年在接受高等教育後，仍有相當比例的學用不相符或性向興趣不符等生涯發展問題，以致影響其自我就業力或是在職場中表現不盡理等情形出現，因此，對於青少年提供生涯規劃諮詢與輔導，更有其必要性及重要性。

第一節　青少年失業問題

青少年時期（約在十至二十二歲之間）是介於兒童與成人期之間承先啓後的一個過渡時期（transient period）。個體在此階段由「兒童」逐漸步入「成人」的世界，並被視爲能獨立自主的個體（郭靜晃、吳幸玲，1993）。青少年期除了是身心發展的重要時期之外，也是未來生涯發展的關鍵期。然而，此一時期也最易產生各種心理困擾、壓力與挫折，爲了避免衍生各種病態問題，社會應更重視「培養健康青少年就是培養未來健康社會」的觀點，所謂健康的青少年，除了生理上的健康狀態外，亦需有健康的心理，影響青少年心理健康的因素之一即是生涯發展的良窳，同時，在自我生涯實踐中，逐漸自我肯定，發現自己的能力與價值，並期許自己成爲一個勤奮耐勞、充滿自信且具有就業力的人。

青少年如果因爲失業問題嚴重，缺乏就業機會，將促使青少年延遲畢業與進入勞動市場，連帶地，因爲羸弱的勞動技能所招致較長時期的失業，更是直接衝擊到鬥志、自我概念等等的身心戕害，如此一來，更可能衍生出難以想像的發展後果，諸如：太常失業可能永久傷害其未來的生產力；就業障礙阻止了青少年成長過程，包括組織家庭；高度失業導致青少年對於社會與民主政治過程的疏離；缺乏訓練或失業，尤其是長期性失業，更是影響到青少年未來發展以及國家整體競爭力的重要因素（郭振昌，2003）。對此，許多國家規劃青少年就業輔導方案來預防失業的危險，經濟合作與發展組織（OECD）裏的各個國家即是顯著的例子，甚至於將其用以促進青年就業的行動方案，視爲積極勞動市場政策的重要一環（周玟琪，2003）。我國政府則是在二○○三年開始採取各種對應措施以正視青年的失業問題，其主要規劃的行政部門係以青輔會、勞委會、教育部爲主，服對對象的年齡層從十五歲至四十五歲不等，涵蓋有國中畢業生、中輟生、高中職生、高中職畢業生、大專生、博碩士生、屆退官士兵等，但是，缺乏縝密整合的運作模式。

基本上，失業問題已經是當前世界各國普遍要面對的共同困境之一，若以年齡別失業率來看，十五至二十四歲青少年失業率更是普遍高於其他年齡層之失業率（OECD, 2004）。事實上，OECD調查指出：青少年離開學校進入職場後的前五年仍屬於學習期，也正是個人的投資階段，倘若在這個階段中想工作卻找不到工作，或者因爲工作不順利而感到挫折，都將會對個人未來的職涯發展帶來負面的影響（OECD, 2003）。除此之外，近幾年來台灣的高失業率問題不僅發生在中高年齡

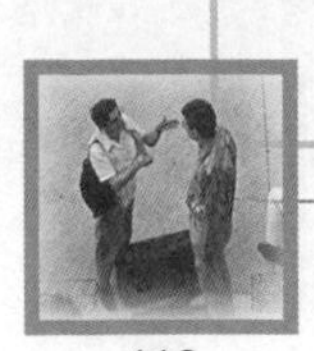

者身上，理應最不易受重視的青少年，其失業率竟然是在中高年齡者之上，就此而言，當國家提出就業促進政策藉以解決中高齡失業問題的同時，青少年的失業問題也不宜輕忽、漠視（周玟琪，2003）。

Gregg（Gregg, 2001；轉引自嚴敬雯，2005）指出，在二十三歲之前，每多增加三個月的失業期間，將在未來二十八至三十三歲期間，會多增加兩個月的無工作期間；再者，根據國內學者李誠（2003）研究指出：青少年失業的負面影響可歸因爲三項：(1)終身所得下降；(2)過早的失業經驗，導致成年的失業率增加，並且會拉長失業期間；(3)追趕效應，係指青少年畢業初入職場，只能「做中學」往往成爲取得特殊謀生技能的唯一機會，而失業更是會讓他們喪失這種在職訓練的機會，日後他們需要更加努力，才能追趕上失業期間所失去的學習機會與人力資本。諸此種種，旨在於突顯失業之於青少年族群所可能招致的各種預期或非預期的發展後果（intended & unintended consequences）。

事實上，依據行政院主計處的人力資源調查統計資料顯示：台灣地區青少年的失業率較平均年齡層總體情況爲高；連帶地，揆諸於從民國八十年到民國九十四年青少年失業率與平均失業率之關聯性，更是發現青少年失業率均高於平均失業率，不過，兩者之間的差距有逐年縮短的變化趨勢（**表5-2**）。

值得注意的是，觀察青少年勞動參與率和平均勞動參與率二者的趨勢，發現自民國八十年至民國九十二年間，青少年的勞動參與率（民國八十年爲42.63%，民國九十二年爲32.44%）從沒有高過平均勞動參與率（民國八十年爲59.11%，民國九十二年爲57.51%），如果是將OECD國家之青少年失業率與台灣做比較，那麼，OECD國家青少年失業率較高者是法國、西班牙，在20%上下，一般青少年失業率則是在10-15%左右，與台灣相近；而荷蘭、丹麥的青少年失業率則是其中較低的，介於6-8%

表5-2　歷年青少年、中高年與平均失業率　單位：%

項目年次	青少年失業率	中高年失業率	平均失業率
1991	4.56	0.45	1.51
1992	4.78	0.44	1.51
1993	4.65	0.42	1.45
1994	4.75	0.47	1.56
1995	5.28	0.61	1.79
1996	6.93	1.17	2.60
1997	6.92	1.48	2.72
1998	7.32	1.44	2.69
1999	7.34	1.65	2.92
2000	7.36	1.75	2.99
2001	10.44	2.92	4.57
2002	11.91	3.37	5.17
2003	11.44	3.76	4.99
2004	10.85	3.20	4.44
2005	10.59	2.79	4.13

資料來源：行政院主計處（2006）。〈人力資源調查提要分析〉。

之間。總之，除了荷蘭與丹麥的青少年失業率有明顯逐年遞減的現象外，一些國家如英國、挪威、美國的青少年失業率則是上下波動著，其他國家如日本、韓國、德國、OECD國家平均青少年失業率逐年遞增的情形則是與台灣情況大致類似（OECD, 2004）（**表5-3**）。

總之，青少年失業率高於平均失業率的問題對歐美國家而言，早在七〇年代末期到八〇年代初期即已受到注意，因此許多歐美先進國家在處理青少年失業問題上已有相當的經驗，像是丹麥、荷蘭政府便是透過協助青少年就業計畫，成功地降低青少年的失業率，而這些的方案計劃不乏針對從學校教育到勞動就業市場的銜接、統整。我國在面對十五至二十四歲青少年失業率偏高的問題時，雖陸續提出許多解決方案，例如針對大專生所提出的就業方案有勞委會在二〇〇三年的「就業學程計

表5-3　歷年OECD 國家青少年失業率比較　　單位：%

國別／年份	1990	2000	2001	2002	2003
英國	10.1	11.8	10.5	11.0	11.5
美國	11.2	9.3	10.6	12.0	12.4
澳洲	13.2	11.8	12.9	12.7	11.6
加拿大	12.4	12.6	12.8	13.7	13.8
丹麥	11.5	6.7	8.3	7.1	9.8
挪威	11.8	10.2	10.5	11.5	11.7
瑞典	4.5	11.9	11.8	12.8	13.8
德國	4.5	8.4	8.3	9.8	10.6
荷蘭	11.1	5.3	4.4	4.6	6.6
法國	19.1	20.7	18.7	20.2	-
日本	4.3	9.2	9.7	10.0	10.2
韓國	7.0	10.2	9.7	8.1	9.6
OECD 平均	11.7	11.8	12.2	13.1	13.3
台灣	5.1	7.4	10.4	11.9	11.4

資料來源：OECD（2004）。

畫」、青輔會二○○三年的「大專校院在校生就業專長培訓」、「大專院校學生青年職場體驗計畫」、教育部二○○四年的「最後一哩就業學程」等，都是提供大學在校生或畢業生有關生涯規劃、就業技能訓練、職場見習等經驗的重要方案，其背後的主要意涵在於彌補學校教育內容與產業需求的落差，並期望藉此縮短畢業青年從離開校園到職場就業之間的磨合期，因此，協助大學生瞭解其生涯發展並做好個人生涯規劃，自有其不可忽略之必要性。

第二節　大學生的生涯發展

對於處在青少年後期的大學生而言，正是形成生涯規劃的重要階

段，Super（1976）認爲生涯（Career）是生活中各種事件的演進方向和歷程，統合了個人一生中各種職業和生活的角色，由此表露出個人獨特的自我發展組型；它也是人生自青春期以迄自退休之間，一連串有酬或無酬職位的綜合，除了職位之外，尚包括任何和工作有關的角色，甚至也包含了副業、家庭和公民的角色。生涯的發展是以人爲中心的，只有在個人尋求它的時候，它才存在。Hall & Goodale（1986）認爲生涯是一個人在其生命時段期間，其與工作有關之經驗及活動方面的態度與行爲之順序。

國內學者楊朝祥（1989）認爲生涯是一個人在職前（pre-occupational）、職業（occupational）及退休後（post-occupational）的生涯中，所擁有的各種重要職位、角色的總合。林幸台（1987）將生涯定義爲：一個人一生中所從事的工作，以及其擔任的職務、角色，但同時也涉及其他非工作／職業的活動。金樹人（1991）則認爲生涯（生計）一詞涵蓋了以下三個重點：

1.生涯的發展是一生當中連續不斷的過程。
2.生涯涵蓋個人在家庭、學校和社會與工作有關活動的經驗。
3.這種經驗塑造了個人獨特的生活方式。

因此，生涯是個體的生命及生活總體發展過程，從青少年期開始顯著重要，而個人所經歷的各種職業與角色，都將影響生涯發展的歷程，也豐富了直至退休前的生涯可變性，更塑造了個人的生活方式。從輔導的角度來看，生涯發展是透過社會、教育及輔導的努力，協助個人建立實際的自我觀念，且熟悉以工作爲導向的社會價值觀，並將其融鑄於個人價值體系內，並藉由生涯選擇、生涯規劃及生涯目標的追尋加以實現，俾使個人能有一成功美滿並有利於社會的生涯。它包含四個原則

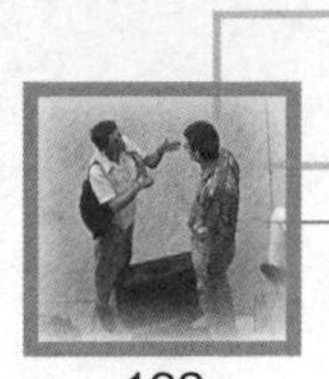

（黃天中，1995：9-10）：

1.生涯發展是完成自我觀念的過程：包括個人的興趣、價值、能力的整體配合，並藉由生涯選擇、生涯規劃以及生涯目標的追尋，使每個人都有成功美滿的生涯。

2.生涯發展是一個持續變化而逐漸發展的過程：人一生從幼年到老年的過程，隨著生理的成熟、經驗能力和自我概念的成長，連帶使個人對工作情況、職業選擇及決定，不斷地適應和發展。

3.生涯發展是一個配合的過程：生涯發展隨時配合個人和社會環境的影響力，一方面發展個人的特長，一方面配合社會需求的趨勢，以達人盡其才及適才適所的境界。

4.生涯發展是一個增加選擇機會的過程：各種職業都有特殊的條件，需要各種不同能力和個性的人員，一個人可能適合多種不同的職業。個人在職業上的發展，就是探求工作世界上的更多合適的機會。

對於生涯發展的研究，通常將Ginzberg、Ginsberg、Axelrad及Herman等心理學家探討職業選擇的研究視爲起點，他們的研究結論是職業選擇的確是一個發展性的歷程，一般含括了六到十年的階段，在職業選擇過程中，包含幻想（fantasy）、試驗（tentative）及實際（realistic）三個時期或階段（**表5-4**）。其中，實際時期分爲三個階段，第一個階段是探索（exploration）階段，相當於大學新生，此階段中，個人將對職業的選擇縮減至二或三個可能性，但一般仍處於矛盾與猶豫不定的情況中；第二個階段是結晶化（crystallization），此階段是對於一個特定的職業做出了承諾；最後一個階段是特定化（specification），此階段是個人選擇了一份工作，或爲了一個特定的生涯而接受專業的訓練（吳芝儀，

表5-4　Ginzberg等人的職業選擇論之發展階段表

時期	年齡	特徵
幻想期	兒童期 出生至十一歲	兒童期最初階段完全是遊戲導向，隨後，遊戲便成為幻想未來工作的依據。
試驗期	青 十一至十七歲	逐漸認識到工作所要求的條件，體認到興趣、能力、工作報酬、價值觀等。
實際期	青少年中期 十七歲至成人初期	能力和興趣的整合，價值觀進一步發展，促使職業選擇的特定化，職業型態的具體化。

資料來源：吳芝儀（1999），頁35。

1999：35-36）。從Ginzberg等人的觀點，大學生的生涯發展是一個由廣泛的探索逐漸進入明確而具體抉擇的過程。

Super（1980）曾描繪出一個「生涯彩虹圖」（Life-Career-Rainbow）（圖5-1），具現了人生各個發展階段和所扮演的主要角色。在生涯彩虹圖中，第一個層面代表橫跨一生的「生活廣度」，又稱爲

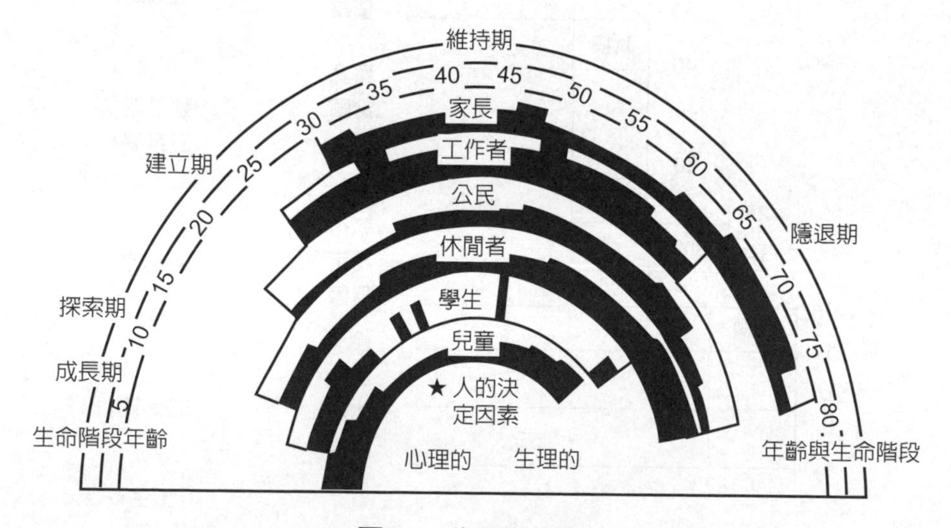

圖5-1　生涯彩虹圖

資料來源：吳芝儀（2000），頁12。

「大循環」，包括生涯發展的主要階段（圖5-2）：成長期、探索期、建立期、維持期、隱退期。每一階段之間都存在著一個「轉換期」，又稱爲「小循環」，當個人志願或非志願地進入轉換期時，均會重新經歷探索、建立、維持等重要過程。第二個層面代表縱貫上下的「生活空間」，由一組角色和職位所組成，包括兒童、學生、休閒者、公民、工作者、家庭照顧者等主要角色。

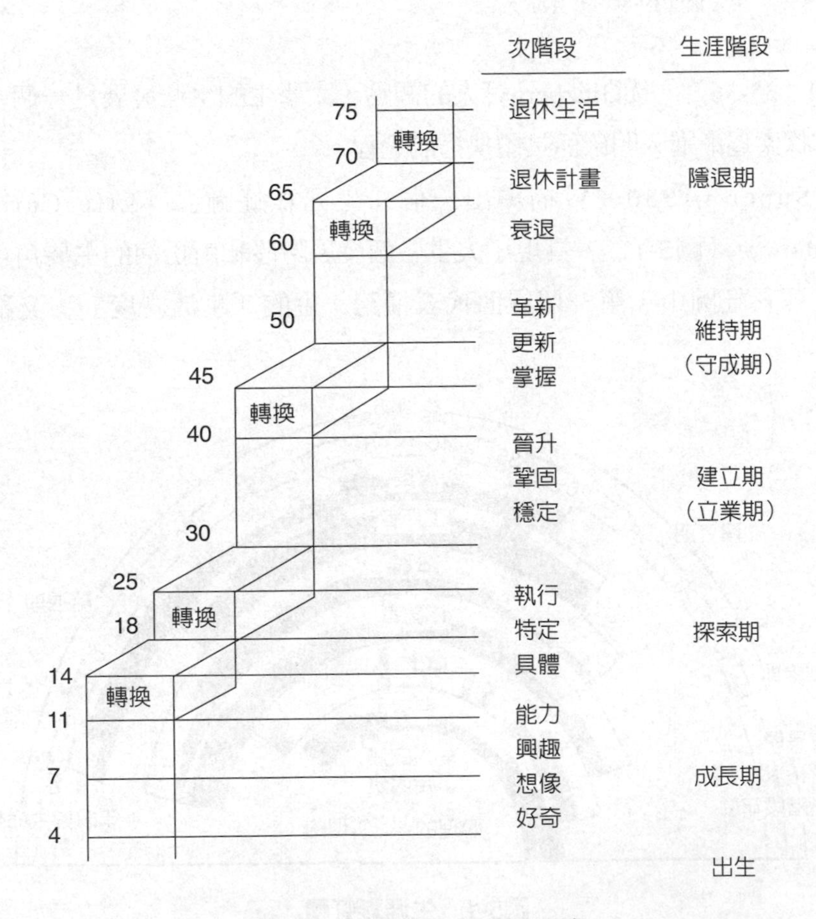

圖5-2　生涯發展階段與任務

資料來源：吳芝儀（2000），頁13。

在「成長期」（一至十四歲）中，兒童經由和家庭或學校中之重要他人認同，而發展自我概念，需求與幻想爲此一時期最主要的特質。隨年齡增長，社會參與及現實考驗逐漸增加，興趣與能力也逐漸重要。此時期的主要生涯發展任務，在於發展自我形象，以及發展對工作世界的正確態度，並瞭解工作的意義。

在「探索期」（十五至二十四歲）中，成長中的青少年需藉由在學校、休閒活動及各種工作經驗中，進行自我檢討、角色試探及職業探索，考慮需要、興趣、能力及機會，做出暫時性的決定，並在想像、討論、課業及工作中加以嘗試。接著，進入就業市場或接受專業訓練，企圖將一般性的選擇轉爲特定的選擇，以實現自我概念，並試驗其成爲長期職業的可能性。

在「建立期」（二十五至四十四歲）中，發展成熟的工作者，需在某一適當的職業領域中確立其角色職位，並逐步建立穩固的地位。此時大部分人處於最具創造力的顚峰狀態，身負重任，表現優良。

在「維持期」（四十五至六十四歲）中，個人已逐漸在職場上取得相當的地位，擔負相當的責任，具有一定的權威，並致力於維持既有的地位與成就。對自身條件的限制較能坦然接受，但因需面對新進人員的挑戰而不時兢兢業業。

在「隱退期」（六十五歲至晚年）中，個人的身心狀況已逐漸衰退，必須從原有工作退休；開拓新的生活，發展新的角色。有更多時間從事休閒活動或完成自己一直想做而未做的事，可能從事義務或志願服務工作，淡泊名利，與世無爭（吳芝儀，2000：10-11）。

從Super的生涯發展觀點而言，大學生正値生涯探索期，主要的發展任務是在學校、休閒活動及各種工作經驗中，進行自我檢討、角色試探與職業探索，此與Ginzberg等人的觀點並無太大差異，不過，Super強調

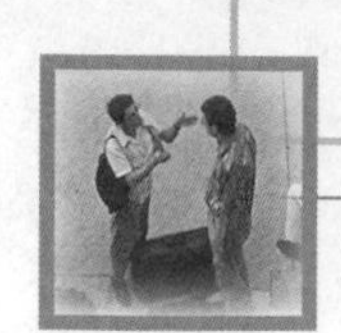

自我概念在生涯發展中的重要，職業自我概念（vocational self-concept）經由生理與心理成長、對工作的觀察、與工作中的成人認同、一般環境及一般的經驗發展而成，也建立一個人在一生中將依循的生涯型態的驅動力，因此，個人會在生涯上實踐自我概念，以提供最有效的自我表達方式（吳芝儀，1999）。也就是說，大學生在生涯探索與具體化的過程中，同時發展出自我認同，並作為個人成長的動力。Keniston（1971）認為大學生的年代是生涯發展中的獨特階段，在這階段中，自我認定的任務從就業前的自我轉變為在社會中解析自我，當學生本身的需要與社會的需要有所差異時，會引起發展階段中一定的緊張度；這種緊張與發展學家Erikson自我認定（ego-identity）與角色混淆（role confusion）的概念很類似，對大學生而言，自我認定與角色混淆之間一直是一持續性的衝突。意即自我認同的形成與否，關係著生涯發展的成敗與品質。

大學生的生涯發展是一個由廣泛的探索逐漸進入明確而具體抉擇的過程，然而，並非所有大學生均能順利做出生涯規劃與決定，生涯不確定性對大學生甚至是成人而言，是普遍而正常的現象（Gati, 1990）。缺乏做決定的技巧，可能來自不正確的自我評價技巧、不適當的資訊蒐集技巧、缺乏解決問題行為、逃避抉擇課題、對抉擇承諾感到焦慮、缺乏一般成熟度，以及缺乏接受抉擇責任之訓練（Holland, Gottfredson & Naziger, 1975）。做決定過程之不足，理論上是和個人衝突、專業目標不明確、學業問題有關，而這些威脅著大學生的生涯發展，Madison注意到發展危機集中在學生沒有能力整合自我及所設定期望（有關對大學主修選擇及畢業後生涯），這部分是對他所想要的生活型態、價值觀澄清及期望之理解尚未解決的緣故，學生經常根據主修科目或工作的刻板印象來決定生涯，可能更甚於由探索或由正確資訊來決定（彭慧玲、侍筱鳳，2003：40）。此外，青輔會大專畢業生就業力調查中發現：約有四

成的九十五年度應屆畢業生認爲自己選擇了錯誤的科系，最主要的原因是「性向興趣不符」，其次是「畢業後出路不如預期」；也就是大約有三成的大學生在即將畢業之際，發現就讀的科系與自己未來理想的職涯發展方向不符（行政院青年輔導委員會，2006）。

由此可見，大學生的生涯抉擇歷程在生涯發展過程中是一個重要而特別的議題，也引起廣泛的關注，因此，除了以生命歷程爲基礎的發展模式之外，有學者以生涯抉擇歷程來研究大學生的生涯發展，例如Knefelkamp & Slepitza（1976）針對大學生生涯發展與認知的決定歷程提出階段性的模式，以確認生涯抉擇的發展型態。學生的認知過程從單純化的生涯觀點，轉移到一個更複雜的多元觀點，這些認知成長階段包括（吳芝儀，1999：292-293）：

1.二元論（dualism）：在此階段中，學生認爲只有一個正確的生涯存在，而這思想的型態是單純的與二元化的。因此學生轉而向諮商師、老師、父母詢問，以及透過量表施測等方式去尋求答案和方向。
2.多元論（multiplicity）：在此階段學生能認知到做生涯選擇後的結果，但仍無法整合決策過程中的重要變數。
3.相對論（relativism）：學生由外部控制（他人提供意見）的觀點轉移至內部（自己尋求答案），並瞭解到個人在做決定時的焦點爲何，雖然體會到自己應負起生涯選擇的責任，但卻未有心理準備去承擔所有的責任。
4.相對論的踐諾（commitment with relativism）：學生對生涯選擇過程負擔更多的責任，個人在釐清其生涯價值、生涯目的、目標和認定時，必須面對承諾的挑戰。

進一步言，高等教育的主要期望在使人們依其利益而活動，並幫助他們能夠認同，以及採取對他們有效的選擇，爲達此一目標，不論是青年人或成年人，大多數都必須被教導去抉擇，但需要學習如何取得資訊，或如何運用其所擁有的資訊，大學生活在知識豐富但行動貧乏的世界，他們必須被教導如何去善用這些資訊（彭慧玲、侍筱鳳，2003）。上述對於大學生生涯發展的陳述意義在於透過對發展階段特徵的瞭解，增進學校生涯輔導相關人員及學生個人對於生涯發展任務的正確認知，進而設計有助於大學生生涯發展的諮詢活動與輔導方案。

第三節　生涯規劃及其重要性

生涯規劃（Career Planning）是指一個人生涯的妥善安排，在這安排下，個人能依據各計畫要點在短期內充分發揮自我潛能，並運用環境資源達到各階段的生涯成熟，而最終達成既定的生涯目標。「規劃」強調的是明確的目標、執行的方法、成效的評估與計畫的修訂，一項完整的生涯規劃，應該有下列步驟（黃天中，1995：6-7）：

1.目標的擬定：個人訂定生涯目標時，先仔細探索重要的主、客觀因素，決定出大略的方向，然後再逐步將自己的目標具體化與階段化。

2.計畫的執行：

(1)考慮各種途徑：一個具體的目標可以利用多種途徑來達成，在決定選擇何種途徑之前，先將所有可能達成目標的途徑全部詳細列出。

(2)選擇最適合的途徑：依據個人的因素與實際的狀況，一一評

估這些途徑的可行性，選擇出最適合的途徑，往自己的目標邁進。

(3)安排執行：目標與執行途徑確定後，依階段化的各個次目標，擬定執行步驟，安排執行的進度表，付諸實行。

3.評估與修訂：

(1)成效的評估：生涯規劃是個人生活與工作的藍圖，規劃過程中，所考慮的因素繁多，這些因素會隨時間變動，且在生涯實踐過程中，可能會遭遇非預期的困擾，因此需要定期評估生涯規劃的內容。

(2)計畫的修訂：從事生涯規劃時，必須爲日後可能的計畫修改而預留彈性。修訂計畫可依據每次成效評估的結果來進行，修訂的時機則須考慮：

- 定期的檢視預定目標之達成進度。
- 每一階段目標達成時，依據實際達成之狀況修訂未來可採行之策略。
- 客觀環境改變是否足以影響計畫之執行。

生涯規劃的結果將導致個人決定進入某一職業，加入特定公司、接受或拒絕工作機會、離開公司到其他公司或退休，事實上就是選擇職業、安於組織、擁有職位、執行實際工作的一連串歷程。個人的知識和主動積極的精神鼓舞著生涯規劃工作的持續行動，而教育、工作經驗、人際關係的接觸等，都將成爲生涯進展的關鍵因素（張添洲，1993）。整體而言，生涯規劃可以協助個人在歷經生涯試驗或探索階段，在個人經驗及能力條件下，形成個人職業乃至生涯發展的路徑，其目的在於認識自己、掌握人生、實現理想、發揮生命最大的可能性，而其價值則在釐清個人願景，有效的認識自己，客觀的認知環境與所需資源，並用合理可掌握的方法，逐步的將其整合，以達成目標，完成個人使命（行政院青年輔導委員會，2007）。

對於大學生而言，學校的教育與輔導是協助其進行生涯規劃的最直接管道，生涯輔導除了幫助個人選擇職業、準備就業、安置職業，並在職業上獲得成功之外，也強調生涯決策能力的發展、自我觀念的發展、個人價值觀的發展、選擇的自由、重視個別差異及對外界變遷的因應（黃天中，1995）。爲了協助大學生及早具備就業力及順利發展個人職業生涯，生涯輔導已是目前許多學校學務工作的重點之一，大專院校的生涯輔導方案強調學生爲工作世界做準備，且將生活角色整合融入未來的生活風格中，不但強調教育與職業探索的重要性，也指出價值觀與生活風格對工作的重要影響，大專院校中的生涯輔導方案對個人能力的提升包括（吳芝儀，2000）：

1.自我認知：包括維持一個正向自我概念的技巧；維持有效行爲的技巧；瞭解個人動機與抱負的變化及轉移等。
2.教育與職業的探索：包括進入與參與教育訓練的技巧；參與工作及終身學習的技巧；定位、評估與詮釋資訊的技巧；準備尋找、獲得、維持與改變工作的技巧；瞭解社會的需求與功能對工作本質和結構的影響等。
3.生涯規劃：包括做決定的技巧；瞭解工作對個人和家庭生活的衝擊；瞭解在男性／女性角色中的連續變化；生涯轉換的技巧等。

另外，根據Pascarel & Terenzi（1991）的研究發現，大專院校對學生的生涯選擇與發展具有下列影響（吳芝儀，1999：294-295）：

1.大學生經常改變他們的生涯計畫。
2.由高中畢業與大專畢業所導致的職業狀態差別將延續一生。

3.具有學士學位的人較可能獲得較高地位的管理、技術與專業工作。

4.高中畢業生比大專畢業生容易失業。

5.大專畢業生似乎較不會遭遇長期失業的影響。

6.雇主認為大專畢業生擁有使本身更能獲得職業與升遷的必要技巧與價值。

7.大專畢業生有較高程度的社會地位流動與升遷。

8.大專教育的薰陶可能較易對本身工作的滿意度產生具衝突性的影響。受過大專教育的人將發展出一套批判與評價的能力，因此增強對工作缺失的敏銳度。

9.成熟的生涯思想與規劃可經由各種的生涯發展課程加以培養。

10.在學校（大專）中的社會化，將增強學生的職業抱負。

11.透過促進個人心理成熟特質的發展，例如博愛（同理心、利他主義）、統整、穩定、自主性等，可增強職業成功的機會。

12.大專教育對協助少數民族減低失業率具有其重要性。

總之，一個懂得生涯規劃意義的人，就是一個懂得自我發展規劃的人，他會在每個發展階段中，給予自己不同的塑造、訓練；不管選擇哪一條路，要做好任何一件事情的基本條件就是：確認自己的志趣，然後做好許多準備和養成習慣（行政院青年輔導委員會，2007）。儘管大學生可能在面對不確定的未來時難免感到徬徨，加上社會大環境的不斷變動，更可能增加他們的內心焦慮，然而，透過學校的教育與輔導，協助大學生增加對自我的認同，增加對職業世界的瞭解，以及強化大學生的生涯技能，便能逐步地緩和不安。

第四節　如何做好生涯規劃

生涯規劃是個人對自己一生的設計、準備、期望和力行的過程，在規劃的過程中要深思熟慮，按照明確的步驟行動，而達成「好的開始是成功的一半」的效果。兵法云：「知己知彼，百戰百勝」，所謂「知己」，就是對自我充分的瞭解與認識，「知彼」就是熟悉周遭的環境，特別是與生涯發展有關的工作世界。知己知彼相互關聯，自我所擁有的特質能在現實世界中經得起考驗，自然可以確定自我與社會的連結十分紮實，而不致於形成一廂情願，以自我為中心的偏頗心態。因此，從生涯規劃的角度來看生涯發展能否成功，得視下列因素的關聯程度（張添洲，1993：161-162）：

1.知己：亦即對自我的瞭解與認識，包括價值觀的形成、抱負水準、成就動機等。
2.知彼：對外在環境的瞭解和認識，包括政治、經濟、社會、文化、教育等環境的認識。
3.抉擇：亦即正確有效的決定，能透過資料的蒐集、分析、比較而找出最合適的發展途徑。

此三項要素的發展關係，可以**圖5-3**表示。

延續前述概念，要做好生涯規劃的首要工作是要認識自我，其次要瞭解環境，最後集合這些資訊去下決定，更具體來看，生涯規劃可以從「自我探索」、「向職業世界探索」、「具體行動」等歷程來進行（整理自杜淑芬，2007；吳芝儀，1999）：

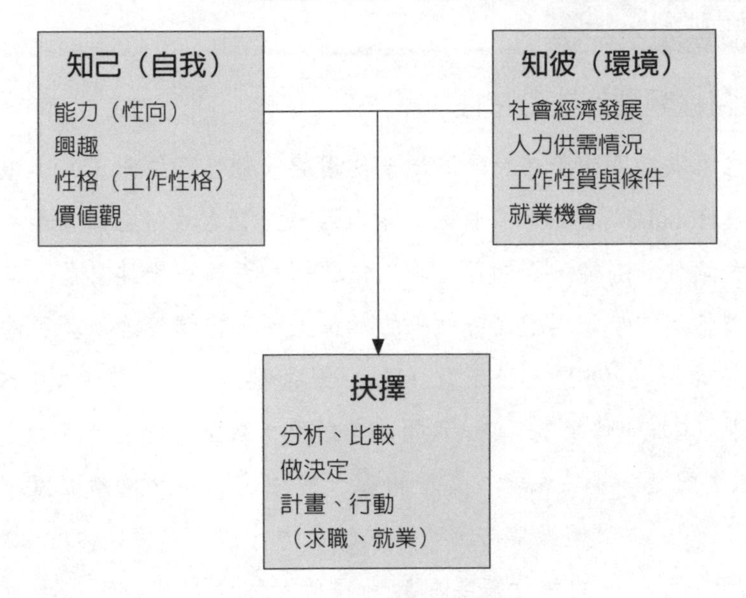

圖5-3 生涯規劃三要素

資料來源：張添洲（1993），頁162。

一、自我探索

自我探索就是要清清楚楚的瞭解自己，包括自己的性向、能力、興趣、野心、資源和限制。西方哲學家曾云：「知道你是誰比知道你要去哪裏更重要。」我們可以從下列幾個問題來進行：

1.我是誰？是怎樣的人？有何願景？可以想像五年後或十年後的自己，讓自己更認識自己的願景，也澄清自己所想要的未來。

2.我喜歡做什麼？興趣爲何？興趣的廣度和強度又是怎樣？這時候，生涯興趣測驗（見**專欄5-1**）往往能派上用場。很多人說不出自己的興趣，或不敢說出眞正的興趣，通常是因爲不瞭解或沒信心。研

專欄 5-1

生涯興趣類型的能力特性

生涯興趣測驗是在台灣廣泛被使用的一個生涯探索工具，根據生涯學者Holland的觀點，每個人的生涯選擇是個人人格在工作世界中的表露和延伸。亦即，人們係在其工作選擇和經驗中表達自己、個人興趣和價值。在生涯興趣測驗結果的解釋上，可依填答者所呈現的特質區分為實際型（R）、研究型（I）、藝術型（A）、社會型（S）、企業型（E）、傳統型（C）六類，各類型相對應的能力特性如下：

R實際型—能夠執行在處理物體、機械、工具、運動配備、植物或動物等方面需要機械能力、體力或協調力的活動。

I研究型—能夠執行需要觀察、評估、評量和理論化之理智或分析技能的活動，以便解決問題。

A藝術型—能夠執行需要藝術、創意、表達和直覺等技能的活動，以利用文字、動作、聲音、顏色或具體的方式來傳遞美感、思想和情感。

S社會型—能夠執行需要和人群一起工作的活動，以便告知、啓迪、協助、訓練、發展或治療他們。

E企業型—能夠執行需要説服、管理、監督和領導等技能的活動，以便獲取某一機構的、政治的、社會的或經濟的利益。

C傳統型—能夠執行需要注意細節、精確度和一些文書技能的活動，以便記錄、編檔，及根據特別指示的程序來組織數字和語文的資料。

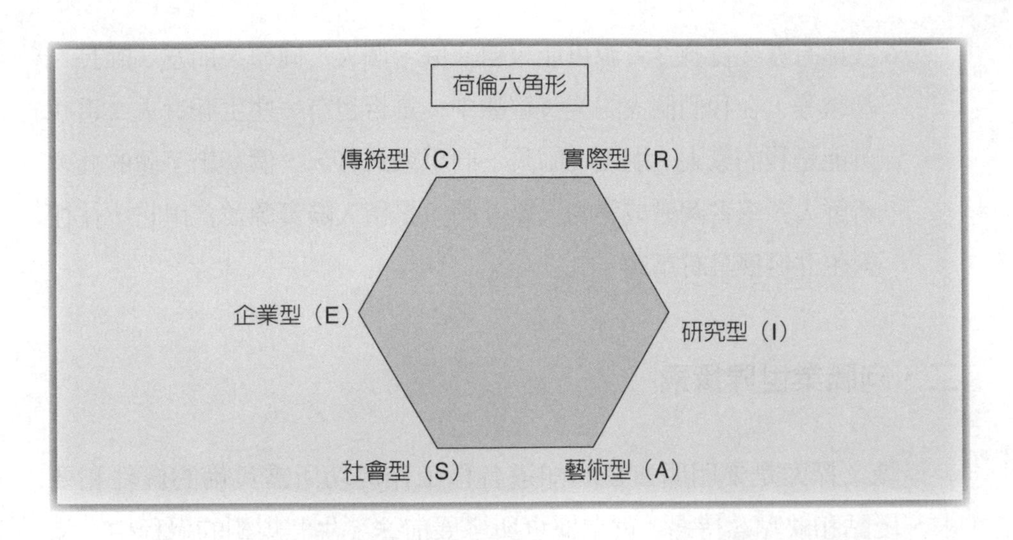

究顯示，在一項工作任職比較久的人，往往是對這項工作比較有興趣的人。但是，和工作滿意度卻沒有太多關係。也就是說，對工作有興趣未必表示會樂在工作，但會持續在該工作領域。

3.我有哪些能力？心理學家Bandura 提出「自我效能」理論，主張認爲自己具有某方面能力者，從事該活動時，也往往具有高效能。亦即，在某活動有自信者，從事該活動時，就會表現得比較好，這在許多運動員或企業家身上，得到最好的印證。思考自己的能力，並將它們寫下來，也將有助於生涯探索與抉擇。

4.我擁有什麼樣的特質？比較適合做些什麼樣性質的工作？雖然有些學者認爲性格應與工作無關，但有些學者仍認爲，某些工作具有某些特質的人來做會比較恰當。

5.我的生命中重視的價值是什麼？例如，有些人較重視名望，有些人較重視金錢，有些人喜歡競爭，有些人喜歡悠閒的生活，其實，每一項工作都有它先決存在的價值與限制，因此，事先思考某些工作可能伴隨的生涯，也是必須的。

6.我擁有哪些資源？資源可能來自家庭、個人、同學、朋友、師長、經驗等，在我們個人的成長經驗中，是否也有一些生涯貴人？這些可能是我的家人、朋友、師長、同事或長官，一個初出茅廬的社會新鮮人，學習圓融成熟的人際互動，累積人際資源並善用它，往往對生涯發展具有幫助。

二、向職業世界探索

職業探索是要明明白白的知道各種工作成功所需具備的條件和要求、優點和缺點、待遇、就業機會與發展前途。生涯規劃的過程中，除了要清楚地瞭解自己，也要瞭解工作世界，每個專業領域，多半是配合就業市場的發展趨勢而準備人才，因此，瞭解相關就業市場的資訊，對生涯規劃會有相當的幫助。俗話說「三百六十行，行行出狀元」，浩瀚的工作世界包羅萬象，各類不同的行業有不同的工作內容和工作方式，因此，我們需要知道各種工作所需具備的條件和要求、優點和缺點、待遇、就業機會與發展前途。政府機構在這部分有提供一些協助，如勞委會、青輔會或考試院等網站，勞委會職訓局亦出版「職業簡介」，提供職業檢索；另外，政府每年也會作些勞動力統計及薪資調查，往往在圖書館或在行政院主計處的網站也會有最新資訊。

三、具體行動

(一)準備行動計畫

爲了達成自己的生涯目標，實現心底對自己最深的期待，你必須鋪設一條能通往生涯目標的道路，在擬定生涯計畫之前，你需要思考一些問題，看看自己是否已經做好展開行動的準備。

我在哪裏？ 我已經得到什麼？	思考你曾經修習過的科目的學習情形。 思考你在實習或打工經驗中獲得些什麼。 思考你已經培養的技能是什麼。

▼

我要去哪裏？ 我想得到什麼？	思考你將選擇唸研究所、出國留學或就業求職⋯⋯。 思考這個決定是為了什麼目的。

▼

我需要什麼來到達目的地？ 我需要什麼才能成功？	思考你需要準備哪些知識技能來達成生涯目標。 思考這些知識技能對工作的用處為何。 思考他們會對你造成很多壓力嗎。

▼

我要去哪裏？ 我想得到什麼？	思考你要如何找到所需要的資料。 可用的資源包括：師長、輔導中心、電腦網路、畢輔室⋯⋯。

▼

有關的時間限制？	思考你要設定的目標及目標的達成期限。

▼

是否已經達到目標？	透過師長及專業諮商人員協助評估你的目標達成情形。

(二)擬定階段性目標

當我們有一個很大或艱困的工作要完成時，通常把它分成幾個較小的任務會比較容易，在生涯規劃上也是如此，生涯目標設定的愈明確，愈有助於擬定行動計畫來達成，因此所設定的階段性目標必須是具體明

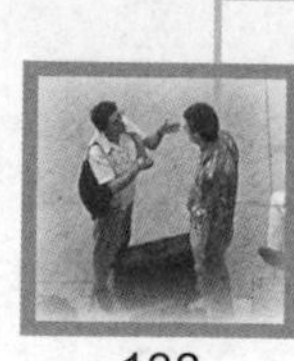

確、可測量、可達成、和最終目標有關聯、有時間限制的。例如你希望未來當一位大學校長，你可以將這個目標分成十個較小的階段性目標：

階段性生涯目標	時間限制
1.需要有擔任教育行政職務四年以上的經歷	2035年之前
2.需要具有教授資格	2030年前
3.需要取得博士學位	2018年前
4.需要取得碩士學位	2012年前
5.需要完成學士學位	2010年前
6.認真地過大學生活	每學期
7.瞭解成為一位大學校長應具備的條件	這個月
8.努力學習目前的課業	每週
9.保持良好的身心狀況	每天

(三)生涯目標與自我評估

除了上述的方式之外，你也可以試著依據對自己興趣、能力、特質等瞭解，擬定短程、中程、長程生涯目標，其思考內容包括：

1.主要的工作內容。

2.它吸引我的特點爲何？

3.我在個性上可以嘗試改變的是什麼。

4.我可以培養的生涯興趣是什麼？

5.我尙須培養的能力爲何？

6.我必須具備的其他條件。

7.短程（中程、長程）的生涯計畫爲何。

第五節　結　語

在大學窄門逐步放寬的今天，大學生人數逐年成長，即便是碩士博士生，也已不若以往罕見，高學歷時代來臨雖未必意謂著高品質人力的必然結果，但可預期的是職業世界對求職者學歷要求的提高，另一方面，職場環境隨著產業結構轉變，也因應社會需求與價值變動而調整，諸多現實條件不斷挑戰著一批批從高等教育當中畢業的青少年，這群青少年結束進入社會前的最後一段校園時光，經歷四年的專業洗禮，卻可能還無法承擔進入職場的責任與壓力，從青少年失業率偏高、飛特族及啃老族的出現、延遲畢業人數增加、進修研究所人數增加等諸多現象，反映的應是光有專業教育對於進入職場仍是不足的，因而就業力在九○年代開始受到重視，同時，生涯規劃的重要性亦更加突顯。

生涯規劃可以協助個人在歷經生涯試驗或探索階段，在個人經驗及能力條件下，形成個人職業乃至生涯發展的路徑，幫助個人認識自己、掌握人生、實現理想、發揮生命最大的可能性。爲了協助大學生及早具備就業力及順利發展個人職業生涯，生涯輔導已是目前許多學校學務工作的重點之一，儘管大學生可能在面對不確定的未來時難免感到徬徨，加上社會大環境的不斷變動，更可能增加他們的內心焦慮，然而，透過學校的教育與輔導，協助大學生增加對自我的認同，增加對職業世界的瞭解，以及強化大學生的生涯技能，相信不僅有利於青少年正向發展，對於社會生產力也將是一種助益。

參考書目

中文部分

成之約（2003）。〈青少年就業促進措施〉。網站資料：財團法人國家政策研究基金會國政分析，社會（析）092-008號。http://www.npf.org.tw/PUBLICATION/SS/092 /SS-B-092-008.htm。

行政院主計處（2006）。〈94年度人力資源調查提要分析〉。94年度人力資源調查統計結果。網址：行政院主計處www.dgbas.gov.tw。

行政院青年輔導委員會（2006）。《在正式教育中提升就業力：大專畢業生就業力調查報告》。行政院青年輔導委員會。

行政院青年輔導委員會（2007）。〈生涯資訊網——生涯發展〉。上網日期2007.08.15。網址：http://life.nyc.gov.tw/expand/expandview.asp?catid=101#a。

吳芝儀（1999）。《生涯發展的理論與實務》。台北：揚智。

吳芝儀（2000a）。《生涯探索與規劃：我的生涯手冊》。嘉義：濤石文化。

李誠主編（2003）。《誰偷走了我們的工作》。台北：天下遠見出版有限公司。

杜淑芬（2007）。〈大學生的心理事〉（元智大學諮商輔導組）。上網日期2007.06.10。網址：http://www.yzu.edu.tw/YZU/st/psy/。

周玟琪（2003）。《促進青少年就業短期計畫》。台北：行政院勞委會職訓局。

林幸台（1987）。《生計輔導的理論與實施》。台北：五南。

金樹人（1991）。《生計發展與輔導》。台北：天馬文化。

張添洲（1993）。《生涯發展與規劃》。台北：五南。

郭振昌（2003）。〈青少年失業問題與就業展望〉。《社區發展季刊》，103期，頁112-125。

郭靜晃、吳幸玲（1993）。《發展心理學：心理社會理論與實務》。台北：揚智。

彭漣漪（2007a）。〈飛特族朝不保夕 啃老族賴家苟活〉。《中國時報》，2007年6月5日專題報導。

彭漣漪（2007b）。〈供需失調 淪爲新貧 大畢生起薪倒退8年〉。《中國時報》，2007年6月5日專題報導。

彭慧玲、侍筱鳳（2003）。《生涯輔導教育——實務教戰手冊》。譯自Herr, E. L., Rayman, J. R. & Garis, J. W.(1993). *Handbook for the College and University Career Center*。台北：五南。

黃天中（1995）。《生涯規劃概論——生涯與生活篇》。台北：桂冠。

楊朝祥（1989）。《生計輔導——終生的輔導歷程》。行政院青年輔導委員會。

羅益強、史仕培、陳雅慧（2002）。《借鏡荷蘭》。台北：天下雜誌股份有限公司。

嚴敬雯（2005）。〈台灣青少年從學校到職場的銜接機制之探討：以大專就業學程之實施爲例〉。中正大學勞工研究所碩士論文。

英文部分

Hall, D. T. & Goodale, J. G. (1986). *Human Resource Management: Strategy, Design and Implementation.* Scott, Foreman Co.

Holland, J. L., Gottfredson, G. E. & Naziger, D.(1975). Testing the validity of some theoretical signs of vocational decision-making ability. *Journal of Counseling Psychology, 22,* 411-422.

Keniston, K. (1971). *Youth and Dissent: The Rise of the New Opposition.* New York: Harcourt Brace Jovanovich.

OECD(2003). Youths and the Labour Market. Paris: OECD.

OECD(2004). OECD Employment Outlook 2004. OECD.

Super, D. E. (1976). *Career education and the meaning of work. Monographs on career education.* Washington, DC: The Office of Career Education, U.S. Office of Education.

Chapter 6 偏差行為

徐錦鋒
私立中國文化大學兒童福利研究所碩士
中央警察大學犯罪防治研究所博士班（進修中）
台灣士林地方法院主任觀護人
中國文化大學社會福利學系兼任講師

第一節　偏差行為的定義
第二節　偏差行為的判定
第三節　偏差行為的類型
第四節　偏差行為與犯罪行為的關係
第五節　偏差行為的理論
第六節　偏差行為舉隅
第七節　偏差行為的復原力

第一節　偏差行爲的定義

根據D. A. Ward等人（1994）的看法，偏差行爲（deviance）是導致他人社會非難的個人屬性或行爲。上述定義中，偏差行爲尚具有下列三個涵義：(1)社會交互層面應包括行動者和其行動、規範以及社會反應；(2)在客觀概念上，偏差行爲是違反規範的行爲；(3)在主觀概念上，偏差行爲是一種被社會大眾標籤化的行動（Ward, Timothy & Robin, 1994: 3-6）。換言之，偏差行爲可以歸納爲下列三個要素：(1)有「人」表現某種行爲；(2)以「規範」作爲行爲指標，來辨別行動是否爲偏差；(3)有「社會大眾」對該行爲採取反應。

上述定義是相對性的，它會隨著時空不同而有所變動。例如，同性戀在有些國家是法律明令加以禁止的，但有些國家卻准許其結婚。在一九七三年以前，美國精神醫學協會（APA）認爲同性戀是一種病症，但在一九七三年以後，該協會則把它排除在病症以外。

偏差行爲通常具有下列一種或多種特徵：(1)不道德，如性交易行爲；(2)對他人或其財產具有危險性，如暴力犯罪或財產性犯罪；(3)破壞社會互動，如性異常；(4)對偏差者有害的，如酗酒、藥物濫用；(5)對國家或社會有害的，如幫派。

第二節　偏差行爲的判定

事實上，偏差行爲的判定是很嚴謹的，偏差行爲的發生往往與個人的心理發展、同儕和文化模式有關。茲以G. C. Davison和J. M. Neale所

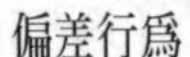

認爲作爲判斷偏差行爲的主要考慮向度，說明如次（Davison & Neale, 1999；梁培勇主編，2004：3-11）：

一、偏離常態分配

以統計學上的「常態分配」（normal distribution）作爲標準，如智商的測量便是。此法的判定，最大的問題在於所有的內在特質是否都呈常態分配，常態分配在統計學上的意義，通常是描述連續變數，因而代表正常和偏差之間的差別只有量的差異，故宜明確認定正常和偏差的分界點。再者，常態分配常忽略「量」以外之其他價值判斷的因素。

二、違背社會規範

以「違反社會規範」作爲判定標準。所謂「規範」係指風俗、習慣、價值觀，甚或成文的法律謂之。規範的形成過程是很緩慢的，但是一旦成爲規範就不容易變動。社會規範在不同的時空環境下，有著不同的意義，此即說明規範本身的相對性，以及「規範」的違反往往無法以唯一準則作爲判斷的依據。

三、主觀的痛苦和不舒服

以「個體本身覺得痛苦、不舒服（distress）」作爲判定標準。當個體心理上生病（偏差行爲）時，個體就會出現不舒服的感覺；但是生病有時也會造成別人的不舒服，個體反而從中獲得快樂的感覺。此種判定由於具有相當主觀的感覺，而且也可能與個體本身的忍受程度有關，實

難找出較客觀的標準可爲依循。

四、功能失常

以個體的「功能失常」（dysfunction）作爲判定標準。偏差行爲者往往因其呈現行爲症狀，而導致無法發揮其原有的功能。此一判定標準，對兒童而言，有可能失之於以大人的期待作爲正常或不正常的判斷標準。此外，有些偏差行爲只會在特定情境下才會出現的，因此要以功能失常作爲判斷偏差行爲的絕對標準的確有困難。

五、不符合預期的反應

「不符合預期的反應」（unexpected response）是指在某種脈絡或情境之下，個體出現與別人所預期不符合的反應。不符合預期的反應有時會被視爲是一種創造力或幽默，但有時也會讓人覺得怪異或是奇特。

六、發展因素的考慮

有些兒童或少年的問題，肇因於個體個別的發展速率不一或個體未臻成熟所致，因而成熟因素會影響個體的發展，俟其年紀稍長，呈現的問題可能逐漸消失。例如，青春期的少年對父母或師長的叛逆現象，有可能只是個體發展上的過度現象，過了青春期情況便可能好轉起來。

第三節　偏差行爲的類型

一、偏差行為的理論類型

Robert K. Merton對偏差行爲的研究不僅是功能理論之應用中最著名的代表作品，他可以說是對偏差行爲分類中最具有影響力的。Merton指出，文化結構或社會目的（social goals）和社會結構或社會認可之手段（institutionalized means）之間如產生衝突，便會產生偏差行爲（蔡德輝、楊士隆，2004：92）。Merton亦指出個人對文化結構和社會認可的規範兩者間的適應方式可能有五種：(1)遵從型（conformity）；(2)革新型（innovation）；(3)儀式型（ritualism）；(4)退縮型（retreatism）；(5)叛逆型（rebellion）（張平吾，1996：249-252；許春金，2003：421-423）。上述分類中除了遵從型外，其餘四種類型都算是偏差者（deviant），其適應方式便稱爲偏差行爲（deviant behavior）。

二、偏差行為之基本類型

偏差行爲基本上可分爲四種類型（蔡文輝，1992：175-176；詹火生，1994：138-139；張平吾，1996：207-208），茲敘述如下：

1. 偏差行動（deviant acts）：係指那些必須以具體動作或行爲才能完成之偏差行爲。依其性質又可分爲三種：(1)犯罪行爲；(2)性偏差行爲；(3)自殺行爲。
2. 偏差習慣（deviant habits）：係指一些不爲社會所贊同或認可之習慣或嗜好，如酗酒。

3.偏差心理（deviant psychology）：係指心理疾病患者，易因攻擊衝動而作出偏差行為。

4.偏差文化（deviant culture）：係指那些與社會正規文化有所差異之文化，例如少年幫派之次文化。

另有學者從學校輔導的觀點，將偏差行為作以下的分類（吳武典，1985：10）：

1.外向性行為問題：即通稱的違規犯過行為與反社會行為，包括逃學、逃家、不合作、反抗、不守規律、撒謊、偷竊、打架、破壞、搗亂、傷害……等。

2.內向性行為問題：即通稱的情緒困擾或非社會行為，包括畏縮、消極、不合作、過分依賴、做白日夢、焦慮反應、自虐、自殺行為等。

3.學業適應問題：成績不如理想，而非智力因素所造成，往往兼具有情緒上的困擾或行為上的問題，包括考試作弊、不做功課、粗心大意、偷懶、不專心、注意力不集中、低成就等。

4.偏畸習癖：或謂之不良習慣，多與性格發展上的不健全有關，包括吸吮拇指、咬指甲、肌肉抽搐、口吃、偏食、尿床、煙癮、酒癮、藥癮、性不良適應等。

5.焦慮症候群：由過度焦慮引發而來，有明顯的身體不適症狀或強迫性行為，通稱為精神官能症或「神經質行為」，如緊張、發抖、嘔吐、噁心、心胸不適、全身無力、過度焦慮引起強迫性思考、強迫性動作、歇斯底里症狀等。

6.精神病症候群：其行為明顯脫離現實，屬於嚴重的心理病態，包括精神分裂症、躁鬱症等。

本章所探討的偏差行爲係指社會偏差（social deviance），社會偏差與心理偏差、犯罪的概念，仍然有所不同。社會偏差係「違反規範」，心理偏差係「症狀呈現」，而犯罪則係「違反法律」。

第四節　偏差行爲與犯罪行爲的關係

偏差行爲與犯罪行爲有密切的關係，但兩者在範圍上卻是迥然不同，如**圖6-1**所示。根據**圖6-1**顯示，有些行爲是犯罪行爲且是偏差行爲，有些行爲是偏差行爲但非犯罪行爲，有些行爲是犯罪行爲，但非偏差行爲。

判定一個人的行爲是否爲偏差行爲或是犯罪行爲，主要從下列兩方

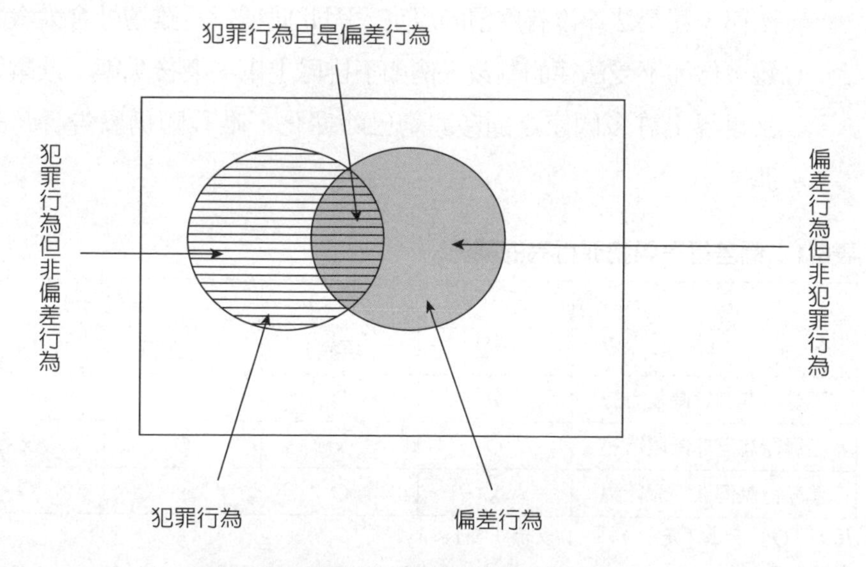

圖6-1　偏差行為與犯罪行為之關係

資料來源：許春全（1988），《犯罪學》。頁309。台北市：三民。

面來辨別：(1)是否違反法律或規範；(2)是否受到法律制裁或社會非難（如**表6-1**所示）。根據**表6-1**顯示，偏差行爲與犯罪間的關係，可以從下列三點加以說明（Ward, Carter & Perrin, 1994: 16-17）：

1.是犯罪行爲且是偏差行爲：一個人如果違反法律被發現時，將受法律制裁。因此，當社會大衆知悉其人的行爲違反法律規定而將受到制裁之際，通常不會去贊同或支持此種行爲的發生，例如殺人、強姦、販賣兒童以及其他嚴重的犯罪行爲等。

2.是犯罪行爲但非偏差行爲：此種行爲雖違反法律規定，但社會大衆卻不會加以非難。因爲社會大衆在觀念上已把它當作生活的一部分，縱然是違反法律，但至少也不算是什麼滔天大罪，更談不上違反社會規範，例如違法墮胎。

3.偏差行爲但非犯罪行爲：有些行爲雖違反社會規範，但卻沒有違反法律，甚至法律沒有處罰的規定。因此此種行爲雖遭社會大衆之非難，但卻不受法律的制裁，例如不排隊上車、酒後失態、欺騙等。又世界上許多國家之通姦罪均已除罪化，唯我國仍屬告訴乃論之罪。

表6-1　偏差行為與犯罪行為的關係

	違反情形		制裁情形	
	法律	規範	法律制裁	社會非難
犯罪行為且是偏差行為	O	O	O	O
犯罪行為但非偏差行為	O	x	O	x
偏差行為但非犯罪行禹	x	O	x	O

註：「O」表示「是」，「x」表示「否」。

資料來源：David A. Ward, Timothy J. Carter & Robin D. Perrin (1994). *Social Deviance*. Boston: Allyn & Bacon. p.16.

第五節　偏差行為的理論

一、傳統的偏差行為理論

偏差行為的理論是在探討為什麼會發生偏差行為。通常學者在提出偏差行為的解釋時，主要是從生理學、心理學、社會學的觀點來加以探討，如**表6-2**所示。根據**表6-2**顯示，解釋偏差行為可以溯自生理學觀點龍布羅梭之「生來犯說」（born to be a criminal）、社會學觀點涂爾幹之「迷亂理論」，以及心理學觀點佛洛伊德之人格衝突理論開始談起。但晚期偏差行為理論中有關李瑪特（Edwin M. Lemert, 1967）和貝克（Howard S. Becker, 1963）之「標籤理論」（Labeling Theory），以及最近布烈懷德（John Braithwaite, 1989）之「明恥整合理論」（The Theory of Reintegrative Shaming），已廣受學者所接受而採行，以解釋偏差行為何以會發生的原因。

表6-2　偏差行為的理論

解釋模型	理論	學者	主要概念
生理	1.身體特質與犯罪關聯	1.龍布羅梭（Lambroso）	1.個人某些特殊之生理因素引起偏差行為。
	2.某種體型在犯罪中常見	2.雪爾頓（Sheldon）	2.身體結構與偏差行為有相當之關係，尤以少年犯罪為最。
	3.生化上之不平衡	3.胡佛（Hoffer）	3.少年在腦內生化異常，可能產生偏差行為。
心理	1.心理分析理論	1.佛洛伊德（Freud）	1.人格衝突導致偏差行為。
	2.社會學習理論	2.班都拉（Bandura）	2.社會學習主要透過觀察模仿而來。
	3.道德發展理論	3.寇伯爾（Kohlberg）	3.許多攻擊行為與個人之道德認知能力發展停滯於道德成規前期有密切相關。

（續）表6-2　偏差行為的理論

解釋模型	理論	學者	主要概念
社會	1.無規範理論	1.涂爾幹（Durkheim）	1.社會體系沒有提供清楚的規範來指導人們之行動，以致人民無所適從而形成無規範產生偏差行為。
	2.社會解組	2.蕭氏（Shaw）和馬凱（Mckay）	2.市中心的少年偏差行為發生率高，而愈向郊區則愈低。
	3.緊張理論	3.墨頓（Merton）	3.當文化的目標與達成目標的方法有差距時，導致社會行為規範與制度之薄弱，人們因而拒絕規範之權威而造成各種偏差行為。
	4.文化偏差理論	4.	4.當次文化和社會的主流文化有衝突時，會產生偏差行為
	(1)文化衝突理論	(1)雪林（Sellin）	(1)文化的適應與偏差行為有關。
	(2)低階層文化衝突理論	(2)米勒（Miller）	(2)低階層的文化可能產生偏差行為。
	5.不同接觸理論	5.蘇哲蘭（Sutherland）	5.偏差行為主要是與親密團體的互動生活過程中學習得來。
	6.機會理論	6.克拉法德（Cloward）和奧林（Ohlin）	6.正當機會被剝奪，沒有機會合法地達成其目標，而使用非法方法達成，以致陷入偏差行為。
	7.社會疏離理論	7.傑佛利（Jeffery）	7.社會互動如果愈缺乏人際關係，愈隔閡疏離，愈沒有守望相助，愈沒有社會規範，則其偏差發生率會愈高。
	8.控制理論	8.赫西（Hirschi）	8.少年偏差行為與社會鍵（依附、抱負、參與、信仰）有關。
	9.激進犯罪理論	9.	9.
		(1)得克（Turk）	(1)少年偏差行為是團體或社會與其他不同之力量及利益接觸後，從而發生衝突之產物。
		(2)昆尼（Quinney）泰勒（Taylor）華爾頓（Walton）楊氏（Young）	(2)偏差是社會階級鬥爭的產物。
	10.標籤理論	10.貝克（Becker）	10.偏差行為是社會強勢的團體加於弱勢團體之行為標籤（記號）。

二、偏差或犯罪多元因的觀點

科德斯與葛提（J. B. Cortis & F. M. Gatti）從偏差或犯罪多元因的觀點，建立生物、心理暨社會理論（biopsychosocial theory），他們認爲少年偏差或犯罪行爲是個人心理與生物特徵的表現因素（expressive forces）以及家庭、宗教和社會文化因素之規範力量互動時所產生負面不平衡的結果，茲將其有關因素整理列表如圖6-2所示，並說明如次（Cortis & Gatti, 1973: 189-195；馬傳鎭編，1993: 67-68）：

1. 中胚葉體型：易衝動、好冒險和逞匹夫之勇，係典型攻擊性與外向性之人格。學者研究結果顯示，這種體型與少年犯罪行爲有密切之關係。
2. 心理缺陷：包括心理異常以及其他各種缺陷，諸如自我與超我之不健全、精神耗弱、情緒困擾、精神異常與疾病、不正常之腦波型態、腦皮質不成熟等等，這些因素被發現與少年偏差或犯罪行爲有各種程度之關聯。

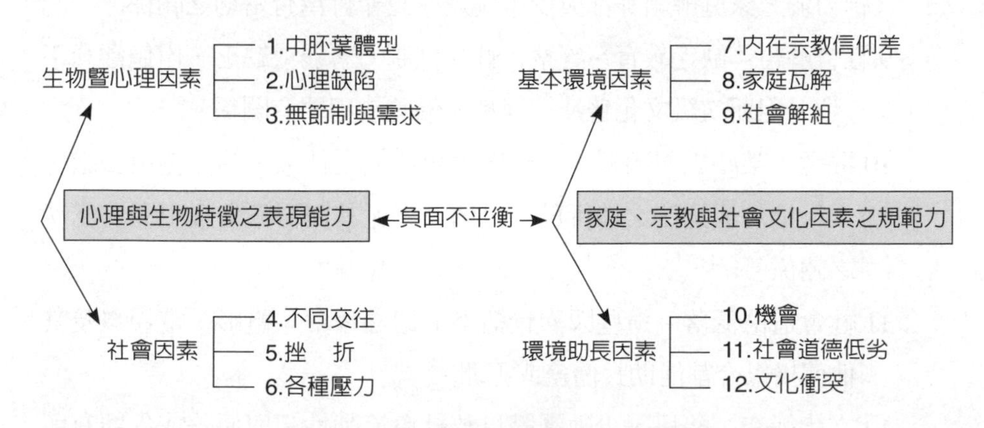

圖6-2　少年偏差或犯罪行為有關因素

資料來源：馬傳鎭（1993）。《犯罪心理學講義》。頁68。台北市：國立政治大學教育研究所。

3.無節制與需求：包括沈迷於麻醉劑、酒和其他生理需求，諸如飢餓、性。這些無節制之需求將導致偏差或少年犯罪行爲或反社會行爲。

4.不同交往：不同交往對許多犯罪行爲扮演很重要之角色，諸如少年幫派、與犯罪者互動、無益之友誼關係、暴力次級文化、少年犯罪區域等等均是與偏差或犯罪行爲有關之因素。

5.挫折：許多外在因素會引起各種挫折，這些挫折將導致偏差或犯罪行爲，包括剝削、失業、低級工作、入監服刑有前科、種族衝突、歧視、警察執法不當、政府施政計畫不適當等等。

6.各種壓力：很多偏差或犯罪之產生是由於恐懼、威脅、嫉妒、勒索、經濟壓力、貧窮所造成。

7.內在宗教信仰差：學者研究指出宗教信仰差與少年偏差或犯罪有密切之關係，宗教信仰差可能導致少年偏差或犯罪行爲，但少年偏差或犯罪行爲亦可能促使宗教信仰低。

8.家庭瓦解：學者指出破碎家庭、缺乏雙親之管教和支持、與雙親凝結力弱、家庭解組等都與少年偏差或犯罪行爲有密切之關係。

9.社會解組：缺乏教育、警察，社會控制力薄弱或缺乏，價值觀念不一致，犯罪次級文化普及等等都與偏差或犯罪有關係。

10.機會：某些犯罪類型是由於機會所造成之結果，諸如盜用公款、銀行搶劫或違法之性行爲。這個因素尤其與白領階級犯罪有密切之關係。

11.社會道德低落：這些因素包括不道德之報章、電影、電視以及其他傳播媒介都能助長偏差或犯罪。

12.文化衝突：移民、少數團體以及社會流動性都與偏差或犯罪有所關係。

第六節　偏差行爲舉隅

一、網路成癮行為

(一)網路成癮的定義

周榮及周倩（1997）認爲：「網路成癮是由於重複地對於網際網路的使用所導致的一種慢性或週期性的沉迷狀態，並帶來難以抗拒的再度使用之欲望，同時並會產生想要增加使用時間的張力與耐受、克制、戒斷等現象，對於上網所帶來的快感會一直有心理與生理上的依賴。」

蕃薯藤網站於一九九六年便開始進行網路使用的調查，其中一份調查報告指出，網路使用者平均每週花費21小時於網路使用上，即每天花費3小時左右；另外一九九九年網路使用者平均每周上網時間爲12.5小時，二〇〇〇年爲15.6小時，二〇〇一年爲20.8小時，二〇〇二年爲21小時，二〇〇三年則爲27.8小時，由此可見，網路使用者平均每週上網時數有逐年增長的趨勢（蕃薯藤調查網，1999、2000、2001、2002、2003）。

陳淑惠（2003）歸結國內外的研究發現，指出重度使用網路且危害到一般生活社交功能的高危險學生大約有5-10%，而且通常會出現一些與物質成癮疾患相似的核心症狀，包括難以自拔的上網渴望與衝動、永難滿足的上網慾望，以及難以忍受離線空窗期，意即會對網路世界中的某些內容產生難以自拔的著迷，而且隨著使用網路的經驗增加，上網的耐受性症狀大增，因而必須透過更多的網路內容與更長久的上網時間，才能達到原先的上網樂趣與滿足程度；此外，無論是主動或被動戒除上網

的行為，都是相當不容易，並且會出現網路的戒斷反應；也就是當被迫離開電腦、停止上網時，會出現焦躁不安、情緒低落、生氣、空虛感、注意力不集中、心神不寧及坐立不安等反應。

(二)網路成癮的種類

根據研究發現，以搜尋資訊為主的全球資訊網（WWW），以及較不具即時互動性的電子郵件（E-mail）使用，與網路成癮之間較無相關。通常網路成癮者常使用的網路項目可分為三大類：(1)高度人際互動性網路使用項目；(2)互動性網路遊戲；(3)色情類型網站（李曉君，2006）。

(三)網路成癮的症狀

網路成癮是衝動失去控制後，所表現出來的一種失常行為，此種行為是一種不包含麻醉劑、沒有中毒症狀的使用行為。Young（1998b）將這類的行為稱作「問題性的網路使用」（problematic internet use），認為這是一種沒有涉及化學性中毒的「衝動控制疾患」（impulse-control disorder）。Young亦認為一個人如果以下八項問題中有五項回答為「是」，就符合網路成癮症。

1.我會專注於網路上所進行的活動，並在離線後仍持續想著上網時的情形。
2.我覺得我需要花更多的時間在線上才能感到滿足。
3.我曾努力想過要控制或停止使用網路，但並沒有成功。
4.當我企圖減少或停止使用網路時，會覺得沮喪、心情低落或脾氣容易暴躁。
5.我會為了上網而願意承擔重要人際、工作、教育或工作機會損失的風險。

6.我花費在網路上的時間比原先預期的還要長。

7.我曾向家人、朋友或他人說謊以隱瞞我涉入網路的程度。

8.我上網是爲了逃避問題，如無助、罪惡感、焦慮或沮喪等。

(四)網路成癮的心理

目前已有學者從不同的取向來解釋與探討網路成癮行爲，茲敘述如次：

1.解釋取向：國內外已有許多研究以憂鬱和焦慮兩個變項爲研究焦點，並且指出憂鬱和焦慮對於造成網路成癮行爲有著高度的可能性。

2.因素解釋取向：從實務中可發現，網路成癮者具備有某些人格特質，如無聊傾向較高、易寂寞、高社會焦慮及高私我意識（private self consciousness）的人較容易網路成癮。

3.網路人際因素解釋取向：Young（1998a）研究發現，非成癮者使用網路時，是以資料蒐集取向的功能爲主，而成癮者則是最常使用以具備雙向溝通的網路功能爲主。

4.依附因素解釋取向：王澄華（2001）的研究發現，依附型態中焦慮依附最能預測網路成癮行爲，其次是逃避依附；而安全依附則與網路成癮行爲沒有相關性。

(五)網路犯罪

網路犯罪並不可怕，因爲今天電腦還不會自主犯罪，是人使用網路犯罪，只要主角是人，都會在電腦之外留下使用記錄，用傳統辦案技

術，善用既有法律，大部分網路都能掌握。惟因網路具有快速傳播、大量傳播、成本低、匿名性高及討論的機會增多等特性，更由於網路的普及，以致形成了許多新型態的網路犯罪。以下為常見網路犯罪行為態樣：(1)網路色情類型：散布或販賣猥褻圖片、在網路上媒介色情交易、散布性交易訊息。(2)線上遊戲衍生犯罪：網路竊盜（竊取遊戲帳號、虛擬寶物、裝備、貨幣等）、詐欺（以詐術騙取玩家遊戲裝備）、強盜、恐嚇、賭博等問題。(3)網路誹謗：例如散播衛生棉長蟲，誹謗老師、校長、同學，冒用他人名義徵求性伴侶及將名人照片移花接木等。(4)侵害著作權：在網路上販售大補帖，張貼、散布他人著作，下載他人著作並燒錄散布等。(5)網路上販賣毒品、禁藥：以「新的FM2藥丸，可快速睡著」為主題，在網路上刊登販賣訊息。(6)網路煽惑他人犯罪：在網站登載販賣槍枝的資訊、教製炸彈等。(7)網路詐欺：利用網路購物騙取帳號，或以便宜廉售家電騙取價款。(8)網路恐嚇：寄發電子恐嚇郵件。(9)網路駭客：侵入或攻擊網站，刪除、變更或竊取相關資料（資料來源：http://jad.tcpd.gov.tw/cgi-bin/SM_theme?page=438bd7f2）。

(六)社會政策及處遇

網路成癮對青少年影響很大，至少妨害其正常作息及生活機能。因此如何以其他正當休閒活動替代過度上網的行為，誠屬當前教育很重要的課題之一。對於青少年網路使用與輔導相關問題，政府不妨設置專責小組來因應。政府在不妨礙言論與媒體報導自由的前提下，對於網路內容的管理應制定並推廣合宜的內容分級制度。此外，教育主管機關應該把電腦網路知能、網路輔導技巧視為當代教師必備知能，要求老師將其融入課程中，並經常舉辦相關的教師研討會或基礎知能研習會，讓老師可以利用這樣的機會與學生加強彼此交流。

二、酗酒

(一)酗酒的界定

酗酒（alcoholism）包含酒精濫用與成癮。以前習慣上將酗酒者當作一種道德上缺陷，如今它被當作一種疾病來加以治療。根據資料顯示，國內都市中十八歲以上的人口，一年當中每百人中有六、七個人爲酗酒者。目前有酒精混用的人口比率超過10%；達到心理或生理依賴程度者已經高達20%以上（台大精神科主編，1992）。另根據周碧瑟（1999）的研究發現，台灣地區在校青少年喝酒盛行率（1999年）計1568人，占15.2%（如表6-3）。

(二)酗酒的種類

美國精神醫學協會（APA）將酗酒視爲與酒精有關的疾患，因而將它分成：(1)酒精使用疾患；(2)酒精誘發疾患；(3)酒精中毒；(4)酒精戒斷等四大類（孔繁鐘等譯，1997）。另根據美國耶魯大學酗酒研究中心的

表6-3　台灣地區在校青少年抽菸、喝酒及用藥盛行率（1992-1999年）

		抽菸		喝酒		用藥	
年代	調查人數	人數	盛行率%	人數	盛行率％	人數	盛行率％
1993	12381	1737	14.6	1350	11.8	161	1.3
1994	8320	961	12.1	892	11.4	115	1.4
1995	12247	1227	10.1	1279	10.6	133	1.1
1996	12470	1563	12.6	1820	14.8	131	1.1
1997	11831	1633	14.9	1741	16.7	171	1.4
1999	10699	1278	12.5	1568	15.2	102	1.0

資料來源：周碧瑟（1999）。〈台灣地區在校青少年藥物使用流行病學調查研究〉，《行政院衛生署八十八年度委託研究計畫》。臺北市：行政院衛生署。

研究，將酗酒分成兩大類：(1)症狀性酗酒者：酗酒者本身能控制飲酒量以及能繼續從事工作；(2)長期性酗酒者：酗酒者本身無法控制飲酒量，亦無法繼續工作（周震歐，1978）。該中心並認爲酗酒者的心理轉變過程，可以分爲五個步驟：(1)開始時以飲酒來減低自己的緊張及焦慮情緒；(2)繼而對酒類產生渴望心理；(3)缺乏控制自己飲酒量的能力；(4)失去拒絕飲酒的能力，變成離開酒類即無法生活之依賴現象；(5)喪失道德意識，產生酗酒者之人格特徵。

(三)酗酒的心理

酗酒者其兒童時期的家庭特徵可分爲四類：(1)常有嚴重的暴力或身體傷害事件發生；(2)父母過多的期望；(3)家庭傾向隱瞞與僞裝的情況；(4)家庭規則與組織經常改變（台大精神科主編，1992）。酗酒對酗酒者的心理影響通常有下列三點：(1)酗酒對身體與腦部會造成傷害，同時使人產生依賴現象；(2)酒精可以形成種假性情緒狀態來化解不良的情緒；(3)酗酒者可能會退回幼年時期的情緒狀態。

(四)酗酒與犯罪

酗酒者除伴隨人格失常、缺乏適應社會能力外，酒精的刺激更會促使其企圖實施某些偏差行爲。酗酒與犯罪的關係，根據中田修的看法，可從兩方面來解釋：(1)因酒精中毒引起身體、心理的變化，而犯下罪行；(2)酒精中毒疾患因失業、貧困、家庭糾紛、離婚等因素，可能引發犯罪（馬傳鎭，1978）。我國於一九九九年爲嚇阻日益嚴重之酒醉駕車肇事，於刑法中將不能安全駕駛納入公共危險罪加以規範，但酒醉駕車仍相當嚴重。

(五)社會政策及處理

喝酒具有明顯的社交功能，但不能上癮而影響個人健康與生活基能。有關酗酒的對策，目前已逐漸從疾病模式走向新戒酒模式（new temperance ideology），他們認爲酗酒的治療範圍應在公共衛生模式下進行，因而有關交通事故、家族性酗酒與酒精有關的娛樂事故，均應在控制的對策之中。至於個別處遇，在美國傾向AA計畫（Alcoholic Anonymous），這是由曾患酗酒已痊癒者與酗酒者共同組織的一種團體。此外，行爲治療亦被運用在酗酒的戒治上。

三、藥物濫用

(一)藥物濫用的定義

所謂藥物濫用（drug abuse）可界定爲：「非以醫療爲目的，在未經醫師處分或指示下，不適當或過度地強迫使用藥物，因而導致個人身心、健康受損，影響及社會與職業適應，甚至危及社會秩序之行爲。」（蔡德輝等，1992）惟藥物濫用一詞，美國精神醫學會早期已改稱爲藥物成癮（drug addiction），後又改稱爲藥物依賴（drug dependence）；一九八〇年以後，該協會復修正而稱爲物質關聯疾患（substance-related disorders）；惟一般書籍習慣上仍採用藥物濫用一詞。事實上，酗酒與藥物濫用均包括在物質關聯疾患中，一般常以「物質濫用」稱呼。物質濫用會影響中樞神經系統，其弊病可以歸納爲下列三點：(1)會造成社會性與職業性功能的損害；(2)無法控制或停止使用該藥物；(3)在停止或減少使用時，會產生戒斷症狀。

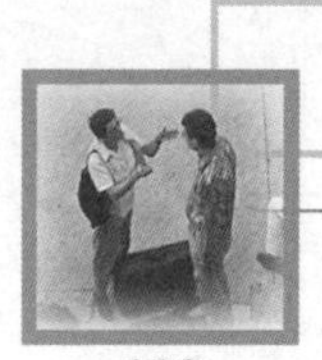

(二)藥物濫用的種類

一九八八年聯合國毒害公約中有關毒品之分類，主要分為麻醉藥品類及影響精神藥物（或物質）類兩種。其中，麻醉藥品又可分為天然植物類及化學合成類等，詳如圖6-3所示。

(三)藥物濫用的形成過程

根據B. S. F. Fuhrmamn（1990）的看法，青少年藥物濫用者是一個試驗、習慣與依賴的歷程，在此歷程中共有五個階段：(1)偶然性與社會性的使用；(2)由初始的低度忍受，再增高使用的忍受度與力量，此時並有了同儕的接納；(3)增加藥物使用以影響成就，使用的冒險性乃提高；(4)經常性與高度性的使用、關心來源供應與財力問題，最後形成重劑的使用者；(5)形成社會孤立、養成妥協性格以保持既有習慣，其生理受傷害，並且有可能使用其他藥物（黃德祥，1994：595-596）。

(四)藥物濫用的心理

根據周震歐（1978）認為，藥物濫用的原因可依使用者不同而分為：(1)從十三歲到十九歲以及青年吸毒者，因好奇所驅使，以及同伴間迫其吸毒以作為加入團體的方法之一。(2)成年人的偶爾吸毒，漸漸成為毒癮，初由治療疾病的原因漸而學習成癮，或由於業務上關係，易於接觸毒品，或因職業上需要毒品支持其體力。(3)另有部分吸毒成癮者由於本身具有人格的損傷，以及不能適應現實社會的結果，以吸毒作為逃避現實的方法暨其他心理上的病態。

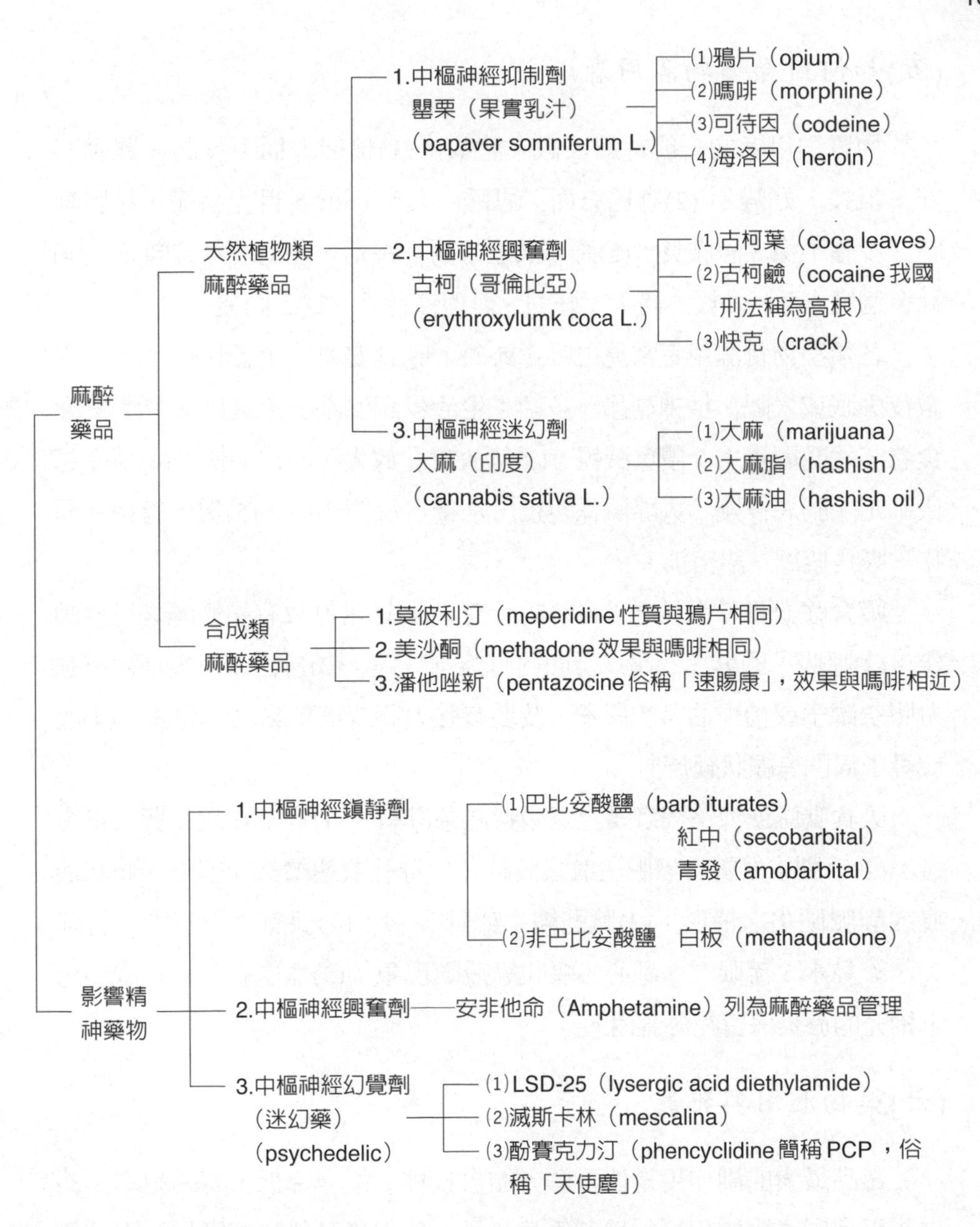
麻醉
藥品
天然植物類
麻醉藥品
1.中樞神經抑制劑
罌粟（果實乳汁）
（papaver somniferum L.）
(1)鴉片（opium）
(2)嗎啡（morphine）
(3)可待因（codeine）
(4)海洛因（heroin）
2.中樞神經興奮劑
古柯（哥倫比亞）
（erythroxylumk coca L.）
(1)古柯葉（coca leaves）
(2)古柯鹼（cocaine 我國
刑法稱為高根）
(3)快克（crack）
3.中樞神經迷幻劑
大麻（印度）
（cannabis sativa L.）
(1)大麻（marijuana）
(2)大麻脂（hashish）
(3)大麻油（hashish oil）
合成類
麻醉藥品
1.莫彼利汀（meperidine 性質與鴉片相同）
2.美沙酮（methadone 效果與嗎啡相同）
3.潘他唑新（pentazocine 俗稱「速賜康」，效果與嗎啡相近）
影響精
神藥物
1.中樞神經鎮靜劑
(1)巴比妥酸鹽（barb iturates）
紅中（secobarbital）
青發（amobarbital）
(2)非巴比妥酸鹽　白板（methaqualone）
2.中樞神經興奮劑
安非他命（Amphetamine）列為麻醉藥品管理
3.中樞神經幻覺劑
（迷幻藥）
（psychedelic）
(1)LSD-25（lysergic acid diethylamide）
(2)滅斯卡林（mescalina）
(3)酚賽克力汀（phencyclidine 簡稱 PCP，俗
稱「天使塵」）

圖 6-3　毒品的分類

資料來源：呂淑妤（1998），〈我國藥物濫用問題的探討〉，《刑事政策與犯罪研究論文集》㈠。台北：法務部。

(五)如何辨識藥物濫用者

物質濫用者的一般行爲表徵，諸如：(1)情緒方面：多話、躁動不安、沮喪、好辯 ；(2)身體方面：思睡、食慾不振、目光呆滯、結膜紅腫、步履不穩、靜脈炎；(3)感官表達方面：視幻、聽幻、無方向感；(4)社會適應方面：多疑、誇大、好鬥、無理性行爲、缺乏動機。

各類型物質濫用者常見之吸毒跡象，吸食安非他命者計有：(1)經常徹夜失眠或未眠、精神高昂、多話；生活步調混亂、作息無常；(2)常會食慾突然明顯變差、體重減輕；(3)無故瞳孔放大、心跳加快；(4)情緒起伏不定、猜忌多疑、人際關係變差、常獨自反鎖門內；(5)房內有藥品異味、吸食瓶罐、鋁箔紙。

吸食強力膠者常見之吸毒跡象計有：(1)經常無故有如酒醉之行爲動作；(2)呼吸、頭髮、衣服或房間內有溶劑味道；(3)房內或垃圾桶內有強力膠空罐子或指甲油等空瓶子，及裝有強力膠或溶劑味之塑膠袋；(4)嘴或鼻子周圍有圈狀紅疹。

吸食嗎啡或海洛因者常見之吸毒跡象計有：(1)經常無故花費大量金錢；(2)手腳或鼠蹊有靜脈注射之痕跡，如針孔或連續針孔留下之條狀疤痕或靜脈硬化之情形；(3)瞳孔縮小如針尖狀；(4)偶有焦慮不安、打呵欠、流鼻水、流眼淚、噁心、嘔吐等戒斷現象；(5)盒中有藥粉包或點過未抽完的菸仍保留在菸盒內。

(六)藥物濫用與犯罪

毒品最大的副作用是使一個人的自我控制能力降低，容易犯罪。藥物濫用者所產生的犯罪行爲多係基於尋求如何獲得藥物的滿足，因而他們一方面必須與毒販爲伍，久而久之便參與販毒及運毒，以便更進一步

掌握毒品的來源。另一方面，他們爲了維持吸毒的龐大費用，便開始以詐欺、竊盜、賣淫、僞造文書、空頭支票等機智奸詐的方法，從事犯罪勾當。此點與酗酒者在犯罪型態上有所不同，酗酒者多半係產生暴力行爲，如凶殺、鬥毆或性犯罪。

(七)社會政策及處遇

早期對於藥物濫用者均以拘禁處分來加以因應，但基於監獄人滿爲患以及認爲藥物濫用是一種疾病，因而刑事政策乃導向除罪化（decriminalize）的立法導向。但另一方面政府除擬訂「緝毒、拒毒、戒毒」反毒政策外，另成立「中央反毒會報」，訂定以「斷絕供給」及「減少需求」爲目標之反毒策略，確立緝毒（法務部）、拒毒（教育部）及戒毒（衛生署）之方向與分工。

最近政府爲避免嚴重藥物濫用者爲了施打藥物而犯罪，徒增社會成本與負擔，已開始實施「減害計畫」，針對較嚴重藥物濫用者時，以美沙酮（methadone）藥物取代海洛英。此外，戒毒的策略尚有設置戒毒村，強調以醫療處遇的方式取代監獄原有的教化措施。至於集體治療方面，在民間則已有類似國外之AA計畫在推展中。最近更有學者強調認知行爲治療以及強化處理壓力的能力。而且，由於把濫用藥物者之配偶看成是同患（codependence），其成年子女則看成深受其害而不知自拔的人，因而家族治療亦是有效的處遇方式之一（林天德，1990：199）。

但無論如何培養國人正確用藥的態度與方法，誠屬當前最重要的課題之一。因爲「藥」與「毒」是一物之兩面，正當醫療使用可以治療疾病，反之使用不當、誤用或濫用均會造成身心傷害。

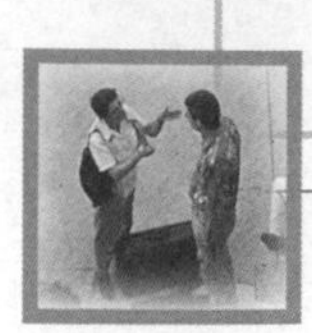

四、心理異常

(一)心理異常的界定

心理異常（mental disorder）在早期稱爲心理疾病（mental disease），它泛指由於心理、社會、生理或藥物原因所造成且無法有效適應生活的失常現象（張春興，1991）。根據上述定義可知，酗酒、藥物濫用亦是屬於心理異常的範疇。惟本文心理異常係專指心理、社會或生理因素所導致的心理疾病病患而言。

根據柯永河（1994）的研究發現，台北市高中職男女全體在各診斷型的盛行率爲：精神分裂症0.2%，躁型情感性精神病2.1%，鬱型情感性精神病及精神官能症2.0%，恐慌症1.3%，恐懼症1.2%，強迫症1.4%，泛焦慮症1.7%，分裂型性格違常0.7%，邊緣型性格違常5.0%，歇斯底里型性格違常6.2%，消極攻擊型性格違常1.8%，妄想型性格違常3.9%，強迫型性格違常12.1%，依賴型性格違常15.4%，以及社會型性格違常0.5%，自戀型性格違常5.2%。

(二)心理異常的種類

本文中所指心理異常最主要包括下列病症：(1)精神分裂症：是一種以思考推理障礙爲主要精神症狀的表現，最常發病年齡爲十五至二十五歲。(2)情感性精神病：最主要的症狀是指一個人的情感發生明顯的變化，或是情緒變得過分高昂，或者過於低落，也可能是情緒高低潮交替循環出現；一般而言，躁症發病年齡在二十至二十五歲之間，鬱症則要晚了十年左右。(3)妄想精神病：妄想，簡言之便是沒有的事卻偏偏信其爲有。妄想又可分爲妄想病、分享妄想狀態、急性妄想病。(4)器質性精神病：專指體內內臟器官有毛病，使得腦功能發生不正常現象而引起精神病時稱之。(5)反應性精神病：是指人在遭遇極大刺激或挫折時，可能會發生暫時性的精神反應，其中較嚴重的就是俗稱的「反應性精神病」。

(三)心理異常的原因

美國精神醫學家Halleck嘗試以個人適應途徑模式來解釋偏差或犯罪行爲與精神疾病（如圖6-4所示）。根據圖6-4顯示，Halleck認爲偏差或犯罪行爲與精神疾病之產生，乃是個體爲平衡自己內在困難與處理外在危機所選取的一種適應方式（馬傳鎭，1993：72）。事實上，國內外專

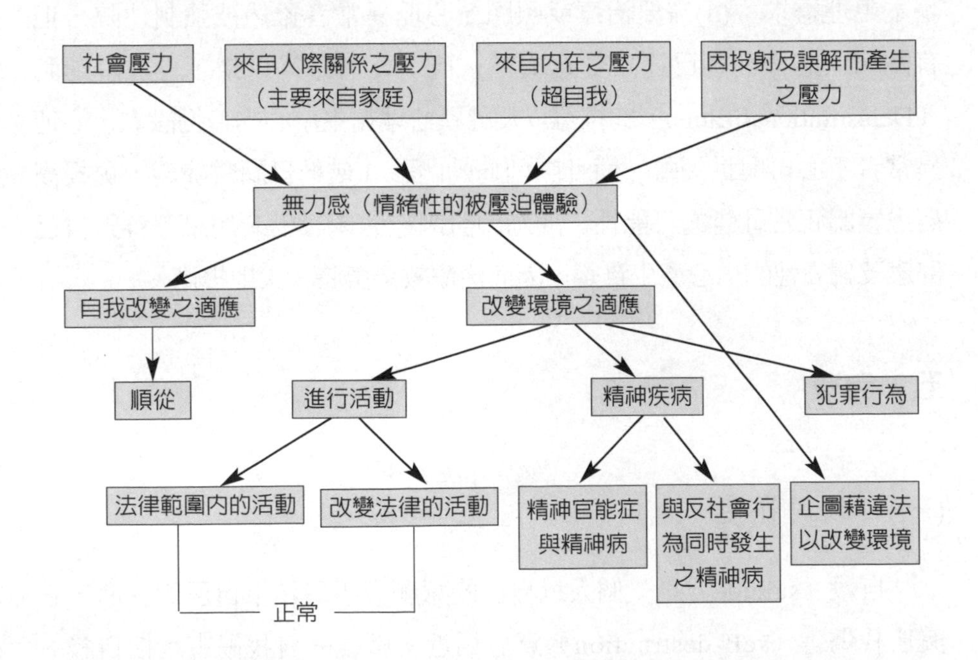

圖6-4　赫力克（Halleck）之個體適應途徑圖

資料來源：馬傳鎭（1993）。《犯罪心理學講義》。頁72。台北市：國立政治大學教育研究所。

家、學者用以解釋精神疾病成因的理論極為繁多，晚近精神醫學界著重生物觀點的研究，並提出以藥物治療方式為主的治療趨勢則有待注意。例如認為精神分裂症可能是腦內細胞連結處對化學分子「多巴胺」的反應過強所造成的；情感性精神病可能是與腦內神經傳導物質方面的變化有關；器質性精神病可能是與新陳代謝障礙、傳染病、頭部外傷或腫瘤、內分泌障礙、戒斷症狀群以及各種疾病等有關。

(四)社會政策與治療

目前對於心理異常者，凡符合下列任何一個條件，一般均主張需要強制予以住院治療：(1)對自己或他人有危險；(2)不能照顧自己的基本生理需求；(3)需要治療或照顧。心理異常者雖然被強制住院，但有關病人的權利則已逐漸受到重視。自一九六〇年以來，少住院運動（Deinstitutionalization）的推行以及社區心理衛生中心的普遍設立，心理異常者不必再與世隔離，而且開創通勤門診（或稱日間醫院），更提高病患復歸正常社會的可能性。通勤門診因無病床設備，病患不會對自己健康及獨立性的信心產生質疑，因而治療效果勢將大大地提高。

五、自殺

(一)自殺的界定

自殺（suicide）是一個人以自己的意願與手段結束自己的生命，它與自我傷害（self-destruction）意思相近。廣義的自我傷害包括自殺、企圖自殺，以及以任何方式傷害自己身心健康的行為。狹義的自我傷害僅指以任何方式傷害自己的身心健康，但本身並沒有結束自己生命的清楚意願（教育部，1995）。根據許文耀等人（1995）的研究發現，自我傷害行為越高的學生，眞的是自殺的比率越高。民國二〇〇三年台灣地區自殺及自傷每十萬人口死亡率，如表6-4。根據表6-4顯示其死亡率為十萬分之十一點六（男性為十萬分之十五點六，女性為十萬分之七點七），其中十五至二十四歲之自殺及自傷死亡率為十萬分之六點一（男為十萬分之七點一，女為十萬分之五點一）。

(二)自殺的種類

Emile Durkheim認為自殺與一些社會文化因素有關，他以社會學的觀點解釋自殺率，並描述了四種不同的自殺類型：(1)利他型自殺（altruistic suicides）：在社會高度的凝聚、社會成員教條式地接受社會目標，社會過度地整合，自殺者出於高尚的信念，感到有自殺義務而產生自殺現象，例如為宗教信仰而自殺；(2)自我中心型自殺（egislic suicides）：這類自殺是由於社會散漫，群體團結性低，以及缺乏社會整合所造成；(3)脫序型自殺（anomie suicides）：由於個人慣常的社會關係突然改變，個人失去規範與方向，喪失在社會中的標準；(4)宿命型自殺（fatalistic suicides）：當個體感受到太多規律及控制，自由受到限制，因而覺得不再有繼續活下去的理由時，容易自殺。

(三)自殺的原因

自殺不單單只是想結束生命，有時自殺的目的是因為想控制他人，或者是利用自殺來換取某種利益，更有可能是為了逃避心理上的罪惡感及無價值感。個人是否能清楚地表達出其自殺的意圖，將影響其自殺的可能性及危險性。如果個人能直接清楚地表達他的自殺感覺及意圖時，其自殺的危險性尚不算高；如果其自殺的意圖是為了處理人際間的問

表6-4　世界主要國家人口自殺比率統計　　（以1976年W.H.O.之世界標準人口數為準，單位：每十萬人口）

年齡別	國名	中華民國（2003年）	美國（1999年）	德國（1999年）	英國（1999年）	義大利（1999年）	日本（1999年）	澳洲（1999年）	新加坡（2000年）	南韓（2000年）
總計	計	11.6	9.1	9.8	6.3	5.0	17.7	11.5	8.2	12.0
	男	15.6	15.0	15.1	9.9	7.9	26.3	18.5	11.0	17.6
	女	7.7	3.5	4.7	2.6	2.3	9.3	4.6	5.6	7.0
15-24歲	計	6.1	10.3	8.0	6.7	4.3	12.0	13.9	7.1	8.7
	男	7.1	17.2	12.7	10.6	6.8	16.5	22.1	6.5	10.2
	女	5.1	3.1	3.0	2.5	1.7	7.3	5.3	7.7	7.0
65歲以上	計	35.2	15.9	24.8	7.8	14.2	37.2	13.1	24.7	35.6
	男	43.9	32.1	41.5	12.1	26.1	51.0	24.9	37.0	55.8
	女	26.1	4.4	14.7	4.7	6.1	27.4	3.8	14.5	23.6

附註：1.台灣地區自殺及自傷每十萬人口標準化死亡率1999年總計9.0，男12.0，女5.9；2000年總計9.6，男12.5，女6.6。

2.台灣地區15-24歲自殺及自傷每十萬人口死亡率1999年總計4.3，男5.6，女3.1；2000年總計4.0，男4.7，女3.7。

3.台灣地區65歲以上自殺及自傷每十萬人口死亡率1999年總計32.1，男41.0，女21.8；2000年總計35.0，男44.6，女25.2。

資料來源：1.世界衛生組織（W.H.O.）World Health Statistics Annual 1995及1997-1999 online version of the World Health Statistics Annual之Table 1計算而得。

2.自殺防制網（http://www.jtf.org.tw/suicide%5Fprevention/page02_7_1.asp）。

題，或者他本身無法自由表達出他的自殺意圖，則其自殺的危險性將提高。因此，可以從自我傷害行爲的危險因子，去瞭解自殺的成因，如圖6-5所示（教育部，1993）。

(四)自殺的徵兆

大部分的青少年在自殺前是有徵兆的，例如自殺者會向他人透露自殺的計畫，這些顯示出意圖自殺的徵兆包括：(1)抑鬱、無望感、退縮等；(2)曾經嘗試自殺；(3)口頭威脅或聲言要結束自己的生命；(4)作出最終的安排，全神貫注閱讀有關死亡的書籍；(5)行爲及性格出現極端的改變；(6)最近受到事情的嚴重困擾，例如被親密朋友拒絕、被警方監控或被學校處分、最近有朋友或親人自殺等（謝永齡，2000：4）。

(五)自殺的形成過程

自殺行爲是如何形成的？J. Jacobs（1971）曾將青少年的自殺行爲如何形成，分爲四個階段加以敘述（黃德祥，1994：612-613）：

1.問題的長期歷史階段：例如，有自殺意圖的少年，其兒童期與家庭生活通常是不快樂與不穩定的。
2.少年時期問題的誘發階段：有自殺意圖的少年，由於長期面對較多的困擾，因此到了少年階段便比一般少年遭遇較多的問題。舊有存在的問題加上少年身心適應的困難，便很容易燃起自殺的念頭。
3.漸進的社會孤立階段： 意圖自殺的少年剛開始會以較適應及與生命無關的方式去因應本身的問題，但當這些方式用盡而周遭情況並沒有改善時，便開始與別人及社會疏離，終至自我孤立與自我放棄。

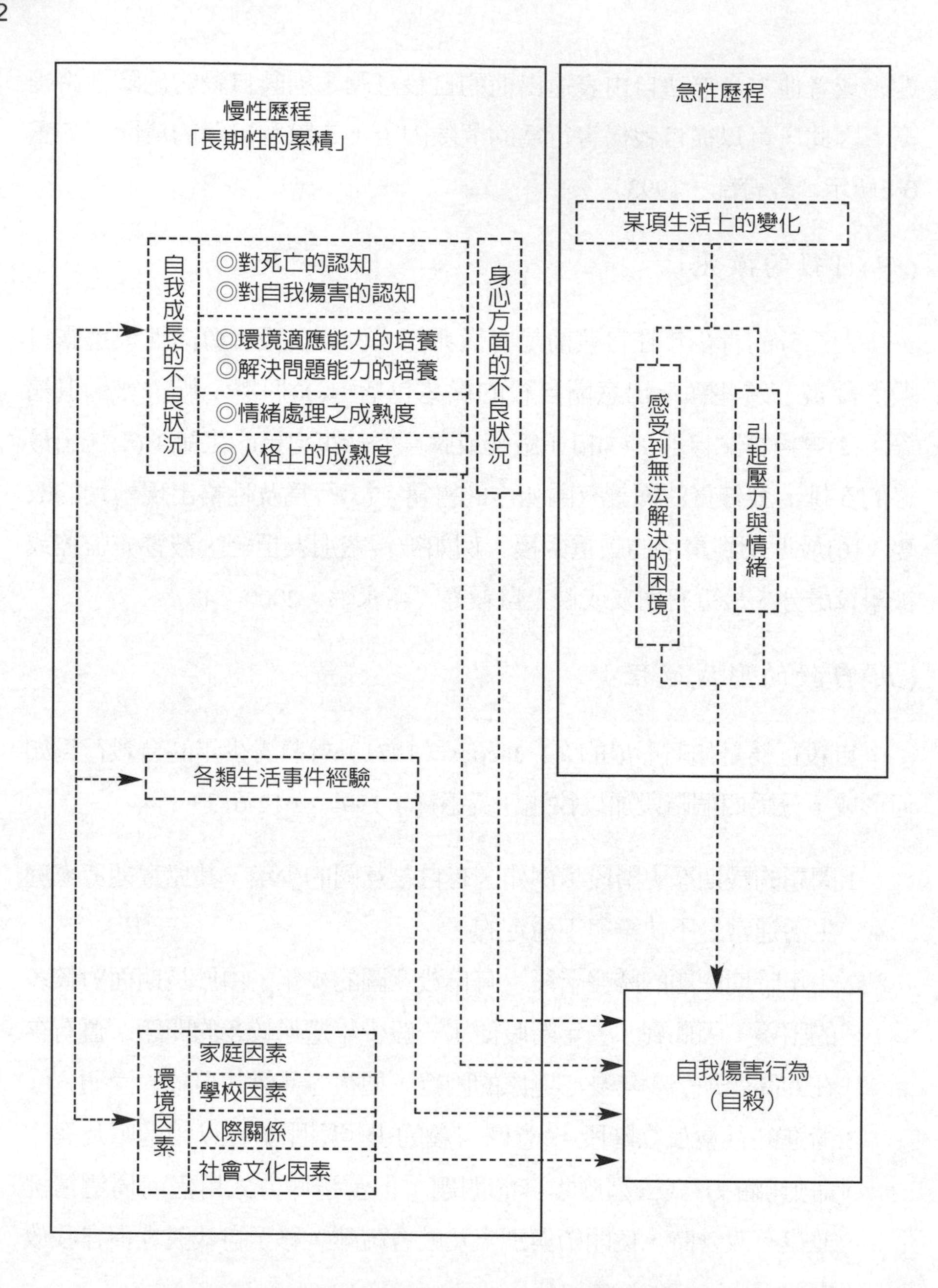

圖6-5　自殺的可能影響因素與影響路徑示意圖

資料來源：許文耀、吳英璋（1993）。《自我傷害防治手冊》。台北：教育部。

4.希望幻滅階段：少年自殺是長期不安、壓力、挫折、衝突、失望、悲觀及多重問題累積的結果。根據研究發現，曾經自殺未遂的少年當中，有相當高的比率曾經經歷過家人、寵物或朋友的「去世」事件。他們對於此種「失去」往往有很強烈的反應。於是當少年面對無法忍受的壓力，或是出現「放棄」的念頭時，則自殺的動作遲早會發生。

(六)社會政策與處理

根據國外的報告指出，一半的自殺者在自殺前找過醫生，但其中只有四分之一的人看過心理醫生（教育部，1995）。可見防制自殺的發生，社會支持系統的建立是很重要的。目前國際生命線協會是一個國際性的電話協談機構，該機構藉著二十四小時的全天候電話守候，使得因絕望而企圖自殺者因有專業人士介入而重新獲得生存的勇氣；在國內目前並設置有各地消防局一一九專線來配合生命線處理緊急救護事宜。多年來，教育部並推展校園自我傷害防治計畫，試著以壓力減緩模式，來減少在校學生的自殺事件發生。此外，提高危險環境的安全性，亦可有效防止自殺事件的發生，例如搶救和危害物質的管制，以及高樓、大橋的安全維護，有助於減緩自殺者的衝動，至少可以降低其自我傷害的危險性。

六、同性戀

(一)同性戀的界定

同性戀（homosexuality）是一個成年人對於同性性生活存有特殊的

喜好，同時與同性間也經常公然地發生性關係（Marrmor & Judd, 1980；許春金，1988）。因此，同性戀與同性性行為，事實上應加以辨明為宜。

同性戀是從一八六九年匈牙利醫生Benkert Uranians表示具有第三性的人以後，一直到七〇年代止，都被視為一種病症。但自一九六九年紐約石牆（Stonewall）事件被視為國際性「同性戀」運動的誕生，以及一九七三年美國精神醫學協會正式把同性戀從臨床的病症術語除去以後，同性戀可以說已不再是社會和個人的問題，而是一個政治性問題。根據國外資料顯示，成年男性中有2%至 4%、女性中有0.5%到1%，具有同性戀的經驗，大部分同性戀者為了方便還是過著異性戀的生活（朱岑樓主編，1991）。

(二)同性戀的種類

同性戀有許多類型，如按同性戀者表現的行為來分，有潛隱型同性戀（latent homosexuality）、外顯型同性戀（overt homosexuality）、假性同性戀（masked homosexuality）等。

(三)同性戀的原因

同性戀形成的原因，目前主要可以歸納為下列五種（林天德，1993：215-216）：(1)胎兒時有過多或過少男性賀爾蒙，產後未受正確性角色的導向；(2)在青春期就不認同自己的性別，並從扮演異性角色中獲得增強；(3)對異性失望，因而轉向同性；(4)家庭氣氛：如男同性戀者常有個愛控制與性引誘的母親和柔弱的父親；(5)社會對同性戀的態度。

(四)同性戀的形成過程

Richard Troiden（1988）認爲一個人成爲同性戀者，通常可以分爲下列四個形成過程：(1)感受期（the sensitization stage）：此階段發生在青春期以前，此時同性戀者不會把自己看成同性戀，但他們不喜歡與同性同儕活動，男性同性戀者不喜歡男性的運動，女性同性戀者則傾向男性氣概的活動。(2)認同混淆期（the identity confusion stage）：此階段發生在少年期，他們在性別認同上已開始混淆，在男孩十三歲、女孩十五歲開始，同性同儕已開始對他們具有吸引力。(3)認同假定期（the identity assumption)：本階段發生在男性十九至二十一歲、女孩二十一至二十三歲時，同性戀者已可以忍受自己是同性戀者，至少在對其他同性戀者時，會加以表白。(4)承諾期（the commitment stage）：此階段同性戀者已能夠坦然接受自己是同性戀的事實，並將同性戀做爲其生活的方式。

(五)同性戀與犯罪

根據吉益脩夫的看法發現，同性戀者容易因對方有了婚姻或改變初衷而殺人或犯下傷害的罪行，亦可能爲了討好所愛之人而犯竊盜罪、詐欺罪（馬傳鎮，1978）。

(六)社會政策與治療

晚近全世界對同性戀接受程度雖略有改善，但同性戀可否結婚、如何教育子女、如何避免感染愛滋病，以及許多人不願意與同性戀一起工作、服役等問題，仍然無太大改變。在國際性同性戀組織的推動之下，同性戀的問題已非疾病治療的問題，而是個政治性問題。但無論如何，對於希望實施心理治療的同性戀者，如何給與治療，將是必要的處置。

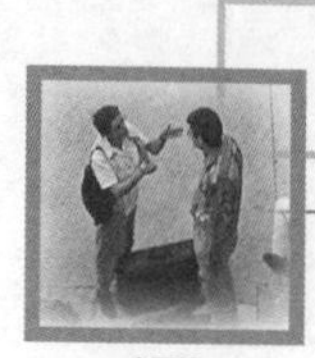

七、嫖妓與性交易

(一)性交易的定義

性交易（prostitution）以往稱爲賣淫、從娼。它意指給予非婚姻關係之性接觸管道，其係由婦女、恩客或其雇主相互協議而建立，無論性交易以何種形式出現，所有性交易行爲具有以下三項共通要素（楊士隆，2002：213）：

1.該行爲本身對於購買者而言，具有性之特殊意義：包括從一般的性交到暴露胴體，甚至口交等，均有可能讓嫖客的性需求獲得滿足。
2.經濟上之交易：進行性服務之前，涉及金錢及其他具有經濟價值之交易。
3.情感之冷漠：性交易本身屬商業化之行爲表現，無論購買者與賣方認識與否均不具情感之互動。

(二)性交易的種類

■ 經營型態

性交易的種類可以分爲流鶯（streetwalkers）、吧女（bar girl）、按摩女（massage parlo prostituter）、賓館妓女（hotel prostituter）、私娼（house prostituter）以及應召女郎（call girls）等。在我國雖已廢除公娼，但實質上，私娼館仍然衆多，花樣百出。在台灣一些營業場所，例如妓女戶、流鶯、應召女郎、酒家、酒吧、特種咖啡茶室、舞場、賓館、酒廊、理容院、按摩院、KTV聯誼中心、伴遊或電話交談中心、釣蝦場、三溫暖等均很難與色情交易脫離關係，因而經常成爲政府相關機關所查緝的對象。

■ 性交易者之類型

性交易者之主要類型可以分爲：(1)罪犯型態者：其生活圈以職業犯罪者爲主。(2)横跨正常與偏差世界者：強調自己是好母親，動機爲維護家計，小孩是其生活重心。(3)精神恍惚型：完全不認同任何人。(4)純交易型：其往來圈子是特種行業婦女或皮條客，酒精是他們生活的必需品（楊士隆，2002：219）。

Sheehy（1973）對阻街女郎之研究中，發現阻街女郎有以下三種類型：(1)每日維生者：必須每日性交易以維持生計者，例如失業且須負擔家庭重擔者。(2)早晚型之女郎：此類女郎經常在飯店間走動，其工作相當獨立且專業，一般於晚上十一點前即收工。(3)剩餘型：主要包括年紀較大、缺乏魅力或其他型態者，其工作甚晚，且常在工作期間內展現許多騙術（楊士隆，2002：219）。

(三)嫖妓與性交易的原因

■ 從事性交易之相關動機因素

根據Jennifer James的研究，婦女性交易的主要動機有三（台北市婦女救援基金會，1995）：(1)自覺性：性交易似乎是對某些缺乏謀生技巧或僅具有限謀生技巧的婦女而言，爲尋求較高物質生活需求之職業選擇的方式；(2)情境性：許多研究指出，兒童時期被父母肢體虐待、疏忽、情緒及性虐待、親子關係不良等因素，都是性交易的高危險群，而本身住在風化區或有親人性交易亦可能是誘因之一；(3)心理分析：同性戀亦被認爲是形成性交易的心理動機。

另根據國內學者楊士隆認爲，成年婦女進入色情特種行業之因素：

(1)一時經濟所需；(2)追求富裕生活及輕鬆刺激的工作；(3)發洩痛苦與憤怒。惟未成年少女進入色情特種行業之因素則與成年不太相同，其主要原因爲：(1)被父母販賣至妓女戶；(2)爲了支持家庭或者想追求高收入而自願加入；(3)翹家時被熟人脅迫或陌生人綁架而落入風塵；(4)翹家時，經由報紙廣告、自己找上門、有人引薦或男友言語推波等因素下，無意間闖入特種行業（楊士隆，2002：222）。

■ 男性嫖妓行為之相關動機因素

以前認爲嫖妓者選擇對象多爲大胸部、年輕、貌美者，但研究發現多數者較在意對象之人格特質，較少關注其外表之特徵。根據研究發現，男性嫖妓之動機計有：與賣淫女性之性關係較爲單純（占33.7%）、喜好與不同對象性交（占31.2%）、喜愛與賣淫者作伴（20.1%）、特種行業賣淫女性較爲專業，做愛技巧較好（占13.8%）、只有她（他）可與其發生性關係（占13.3%）、性工作者可紓緩緊張與壓力（占11.4%）、有較好的性慾望（占11.2%）。其中已婚嫖妓者之主要動機計有：喜好與不同之對象發生性關係（占42.4%）、配偶拒絕提供性樂趣（占20.7%），未婚之嫖妓者則以單純的性關係爲主（占38.6%）（楊士隆，2002：215-216）。

■ 女性尋歡行為之相關動機因素

女性尋歡行爲與男性嫖妓行爲的動機有很大不同，女性很少因丈夫性無能而有尋歡行爲。根據國內警方破獲的星期五餐廳、牛郎酒店或應召站等，獲知消費者多爲中年富婆，其身分背景可區分爲下列幾項：(1)姨太太、情婦：性生活不滿足，加上對同居人之報復。(2)寡婦、離婚婦女，也就是二度單身族群：過去曾有愉快的性經驗，其性需求自然比一般女性強烈得多。(3)風塵女子：平日受男客擺布，覺得沒尊嚴，藉著

「花錢是大娘」的心態，享受使喚男性的快感。(4)丈夫性無能者：案例不多。(5)一般有偶婦女：有些只為報復丈夫的花天酒地或金屋藏嬌，或因性生活不協調（楊士隆，2002：218）。

(四)性交易行為的早期形成過程

根據David Mafza的看法，雛妓性交易的過程可以分為下列三個階段：(1)偏差的自我認同期：通常具有負向自我概念的人較易接受色情行業。(2)偏差角色形成期：少女如果對自己有強烈的不良自我概念時，若再加上逃學、學校適應不良以及前科紀錄等因素，則很容易在不良朋友以及皮條客的唆使下進入色情行業。因為在她的認知中，她已不是一位好女孩；何況性交易對她而言，至少提供她玩樂的滿足。(3)投入偏差次文化階段：由於持續接客，使得少女習慣於妓女的生活型態，並接受妓女的角色（台北市婦女救援基金會，1995）。

(五)社會政策與輔導

娼妓的存廢是個見仁見智的問題，但是娼妓與犯罪，尤其是它與幫派的關係卻相當密切。由於娼妓是個古老職業，廢除不易，因此，目前各國將嫖妓或性交易行為除罪化，轉而致力減少娼妓業對社會公共秩序之干擾，並降低對娼妓各種形式的剝削。此外，對於雛妓的嚴格取締以及對成年娼妓的有效管理，甚至成立色情專業區，都會受到廣泛的討論。娼妓從良的輔導在實務上有很大的困難，但對於從娼未久以及身處危機的娼妓，實在是社政機構切入救援與輔導的最佳時機。警察與公權力介入娼妓問題的處理由來已久，尤其我國最近兒童及少年性交易條例的公布施行，更可以顯示政府對兒童及少年性交易問題的重視與決心。

八、家庭暴力

(一)家庭暴力的界定

家庭暴力（family violence）係指一家庭成員施加暴行於另一家庭成員。此處所謂暴力，它包括情緒（精神）、生理（身體）以及性行爲等各方面的暴力行爲。根據國外資料顯示，受訪者中有8%表示在就讀大學前一年，曾經連續遭受父母對他們所施予的身體傷害（劉秀娟，1984）。男性暴力事件中有一半發生在家庭中（陳若璋，1993）。

(二)家庭暴力的種類

常見的家庭暴力行爲，根據陳若璋（1993）的看法認爲，應包括下列五種類型：(1)婚姻暴力；(2)對兒童、少年的暴力；(3)對尊長的暴力；(4)手足間的暴力；(5)對同住者之暴力。其中以兒童虐待的事件最受大衆矚目。

(三)家庭暴力的原因

家庭暴力的原因，往往肇因於家人間互動不良與溝通障礙所致。在實務中可以發現，施虐父母往往也是曾經受傷的孩子，施虐父母之所以有許多不妥當的做法，往往只是反映家庭傳統中本能的代代相傳而已。此外，根據B. Roscoe和N. Bernaske（1985）訪談庇護所中的受虐婦女發現，51%的人在婚前約會時，就已經受到身體虐待。可見，早在婚前暴力事件便已存在於親密關係中（劉秀娟，1986）。

(四)家庭暴力的循環過程

家庭暴力的發生有其周而復始的循環現象，從內在、外在之壓力增

加的「強力漸增期」，轉而進入以口語、情緒和身體的方式，甚至會用酒精作為催化劑來表示暴怒的「爆發期」。當情緒爆發後施虐者可能會暫時感到內疚、不安，甚至認為是理所當然而進入「憂傷及反悔期」。最後，施虐者有可能會因罪惡感與深覺後悔之後，也會尋求改正的機會，以作為補償，此即是「憂傷補償期」。事實上，施虐者很容易又因壓力愈來愈增加，而又開始製造下一個暴力循環。當暴力循環次數增加，爭執也增加，暴力的嚴重性也隨之增強， 如圖6-6所示（林明傑等譯，2000：139-148）。

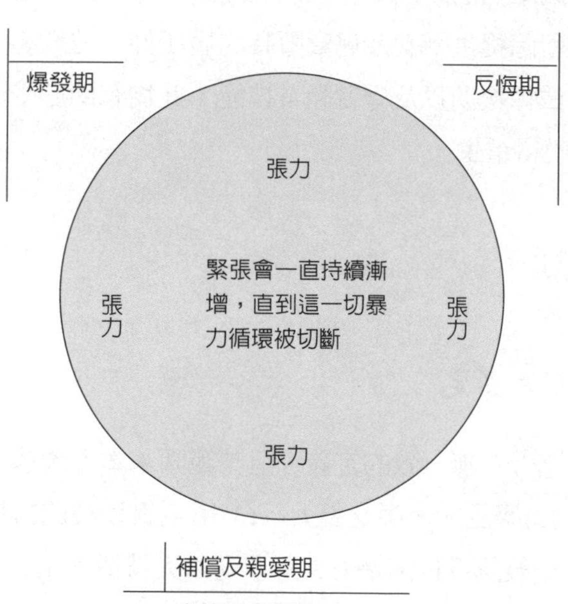

圖6-6　家庭暴力的循環過程

資料來源：林明傑等譯（2000）。《家庭暴力者輔導手冊》。台北市：張老師文化。

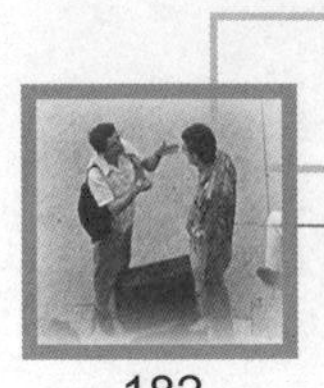

(五)社會政策與處理

家庭暴力事件在早期，受虐者均視爲是家人對他們的一種愛的表現，因而較能容忍。但因家庭暴力引發家庭危機，而使家庭成員均處於恐懼、不安、沮喪的氣氛裏，對家庭功能預期的發揮勢將大爲減弱。而且學者發現，兒童虐待與少年犯罪有直接的關聯（蔡德輝，1994：272），因而各國政府開始以親職教育作爲最主要的對象，但對於嚴重罪行的施虐者，不僅立法加以嚴格制裁，並得核發緊急保護令或保護令、剝奪親權或作爲離婚的原因，且提供庇護所以作爲婦女及兒童之緊急庇護之需。庇護所除提供婦女及兒童暫時的居所外，並教導受虐者如何開始心理復健、法律援助以及學習職業技能，此均有助於受虐者走出家庭暴力的陰影並獲得重生。

九、校園暴力

(一)校園暴力的界定

校園暴力迄今並無一致的定義，但其範圍基本上包括：(1)學生對學生間的暴力；(2)學生對老師之暴力；(3)學生對學校的破壞行爲（陳麗欣，1992）。一般認爲校園暴力具有下列六大特徵：(1)具有凶惡殘暴本質；(2)校內外不良幫派之結合；(3)學校中失意不滿及家庭教育爲主要原因：(4)被害教師以熱心指導居多；(5)發生地區呈普遍化；(6)低齡化（黃富源等，1986）。

據國內調查發現，22%-24%的學生有相同被害的經驗；另69.1%的國中教師在校園中有過被害經驗，但大部分教師所面臨的校園暴力乃是輕微的語言衝突或惡作劇，至於嚴重的肢體暴力僅有1.9%（陳麗欣，1999）。可見，未來校園暴力防治的重點仍應以學生間的衝突爲主。

(二)校園暴力的原因

校園暴力形成的原因係多因性的，因而有學者從被害人的觀點來探討校園暴力問題，它們分別從低度校園暴力之學校特質、被害學生的特質等來解釋校園暴力的原因：

■ 好學校的特質

根據美國全國教育會（National Institute of Education, 1978）所做學校安全研究發現，一個擁有低度校園暴力的學校通常具有下列特質（陳麗欣，1999）：

1.學區擁有低犯罪率。
2.男性學生比率低。
3.成績好。
4.學生人數少。
5.學校訓導工作優良。
6.學生認爲訓導工作公平。
7.班級人數少。
8.教學內容具吸引力。
9.學生重視成績與升學。
10.學生具自主性的感受。

■ 被害與加害的同質特徵

根據學者Sihge研究發現，受害學生與加害學生的特質頗爲雷同，因而可以發現其同質特徵有：

1.被害人口與施虐者人口有重疊現象，亦即同一人同時為被害人與施虐者。

2.被害人口因不甘受害，致使被害人口的違法傾向有增高現象。

另有學者從被害人與施虐者的互動特質來探討校園暴力的問題，根據實務發現，被害人與施虐者二者間之互動特質為：(1)被害人有與加害人相似的特質；(2)施虐者與被害人以認識為多；(3)施虐者與被害人有共同的活動空間；(4)被害人曾經得罪過施虐者；(5)被害人喜歡誇大或炫耀其財富、能力、同儕地位等；(6)被害人在服裝儀容、行為態度……等特別誇張；(7)被害人對加害經驗加以隱瞞，或個性上懦弱、自卑、好欺負（黃韻如，1999）。

(三)校園暴力的形成

根據上述被害人的觀點，M. Hindelay對於校園暴力如何形成，提出「生活方式暴露理論」（A Lifestyle/ Exposure Model of Personal Victimization），如圖6-7所示。他根據被害人的調查資料發現，被害經驗常集中在少數幾位學生身上，因而他認為一個人之所以遭致被害，係因其本身具有某些特性，而導致被害危險性增加，甚或成為犯罪的被害人。此理論重心在於生活方式，而生活方式係由結構方式與角色期待等指標來塑造，個人如欲在社會中適應良好，則須接受角色期望與社會結構的限制與約束。而且生活方式的不同， 與具有某種特性的人，在特定時空點上相遇的機會也會有所不同，因而常與具有犯罪特性之人接觸交往者，其暴露於危險情境的機會越多，被害的可能性也就越大（張平吾，1990）。國內學者陳麗欣教授（1999）亦發現，國中學生個人特質會影響其生活方式，而其生活方式又會影響到其在校園中是否會遭到暴

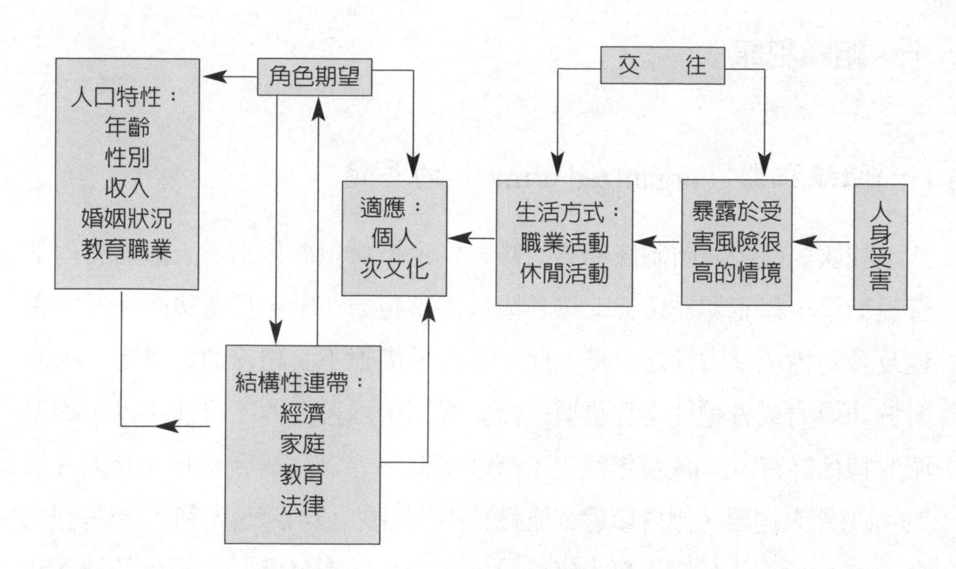

圖6-7　生活方式暴露理論

資料來源：張平吾（1990）。《從被害者學觀點探討少年恐嚇被害者生活特性與被害傾向之研究》。台北：五南。

力行爲，例如打過同學的學生中，有56.4%曾經有被打過的經驗。

(四)校園暴力的對策

如何避免學生在校園中受害，有人說：「惡霸身分若被曝光，惡霸多半就不會成爲惡霸。」因而主張學校宜採取教導學生危機處理技巧、廣設申訴信箱、加強校園巡查、成立學生糾紛排解小組、成立教師危機處理小組等策略，以資因應。但因校園暴力事件往往牽涉暴力性以及校外人士，因而學校宜加強與警察機關、少年法院間彼此的聯繫。尤其及早介入幫派學生以及高危險群學生的輔導，將有助於降低校園暴力事件的發生。在國外有採取所謂「總動員」方式，來發動全校師生共同來正視校園暴力的問題，其成效良好，殊堪國內仿效。

十、組織犯罪

(一)組織犯罪（organized crime）的界定

我國組織犯罪防制條例第二條，界定組織犯罪係爲三人以上有內部管理結構，以犯罪爲宗旨或以其成員從事犯罪活動，具有集團性、常習性及脅迫性或暴力性之組織。此定義似乎僅對不良組織加以界定，因而對於非暴力或脅迫性之智慧型組織犯罪則未涵蓋在內。目前國內組織幫派的特色計有：(1)成員年輕化；(2)組織化、企業化、合法化、介入各行業；(3)介入選舉、漂白參選，掩護其不法活動；(4)跨越省籍；(5)趨利結合；(6)積極進入校園招募少年成員，成爲其外圍組織；(7)成員較缺乏江湖道義與倫理（蔡德輝等，2000：317）。惟從文獻探討發現，獨立於男性之外的女性幫派少見，絕大多數的女性是附屬於男性幫派，女性在幫派中的比率大約在28%至6%之間，而所扮演的角色是爲性伴侶或附屬角色，並非核心分子（周文勇，2006：53）。

(二)組織犯罪的種類

在我國，不良幫派的聚合在組織型態上可分爲下列三種（楊興等，1993）：

1. 衆合型：係由不特定不良分子所組成，亦無固定名稱，且基於從事某一項犯罪活動或共同利益而臨時結合，故又稱爲「犯罪集團」。
2. 角頭型：此類型亦無組織型態，幫派成員、經費都無固定，並以某一特定地區爲其地盤，惟當此地區商業活動沒落，該聚合勢力亦隨之瓦解。

3.組織型：此類型有固定入幫儀式，訂有幫規，設有幫主、幫規、堂口等組織，並有固定經費來源，且以外省幫派居多。如竹聯幫之組織，設有總堂、總執法、總護法、總巡查及各堂口，各堂口以下設副堂主、左右護法等。

(三)組織幫派的形成

美國犯罪學者Lupsha曾將美國幫派的發展歷史分成為：(1)暴力階段；(2)寄生階段；(3)共生階段。日本幫派組織的發展可分為：(1)流氓時期；(2)暴力團時期；(3)組織犯罪時期。上述兩國之幫派發展，在時程上頗為相似（鄭善印，1998）。茲將組織幫派的形成過程說明如次：

1.暴力階段：係借助武力威嚇傳統營生行業，如賭博、色情、討債、圍標等，以進行其謀生鬥爭活動。

2.寄生階段：此時幫派組織會以表面合法的方式謀生，同時在累積若干財物及經驗後，也會自組新公司進入市場。等到財物累積更多，經驗更豐，這些幫派組織即會將觸角伸展至本少利多的新行業。此後，即開始進入共生階段。

3.共生階段：此階段表面上是完全合法經營，但仍無法完全避免以暴力競爭為手段。

(四)不良組織與犯罪

國內幫派涉及非法活動，主要計有：不法販賣、擄人勒贖、恐嚇勒索、開設賭場、色情營業、暴力圍標、包檔包秀、包攬選舉等（楊台興，1993）。尤其晚近幫派犯罪活動持續猖獗，且活動更趨多樣，其中又以圍標工程、介入職棒賭博、以企業化經營服務為掩飾、與人蛇集團

掛鉤協助偷渡、組織黑道治鄉、網絡謀取暴利等等，最為國人所深惡痛絕。

不良幫派因青黃不接以及為壯大聲勢，遂更積極吸收大量學生加入幫派。根據國內學者蔡德輝教授認為，幫派與少年犯罪的關係有下列三種模式（蔡德輝等，1994：247）：

1.選擇或某一類人模式（selection or kind of person model）：即幫派本身吸收了原來即具有犯罪或偏差行為傾向的少年。

2.社會助長模式或某一團體模式：幫派成員雖與非幫派成員並無兩樣，但其入幫過程或幫派成員身分卻是促使其從事偏差行為的主因。

3.選擇模式與社會助長模式之混合增進模式：此模式係上述兩種模式之整合模式，它是強調入幫本身提高少年成員從事偏差與犯罪行為之機率。

(五)社會政策與處遇

目前對於組織犯罪，國內採嚴刑峻法的方式，因而刑法、檢肅流氓條例、組織犯罪防制條例、洗錢防制法等，均為遏阻組織犯罪最具體的措施。根據實務看法認為，掃除組織幫派最有效的策略，不外乎輔導暴力青少年以及掃除非法行業及地下經濟。其次藉由控制不良組織之人員、金錢以及暴力行為（其核心為槍枝），俾使不良組織無法生存或坐大。對國內而言，未來檢警機關如何持續掃黑，攸關國內治安之好壞。除此之外，動員社區鄰里組織、槍械的管制、外展方案、加強校園安全、加強國際間打擊犯罪、訂立防止黑道參選條款、鼓勵幫派解散等措施，誠屬當務之急。尤其動員社區鄰里組織，戮力抗制幫派活動，已是國人所殷切企盼。因此，政府與民間不妨發起所謂「三不運動」，亦即：(1)不畏懼組織犯罪；(2)不利用組織犯罪；(3)不協助組織犯罪。透過此三不運動，期使不良組織知難而退，不敢坐大。

十一、宗教偏差

(一)宗教偏差的定義

所謂宗教，是指一群人因相同的信仰而聚集在一起。宗教是精神生活的象徵，代表人類對於超自然力量的崇敬。但古今中外都經常發生有人假藉宗教之名，行不法之事實，導致信徒過度迷信，或者宗教狂熱分子對異教徒進行謀殺或恐怖攻擊，或者宗教人士利用宗教活動進行歛財、詐騙或性侵害等宗教偏差行爲。

西方文化中對「宗教偏差」的看法，可以分爲客觀主義及主觀主義兩個觀點。客觀主義者將宗教偏差視爲一種宗教革新及對傳統宗教的反動，有著創新與反傳統的意味存在；但主觀主義者所認定的宗教偏差，是從道德規範的觀點切入，只要宗教違反道德規範就會被視爲異教。惟兩者仍有共同點，他們皆反對以絕對的觀點看待宗教偏差。

然而上述觀點並不符合我國的國情，因爲對國人而言，膜拜祖先的傳統遠大於信仰其他宗教。故本文所謂宗教偏差（religion as deviance）係指個人或團體透過宗教活動或儀式，進行違反社會規範或法律之行爲，以致造成社會亂象或影響他人身心或財產之損害謂之。

(二)宗教偏差的種類

歸納宗教偏差之類型分爲以下數端：(1)過度迷信；(2)仇恨犯罪；(3)

末日教派型的集體自殺；(4)恐怖攻擊；(5)性侵害與犯罪；(6)詐財。

(三)宗教偏差的心理

解釋宗教偏差行為，基本上可從下列幾方面理論著手，茲說明如次（李國隆，2007）：

■ 社會控制理論

社會控制理論認為人和社會的連結力量不夠，及社會控制力量太弱，是導致偏差行為發生的主因。社會控制理論的重點在於社會鍵（social bond），社會控制理論假設人的社會化是有效的，則個人會依附社會團體，重視他人意見，並致力參與合乎傳統的活動與行為規範，此時，社會鍵就被強化，順從社會制定的規範。反之，假設社會化是無效的，則其反社會傾向將越來越嚴重，此時個人本能的衝動難以控制，將會違反社會規範，而產生偏差行為。然而宗教偏差行為，無論是恐怖犯罪或是宗教詐騙與性侵害，則是偏差者利用個人參與宗教團體的鍵結來對被害人予以控制或侵害。

■ 認知理論

Piaget的認知理論將人的認知發展分為四個階段，分別是感覺動作期、運思前期、具體運思期及形式運思期。認知學派將人視為訊息處理的主體，著重在訊息處理模式，用認知模型瞭解人類行為，認為個體是透過學習歷程認知內在與外在環境，才會改變行為，而個體之成熟本質與環境、教育等都會影響認知發展與結構。Kelly提出個人建構理論（personal construct theory），認為我們會試著賦予周遭世界某些意義，即是解釋並預測事件的認知結構，人們之所以受到心理問題的困擾，是因為建構系統有缺陷，而認知建構觀念不同亦造成人格的差異。宗教活

動往往會與我們的認知有著緊密的關係，宗教本身會影響信徒的認知，若信徒相信宗教家所敘述的論點與教導，那麼這些論點與教導也會根深柢固地成爲信徒自己的認知。

■ 從衆行為

在社會心理學中的「從衆行爲」（conformity）是探討個人受團體影響的一個相當重要的現象。所謂「從衆」的意思是說：「由於受到別人實際的或想像的影響而導致行爲的改變」（李茂興、余伯泉譯，1995：280）。人們爲何會產生從衆行爲？一般認爲爲了做正確的選擇以及爲了讓周遭的人喜歡，社會心理學家以「資訊性社會影響」與「規範性社會影響」來區分（Taylor, Peplau & Sears, 1994；李茂興、余伯泉譯，1995：284-300）。

資訊性社會影響是指他人的行爲會提供有用的資訊，也就是說人們會依循他人的行爲模式而行動，是因爲他們的行爲是種資訊，幫助我們在曖昧不明的狀況中選擇一個適當的行爲方向。然而，以他人做爲我們資訊的來源是可能會具有危險性的。如果他人所提供的資訊是錯誤的，那麼我們可能會被誤導。通常人們會在當情況曖昧不明時、當狀況處於危機時、當別人是專家時，較會去順從資訊性社會影響。

所謂規範性社會影響是指人們需要獲得認同，或避免他人的不認同。換句話說，我們之所以從衆也會因爲希望得到別人的喜歡和接納。我們會順從團體的社會規範，而此等規範會暗示著那些是團體所接受的行爲、價值觀和信念。

在宗教偏差行爲當中，被害人往往是因受到上述所謂的從衆行爲而順從加害人或宗教組織的引導。例如一九七八年十月，吉姆瓊斯（Jim Jones）建立了教堂——人民廟堂，並在蓋亞那的一個孤島建立瓊斯城。

由於加州國會議員里奧萊恩（Leo Ryan）對其教會進行調查，在調查過後，廟堂槍手將其射殺，同時瓊斯將其信徒召集在一起，告訴他們敵人四處分布，是該執行「革命性自殺」的時候了，便帶領信徒服用氰化物自殺，而少數不服從者則被其餘會衆槍殺，共有八百多名死者死在自己手裏。

(四)宗教犯罪

國內與宗教有關的犯罪類型，主要計有強制性交、詐欺、組織犯罪、拒役行爲及抗命罪。然而究其事件內容中，「強制性交」因其犯罪構成行爲明確，定罪較爲容易。「拒役行爲及抗命罪」主要是耶和華見證人的信徒不願意配合國家徵兵制服兵役，現我國兵役制度已增加替代役，此方面的問題將可緩和。而組織犯罪則多爲逃稅或詐欺類型的財產性犯罪。但實際發現宗教犯罪案件多見於媒體的批露，眞正進入刑事司法體系的並不多，或是進入刑事司法體系之後，眞正定罪者並不多，如太○門氣功養生學會掌門人洪○○夫婦等人被控詐財案以及宋○力詐財案等，最後終審均獲判無罪。究其原因乃是由於此類犯罪事件牽涉有宗教因素在內，基於憲法第十三條保障宗教信仰自由之規定，在法院審理時除了無法干預人民信仰的自由外，也有實質上舉證與因果關係證明之困難。

(五)社會政策及處遇

過去相關文獻在探討宗教法規之議題時，往往會因爲我國憲法對宗教自由的保障而有不同的解讀。主張訂定宗教相關法規者係立足在希望對宗教團體有某種程度的法律依據進行管理，以避免假宗教之名行犯罪之實的現象發生；但反對者則主張政府不應干涉人民宗教信仰之自由，

不應學習中國大陸對宗教的限制與干預。但健全的宗教相關法令應可在保障人民信仰自由的前題下，對宗教偏差行爲也有所防治。因此未來立法院應與宗教界與相關學者等，儘速對宗教團體法予以討論與審查，使我國在宗教團體的管理上有法可循。

宗教偏差行爲的預防要從教育做起，尤其近年來許多大學紛紛設立宗教學系，而各大學宗教學系也有越來越多的宗教學研究的累積，對於宗教的認識也越來越透明與多元。因此宗教學界與宗教團體應致力推廣民眾教育與宣導，讓民眾接受正確的宗教方面訊息，學習如何分辨宗教犯罪的特徵，以避免自身陷入宗教偏差行爲的範疇中。另一方面，也要從過去相關案件中學習如何保存具體之證據，以供案件審理時有更多的參考依據。

從文獻顯示，宗教偏差相關領域的研究仍有相當大的發展空間。未來如有更多的研究投入，將會累積更多的知識與經驗，提供社會大眾與宗教及犯罪學領域的專家更多資訊瞭解宗教偏差。

第七節　偏差行爲的復原力

一、偏差行為的另一詮釋

生態觀點特別注重人與其社會、物理環境間的關係，它隱含著人與環境間的配搭有相對性的和諧與不和諧，而沒有所謂的不適當的人，或不適當的環境。換言之，「不適應的」（maladaptive）和「失功能」（dysfunctional）名詞，在生態系統觀點中是不適用的。從失功能的交流觀點來看（a transactional view of dysfunction），它將傳統聚焦在個人病理（individual pathology）的處理，轉移到失功能的生態系統的處遇；將問題的發生從以往對案主的責難，轉移到交流脈絡是否能適當地去調和。

此外，均衡（homeostasis）可定義爲家庭系統爲了維持關係上穩定狀態所擁有的自我調整的機制。家庭有維持均衡的傾向，許多行爲和互動的模式扮演維持家庭均衡的功能，評估的時間不可忽略，例如：孩子的偏差和失功能行爲（dysfunctional）可以被視爲一種均衡機制（張宏哲，1999：129）。

故學者認爲偏差行爲具有正反功能，偏差的社會功能主要有：(1)偏差有助於澄清及界定社會規範；(2)偏差會增加團結；(3)偏差可刺激社會變遷；(4)偏差具有示警的效果。另偏差的社會反功能主要有：(1)偏差會妨礙人類社區複雜的互賴系統；(2)偏差會搖撼團體中他人遵守規範的動機；(3)偏差會危害團體生活所需的互信互賴（謝高橋，1994：253-255）。

二、復原力具有自我療育的功能

「復原力」（resilience）亦可譯爲「生命韌性」，Rutter與Osborn定義復原力係指「面對不幸時，以社會可接受的方法表現良好的能力」，也就是說，一個人處在有壓力的逆境中，仍能以符合社會規範的方式妥善地處理難題（李俊民，2000）。韌性實際上指的是二種能力：(1)抗拒的能力；(2)積極建設的能力（天主教善牧基金會，1997）。

根據國際天主教善牧基金會多年從事協助雛妓、受虐待者、受性侵害者的經驗中發現，復原力具有下列要素：(1)社會網絡及無條件接納；(2)發現生活秩序與意義的能力；(3)技能；(4)自尊；(5)幽默等（天主教善牧基金會，1997）。因而該會進一步以卡西達（Casita）理念，來說明復原的動力因素。卡西達是西班牙文中「小屋」的意思，在卡西達（如**圖6-8**）中每個房間中都代表著影響建立或維持生命力的變數。但在不同情境中，房間的用途可能會有所變動，而房間內部的裝潢與設計（如該作何種姿勢、動作，該說什麼話）也是會隨情境以及文化等差異而有不同。在卡西達中地基代表建築所需要的基本材料，例如少年挨餓了，你（妳）便需要讓他（她）吃飽，但因每個國家的自然環境不同，所需運用的材料也就不盡相同。另閣樓代表著其他（她）有待發現的獨特潛能與經驗，例如與少年親近並且與他（她）們建立穩定的互信關係。但在其他不同的情境中，也可以考慮從發展技能（一樓）或發現生活秩序與意義的能力（二樓）著手。卡西達的理念引導從事少年保護工作者去找少年的優點，譬如該會在菲律賓看到一些面容冷漠、沒有微笑的學生，他們便先教導學生一些基本手勢，讓該學生的身體重新動起來。逐漸地，這些手勢變成遊戲與舞蹈，接著學生找回他們的自尊，也開始綻放

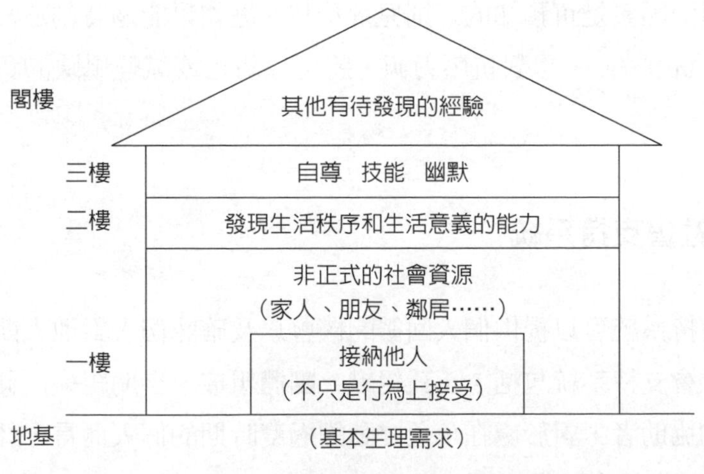

圖6-8　"Casita"韌性小屋的結構

出微笑來，復原的效果就這樣展開出來。可見，「偏差行為」有時也具有功能。如果我們能在偏差行為的背後，有一個正向的期待，則個人的正向功能，往往也會引導個人如何去進行復原。

再者，在家庭系統裏也可以強調家庭的復原力，家庭復原力強調：(1)韌性是建立在關係上的；(2)在危機出現時，家庭成員如何幫助彼此；(3)家庭如何從危機中走出來，如何變得更強壯；(4)韌性並不代表家庭是不能表達自己脆弱的一面；(5)少年和誰在一起錯誤較減少；(6)不去責難家庭因為他們不能控制他們的生活狀況。家庭韌性的主要過程：(1)家庭信念系統：此為復原力的靈魂中心，其做法：a.困境的重新定義；b.正向的方法；c.精神層次的超越。(2)組織模式：猶如家庭衝突的海綿，其做法：a.彈性；b.有關係的；c.社會和經濟資源。(3)溝通過程：可促進家庭功能的運作，其做法：a.明晰；b.開放的情緒表達；c.合作的解決問題。

此外，如從多變項的風險模式（multivariate risk model）來看形成少年偏差行為的原因，便是當兒童（或少年）缺乏因應環境壓力源與增加保護因子的技巧時，便可能產生行為問題。如果兒童生活壓力事件增加，但其風險因素是可預知的，則兒童及其家庭如果能適時創造及組織緩衝地帶（buffer），以對抗壓力源，將可以防止或減輕風險的負面結果。

三、尋求社會支持系統

社會支持系統可以提供個人回饋的機會以及確認個人對他人期待的合理性。社會支持系統包括：正式組織、團體組成、自助組織、社會網絡、自然的協助者，對於處在角色變動的過度時期的個人而言，社會支持團體的重要性更大（張宏哲，1999：143-144）。

凝聚力強的團體往往會發展所謂集體性治療的控制，集體性治療的控制是對個人的偏差行為的治療性回應而非懲罰性的回應，如印地安人運用合唱及集體的儀式（張宏哲，1999：176）。若社會重視個人價值並具有高度的異質性，將比較傾向於個人式的處遇。

參考書目

中文部分

中華民國觀護協會等（1999）。「校園暴力與對策學術研討會」。台北市：中華民國觀護協會。

天主教善牧基金會（1997）。《在生命的泥沼中成長》。台北市：自印。

孔繁鐘、孔繁錦（1997）。《DSM-IV精神疾病診斷準則手冊》。台北市：合記圖書。

台大醫院精神科（1992）。《酗酒》。台北市：行政院衛生署。

台北市婦女救援基金會（1995）。《少女保護實務工作手冊》。台北市：自印。

李俊民（2000）。〈復原力對諮商的啓示〉，《輔導季刊》，36卷3期。台北市：中國輔導學會。

李茂興、余伯泉譯（1995）。《社會心理學》。台北市：揚智文化。

李國隆（2007）。〈宗教與犯罪〉（未出版）。

李曉君（2006）。《青少年網路使用與網路成癮現象之相關研究》。台南女子技術學院生活應用科學研究所碩士論文。

呂淑妤（1998）。〈我國藥物濫用問題的探討〉，《刑事政策與犯罪研究論文集（一）》。台北市：法務部。

吳武典（1985）。《學校輔導工作》。台北市：張老師文化。

周文勇（2006）。〈女性少年參加幫派影響因素之研究〉，《2006犯罪防治學術研討會論文集》。桃園縣：中央警察大學。

周榮、周倩（1997）。〈網路上癮現象、網路使用行爲與傳播快感經驗之相關性初探〉，《中華傳播學會1997年會論文集》。台北縣：中華傳播學會。

周碧瑟（1999）。〈台灣地區在校青少年藥物使用流行病學調查研究〉，《行政院衛生署八十八年度委託研究計畫》。台北市：行政院衛生署。

周震歐（1978）。《犯罪心理學》。桃園縣：中央警官學校。
林天德（1990）。《變態心理學》。台北市：心理出版社。
林明傑等譯（2000）。《家庭暴力者輔導手冊》。台北市：張老師文化。
法務部犯罪研究中心（1998）。《刑事政策與犯罪研究論文集（一）》。台北市：法務部。
法務部犯罪研究中心（1999）。《刑事政策與犯罪研究論文集（二）》。台北市：法務部。
柯永河（1994）。〈台北市高中職業生心理衛生問題盛行率調查研究計畫〉，《教育部輔導工作六年計畫期中報告》。台北：教育部。
馬傳鎮（1993）。《犯罪心理學講義》。台北市：國立政治大學教育研究所。
馬傳鎮（1978）。《犯罪心理學》。台北縣：憲兵學校。
馬傳鎮（1988）。《少年犯罪心理與環境因素研究》。南投縣：台灣省政府。
張平吾（1990）。《從被害者學觀點探討少年恐嚇被害者生活特性與被害傾向之研究》。台北市：五南。
張平吾（1996）。《社會學》。台北市：三民書局。
張宏哲等譯（1999）。《人類行為與社會環境》。台北市：雙葉書廊。
張春興（1991）。《張氏心理學辭典》。台北市：東華書局。
梁培勇主編（2004）。《兒童偏差行為》。台北市：心理出版社。
許文耀、吳英璋（1993）。《自我傷害防治手冊》。台北市：教育部。
許春金（1988）。《犯罪學》。台北市：三民書局。
許春金（2003）。《犯罪學》（修訂四版）。台北市：三民書局。
陳光中、秦文力、周愫嫻（1991）。《社會學》。台北市：桂冠圖書公司。
陳若璋（1993）。《家庭暴力防治與輔導手冊》。台北市：張老師文化。
陳淑惠（2003）。〈探討e世代青少年迷「網」問題——兼談青少年網路成癮的相關因素與輔導策略〉，《學生輔導月刊》。86期。台北市：教育部。
陳麗欣（1990）。〈國中校園暴行教師被害之研究〉，《台灣社會問題研究學術研討會會議論文（I）》。台北市：中央研究院社會研究所。

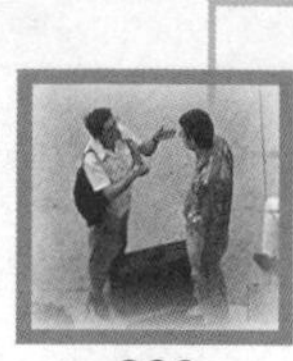

黃富源、謝文彥（1986-1987）。〈校園暴行之成因與防制對策（一）～（八）〉，《少年觀護報導》。第5-12期。台北縣：台灣板橋地方法院印行。

黃德祥（1994）。《青少年發展與輔導》。台北市：五南。

楊士隆（2002）。《犯罪心理學》（三版）。台北市：五南。

詹火生等（1994）。《社會學》。台北縣：空中大學。

劉秀娟（1996）。《家庭暴力》。台北市：揚智文化。

蔡文輝（1992）。《社會學》。台北市：三民書局。

蔡德輝、楊士隆（1994）。《少年犯罪》。桃園縣：中央警官學校。

蔡德輝、楊士隆（2000）。〈幫派入侵校園問題與防治對策〉，《青少年暴力行為──原因、類型與對策》。嘉義縣：中華民國犯罪學學會印行。

蔡德輝、楊士隆（2004）。《犯罪學》（三版）。台北市：五南。

蕃薯藤調查網（1999）。〈1999年台灣網路使用調查〉。取自http://survey.yam.com/survey1999/index.html。

蕃薯藤調查網（2000）。〈2000年台灣網路使用調查〉。取自http://survey.yam.com/survey2000/index.html。

蕃薯藤調查網（2001）。〈2001年台灣網路使用調查〉。取自http://survey.yam.com/survey2001。

蕃薯藤調查網（2002）。〈2002年台灣網路使用調查〉。取自http://survey.yam.com/survey2002。

蕃薯藤調查網（2003）。〈2003 年台灣網路使用調查〉。取自http://survey.yam.com/survey2003/chart。

謝永齡（2000）。《青少年自殺──認識、預防及危機處理》。香港：中文大學出版社。

謝高橋（1994）。《社會學》。台北市：巨流圖書。

闕漢中譯（1999）。《兒童青少年社會工作》。台北市：洪葉。

英文部分

Cortés, J. B. & F. M. Gatti (1973). *Delinquency and Crime: A Biopsychosocial Approach.* NY: Seminar Press.

Davison, G. C. & Neale, J. M. (1999). *Abnormal Psychology.* NY: John Wiley & Sons, Inc.

Ward, David A. & Timothy J. Carter & Robin D. Perrin (1994). *Social Deviance.* Boston: Allyn & Nocan.

Young, K. S. (1998a). Internet addiction: The emergence of a new clinical disorder. *Cyber Psychology and Behavior,* 1, 237-244.

Young, K. S. (1998b). *Caught in the Net: How to Recognize the Signs of Internet Addiction and a Winning Strategy for Recovery.* NY: John Wiley & Sons, Inc.

http://jad.tcpd.gov.tw/cgi-bin/SM_theme?page=438bd7f2

Chapter 7 數位學習與個人適應

王順民
國立中正大學社會福利博士
中國文化大學社會福利學系教授

第一節 前言：不斷在蛻變的傳播媒介與發展特性
第二節 傳播、全球化及其相關的媒介形式
第三節 網路社群、數位學習的衝擊影響及其適應難題
第四節 生產體制的變動：「知識經濟」的角色扮演
第五節 代結語：在圖書館培養另一個比爾蓋茲!?——關於網際網路使用的迷思、弔詭

相迎於知識經濟的時代潮流，以電腦作為主要憑藉的數位學習方式，不僅有助益於個人能力的充權，更是一項超乎個體層次而來的集體社會事實，本章一則概要地介紹不斷在蛻變的傳播媒介及其發展特色；再者，我們亦試圖將傳播的概念討論放在全球化的論述框架裏，藉此突顯傳播科技所隱含驚人的能動力量；至於，網路社群的衝擊影響及其相與關聯的議題討論，會是本章數位學習與個人適應的論述主軸；最後，代結論部分藉由「在圖書館培養另一個比爾蓋茲！？」，藉以直指出關於數位學習之網際網路使用上諸多的迷思與弔詭！？

第一節　前言：不斷在蛻變的傳播媒介與發展特性

基本上，知識經濟不僅已經蔚爲時尚的風潮，更有其直接對應於觀念充權（empowerment）的成長壓力，特別是落實在傳播科技的發展脈絡裏，這點明出來：關乎於技術的運用，包括網際網路、企業網路、電腦、衛星廣播、互動式光碟、影像DCD、互動式電視以及光碟等數位媒介的數位學習（e-learning），已經蛻變成爲超乎個體層次的一項集體社會事實（holistic social fact）。

事實上，傳播科技本身也歷經了不同的轉折階段，無論是在形式、內容、媒介以及各種預期與非預期性的構造影響上，早已是今非昔比般地不可捉摸，具體而微地展現在以下幾個發展的特色（沈慧聲，1997）：

1.傳播科介本身不斷地推陳出新：不論是五十萬年前的語言，抑或是近三十年來由電腦所衍生出來包括網際網路服務網（ISP）、網際網路（Internet）、全球資訊網（world wide web）與資訊高速公路（information high-way）等傳播媒介，皆已成為現代文明人所必須兼具的基本知能，而且推陳出新的速度遠遠超出人們的預期理解和可能想像（**表7-1**）。

2.電腦統合了各別獨立的傳播媒介：特別是電腦功能不斷地被強化、擴充之後，以致於將過去個別獨立的文字、聲音與影像等媒介，整合成為一種嶄新的媒體形式，這使得排斥或是拒絕使用電腦以及網際網路已經是一項因噎廢食的不智之舉，特別是這些現代化科技甚至於已經內化而成為文明社會裏一種重要的生活方式。

3.傳播科技朝智慧型方向發展：日新月異的科技進展，不僅突破了時間、空間、速度與容量等結構性限制，傳播媒介進一步地結合人工智慧（artificial intelligence）的創新技術，這使得三維甚至於多維面向（multi-dimensions）的溝通形式，將是指日可待。

4.傳播科技兼具衍生性的擴散效果：從單一功能演進到更多界面功能的創新，衍生性（proliferation）之深且廣已大幅地超出當初的創造設計，這也使得傳播媒介的衝擊影響不僅是無遠弗屆，甚至有它一發不可收拾的擴散效應。

5.傳播科技觸發了另一種的階層化效果：掌握傳播科技的熟稔精準性一舉取代了傳統生產工具的擁有與否，進而形塑出以傳播科技為主體的資訊社會（information society）（Castells, 1996），事實上，此一無形、專斷的宰制工具，亦激發了新型態之權力、財力與影響力的階層化效果。

表7-1 主要傳播科技發明距今年代

語言	500,000年
文字	4,000年
文件	2,000年
印刷	500年
電報	150年
打字機	120年
無線電	60年
真空管式電子數位電腦	60年
電視	35年
電算機	35年
複印機	35年
衛星	30年

資料來源：沈慧聲（1997）。

第二節　傳播、全球化及其相關的媒介形式

一、傳播

「傳播」（communications）的英譯字含有「溝通」以及溝通所要傳遞的「資訊」的雙重意涵，然而，這裏的傳播所要探討的則是「傳播的手段」；至於，狹義的範疇則是一般所指涉的「大眾傳播媒體」（public media mass）。

基本上，人類因爲有著使用語言（language）的溝通能力，因此，傳播能力遠遠超過其他的動物，除此之外，由於紙筆的發明，使得書寫（writing）不僅成爲可能，再加上印刷（printing）以及像是電信、電話、無線電、網路等大眾傳播媒介的發明，在在都使得我們能夠跨越時

間與空間的藩籬，進而發生了如同A. Gidden（1984）所指出的「時空延展」（time-space distanciation）的經驗現象，對此，Giddens（1990）甚至於使用了不確定的時空跨度（indefinite spans of time-space）來說明這種時間與空間轉換的變遷過程，並且稱之爲「社會系統的去鑲嵌性」（dis-embedding of the social system）。

所謂「社會系統的去鑲嵌性」涵涉的概念係指：個體進入現代性（modernity）的生活形式，必須以一種前所未有的方式來使我們脫離所有社會秩序的傳統形式，事實上，現代性的內在（internal aspects）或外在的（external aspects）轉變程度，遠大於過去從啓蒙（enlightenment）之前跨度到啓蒙之後的變化特徵，而這種科技的進步，使得跨越相同的物理距離所耗費的時間也相對縮短，因此，許多「在地」的制度或是風俗文化，透過這樣的簡約時空，便產生了與人、與物之間的「去鑲嵌性」（disembedding），這也進一步意指著：一樣或不同的生活模式已經跳出傳統空間的擺布。

連帶地，在延展的面向上，則是建立了跨越全球的數位社會連結型式；至於，在內涵的形式上，則是必須改變大部分日常生活形式的個人特質，就此而言，在「此地」的生活模式、文化態樣、價值觀念、認知模式、思考面向等，都有可能透過商業化（commercialization）或文化涵化（acculturation）的擴散效應（effects of diffusion）以入侵他者的異地。

準此，「時空延展」此一名詞所要陳述的觀念乃是：社會系統（social system）以及社會關係（social relationship）往往會因爲人類的交通與通訊技術的進步，進而造成社會控制（social control）的高度擴張，從而達到現代國家在時間與空間上的延展，因此，在傳統社會中，過去（the past）是被尊崇的也是被賦予意義的，因爲他們包含了永存的世代經驗，對照之下，現代性不僅被定義成快速、緊張、持續變遷的生活經

驗，更被接續而來的資訊以特有的實踐方式所改造，因而，其特徵自然是產生了本質上的改變。

也就是說，因爲遠距離發送訊息的能力表現地極爲高超先進，這使得傳統地理學者所標舉「距離阻礙」（friction of distance）的客觀限制，業已逐漸地消失殆盡，進而轉變成新馬克思地理學者D. Harvey（1989）所謂的「時空壓縮」（time-space compression），強調在技術與經濟變化的壓力底下，時間與空間一再地瓦解，而加速了社經變動的結果，就是劇烈的時空壓縮與全球化的加速，同時，這種強調時空壓縮的速度與強度，也使得快速變遷的步伐和瞬息萬變的傳播資訊也成爲了日常生活的一種常態。

二、全球化

基本上，全球化（globalization）的現象、話語、思維及其相關的外顯結構已經是一個「離不開的話題」，同時也是一種「複雜關係體」（complex connectivity），因此，全球化成爲了一種相應於現代生活各種層面而來的複雜現象，同時，這樣的現象也是日益快速發展並且日趨緊密的「再發展」。

全球化指的是多種結合與聯繫，超越民族國家（nation-states）並創造出現代的世界系統，也就是說，在世界的某一部分所下的決定、策略或行動，對地球另一端的個人及社群具有明顯的重要影響特徵；連帶地，商品、資本、人群、知識、影像、訊息、犯罪、文化、污染物、藥物、時尚及信仰，很容易地跨越領土界線的地理藩籬，乃甚至於從抽象的學術研究到具體的兩性關係，都被跨國傳播網絡、社會運動、人際和層級關係所影響，因此，「相依性」（interconnections）、「網絡」

（networks）以及「交流」（flows），經常成爲用以描述、解讀全球化的關鍵字（key words）。（陳慧慈等譯，2001）連帶地，全球貿易、金融與生產系統，正以一種相當複雜的方式與全球的家庭、社群和國家的繁榮、命運聯繫在一起（McGrew, 1992）。

因此，要重新檢視傳統跨越到現代甚至是「高度現代性」、「激進現代性」的時事現象，那麼，包含跨國的關係、網絡、活動與聯繫物質，都可能跨越了國家的疆界，在這樣的情況下，在考慮一國的政治經濟社會變遷就必須加入全球化的力量，否則很難去瞭解在地民族的命運。（McGrew,1992）例如：全球金融系統的變動、跨國合作活動的大量增加、全球通訊與媒體網絡的存在、知識的全球生產與散布、大量人口跨國界流動，以及超越民族國家的制度權威（institutional authority, 如：EU、WTO、WHO、OECD等）和其他的非營利組織（如：綠色和平組織、紅十字會等）的出現。這使得我們必須重新審慎地估量定位「理論面相」的思考點。

至於，傳播與全球化相與關聯的論述意義，可以從J. Habermas對於全球化五個面向的討論中略窺一二，相關的概念內涵我們歸納整理如表7-2。

總之，從想像共同體（imagined community）的族群景觀到文化霸權（cultural hegemony）的媒體景觀，點明出來我們有必要將傳播的概念討論放在全球化的論述框架裏，畢竟，符號的創造與流動，仍是必須擁有相當的媒介作爲「象徵意義」的根基，藉此正視傳播科技所隱含驚人的能動力量，以及各種預期和非預期性的發展後果（intended & unintended consequences）。

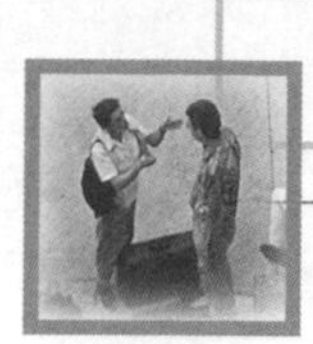

表7-2　全球化的五個面向

全球化面向	定義	斷裂或聯繫的情境
族群景觀	個人或群體跨國流動下想像的共同體（community），否可被視為是一種純粹的民族？	1.回到民族國家（national state）：這是已經既有的國家難題，即是族群認同下的民族自覺訴求。 2.走出民族國家：新興的國際性難題，即是流動後的新族群從人權（the human right）到公民資格（citizenship）的訴求。
科技景觀	機械與科技資訊的發展賦予了多國企業更大的發展空間（強調產業策略的重要性？）	1.國家競爭力的危機：已開發國家、開發中國家與未開發國家的不同危機來自於依賴對外貿易的重要性。 2.尋求資訊能力人才：人口的自由移動不只是族群認同的問題，尚且包含了人力資本（human capital）流動以及網際網路、資訊高速公路運用的理想。
金融景觀	全球資本流通已經超越了國家強制掌控的能力而導致投資意願的喪失，進而開放？	1.邊陲國家的冒險：來自於錢滾錢的投機業、專業經理人的興起以及大型資本基金會的創始。 2.西方資本家的樂園：主要的金融管控均來自西方國家，作為保護資本的形式主義。
媒體景觀	文化、商業與媒體的掛勾使得資訊可充分取得亦或是過分提供？	1.文化產業（cultural industry）的商業意義：是一種與媒體的共犯結構所造成的新興事業。 2.媒體文化霸權（mass cultural hegemony）的意義在於媒體行動主義的理想型態（ideal type of actionalism of media mass）。
意識景觀	作為數以千計的世界詮釋、多元包容或是惡性競爭？	1.民主與資本主義依然橫行而作為最寬廣的、最實在的意識景觀。 2.道德則是淪為相對性的角色。

原始資料來源：孫治本譯（1999）；柴方國譯（2000）；陳其邁譯（2001）；陳慧慈等譯（2001）。

三、相關的媒介形式

(一)網路社群

「網路社群」（online community）指的是將實體社會中的社區、團體概念延伸到網路上，網友可以依據各項宗旨在社群網站中成立不同的團體，並藉此進行聯絡與溝通，作爲一種新興社區營造的網路社群，最大的意義乃是在於：網路社群利用人有與其他人產生互動、情感維繫以及得到更多資訊的需求，藉此提供一個虛擬空間，讓關心相同主題的使用者群聚在一起並且分享資訊。因此，網路社群等於免費提供了一個虛擬的交流空間，讓有共同需求的人可以很方便且無時差地擁有討論的空間以及自由的資訊空間。

此外，網路社群也稱爲虛擬社群，最早的虛擬社群可回溯至一九八〇年代早期，美國一個連結各大學電腦中心的網路USENET，其主要的目的是傳播不同主題的「新聞」，參與者可以根據各種主題張貼訊息或讀取他人所張貼的訊息，形成一個交流經驗、分享興趣的虛擬社群，最主要是供學術使用；直到一九九〇年代，全球資訊網（www）出現後，才開始爲虛擬社群加入了商業氣息；至於，到了一九九〇年代中期，隨著網際網路逐漸在全球各地普及開來，其開放性的架構讓任何連上網際網路的人都能在同一個網站上與全球各地志同道合的人，針對同一主題發表意見、互動交流，這種自由、開放、又具隱匿的特性，更讓各式各樣「網路社群」如雨後春筍般地冒出。截至目前爲止，「網路社群」尚未有一標準的定義，**表7-3**列舉部分學者的看法（方興東等，2002）。

表7-3　網路社群的定義

學者	定義說明
Rheingold（1993）	虛擬社群來自於網路上的社會累積，當擁有足夠的人數持續在網路上公開討論，而且也夠久了以後，這些人便累積了相當感情基礎，便會在網際空間裏形成人際關係網絡。
T. Fernbac（1995）	一種在網際空間中經由一次次在某特定環境中（如：Chat）互相接觸及討論相同興趣主題所產生出的社會關係。
C. Adler（1998）	一個允許具有共同興趣的人們透過網路空間，如：以WWW來彼此交流、溝通及分享資訊等的空間。
Inbaria & Shayo & Olfman（1999）	社群通常是形容許多種型式的電腦媒介通訊，特別是指在群體間的一種長期的、以文件媒介的溝通方式。
C. Kannan（2000）	一群到達臨界數量之網際網路使用者因相同興趣或情感而在網際網路上參與討論區討論，於聊天室中與其他人互動，並且交換資訊所產生之人際關係。

資料來源：修改自方興東等（2002）。

(二)BLOG的意義

正確來說「BLOG」是「weB LOG」的縮寫，Log原本指電腦中的記錄行爲，而Weblog則是指在網路上的記錄，在台灣BLOG被稱爲「部落格」，也有人把他解釋爲「網誌」，因爲每個BLOG網站主要是記錄個人關心的事物，更簡單地說，就是個人網站，但與一般個人網站不同的是，BLOG網站通常會有固定的格式，只要建立起BLOG程式，或是找到一個提供BLOG技術的網站，就可以透過簡單的介面來記錄文字，因爲簡易方便所以發展更爲迅速，到現在BLOG已經不知不覺變成一種新媒體文化。

事實上，「網誌」、「部落格」或是「博客」其實都是指同一的東西，方便編寫可用於日記手札、發表文章以及自我言論等。BLOG與個人網站不同，雖然現在個人網站建立已相當容易，但是，比較起BLOG還是有其維護上的難度，而BLOG只需以類似撰寫e-mail的方式，就可以輕鬆

建立，特別的是BLOG還有社群的功能，你可以輕易地發表你的文章與讀取他人言論，因此，BLOG逐漸區隔出與「個人網站」不同的趨勢，著名的即時通訊MSN推出MSN Space，以及搜尋引擎Google併購Blogger後，亦相繼加入BLOG服務。因爲BLOG的簡單易用，並兼具虛擬社群的特性，有逐漸廣泛的態勢，因此，廣告廠商亦躍躍欲試此一龐大的潛在性市場。

最後，何處可以建立你的BLOG呢？目前BLOG大部分都是由網站廠商免費提供，只要以「免費BLOG」類似的關鍵字搜尋，就不難發現BLOG的免費提供者，當然，如果你是架站高手，你可以安裝網站伺服器（web server）如IIS或是Appserv後，再配合網路上流傳的發行平台（publishing platform）套件如wordpress、Tatter Tool等，自己架設BLOG網站。以上兩種方式雖然不同，但是殊途同歸，都能讓你建立自己的BLOG，以實現雙向的個人化資訊服務，包含：(1)資訊輸出：可出版你個人風格的思維，發布到全世界並且接收到來自別人的回應；(2)資訊輸入：可搜尋別人的BLOG，分享別人所提供的資訊（資料來源：整理自http://www.blogger.com/about與其他網路資訊）。

(三)多媒體以及行動通訊的「假想」應用

多媒體的意義在於建構多元面向的媒介物，進而統合建構出一套關於方便性、多功能、移動性、特殊性等一系列3C商品的創造。而最爲普遍的不外乎是將類比式的影像、圖片、聲音、文字轉換成數位式的「0、1」符碼來替代之，事實上，這樣的符碼建構來自於高科技技術的進步，也是整體人類生產力（force of productivity）的提升，特別是電腦的中央處理器（CPU）以及記憶體（RAM, ROM）、硬盤記憶（Hard Disk）的升級；連帶地，除了功能性的加強之外，行動通訊（mobile

communication）的設置，包含2.5G—3G—3.5G手機的演進、台北市WiFi無線網路基地台、教育部計算機中心建構無線學術網路等，在在都是用來強化人與人溝通媒介的方便性，以便於在每個絕望的時刻，能夠「一機在手，希望無窮」。

最後，多媒體、行動通訊、部落格、網路社群等一連串近乎「歷史進程」的「商業」規置，點明了封閉社會的逃離，文明社會的建構僅只是「多元符號」機體構築，特別是在方便性以及功能性的推銷導入之下，每一個體的自由似乎可能喪失在智慧型手機（Microsoft PE系列的PDA手機）的「行事曆」功能中，一旦，下一秒只要失去網絡或是電腦資訊，則必然是手足無措、方寸大亂！

第三節　網路社群、數位學習的衝擊影響及其適應難題

網路社群所帶來的問題與衝擊並非是「網路」、「社群」或「網路社群」，而是代表著在工具性層次（instrumental level）之物質文化的改變，同時在規範性層次（normative level）的非物質文化同樣也是無法跟上腳步，而出現了W. F. Ogburn所言的「文化失調」（cultural lag）；除此之外，網路社群的基礎是「科技」（technology），它意味著關於如何使用物質資源來滿足人類需求和欲望的訊息，因此，網路社群的衝擊與問題有多半是來自於科技的進步所帶來的衝擊，至於，網路社群、數位學習之於個人所可能產生的適應難題，詳述如下：

一、數位落差（digital drop）或數位區隔（digital divide）

數位落差意指著在類比式（analog）的生活狀態中，由於社會經濟地位的落差，而無法進升到數位式的生活方式，而使得能夠有效使用資訊科技者與無法有效使用者之間的差距被擴散拉大。一般來說，數位落差帶有著貶抑、歧視以及烙印（stigma）的意味，特別是知識經濟時代下，數位產品的創意以及資本性質是無法抹滅的生活必需品，這也連帶地對應出來階層化所造成之數位機會的數位落差和數位排斥。

二、全球斷線（global fault）

依據I. Wallerstein（1983）的說法，世界體系由於資本體系之質與量的擴張不均衡，導致世界體系結構的產生，居於優勢地位者稱爲「核心」，體系的下層稱爲「邊陲」（periphery），而居中者則稱爲「半邊陲」（semi-periphery）。以這樣的說法來看待「資訊傳遞」，則落差的數值必定更大，例如：Schaefer & Lamm（1995）指出，北美的大學生正在爲數位網路頻寬太狹窄導致網路太慢而提出抗議，但是，同一時間馬達加斯加島的政府卻正在爲增設類比電話線而大傷腦筋，這已並非是數位落差的現象而是更爲深沉的全球斷線現象。

三、真實的人生或虛擬的網路

「虛擬世界對自己的意義是甚麼？」這問題曾湧現於多少虛擬社群成員的腦海中？當網路版圖愈形擴張，我們該不該去思考：是否眞實世界再也無法滿足人類的深層欲望，而在漸失人心之際，新型態位元世界

於焉生成；抑或，虛擬世界僅是演化潮流所載運的一艘新方舟，作爲階段性任務的工具性思考，藉以讓人類航向更璀璨的理想國度？抑或是帶向不可知的未來！

誠然，網路擁有一體兩面的特性，虛擬世界與現實世界同時扮演了人類逃離現實的避風港，但卻很難描繪出它的原始面貌。在現實裏，有幾種人類，就有幾種世界，網路亦然，只是現實與虛擬兩者間存著太多的對立與混淆，例如：我們忙不迭抽身於現實人際網絡，藉此投入自己所扮演的虛擬化身，其結果僅是在不同舞台上演出的相同戲碼：談天、爭論、娛樂、資訊、交友、性愛等，只是，虛擬舞台的演出者有可能是來自於大江南北，而演出過程或如金馬獎頒獎典禮中一位電影工作者所言：「大家在開拍之前不認識，拍完之後還是不認識……」多了這麼一道匿名性的藩籬、區隔性甚或是僵固性，虛擬世界似乎更加自由奔放，並以次文化的美顏呈顯，但是，虛擬社群中人類所展現的原始「野」性，究竟是進化抑或是Norman Holland所指稱的退化（regression），特別是從虛擬返回現實，也正深陷於諸如網友相約、約會強暴、暴力案件、漸始疏離、離不開網路虛擬等一連串的無限迴圈（eternal return）裏！？

四、「說出口」互動模式的沒落

傳統模式的溝通方式是面對面的交談，依據語言、態度、表情等數種符號綜合而成溝通媒介，然而，數位生活的崛起，特別是網路溝通的應用，卻打破了時與空的藩籬與枷鎖。但是，這些東西，說穿了就是用來溝通的載具，古人用飛鴿傳書，今人用e-mail這樣而已，這樣是進步嗎？從人類社會演化的歷史來觀察，這並沒有值得稱許的進步觀點，因

爲，先前大家都用飛鴿傳書，誰也占不了便宜，但是當人人均使用e-mail的時候，你我確實也占不了誰的便宜，但是，這樣的溝通方式卻帶來了人際關係的異化或疏離（alienation），並且模糊、混淆了人與人溝通的天性與純眞，究竟是面對面的眞情交流還是紙上談兵式的商業利益交換？

五、理性化的不可預測性（un-predictability of rationalization）

資訊科技的進步在於朝向M. Weber所言的世界理性化（rationalization of the world）邁進，誠然，科技創造本身的原意也是如此，然而，在林林總總的資訊生產力（productivity of information）變化之下，包含了進步神速的網路頻寬、網頁撰寫能力的加強、部落格的超載應用、上網時間過長等問題，造成了大部分虛擬行爲的不可預測性，例如：手肘關節僵化症、近視偏光性等文明病、詐騙手法的一再翻新、「御宅族」的產生等。因此，我們在此宣稱：科技，始終來自於人性，但是，人性卻會迷思在科技創造的方便特性之中，特別是讓資訊科技成爲各種犯罪行爲的代罪羔羊。

六、匿名性質的危害

網路社群的結構特徵是：草根式的鏈結，它並不是如傳統人類社會一般的階層化組織方式，也就是說，這樣的結構方式並沒有一個在中央發號司令的單位，它可以透過網路權力的運作將整個社群連結起來，但是，每一個網路結點的地位都是平等的，因此，以草根式連結方式所建構起來的網路社會，必須依賴相互的信任（mutual trust）才能彼此聯繫起

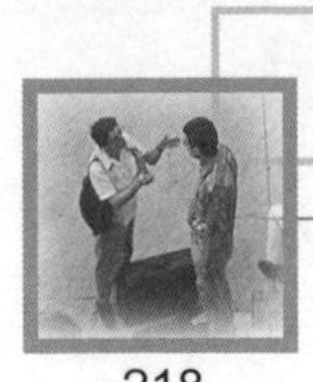

來，成為一個社群。換言之，相互的信任乃是電腦網路社群這樣的「水平式」社會組織能得以順利地運作的基礎，然而，匿名性質的濫用與擴充，卻有可能會戕害人與人之間最為基本的信任關係。

七、角色扮演與自我認同的雙重矛盾（contradiction of role play and self-identity）

依據社群的社會體系性質，其內部成員的加入與退出必須考慮到其在社群內部的自我認同、群體認同、社區認同而至社會認同，而帶有著不同的角色、地位、架構、界限、互動結構、平衡架構等概念。但是，在網路社群中，對於社群本身的忠誠度，卻並非來自於「認同」的概念，而只是一味地加入不同的社群，有空就隨興地扮演一下成員的角色，加入與退出往往就在於率性的一線之間。因此，虛擬社群在角色地位的權利義務關係上，是非常不對等的機制，畢竟，在私密的網絡匿名中，IP位置才可能顯現出使用者的眞實身分，然而，這卻是有可能透過技術的運作讓使用者獲得了權利，但卻可能逃避了所應責付的基本義務，甚至是拋離了現實世界的角色扮演，而進一步身陷於網路世界的虛擬認同禁錮之中。

八、創意與抄襲的愛憎情結

e化的數位學習，除了帶來日常生活資訊以及知識採借上的諸多便利外，亦可能產生某種的認知危機，特別是習於藉由搜尋功能所堆積而來的大量資料庫，過度依賴的結果將有可能會危及到獨立思考以及判斷能力的建構，就此而言，下載抄襲的同時也隱含著對於創意性的直接戕

害。從國小的教育體系強調e化學習到大專院校學術網路的普及，以及從國小學生的自然報告到研究所博士班的論文發表等資源內容，在網路上的也許可以是「另類」的創作發表園地。也因此，網路資源是無窮的，其直接的根源來自於創造力的活躍。M. Weber在〈學術作爲志業〉的演講文中提及：「除非人死去，否則創造力是永存的。」然而，一切創造力的基礎卻來自於人對事物的「熱情」（passion）。在上述演講文中也提及：「對於事物如果失去了熱情，那就不值得去做。」冀此，網路的資料庫也許在某些時候可以作爲參照之用甚至是創造力的觸媒，但是卻常在人對於事物失去熱情後，成爲「偷吃步」的懶人秘方，使得「複製貼上」成爲最適關鍵的通關密語。

九、正版與盜版的對峙鬥爭

盜版問題作爲一種具集體性質的社會事實（social fact）而言，並從總體經濟面的觀點來看，這樣的事實建構必須來自於整體的數據顯示。通常，對於經濟成長以及GDP等數值，透過跨國比較就可以得知先進國家以及發展中國家的一些差距。然而，在鉅視層面而言，因爲資訊不足（該地的統計資料）或是該地對於盜版的商品根本無此需求，而讓我們無法得知在「資訊」以及「統計」水平上落後甚多的國家其國內盜版狀況。因此，盜版問題乃是集中於核心國家以及半邊陲國家居多，特別是正剛起步的資訊社會。然而，盜版的問題還是必須回到最爲日常生活的狀態來分析，在政治—經濟的系統殖民主義（colonization of the system ）之下，整體社會的文化變遷以及個人對於變遷的作爲呼應，才是盜版問題最爲根源的本質所在。

隨著個人電腦的普及，在經濟的系統中，新的硬體及軟體的開發是

必然的，這是一種「技術－科技」推動的力量，是根植於經濟需求的，而個體想要獲取充足的知識與資訊，也是電腦的普及化推手之一。然而，這根本是一種「結構—個人能動性」之間，作爲迴旋（recursive）力量的弔詭（paradox）現象。一方面，技術層面的增長因應了個人需求，反之，個體的需求也刺激了技術的變遷，然而，其中所帶來的價值之剩餘，卻並非透過技術革新回到滿足「均富」的公平原則。在此，公平是對於受某偶發事件影響，進而採取不均等分配的一種方式，而並非平等（平均分配）。

因此，盜版就是回應於「資訊資本」之不對稱的能動性產物，這推說出一種對於資訊經濟的渴望而以「非正版授權」的方式呈顯在現今的資訊社會中。因此，盜版也許不能是一種道德式的論斷，也非是倫理價值判斷的依歸，重點在於，經濟系統的宰制，對於現存的慣習（habitus）的改造，慣習除了從後天的社會化過程而來，在歸屬地位的承襲上也具有一定的影響力（不僅是社會經濟地位，而是一種生活習性的傳承）。所以，在軟體公司的「權利」以及消費者的選擇「權力」之間，也許普及性的資訊科技本身，是「創意專利」的創造源起卻同時也是毀滅的推手！

十、網路成癮的迷思與弔詭

關於「網路成癮」（internet addiction）的命題思考上，網路等科技產品所架構出來的異想世界，多少讓有限理性的人類擺盪在超克的虛幻世界以及眞實的生活環境裏而無所適從，即便是無限寬廣的網路天地，同時隱含所有可能意象以及理想投射的一種「烏托邦」，但是，眞實的生活步調以及超克的虛擬世界，這兩者之間不應該是一項「未曾聚焦的

碰觸交鋒」（an encounter without encounter），就此而言，之於烏托邦「虛幻」與「實相」的議題論述上，網際網路抑或是數位學習顯然同時兼具有「神話」與「迷思」（the discourse of “myth” of Utopia）的雙重性弔詭！？

第四節　生產體制的變動：「知識經濟」的角色扮演

通常，產業的變遷（由工業主義到後工業主義）以及生產方式的改變（由福特主義到後福特主義）（Bell, 1973），我們均可以透過許多「資訊」而明顯的觀察到：以往的大量生產經濟規模之特徵，乃是現代工業經濟的基礎，也就是說，透過製造商品、原物料的轉化以及商品鏈成爲每個發展中國家核心的經濟活動，但是，由福特主義過渡到後福特主義所代表的不僅僅是生產方面（經濟學上的供給面）的論述而已，而是必須考慮到消費主義（經濟學上的需求面）甚至是後消費主義的崛起。

以此觀之，在工業社會中，生產與利潤被視爲是經濟成長的驅力，透過對能源與機械的應用來達成對經濟成長的合理追求（需求刺激供給），但是，相對地，後工業社會的動力則是來自於知識與資訊，是一個知識與資訊再次加工的時代，用以刺激經濟成長（供給刺激需求），在經濟的組織與管理中，知識經濟扮演了創新源頭的角色，並決定了產品最終的樣貌。

也即是說，現代的生產體制所著墨的是以知識爲核心的經濟理論：強調創新、速度、強度、競爭力、網絡關係以及全球化。OECD（Organization for Economic Cooperation and Development）在西元

一九九六年發表了「以知識為基礎的經濟」的一系列報告，目的在於宣稱：知識已經成為「新的」經濟基礎。雖然，在傳統的視野上，人類依然依靠土地、資金、勞力等傳統生產元素來創造財富，但是藉由知識的有效創造、知訊網絡的鏈結以及資訊的靈活應用來創造財富，有可能已經慢慢涉入我們的教育體系、產業需求、國家競爭力等體系，甚至，在我們已然察覺時，一切都已經改變，這並非意謂著「非得改變整體的生活型式」，也許我們也不一定要對我們自己進行改造，然而，這樣的「變」是和緩的，就如同意識型態一樣地慢慢入侵我們的思緒，由外在的經濟型式、生產體制、消費習慣、生活樣態以及人與人之間的溝通模式開始。

以「知識」為核心的經濟體制會配合著以「彈性」為主體的生產體制，在兩者都可能轉瞬即逝但卻相互牽引的轉變現象中，近乎所有一切的「經濟根基」，包含：學校教育、技職體系、職業訓練、產業的轉型，在在都提示了生產力的持續進步。在其中，知識被用以產生新的知識，而知識的本身則作為未來經濟發展的催化劑。此外，知識經過傳輸，而使資訊得以同時作為原始材料並被加以運用的資源，同時也可能是生產過程的結果（一種商品）。因而，知識被視為是促進經濟表現的核心手段，它增強了經濟創新的過程，也可被用來改造大規模的經濟活動。在當代經濟體制以及生產體制的核心裏，知識被視為是決定性的角色之一。

總之，在全球化架構之下，知識經濟代表的是一個國家的政治、經濟、社會、文化，以及國民個人的「科技素質」甚至於是「人力素質」，而這些都會影響到國家的競爭力，不過，在培養個體的「工具性意義」時，「規範性意義」的培育像是法律的素養、道德的涵養、生命週期的規劃、自我依賴的能力等，也是同等重要的，畢竟，「科技」只是發現事實，它原本就存在的，只不過，因爲「人」的存在，才會使得這些「數位」的相關議題値得我們去窺探、深究。

第五節　代結語：在圖書館培養另一個比爾蓋茲!?——關於網際網路使用的迷思、弔詭

有（電腦）不保證能成功，但沒有，你絕對是處於劣勢，
電腦及網路是一般人基本的工具，對拓展視野很關鍵。

——蕃薯藤執行長陳正然

線上的人生似乎是逃離真實生活的方便路。

——Mark Slouka

前些日子報載美國某大學的歷史系決定禁止學生使用網路上的「維基百科全書」（Wikipedia），以作爲論文寫作和問題解答的來源管道，事實上，相形之下的台灣社會，其嚴重程度可能也是不相上下，特別是關乎於上網、玩線上遊戲等等不正常的依附關係所形成的「宅男（女）文化」，顯然，對於電腦網際網路使用的迷思與弔詭，這才是一項値得加以正視的人文課題。

不可否認的是在知識經濟的席捲風暴裏，排斥或是拒絕使用電腦網際網路的確是一項因噎廢食的不智之舉，然而，超過一千萬名的上網人口使用者，不自覺當中卻也不斷地在改變或是侵蝕妳我既存的心靈結構，僅以網路上「維基百科全書」的使用爲例，其所傳達錯誤的資訊，固然是引發爭議衝突的導火線，但是，歸根究柢的原因還是在於何以學

生不假思索甚至於視爲當然地全盤接受這些網路上的資訊，或許，缺乏對於知識本身所應具備之懷疑論的學習模式，這才是讓人掛慮與耽心的；連帶地，現行教育體制底下的學生，其包括不勞而獲、不願意思考及習於資料堆砌等偏重在工具性動機的思維認知和學習態度，這才是問題的眞正癥結所在。

誠然，網際網路作爲一種虛擬學習社群（Virtual Learning Community）的社會事實，無非是它兼具有即時、方便、大量、繁雜、快速、免費、平等、雙向、親和以及官能刺激等競爭利基，這多少指陳出來假借網際網路之名所可能出現的脫序、迷亂情形，這是因爲：網際網路本身所集結的知識訊息，還是有它之於完整性、正確性、全面性、參考性、深度性以及眞實性等結構性限制；連帶地，使用的當事人缺乏相與對應的專業判斷能力，更是讓透過網際網路所截取下載的資訊知識，多少還是停留在問題疑惑的直接解答，而非是藉由資料找尋、書本細讀、歸納整理、消化思辨等精緻、內在化過程，以讓知識獲得與吸收的同時，能夠對應出當事者的認知模式和思考能力。

連帶地，不斷地挑釁使用者自制能力的人性誘因底下，網際網路訊息所潛藏包括暴力、色情、引人犯罪或是網路成癮等社會性虐待的人身戕害，更是突顯出來擺盪在數位學習使用一事上，已經出現了工具理性與價值理性彼此錯亂、謬誤的情形，就此而言，當務之急在於如何建立起新生世代對於網際網路的使用觀念，使其瞭解到這些的科技產物只是認知學習的一項方便工具，而非是唯一的知識來源，特別是讓他們深切領悟到找出問題會比搜尋答案來得更爲受用實惠，以此觀之，重點就不在於藉由不同搜尋引擎（Search Engine）的入口網站以拼湊出「鄭成功」的制式答案，而是要還原回到「鄭成功」、「國姓爺」、「延平郡王」、「開台始祖」等不同的文本脈絡裏，以涵養「鄭成功」背後所實

有的知識體系！

總之，科技創造始終來自於人性，但是，人性卻可能迷失在科技創造當中，特別是回應於獨立思考能力的培養以及人力資本競爭的勝出，那麼，「在圖書館培養另一個比爾蓋茲！？」就應該有它對照於網際網路數位學習的配套性作爲，誠然，從這些先進科技產品的大量使用當中，妳我的知識涵養可否更爲厚實，而彈指之間所率性使用的「全選貼上」、「複製取代」、「剪下復原」、「我的最愛」或「資源回收筒」，又是否隱含著某種對於價值認知、思維模式、自我控制、認同意象、溝通型態、言說書寫、消費取向、人際互動、社交行爲、依附關係、學習態度、學業表現、生活作息以及身心健康等無形的戕害！？

表7-4　網路上之禮節須知

一、如何管理自己的電子郵件？
1.儘可能每天閱讀新收到的電子郵件。
2.立即刪除不要的信件，以節省磁碟空間。
3.儘量減少郵箱中信件的數量。
4.將來還要參閱的信件應立即收到自己的磁碟檔案中。
5.千萬不要認為除了你自己以外，沒有人能夠閱讀到你的信件。因此不欲人知的事最好不要存在電腦檔案中，或在網路上傳送。

二、使用TELNET
1.許多提供給使用者利用 TELNET 簽入的資料庫，皆有線上的說明文件（或可利用ftp得到），請先將之下載（down load）至您的系統，閱讀之後再執行 TELNET。
2.在使用 TELNET查資料時，獲得所需資料後應立即跳出系統，以免影響其他人使用。
3.螢幕上顯示的資訊可以先收集到一個檔案中，然後再詳細閱讀。

三、使用ANONYMOUS FTP
1.在PASSWORD項中輸入你自己的電子郵件地址。若是失敗再輸入guest作為下一次的密碼。
2.儘可能不要傳送太大檔案（大於1Meg Bytes），若真的非傳送不可，請在每天傍晚或清晨執行。
3.將抓到的檔案下載到自己PC的磁碟中，以節省主機磁碟空間。

（續）表7-4　網路上之禮節須知

4.儘可能以電子郵件的方式查詢Archie server。
5.不要隨便執行從網路上抓回來的程式，請先閱讀其相關文件及copyright或licensingagreement，並以 virus scan看其是否帶有病毒。

四、電子通訊
1.儘可能長話短說並直指重點。
2.每一封信儘可能針對一個主題。
3.電子郵件可輕易地轉給他人，因此對別人意見的評論必須謹慎而客觀。
4.註明所有引述與參考資料的來源。
5.每一行長度不宜過長，並避免摻雜控制字元。
6.遵守逐級反應的原則。例如：不可用電子郵件直接向「上頭」抱怨。
7.不可使用學術網路作商業用途。
8.在電子郵件的末尾應附上姓名、單位、職稱與Internet/BITNET地址，且儘可能不要超過四行，如果您願意的話，尚可附上住址與電話號碼。
9.使用大寫字母來強調重點或標題區別，亦可使用星號加在文字的前後（例如：*Asterisk*）來強調語氣。
10.將他人文章轉送至mailing list時，最好能註明文字的出處，並說明獲得方法。
11.未經允許逕將他人私人信函轉送至mailing list或Usenet是非常不禮貌的行為。
12.若想要幽默一下，則必須特別小心。缺乏面對面的溝通，您的笑話可能會被認為是一種諷刺。
13.尊重智慧財產權。
14.引述他人的話時，刪除其他無關的文字。

五、電腦倫理十誡
1.不可使用電腦傷害他人。
2.不可干擾他人在電腦上的工作。
3.不可偷看他人的檔案。
4.不可利用電腦偷竊財務。
5.不可使用電腦造假。
6.不可拷貝或使用未付費的軟體。
7.未經授權，不可使用他人的電腦資源。
8.不可侵占他人的智慧成果。
9.在設計程式之前，先衡量其對社會的影響。
10.使用電腦時必須表現出對他人的尊重與體諒。

資料來源：http://infotrip.ncl.edu.tw。

準此，面對數位學習、數位落差與知識經濟的命題旨趣，是需要嚴肅看待數位學習科技應用的使用現象，然而，之於該項客觀事實的衍生性思考，乃是在於所謂充權（empowerment）的概念不盡然只是在於有無電腦以及操作的熟稔程度，而是要更爲廣袤地看待數位學習背後所想要建構之人文精神的心靈結構（mind structure）

附　錄

電腦網路內容分級處理辦法

中華民國93年4月26日

新廣一字第0930622071A號令訂定發布

中華民國94年10月17日

新廣一字第0940625612Z號令修正第二條、第四條、第六條條文

第一條　本辦法依兒童及少年福利法第二十七條第三項規定訂定之。

第二條　本辦法用詞，定義如下：

一、電腦網路：指以連線方式擷取網站資訊之開放式應用網際網路。

二、電腦網路服務提供者：指網際網路接取提供者、網際網路平臺提供者及網際網路內容提供者。

三、網際網路接取提供者：指以專線、撥接等方式提供網際網路連線服務之業者。

四、網際網路平臺提供者（以下簡稱平臺提供者）：指在網際網路上提供硬體之儲存空間、或利用網際網路建置網站提供資訊發布及網頁連結服務功能者。

五、網際網路內容提供者（以下簡稱內容提供者）：指實際提供網際網路網頁資訊內容者。

六、電腦網路分級服務機構：指受政府委託統籌網際網路內容分級運作之非營利性法人組織。

第三條　電腦網路內容不得違反法律強制或禁止規定。

第四條　電腦網路內容，有下列情形之一，有害兒童及少年身心發展

者，列為限制級，未滿十八歲者不得瀏覽。

一、過當描述賭博、吸毒、販毒、搶劫、竊盜、綁架、殺人或其他犯罪行為者。

二、過當描述自殺過程者。

三、有恐怖、血腥、殘暴、變態等情節且表現方式強烈，一般成年人尚可接受者。

四、以動作、影像、語言、文字、對白、聲音、圖畫、攝影或其他形式描繪性行為、淫穢情節或裸露人體性器官，尚不致引起一般成年人羞恥或厭惡感者。

電腦網路內容非列為限制級者，仍宜視其內容，由父母、監護人或其他實際照顧兒童之人輔導瀏覽。

第五條　平臺提供者、內容提供者提供網路聊天室、討論區、貼圖區或其他類似之功能者，應標示是否設有管理員及適合進入瀏覽者之年齡。

第六條　電腦網路內容列為限制級者，應依下列規定標示：

一、內容提供者應於網站首頁或各該限制級網頁之電腦程式碼，依主管機關或其委託機構規定作標示。

二、內容提供者提供內容屬性主要為限制級者，應於網站首頁或各該限制級網頁標示限制級分級標識或「未滿十八歲者不得瀏覽」意旨之文字。

三、平臺提供者、內容提供者，提供內容屬性係部分涉及限制級者，得不為前款標示。但應於網站首頁或各該限制級網頁標示「本網站已依台灣網站內容分級規定處理」意旨之文字。

第七條　平臺提供者未限制未滿十八歲者瀏覽時，應提供分級服務輔助措施。其無法有效限制瀏覽者，亦同。

第八條　電腦網路服務提供者經政府機關或其委託之機構告知電腦網路內容違法或違反本辦法規定者，應為其他限制兒童及少年接取、瀏覽之措施，或先行移除。

第九條　政府應協助電腦網路分級服務機構，進行電腦網路內容觀察、分級標準詞彙之檢討、等級評定及申訴機制之建立。

政府主管機關應輔導或鼓勵電腦網路服務提供者建置電腦網路內容分級機制。

第十條　電腦網路服務提供者應自本辦法施行之日起十八個月內，完成電腦網路分級之相關準備措施，並進行分級。期限屆至前，應依台灣網際網路協會訂定之網際網路服務業者自律公約，採用內容過濾或身分認證等措施機制，防制兒童或少年接取不良之資訊。

第十一條　本辦法自發布日施行。

參考書目

中文部分

方興東等（2002）。《新媒體變革的經濟學與社會學——論博客與新媒體的邏輯》。中國：清華大學研究生院。

沈慧聲（1999）。〈媒體、文化與社會〉。見郭靜晃等編著《社會問題與適應》，頁497-508。台北：揚智文化。

柴方國譯（2000）。《全球化與政治》。北京：中央編譯出版社。

孫治本譯（1999）。《全球化危機》。台北：台灣商務印書館。

陳其邁譯（2001）。《失控的世界》。台北：時報出版。

陳慧慈等譯（2001）。《全球化與文化》。台北：韋伯文化。

外文部分

Bell, D. (1973). *The Coming of Post-Industrial Society.* NY: Basic Books.

Castells, M. (1996). The Rise of the Network Society, *The Information Age: Economy, Society and Culture, Vol.I.* Cambridge: Blackwell.

Castells, M. (1997). The Power of Identity, *The Information Age: Economy, Society and Culture, Vol.II.* Cambridge: Blackwell.

Castells, M. (1998). The End of the Millennium, *The Information Age: Economy, Society and Culture, Vol.III.* Cambridge: Blackwell.

Giddens, A. (1984). *The Constitution of Society: Outline of the Theory of Structuration.* Cambridge: Polity Press.

Giddens, A. (1990). *The Consequences of Modernity.* Cambridge: Polity Press.

Harvey, D. (1989). *The Condition of Postmodernity: An Enquiry into the Origins of Cultural Change.* Blackwell Publishers (1990, 2 Edit).

John, A. (1992). *Post-Industrialism and Post-Fordism,* in Eds. Modernity and Its Futures. Cambridge: Polity Press & The Open University.

McGrew, A. (1992). *A Global Society?*, in Eds. Modernity and Its Futures. Cambridge: Polity Press & The Open University.

Schaefer, R. T. & Lamm, R. P. (1995). *Sociology.* NY: McGraw Hill.

Wallerstein, I (1983). *Pattern and Prospectives of the Capitalist World Economy,* in his The Politics of the World-Economy. Cambridge: Cambridge University Press.

Chapter 8 婚姻與家庭

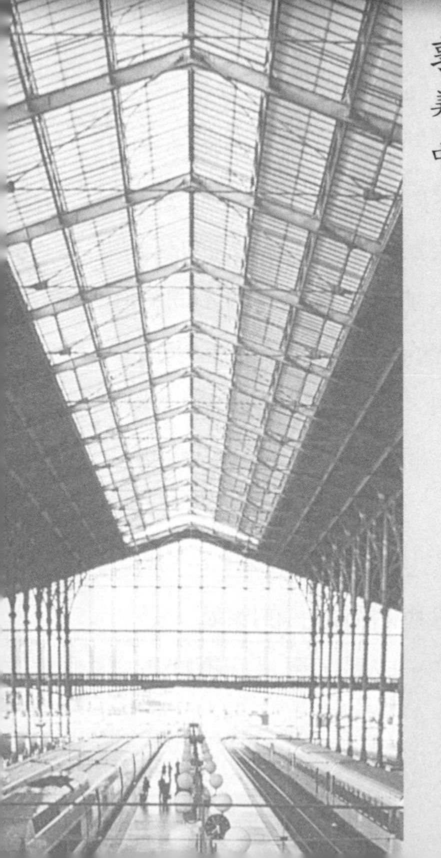

郭靜晃
美國俄亥俄州立大學家庭關係與人類發展博士
中國文化大學社會福利學系教授兼系主任及所長

第一節　前　言
第二節　成功的婚姻
第三節　家庭的演進
第四節　家庭功能
第五節　家庭類型
第六節　兩性角色
第七節　家庭組成過程與管理
第八節　結　語

第一節　前　言

一般而言，婚姻之意義，大致包括幾個要素：(1)要有兩個人，且大多數的社會只允許兩個不同性別的人結婚；(2)是社會或法律認可的儀式；(3)是要共同生活的；(4)是滿足情感的。因此婚姻可以定義爲「兩個人，爲滿足情感需求，經由社會或法律認可的儀式，以營共同生活」。家庭的定義也可包括下列幾個要素：(1)要有兩人或兩人以上；(2)要共同生活；(3)要分享生活（彭懷眞，1998；藍采風，1996）。

從發展的觀點，人的一生發展先是個體的成長（例如，胎兒→嬰兒→幼兒→學齡兒童→青少年），爾後即是兩個個體的結合而建立家庭（例如，成年期→中年期→老年期）。在青年期是一個關鍵，從個人發展成爲兩人世界或三人或四人……家庭發展，人的關係不但互動頻繁而且複雜，爲了要維持幸福快樂，個人要學會適應（adaptation）。

兩個人從相遇到相知而彼此產生好感並展開熱戀，最後由相愛到步上紅毯的另一端；之後加上孩子的出生而擴展家庭成員，婚姻之間也由兩人關係到三人或多人互動之關係。從家庭的觀點，當一男一女從原有不同刻板化的性別角色（stereotyped sex role），加上兒童期各自不同社會化的經驗，還有面臨社會變遷（例如，從傳統的男主外、女主內到現在雙生涯家庭的適應）、婚姻的姻親關係（例如，婆媳、姑嫂問題）、不同時期的孩子各種問題（例如，教養、學業、期望等），皆會影響個人面臨成長及選擇結婚後種種角色及其適應。

所以，婚姻與家庭是一門個人與其相互成員之適應過程，也是一種藝術，更是一種管理的方法。相信大家應會承認我們所成長的家庭，是我們生活上占去最多部分的地方，個人在此誕生、成長，更是庇護挫折

的殿堂。本章旨在探討成功的婚姻、家庭的歷史演進、功能，社會變遷下的家庭種類、兩性角色、家庭組成過程以及家庭之管理，以期望修習本課程的學生能對婚姻與家庭有初步的瞭解。

第二節　成功的婚姻

婚姻的成功（marital success）、婚姻的穩定（marital stability）與婚姻的品質（marital quality）是婚姻關係之三大基石，但三者卻有不同的強調要素。婚姻的穩定強調的是婚姻關係的穩定性，不論夫妻關係良好或不佳，其強調婚姻的維繫關係；婚姻的品質所重視是關係的程度；而婚姻的成功是指在一段時間內容所發生的婚姻狀況，也是夫妻雙方對婚姻的滿意度。一般而言，婚姻關係的建立期是夫妻最親密也是最滿意的時期（Rice, 1990），但隨時間推移，婚姻滿意度隨之下降，直到中年之後再慢慢回升。

雖然成功的婚姻並沒有放諸四海而皆準的規則，主要是隨著夫妻對婚姻的期望與看法之不同而有所差異，但對大多數人而言，成功的婚姻具有一些要件。Benokraitis（1993）在一九九〇年的調查發現：不論是對男性或女性而言，愛、性的忠貞、相互傾訴的感受是最重要的成功婚姻要件；而其他如保持生活浪漫、幽默、相近育兒觀念、好的性關係、相似的金錢處理觀念等，也會影響婚姻的滿意與成功。

在兩性交往過程中，吸引力、機會相遇、居住相近性、同質性及人格互補性是影響雙方是否喜歡（like）對方之主要因素；而關心、依戀、親密性及承諾是影響雙方是否愛（love）對方之主要因素。李煜（1998）指出：影響成功婚姻的因素除了「門當戶對」之外，還包括了年齡的差

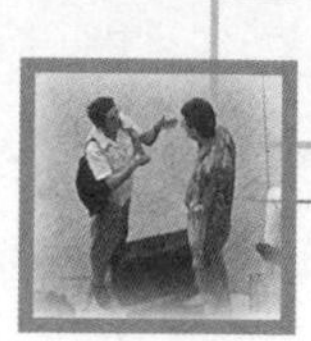

距、教育程度、結婚年齡、親友對婚姻的支持、結婚時間的長短、相近的背景和條件等。

1.年齡的差距：年齡的差距並沒有一定的標準，但年齡意涵著成長時代的差異與觀念的不同才是應注意之處。一般而言，社會較能接受男性年齡高於女性。

2.教育程度：教育程度與價值觀密切相關，也影響彼此之互動與溝通；如果相差太大，較容易造成婚姻衝突與產生不滿意。

3.結婚年齡：結婚年齡與個人人格成熟度有關，尤其年紀愈輕，成熟度愈不夠而且因應婚姻的挑戰能力也愈差。

4.親友對婚姻的支持：社會支持可幫助婚姻壓力之因應，尤其是來自親友所祝福與支持的婚姻，其婚姻的滿意度及成功比率較高。

5.結婚時間的長短：婚齡愈高，婚姻的滿意度及成功比率也愈高（Rice, 1990），除了長時間的夫妻相處，彼此的默契與瞭解對方的期望與看法，也使婚姻滿意度提高。

6.相近的背景和條件：物以類聚（similarity）的條件包括社會長階層、種族、宗教、角色期待、價值觀及興趣等，當夫妻雙方彼此條件愈接近則婚姻愈容易成功。相似性一方面幫助夫妻調適婚姻生活，減少婚姻衝突與磨擦；另一方面有助於婚姻的溝通，使得夫妻能因應生活挑戰。

人生的順境占十之一二，而逆境卻占據十之八九。在婚姻關係中，危機的出現是正常現象，但處於危機不代表將中止婚姻，反而是人生的轉機，端賴個人對婚姻的因應能力及社會支持。所以，遇到不愉快的婚姻，離婚並不是唯一解決婚姻關係不佳的方式，而是找出原因，並共同設法面對困難及問題，以解決婚姻上的危機，或愈早尋求家庭與婚姻諮商人員的協助，以克服問題癥結及化解婚姻的危機。

第三節　家庭的演進

無人知道家庭是何時開始產生，在最早的黑暗時代（Dark Times）並沒有家庭存在。人類學家認爲家庭應始於史前時代（距今約十萬至二百萬年以前），家庭不是由人類（humans）而是由眞人（Hominid ancestors）所創。當時眞人由猿人演化而來，從樹上移居到平原聚居生活，其腦的演化加上手腳功能的演進已可以用手抓、撕裂，甚至瞭解用火、狩獵，更應合作的需求而組成社區（community），並發展語言及符號用以傳達訊息。當時因爲狩獵需要很大的疆域，遂發展男人出外狩獵並帶肉食回家（take bacon home），女人留守聚集營區來照顧子女及食物；因此男女之傳統角色便開始分化，男性負責狩獵及抵禦外來侵略而成爲是主外（bread-winner），女性照顧幼小及家畜而成爲主內（household）。

而家庭之性愛關係又如何演化呢？人類祖先之一的靈長類（Primates，哺乳類動物之一），雄性也要等雌性在發春期（in heat）才會有交配的行爲。而眞人的女性則已演化到隨時可以交配，因此種演化也造成男性更能在原有女性繁衍後代的關係之上而形成家庭，也造成做愛（make love）變成皆可能發生。誠如一著名人類學家（Pfeiffer, 1969）所言：「當人變成一自發性的需求及控制，這才能使擇偶（mating or pairing）發生，選擇時間、地方做愛以達成繁衍後代之功能。」所以，最初個人之喜好是一重要之考慮因素，然後才是男女關係的持久，這也是人類愛的開始。

然而，在整個社區聚落中，許多男性與女性同住在一起，又因生理的因素造成做愛的可能發生，那麼家庭或宗族中之近親禁忌（incest

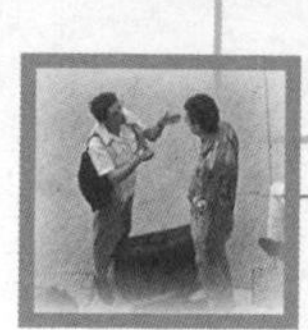

taboo）是如何產生呢？因為在同一社區或家庭中，男女之性行為會招致爭吵及妒忌，於是先人祖先為了此原因，便禁止家庭中其他親密家庭成員（close family members）有性關係的行為發生。

綜觀整個家庭發展的歷史，它是始於人類祖先貞人發展的史前時代，男性出外打獵、擴展疆域，女性留在社區聚居中將男性打來的獵物煮成熟食並照顧幼小，而成為男主外、女主內之傳統功能。

我國社會在傳統上即以此制度承襲數千年。禮運說：「飲食男女，人之大欲存焉。」孔子說：「食色性也。」可見在中國人的心目中，「食」為人類之生活問題，求自我的生存並反映出物質文化和經濟制度；而「色」為婚姻的問題，求種族的生存，並產生婚姻現象、家庭組織，進而發展出家庭制度（阮昌銳，1994：142-143）。為了維持這個重要的家庭制度，我國的婚姻習俗幾千年下來也演變為一種保守且深具特色的傳統，例如，婚姻是由父母之命、媒妁之言；男女不得鑽穴相窺、踰牆相從、違背社會規律；強調貞節，女性必須「從一而終」；婚姻是為傳宗接代，男女分工；明確的性關係，性除夫妻之外不得踰越（阮昌銳，1994：144）。此外，傳統的中國社會是以「夫為妻綱」、「夫者天也」、「事夫如事天」之男尊女卑的價值取向，家庭以「男主外、女主內」的家庭生活分工的兩性角色。

近年來，由於生活變遷，加上西方的婚姻及家庭價值觀念的傳入，更由於經濟成長帶來社會結構的改變，也使得環繞在此生態環境的家庭制度受到挑戰因而也有所改變。例如，傳統的大家庭制度改變為核心家庭；工業化造成家庭成員互動時間縮短，更亟需溝通品質的維繫；女權運動也帶來了夫妻間的平權觀念；經濟的成長刺激婦女就業機會造成雙生涯家庭，而致使家庭中的現職功能改變。諸此種種變遷，也致使夫妻之間的兩性角色產生了變化（魏世台，1988：119-121）。社會變遷或多

或少已使當代的婚姻與家庭產生變化；而這些變化，如果個人與家庭不加以調適個人角色並積極維護家庭功能，那麼，整個社會必因社會變遷而衍生出許多問題（Ambert, 1994: 529）。

第四節　家庭功能

生態環境的改變，促使家庭的傳統觀念改變以及功能反彈，但婚姻與家庭仍依襲著社會制度體系。現今社會對婚姻之定義爲：男性與女性結合成一聯盟，有公衆的儀式、性的結合並爲經濟事務共同合作。這種關係或多或少有永久性的意味。然而同居（cohabitation）雖有婚姻的功能，然其與婚姻最大之不同是它不被社會大衆所認可。而家庭則被定義爲：經過婚姻儀式之夫妻或團體（group），他們因年齡、性別角色之區分而共同合作，生育及養育孩子並居住在同一住所（household）。

儘管環境如何變遷，家庭仍繼續執行其應有的功能：

一、生殖與社會化功能

家庭最主要功能之一是生產並養育孩子。傳統的婚姻因性的融入自然產生子女。由於醫藥的進步及科技的發達，避孕及人工受精的技術也使得婦女更有機會自己選擇是否受孕，因此也挑戰了原有的生殖功能。加上孩子出生極需依賴父母而成長，需要由父母教育他如何說話、走路、行爲、愛人等社會化功能，所以家庭更是個人最早社會化的場所，也誠如婚姻治療大師薩蒂爾（Satir）所言：「家庭是造人（people making）的工廠，也是個人社會化的主要場所。」傳統上，父母（尤其是母親）是孩子的主要教養者，但因社會變遷又使原有的家庭功能式微，使得教養子女變成社會或政府與家庭來共同承擔，如托育政策的提供、強迫入學教育等，此外還有社會的其他團體，例如教會等，社會的組織也提供教養或社會化孩子的責任。

二、經濟的合作體

傳統的家庭因男女的性別角色將家庭事務分成男人的工作與女人的工作，這也是一種性別刻板化的分法，例如男主外，負責家庭的經濟收入；而女主內，負責家居事務及教養子女。而社會變遷使原有性別分化的工作（sex-typed work）之區分越來越不明顯，而且性別之相互依賴性也逐漸減低，使得家庭事務也由家庭成員共同來承擔，例如，雙生涯家庭將家庭事務由全家的成員共同來分擔，遂成爲一新的經濟獨立體（economic independence）。事實上，家庭本身也是一個生產單位，例如，家務勞作（洗衣、煮飯、農耕花藝、教養孩子等），只是這些傳統上屬於女性的家居工作等勞力並沒有獲得付費。據經濟學家的估計，這些勞力約等於全國GNP的44%。由於這不是實際獲得金錢回來，相對地，男主外的勞力工作所獲得實質的報酬在維持其家庭開銷，並獲得家庭的權威。

三、分派地位及社會角色

我們社會在給與個人之地位常歸因於家庭，例如，婚姻中的門當戶對觀念，或找工作口試時主試者常問口試者家庭背景，或家庭社會學常將家庭分成高、中、低社經地位。此外，個人來自不同血統、膚色，將

家庭分成白人家庭、黑人家庭、西裔家庭，以給與種族及倫理的認同。也因個人來自不同的家庭背景而產生不同種族文化生活、社會地位，甚至產生不同的價值與觀點。

家庭是由各個成員所組成並分配著不同角色，例如，爲人父母、兄弟姊妹、子女等，因而家庭由不同角色給與個人不同之責任與義務。傳統上這些角色可能是永久性的，但現在卻可能有所置疑。例如，夫妻雙方可不以任何過錯（no-fault）的理由而與配偶離婚，結束雙方之夫妻角色；但儘管婚姻關係如何變化，父母不可能休掉與子女之間的關係。此外，父母也因孩子在不同發展階段，例如，嬰兒、幼兒、學齡兒童或青少年而給與不同的父母角色，並執行不同的功能。

四、親密關係

誠如亞里斯多德（Aristotle）所云：「僅有動物或神可以離群而居。」人類更需聚群而居，尤其彼此之間有親近的需求時。嬰兒從小需要他人給與依戀，並從中獲得對人的信任感及安全感。最近研究指出：離婚或保持單身的人似乎最不健康，因爲孤獨所帶來的寂寞以及疏離帶給個人困擾，會進而影響身心的健康，甚至影響個人之平均餘命（life expectancy）；其他研究亦指出：能與別人發生親密關係的個體，比那些很少與人、社會接觸的個體活得更長壽。國外學者Knox（1982）曾在密西根州針對二千七百五十四位成人進行研究發現：社交孤立（social isolation）與現代都市社會的個人心臟病因及其他致死的健康原因有關。最近社會有些人不能由人獲得親密感，便轉而向動物來獲得此項功能，例如養寵物。

在過去，結婚與組成家庭是人類追求伴侶親密的主要來源，但現代

社會因工業化、城市化及機構化，使得人越來越沒有人情味，而使得人與人之間變成陌生及疏離。現代人在社會環境中必須與人交流、互動並賦予角色（role），例如，現在的你可能兼具爲人學生、爲人友、爲人子女等多重角色。而個人在結婚之前，朋友是個人親密性的主要來源，但在結婚後，伴侶便成爲個人最主要的親密對象。然而，結婚後是否公主與王子便永遠過著幸福快樂的日子呢？這可能是一種迷思，現代的婚姻並不一定能提供愛、親密或養育之功能，也許還會反目成仇，不再分享心中秘密，甚至不說話。更有甚者，以往最安全、溫暖和擁有親密關係的家庭，變成施暴、性騷擾的場所，最可怕的是兵戈相向導致家庭謀殺，而施暴者常是親密的家人。在現實生活中，家庭已有可能變成人際和社會壓力所導致的衝突與暴力的地方（黃迺毓等，1995：96）。

第五節　家庭類型

傳統的家庭分類大多因世系的傳遞，將家庭分爲母系或父系家庭；亦可能因居住方式，將家庭分爲隨父居、隨母居、隨舅居、兩可居、新居、分別居等；也可能因權柄的歸屬，將家庭分爲父權家庭、母權家庭、舅權家庭、姑權家庭或平權家庭等；或因婚姻形式，將家庭分爲一夫一妻制、一夫多妻制、一妻多夫制：或因成員之關係組合，將家庭分爲核心家庭、主幹家庭或擴展家庭等（黃迺毓等，1995：34-39）。然而現代化的變遷帶給個人兩性均權、女性意識抬頭、婚姻自主、個人主權抬頭以及婦女就業增加，而使得家庭的型態轉變爲：核心家庭增加、父權下降趨向平等民主、男女均權、雙薪家庭增加以及新婚夫婦新居而住等。因此，家庭也造成一些轉變，Burgess（1973）指出這些重大改變具

有一些特徵：家庭類型分化增加，更傾向於多樣性婚姻，家庭模式的都市化增加。現代家庭逐漸由機構式轉變爲伴侶式。傳統社會 ，家庭整合外有法律、習俗及社會輿論，內則由以男性爲主的家長權威來維繫；而現代家庭則由自願的人際關係來維繫，家庭關係強調情感與瞭解。

面對多元化、選擇性和包容性的現代社會特質，人們對個人及家庭需求滿足的適應，以及個人對不同生活模式的自由選擇，現代化的家庭概念不再是單一的模式，而是有選擇性的家庭模式。社會變遷將家庭分隔爲傳統與非傳統（藍采風，1993）。分辨傳統與現代家庭可以從八個特徵來加以分辨（**表8-1**），以下將家庭分爲幾種類型分述如下：

1.傳統家庭：指丈夫爲經濟主要支持者，母親爲傳統的家庭主婦及至少兩個小孩的家庭。
2.單親家庭：父或母單獨一人和未成年子女所組成之家庭。
3.重組家庭：家庭中父母雙方，其中至少一方曾經結過婚，並帶來前次婚姻所生之子女。
4.雙生涯家庭：結婚中的夫妻各自有工作並發展獨自的生涯，也可稱爲雙薪家庭；如果沒有小孩又可稱爲頂客族（Double Income and

表8-1　傳統家庭與現代家庭之特徵

傳統家庭	現代家庭
1.合法婚姻	1.未婚單身；未婚同居
2.有小孩	2.自願無小孩
3.雙親	3.單親（未婚；曾經結婚）
4.男性主經濟及威權	4.兩性平權
5.永久性	5.離婚或再婚
6.性關係保守、限於婚姻內	6.婚外情（包括性開放婚姻、交換配偶、外遇）
7.異性親密關係	7.同性親密關係
8.兩位成人所組成之家庭	8.多位成人所組成之家庭（包括重婚、共居家庭）

資料來源：摘自藍采風（1993）。《家庭組織與現代化》。頁9-10。

No Kids, DINK）。如果不要小孩是自願的，雙方稱爲志願無小孩的雙薪家庭。

5.新三代家庭：父或母因離婚、分居或配偶死亡等成爲單親家庭，並由父或母帶其子女與其祖父母住在一起，而成爲新類的三代家庭。

6.隔代家庭：因雙生涯或單親之故，將孩子交給祖父母帶，而形成祖父母或孫子女在一起的家庭。

7.公社家庭：一群人包括男女老幼住在一起，分擔生活的一切，稱爲公社家庭。一般公社家庭係指一群人住在一起，但仍維持一夫一妻關係，除性行爲與子女外，一切共享。此種分類有別於團體婚姻（group marriage）；團體婚姻係指一群男女，彼此結婚並分享性行爲及一切資源。

8.社區家庭：是由許多家庭再組成社區家庭，其中各自擁有住屋，但共進晚餐並輪流採購或做托兒、托老工作。主要是利用鄰里關係拓展家庭感覺，互助合作來分擔工作及共享資源。

9.同性戀家庭：係指相同性別的人居住在一起分享性行爲及感情的親密與承諾，他們可能是經由合法的儀式或私下結合。

台灣社會因本身受殖民與外來文化之影響，在家庭特質也呈現一些特殊風貌，楊懋春（1973）指出，我國傳統的家庭特質有以下的特質：

1.複式家庭：因勞動力的需求，期望藉由子孫的出世來延續自己的生命，並且有「多子多孫多福氣」的概念，特別重視「不孝有三，無後爲大」的價值觀。

2.男系父權制度：中國家庭重視父傳子的制度，以父子關係爲主幹，重視孝道。

3.重男輕女的習俗：女子的地位遠不如男子，尤其是未出嫁者不得參與家中主權，即使嫁爲人婦，還要在有子女後，身分地位才會逐漸提高。

4.絕對服從的教養態度：父母的訓誡，子女一定要接受，如果不接受就加以懲罰，兒女不敢對父母公然反抗。

5.婚姻不自主：過去的婚姻多奉「父母之命」、「媒妁之言」，男女在婚前禁止往來，也沒有約會和戀愛的機會。個人的婚姻乃是爲家庭娶媳而非爲個人娶妻。

6.財產共有：家人生產多交予大家長，共同生產共同消費，家人對家中財產有享用權，也有責任加以保護。

7.具有綜合功能：除基本功能如夫妻性生活的滿足及收養子女部分，還包括生養子女、家庭經濟的再分配等，以及生活、宗教理想、倫理道德等部分。

綜合以上的觀點，我國傳統的家庭特質傾向於較多的子女數、重視孝道、重男輕女、強調服從的教養態度、不自主的婚姻、家庭共財產制度以及具有綜合性的家庭功能。

然而，在急速的工業化與都市化的影響下，家庭特質發生重大變遷，黃德祥（1997）也提出台灣地區的社會變遷及其對家庭特質的影響，有以下幾點：

1.生活水準提升，家庭日趨富裕。

2.家庭往都市集中，遷徙頻繁：一九九五年主計處（行政院主計處，1996）之統計，都會地區家庭平均人口數是3.6人，迄今約爲2.91人。家庭遷徙頻繁，容易造成個人無根、不安與孤獨的感受，不利於人際關係的發展。

3.家庭結構改變，老人問題興起：由主計處調查結果可知，核心家庭

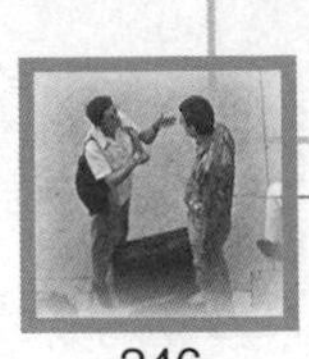

已是台灣社會的主流，也因此老人獨居的現象愈形明顯。人口老化逐漸成為家庭的沉重負擔，老人在家庭中的地位日益降低，家庭中也欠缺調和爭議與維持權威的人物，使家庭維繫力量降低。

4.生育率下降，離婚率提高：由於社會變遷與家庭計畫之推展，台灣地區人口出生率逐年下降。也由於家庭結構改變，社會約束力下降，台灣離婚率持續上升中。單親家庭與隔代教養家庭也隨之增多。

5.婦女就業人口增加：鑰匙兒及兒童進入課後托育機構增多，兒童與青少年受關注的情況日漸降低，父親承擔家務的需求提高。

6.家庭有整體性、全面性與結構性的改變：

(1) 家庭成員個人主義與自由增加。

(2) 家庭教育轉移至政府與社會。

(3) 婚姻的不穩定與衝突增多。

(4) 大家庭式微，夫妻趨於平權。

(5) 孝道較不受重視，子女反受關切。

(6) 家人相聚時間減少，成員關係較疏離。

(7) 性別角色差異減少，家人角色混混淆。

(8) 家庭功能日漸縮減。

綜合上述，家庭傳統的定義隨著時代的變遷而有重大改變，傳統對家的觀念與定義已不再是唯一的，也不是完全理所當然；取而代之是家庭的多元化並產生不同的家庭型態，因而家庭的功能已不再是一成不變的「男主外，女主內」，所以現代化家庭是強調家庭成員之間的和諧與功能順利實現，以迎合家庭及個人之需求滿足。

第六節　兩性角色

試著回答下列謎語：

有一男孩在一場車禍受傷之後，急忙被送進醫院急診。他流血過多，而且他父親已車禍死亡。醫療人員急忙將他送進急診室準備開刀，結果來了一位又高大又健美（tall and handsome）的外科醫生，滿頭白髮衝進來，看到這小孩便急呼大叫：「天啊，這是我兒子。」請問：這一位外科醫生是誰？

你的答案是什麼？乾爸爸？或者外科醫生認錯人了？結果這個答案是：此外科醫生就是這位男孩的母親。

上列就是我們社會所賦予男女有別之性角色腳本（sex script）來影響我們對於一個人性別的判斷。我們從小到大，至少有三件事是很重要的：辨別自己的性別以達到性認同，並依個人之性認同傳遞性別角色；青少年個人成為男人及女人角色的認同；結婚並組成家庭。這三件重要任務之共同點是我們必須要習得融入文化脈絡的性別角色，這些人的特質、氣質及生物特性將與性別相關聯，並強調男女有別，例如男人常被教導要勇敢、堅強並達成工具取向的角色；而女人要順從、溫柔達成情緒取向的角色。此外，性別角色之正面功能乃是教導個人在特定情境如何行為，以達成社會化，最後並融入個人之人格特質之中。

個人隨著出生時所承襲的不同氣質（temperament），加上文化所賦予不同的定義及受到不同的對待，因而形成個體之刻板化的性別角色。試想：你正抱著一個嬰兒：當你知道他是一個男孩；當你知道他是一個女孩；或你根本不知他是男孩或女孩。你是否對於孩子的哭聲有不同的

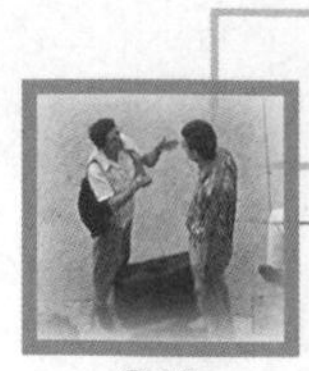

反應？或者你會採取激烈或溫柔的方式來和他玩呢？而個人透過社會化的四個過程——操作、溝通、語言表達及行動暴露來習得個人性別角色。茲分述如下：

1.操作（manipulation）：父母如何對待嬰兒，並使瞭解其性別角色。

2.溝通（channeling）：透過讓孩子玩特定的玩物來讓孩子瞭解自己的性別角色。

3.語言表達（verbal appellation）：例如同樣是粗野行為，男生被解釋為好動的，而女性則是粗魯的。

4.行動暴露（activity exposure）：讓嬰孩從小就玩不同的遊戲，例如女性玩家家酒或模仿媽媽，男孩則玩飛機、車子等遊戲。

之後，男女孩在家庭中連家事也是分工的，例如男孩倒垃圾、整理庭院或掃地；女孩則鋪被、洗碗或幫忙煮飯。對幼兒而言，明顯的性認同是重要且必要的，最早他們是以性器官來辨別自己的性別，之後再賦予性別關聯的行為以及透過別人如何對待他，來漸漸習得性別角色。早期性別角色刻板化是固定的，例如男孩愛冒險，女孩做家事照顧弟妹。及至年齡漸長，孩子受到同儕（尤其是同性團體）影響漸大，例如，男孩強調身體強健及勇猛行為表示男子氣慨；而女性被要求溫柔、年輕、漂亮及苗條。因為性別角色代表個人自我形象及自我功效的評估，而且性別角色的改變又直接威脅個人的自我認同，所以性別角色的傳統刻板化並不容易被改變。

國內張老師於民國八十四年針對國人心目中理想的男女特質作調查，結果發現：理想的男人特質是負責、積極進取、堅強、自信、願意為家庭奮鬥、能付出眞愛等；理想的女人特質是能付出眞愛、善良、

願意為家庭負責、體貼與貼心等。所以說來，男人被期望負責進取，而女人則是情感取向。此外，國人認為男人最不重要的特質：難過時會哭泣、英俊、性感、高大與支配性強等；女人較不重要的特質是：冒險、競爭、支配性、工作成功與身材修長等（張老師，1995：29）。從此我們可得知：國人心目中理想男性是偏向於「勇」，如負責進取等，不喜歡男人太過於軟弱與感情用事；理想女性是「柔」，不喜歡女性過於強大。

第七節　家庭組成過程與管理

一、家庭組成

兩性交往不只是因緣際遇，或「得之我幸，失之我命」的宿命，男女的交往從彼此之間有感覺，是否看對眼，加上逐漸性的認識，到彼此的適應，接下來即是否要考慮結婚，雙方之間的吸引和承諾過程便影響了伴侶的選擇和婚姻的決定。婚姻伴侶的選擇除了受婚姻市場因素影響外，也受到個人特質與其所屬之社會環境因素的影響（Murstein, 1986），大抵而言，可將這些因素區分為個人與結構等因素（McCubbin & Dahl, 1985），其中個人因素包括人格特質與生理特質。人格特質是指一個人情緒傾向與性格，例如，羞怯或活潑、獨立或依賴等。人格特質是一種內在的特質，一個人的外貌會受到人格特質的影響，例如，一個五官姣好的人充滿敵意，仍給他人「面目可憎」的印象。但是，內在的特質光憑短暫的接觸是無法瞭解的，必須要有足夠的互動才能獲悉。生理特質是只指一個人以生物性特徵為基礎的外在特質，例如，身高、面

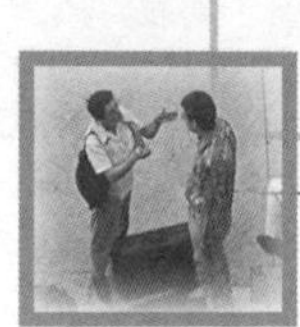

貌和身材曲線等顯露於外的相貌特質，社會整體雖有一套大多數人認可的審美標準，但每個人對於美醜的認定均有一套自我的看法。結構因素則指當事人的年齡、宗教和教育程度等特質，可由這些特質看出世人所處的社會脈絡，以及他在各種社會結構中所占據的位置。結構因素不只彰顯一個人的有形條件，還會影響擇偶的範圍，更重要的是其與價值觀和生活型態有密切關係。

Adam（1986）以四個階段闡釋了配偶選擇過程的投入（**圖8-1**）。在各個階段中如果產生不好的訊息或評價，關係即可能中止。如果有別的吸引變得極爲強大，導致此一關係的投入減少，這種關係也會結束，取而代之的吸引可能是另外一個人、工作、學校或實現個人目標的願望。

階段一：伴侶的選擇是在能夠交往的人中進行。一個人在所介入的人際網絡中，是否有機會遇到你所吸引的人，其中體態、儀表是很重要因素；此外，行爲舉止令人欽佩、有影響力的人，亦可能被當作有吸引力的風雲人物。

階段二：交往中是否發現基本的相似之處以及產生親密感，是維繫彼此關係的核心所在。每個人都有一些主要價值、背景特點，它要可以如過濾器一般幫你篩選對象。每一個人的擇偶標準不一，有人將標準限定於年齡、宗教、種族、教育背景或家庭歷史上。對象之間相似與否，影響到魅力，此種相似有如門當戶對的配對。如果雙方相處中自我範圍擴大，包括需求、個人恐懼和幻想等，那麼彼此關係便從階段二進入階段三。

階段三，角色和諧和同理心注入雙方關係的生命。角色和諧係指雙方可以在傳統情境中合作得很好，無論是和諧或困難的情境，雙方皆可發現對方言行舉止的方式可親可愛，共同合作也很有成效。透過這些觀

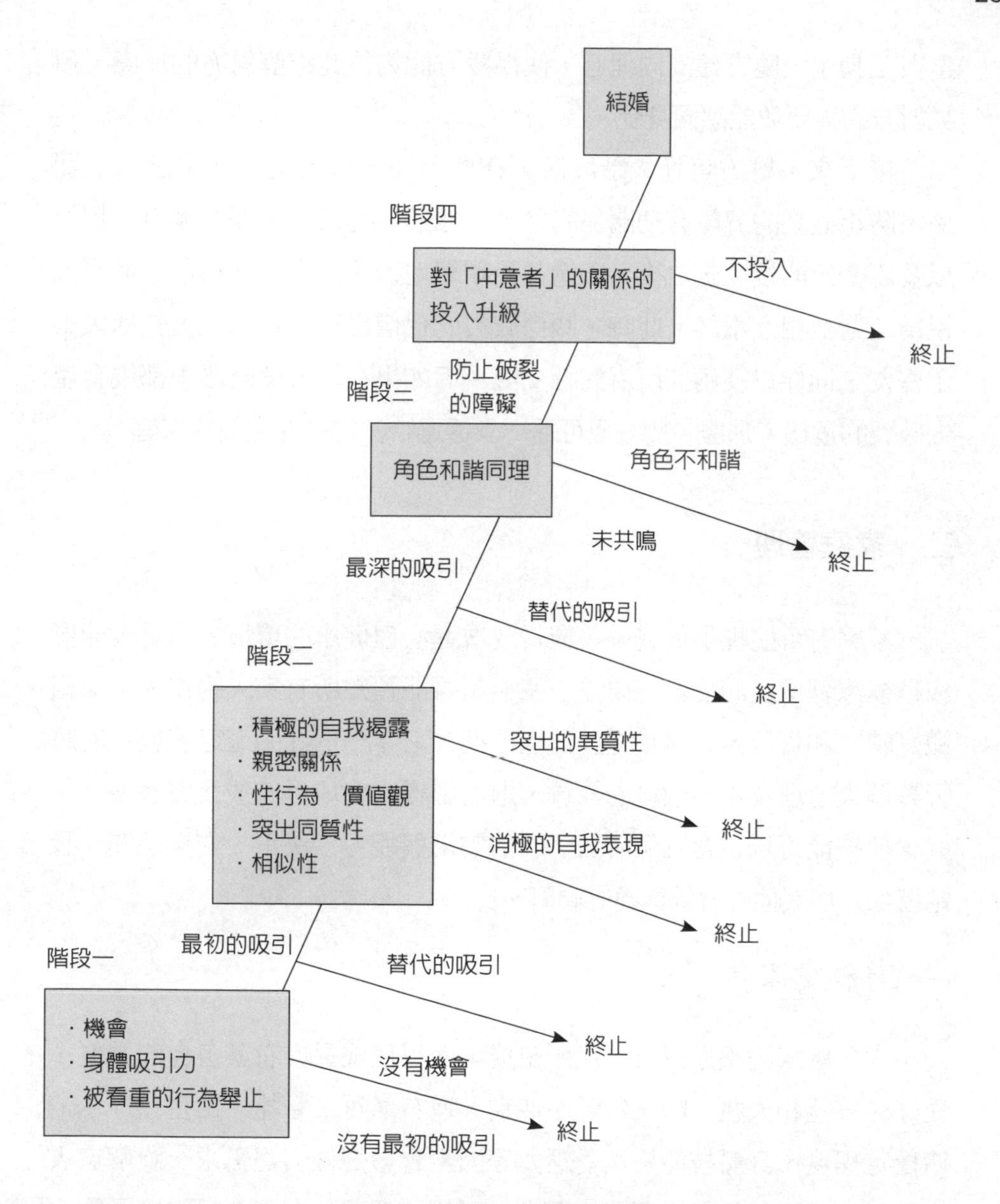

圖8-1　美國人的擇偶過程

資料來源：B. N. Adams, *The Family: A Sociological Interpretation* (4th ed.), p.213. Copyright © 1986 by Harcourt, Brace and Jovanovich Publishers, Reprinted by permission.

察與互動中，雙方建立同理心，使得雙方能夠彼此瞭解對方的反應，預見對方的需要並能感同身受。

接下來，雙方可進入階段四，在此階段，雙方進入「中意人」關係，防止破裂的屏障有助關係的鞏固。他們透過彼此生理的吸引、相似以及親密感的投入，之後，經過共同頻繁地扮演和諧兩性角色，他們被視爲一對並相互承諾。此時，關係破裂的代價已變得很高了，包括失去了密友、同伴以及兩人所處的社交圈。而如果在每一個階段中都沒有產生破裂的危機，那麼，雙方便可進一步透過合法的婚姻來組成家庭。

二、家庭管理

家庭有可能提供促進個人成長及增進心理健康的環境。而是否能形成積極家庭環境的氣氛，要看一個人是否能預知所有家人的需求，並組織好時間和資源，以滿足這些需求。換言之，一個好的家庭管理技能將影響個人心理及生活環境的性質，進而影響家庭成員的成長與發展。家庭管理技能可以包含五個層面：評估需求與能力、決策、安排時間、設定目標、與其他社會機構建立聯繫。

(一)評估需求與能力

大多數家庭不僅只有一代所組成，而每個成員亦有其各自的需要、愛好、技能和天賦。除了年齡、性別，還有氣質、智能、出生順序、情緒穩定程度、身體技能及承受壓力等因素會影響個人之需求。瞭解家人的差異，並應付每個人不同的需求，可使每個成員有機會爲家庭承擔家務責任並展現才能，以提高家人潛力並幫助家庭的發展。

(二)決策

要管理好家庭，必須各人能夠在生活各方面做決策。絕大多數的家庭必須要考慮收入、住所、教育、日常活動、度假休閒、社交及撫養孩子等實際問題的決策。決策有時依賴於家庭中的個人或共同合作一起執行，但是，積極的決策過程能幫助個人的價值取向，指引生活的過程來更接近個人的目標。

(三)安排時間

有效的家庭管理要求爲各式活動（如休閒、娛樂、休息、飲食等）皆有足夠時間予以完成。時間尺度不只一種，除了按日計算，更有週、月、年，人生階段一生從頭到尾的規劃。而規劃人生各階段要求具備一種心理時間觀（psycho-temporal perspective）來預估所需的資源條件及變化情況，可提早做準備以免臨陣驚慌。

(四)設定目標

家庭管理不僅須掌握現在，更要瞭解未來。瞭解未來，除了上列有好的時間管理，更要掌握下列三件事：(1)爲家庭設定現實的生活目標；(2)制定實現家庭目標的實施步驟；(3)評價生活目標的進展情況。

因此，瞭解及評價現實可行的生活目標，並許下實現目標的決心，制定實現目標的實施步驟，並掌握能洞察預見未來的變化，最後透過不斷評估實現目標的進展情況，必要時加以調整目標及努力方向，必可從而達到個人最大程度的滿足。

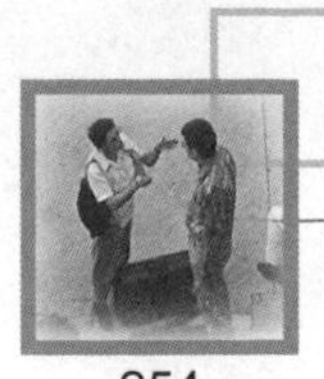

(五)與其他社會機構建立聯繫

在家庭中會面臨各式各樣的問題，有些問題個人即可解決，有些問題可能需要別人提供建議或協助處理，因此在平時即應多參與一些社會機構的活動，與他們保持良好的互動，多蒐集一些對家庭有幫助的資訊。當家庭面臨困境時，更應與相關社會機構聯繫，尋求協助與建議，盡力將問題解決。

第八節　結　語

隨著個體的成長，在青少年期開始對異性產生興趣，進而透過交往到締結良緣組成家庭。在每一階段中也都隱藏危機並有其特定的發展任務，是否能維持幸福快樂，必須靠配偶雙方以及家人之間的相互調適。

現代化社會的多元與複雜，也使家庭不再是唯一的傳統觀念，進而也產生不同的新家庭型態。而家庭所肩負的功能已不再能面面俱到，因此，家庭的功能也隨之轉變。不過婚姻與家庭是一門個人調適過程的學問、一門藝術、更是一門科學管理的方法。

參考書目

中文部分

行政院主計處（1996）。〈中華民國台灣地區社會指標統計〉。台北：行政院主計處。

阮昌鋭（1994）。〈中國婚姻制度變遷之研究〉，《政大民族社會學報》。18、19、20合刊，頁141-179。

黃迺毓、黃馨慧、蘇雪玉、唐先梅、李淑娟（1995）。《家庭概論》。台北：國立空中大學印行。

黃德祥（1997）。《親職教育》。台北：偉華。

張老師（1995）。〈誰是男人當今的偶像〉，《張老師月刊》。16卷4期，頁28-29。

彭懷眞（1998）。《婚姻與家庭》。台北：巨流圖書公司。

楊懋春（1973）。《中國近百年來社會制度的變遷》。財團法人楊懋春貞德紀念基金會。

藍采風（1993）。《家庭組織與現代化》。台北：巨流圖書公司，頁9-10。

藍采風（1996）。《婚姻與家庭》。台北：幼獅出版社。

魏世台（1988）。〈現代婚姻生活的因應之道〉，婚姻輔導專題研討會。頁119-121。

英文部分

Adams, B. N. (1986). *The Family: A Sociological Interpretation* (4th ed.). New York: Harcourt, Brace and Jovanovich Publishers. p.213.

Ambert, A. M. (1994). An international perspective on parenting social change and social constructs. *Journal of Marriage and the Family, 57*, pp.529-543.

Benokraitis, N. V. (1993). *Marriage and Families.* Englewood, Cliffs, NJ: Prentice-Hall.

Burgess, E. (1973). *On Community, Family and Delinquency.* Chicago, IL: University of Chicago Press.

Knox, R. (1982). A lonely heart can hurt health. *Los Angels Times,* Feb. 14, VI: 23.

McCubbin, H. & Dahl, B. B. (1985). *Marriage and Family: Individuals and Life Cycles.* New York: Macmillan Publishing Company.

Murstein, B. I. (1986). *Paths to Marriage.* London: Sage Publications.

Pfeiffer, J. (1969). *The Emergence of Man.* NY: Harper & Row.

Rice, F. P. (1993). *Intimate Relationships, Marriage, and the Family.* Mountain View, CA: Mayfield Publishing.

Chapter 9 親子關係

鄭美華
國立政治大學公共行政學博士
實踐大學通識教育中心助理教授
中國文化大學社會福利學系兼任助理教授

第一節　前　言
第二節　親子互動的本質
第三節　親子關係的理論分析
第四節　親子關係的時代性意涵
第五節　親子關係在人生全程發展的因應
第六節　結語——優質親子關係的培養

第一節　前　言

環顧當今社會層出不窮的亂象，物質豐裕、心靈貧窮，上網援交、坐檯陪酒、研究生販賣精子卵子、製毒販售；知名大學電機系學生向動物園黑熊潑硫酸、流浪犬遭削鼻毀容、高跟鞋踩碎貓的腦袋、橡皮筋圈勒狗貓頸項；青少年成爲「草莓族」或有無聊症候群，缺乏鬥志、不堪挫折、整日喊無聊、退縮逃避、毆辱師長、凌虐同學。社會到處充斥說謊詐騙、結黨營私；家庭婚姻不忠、濫情外遇；對子女以香菸燙手指、用玩具槍射身體、性虐待、以釣桿毒打；對老人拘禁控制、惡意遺棄、控告祖母毀損窗戶玻璃；法律系學生行搶六千元購買大哥大等駭人聽聞事件。每每子女發生事端，父母驚慌失措，在警方通知之下，或稱難以置信，家族蒙羞，或慨嘆子女無法管教，請求司法單位代勞……。

父母都希望經營良好的親子關係，然而隨著子女的成長，愛之越深卻徒勞無功，親子距離越拉越遠，優質互動有待經營，愛的給予需講求方法，父母要與子女同步成長，扮演稱職角色，需要效能訓練，更需終身學習。固然社會亂象的叢生，與政治、經濟、教育、文化攸關，與學校及社會發展均有關聯，然而與家庭最爲密切。親子關係是人際關係發展的基礎，家庭是子女接觸的第一個社會，成長過程、行爲模式與人格特質，反映出家庭的教養，父母是子女模仿學習的榜樣；由於醫藥的發達、教育的普及與保健科技的運用，人類的平均壽命逐漸延長。成年之後，子女與年邁的父母間，下對上的人際關係、婆媳關係，也形成值得重視的親子關係。互動不佳的親子關係，將使子女受害一生，也可能使年邁的父母悔恨失落，親子關係是人類社會各階層不可忽視的課題。

林萬億（2002）從人、事、時、地、物的分析指出：父母應該爲子女創造合宜的成長環境，包括：(1)父母對待子女的態度——「人」；(2)提供給子女成長所需的活動——「事」；(3)適時地給予適當的教導——「時」；(4)提供安全與適居的居家空間與環境——「地」；(5)能讓子女有足夠的物質與生活材料陪伴他成長——「物」；而掌握關鍵的時間，指的是要能理解子女在每個成長階段的需求，讓子女在適當的成長階段獲得應有的發展。

人生全程的發展，無論就縱向觀察或橫向分析，均與親子關係密切相關，親子關係包括連續世代的意涵，本章除探討親子關係的相關理論外，依據人生全程發展的階段性需求，冀望針對親子關係的經營，提出問題的診斷與建議。

第二節　親子互動的本質

人與人的關係之形成，從出生開始及至終老，因爲婚姻、生育、就學、就業乃至生活所需的各種服務不斷地形成新的關係，舉凡：親子、手足、朋友、同學、同事、師生、夫妻、姻親、勞資與各種利害關係等。包含人與己的關係，也包含人與他人的群己關係、人與萬物的關係；人與己的關係，例如，自助、自信、自立、自強，或自責、自憐、自卑、自棄等自我關係；群己關係、人與萬物的關係，例如，天、人、物、我的交互關係等。人生全程發展過程中，經歷各種關係的建立，必須講求身、心、靈的平衡，父母透過親子關係，重新發展代間的關係模式。所有的問題都和人有關，隨著人的成長，關係越多元複雜，更因人的個別差異，產生各種不同的人際問題。親子互動的本質，列述如下：

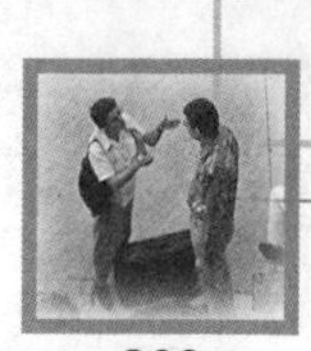

一、父母與子女

父母應將子女視爲完整而獨立的個體，子女需要被愛、被尊重及公平的對待；不能溺愛、縱容、姑息、不講理或過度保護，也不能權威、強制、操控或期待過高，以免導致是非不分、強詞奪理、積非成是、霸道囂張或抗壓力低，甚至有各種反社會行爲。父母對子女的角色扮演，必須依循的原則如下：

1. 重視子女對愛的需求，親子間應存有適度界限，關係才會更好，也能避免其中的矛盾，更應共同追求公平合理的準則，以資信守；不能過度強調子女的「自主性」，導致自我發展過度膨脹，外強中弱或自卑不安。
2. 子女需要被瞭解、被尊重、被接納，給予無條件且可被感受的愛，而非不確定、斷裂式、情緒化的愛。例如，父母說：「你知道我爲什麼打你？那是因爲我愛你！」必須留意父母的主觀意念可能令子女難以接受。
3. 培養子女重然諾、講道理，建立理性的行爲模式。子女對父母以權威認定的「道理」會產生抗拒防衛，父母應避免強調：「我的經驗比你多太多，你必須服從長輩，因爲這樣做對你最好！」強制式的命令，會導致子女內心的質疑與反抗，更易造成子女不尊重他人的錯誤模仿。
4. 對於成長中的子女，父母應扮演陪伴者的角色，而非主導者與權威者的角色。尤其，父母犯錯時能勇於承擔責任、認錯道歉，不但不會損及長輩尊嚴，反而會得到子女的尊重，身教重於言教，成爲教育子女具體的教材。因此，父母要訓練及學會說出：「如果是我

的錯，我願意道歉，如果導致你受到嚴重傷害，我願意補償。我答應一定會改變，必要時，會請教專家。」充分讓子女瞭解做人處事應當負責任講道理，切不應死不認錯、仗勢欺人或蓄意狡辯推卸責任。

二、親社會與反社會行為模式

親社會行爲是受歡迎或社會可接受的行爲，通常指積極、主動、熱誠、責任、守法等正面的行爲表現，反社會行爲指攻擊、退縮、暴力、蓄意破壞等有爭議的負面行爲，情節嚴重者尚有反建制的思想或行爲表現，一般被稱爲「不合群人物」，喜挑戰公權力及法律規範，仇視維護治安與社會秩序的執法人員。反社會行爲嚴重者常是體制內觀點所稱的「犯罪分子」，例如，自由主義者、無政府主義者、革命黨人、無產階級主義者、電腦駭客、黑社會分子、強盜搶劫、擄人勒贖、強姦犯、殺人犯等。因此，諸如大學生向動物園黑熊潑硫酸、醉漢拳打腳踢虐狗、流浪犬遭削鼻毀容、高跟鞋踩碎貓的腦袋、用橡皮筋圈勒狗貓頸項等，均爲反社會行爲的表徵，前述反社會行爲源自成長過程缺乏愛，日後無法表現對人之愛、對物之愛、對動物之愛，從幼兒期以迄成人之發展過程不正常，產生之人格偏頗與心理不健全，在溺愛、偏愛、縱容或嚴格管教下，心理發展偏離常態，呈現攻擊行爲、破壞公物、虐待動物、虐童、虐待家人等行爲，在文憑主義與升學壓力下，各級學校教育品質與課程內容規劃失衡，具備特殊領域專長者，缺乏對人文、藝術、社會的認知，社會化程度低、人際關係自閉，也影響成長過程的身心健全。

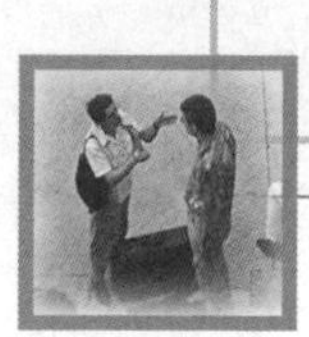

三、過程導向與結果導向

親子關係的處理模式，採取過程導向或結果導向，會導致截然不同的效果，結果導向要求立即見效，各種行爲均強調效率，要求展現成果，對任何事物未達預期目標，便歸因於不夠努力，因此父母以責備、處罰，持續要求子女達成目標，子女會感到不被接納瞭解，但又迫於情勢不得不接受指責，承認自己努力不夠，產生自責內化複製在心中；採取過程導向的父母，則重視親子關係的處理過程，強調好的結果都在「好的過程」之中形成，「結果」並非不重要，但要找尋與建構好的過程，則必須在事件發生的處理過程中，不斷地學習與練習，累積經驗直到成爲行爲的習慣。

子女從幼年期開始的生活經驗，影響其往後人格的發展，如早年有慘痛失敗、極端恐懼、身心重創、無法平復的經驗，極易壓抑到潛意識裏，潛意識裏累積很多早年負面不愉快的經驗，即可能對人格的發展產生不利的影響，子女早年的生活經驗，是瞭解問題行爲原因的重要參考。

四、你─我─我們的關係

「你─我─我們」關係理論在於建構、維護及發展優質親子關係，達成「你好─我也好」的目標，攜手並進，共創未來。關係理論包含：關係模式、反應模式及協商模式，以整體運作，但各自扮演不同功能：

1.關係模式：強調「你」與「愛」，希望傳達善意給對方。

2.反應模式：強調「我」與「界限」，希望表達自己的感受。

3.協商模式：強調「我們」，希望發展更深的關係及合作的機制。

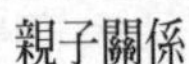

三大模式之間，可形成數學商數的概念，以「關係模式」作為分母，「反應模式」作為分子，「協商模式」則為商數，協商是關係與反應的結果。

威尼考特（Winnicott）強調環境對心理發展的重要性，好的父母親使幼兒能在被愛、擁抱、肯定與扶持的環境中成長，發展「真我」，而非由過多的「假我」勉強自己順應逆境，滿足生存之需，以致塑造成不正常的人格。父母常以權威壓制子女的好奇心，以禁止阻斷子女的各種需求，累積不良的親子關係，內化在子女的心中，形成對權威的過度恐懼或盲目服從，也產生過多不正常的「超我」，行為上會壓迫別人也壓迫自己，而造成往後人際關係及身心障礙問題。

第三節　親子關係的理論分析

除關係理論之外，親子關係的理論很多，本章將從行為主義學派（Behaviorism）、精神分析學派（Psychoanalysis）、完形學派（Gestalt）、人本主義學派（Humanisticism），分別加以探討：

一、行為主義學派——華生的科學至上理論

華生（John B. Watson）主張行為主義學派，覺得心理學不應研究意識而應研究行為，認為心理學應強調科學至上的實驗研究，包括：前因（antecedent）為誘發行為（behavior）的刺激因數，後果（consequence）乃行為所造成的改變，華生是心理學研究第一勢力的領導人。

研究心理學的目的是尋求預測與控制行為的途徑，行為研究在於探討刺激與反應間的規律性關係，依據刺激推知反應，依據反應推知刺激，達到預測和控制行為的目的。在研究方法上反對研究意識，摒棄內省，忽略行為產生的內部過程，擺脫主觀思辨，從實驗研究中得到結論。無論前因、行為與後果都可由其他人客觀衡量，行為主義者研究刺激與反應的關係，又稱刺激——反應心理學。

托爾曼（E. C. Tolman）、赫爾（C. L. Hull）、斯金納（B. F. Skinner）是新行為主義學派的代表人物。新行為主義認為有機體並非單純對刺激產生反應，行為趨避目標，在動物和人的目的行為間，須有個體的認知作為「仲介」因素。亦即在「刺激－反應」過程中，加入仲介變數（O），使行為的模式成為「S－O－R」，新行為主義強調客觀的實驗，對內省心理學產生很大的衝擊。

華生（1925）認為：個體行為不是先天遺傳，而是由後天環境所決定，行為都可分析還原為刺激引起的反應，而刺激不可能來自遺傳，推論行為不可能來自先天遺傳。他認為人類行為中，本能的行為都是社會中形成的條件反應，只要控制環境，就能訓練人類成為符合期望的人，華生為環境決定論和教育萬能論者，親子關係的研究也擺脫主觀思辨，主張採客觀觀察法、條件反射法、言語報告法和測驗法，從實驗研究尋求刺激與反應間的關係，提出預測與控制行為的結論。

二、精神分析學派——佛洛依德的自我發展理論

精神分析學派產生於一九〇〇年，一九二〇年代廣為流傳，創始人是奧地利精神病醫師、心理學家佛洛依德（Sigmund Freud, 1856-1939），強調人格是一整體，涵蓋本我（id）、自我（ego）、超我

（superego）三個結構。本我與生俱來，包括先天本能與原始欲望；自我從本我分出，對本我控制與調節；超我是「道德化的自我」，包括良心與理想，指導自我及限制本我的衝動；三者交互影響，不同時間對個體產生不同作用，三者平衡破壞則導致精神病。人格發展的分期：(1)出生至一歲的口腔期（oral stage）；(2)一至三歲的肛門期（anal stage）；(3)三至六歲的性器期（phallic stage）；(4)七歲至青春期的潛伏期（latent stage）；(5)青春期以後的兩性期（genital stage）。精神分析學派重視潛意識與心理治療，擴大心理學的研究領域，也發現重要的心理病理規律，佛洛依德的學術理論成就，使他成為心理學研究第二勢力的領導人。

哈佛大學艾瑞克遜（Ericson）以心理治療的觀點，將人生全程分為：(1)一歲嬰兒期；(2)二至三歲的幼兒期；(3)三至六歲的前兒童期；(4)六歲至青春期；(5)青年期；(6)成年期；(7)中年期；(8)老年期等八個心理社會期，涵蓋整個生命歷程。艾瑞克遜認為兒童能主動適應環境，控制環境而非被動受制於環境；他強調自我的功能，認為個人唯有認清現實世界，才能成功適應環境，獲得正常的發展，他的理論兼顧社會文化的重要性；強調個人的理性層面，人類的思考、感情與行動都由自我支配，而非佛洛依德本我與超我的衝突。

一九三○年代中期，蘇利文（Sullivan, H. S.）、霍妮（Horney, K.）、弗洛姆（Fromm, E.）等學者質疑佛洛依德的本能說、泛性論和人格結構論，強調文化背景和社會因素，對精神病和人格發展的影響，形成「新精神分析學派」（http://xinli.yiwangtong.com/4/index.asp?id=2681）。

精神分析學派為影響人類行為研究非常有力的學派，主導二十世紀前半葉的心理學界、教育學界乃至管理學界的觀點。親子關係的研究從

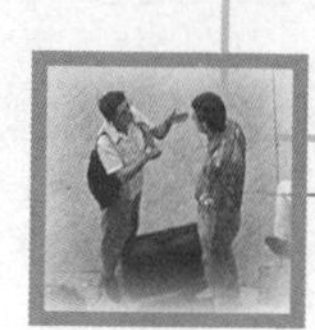

各發展分期的人格結構、潛意識的驅力、天賦潛能、文化背景和社會因素加以分析。

三、完形學派——整體不等於部分總和

一九一三年，德國韋特海默（Wertheimer, M., 1880-1943）發表《似動的實驗研究》，提出完形學派。完形學派是西方現代心理學的主要流派之一，韋特海默、考夫卡（Koffka, K., 1886-1941）、苛勒（Kohler, W., 1887-1967），以及勒溫（Lewin, K., 1890-1947）是完形學派的代表人物。

韋特海默的似動實驗，使用速示器通過兩條細縫投射出兩條光線，一條垂直和另一條成二十或三十度角。如先通過一條細縫顯示光線，間隔超過兩百毫秒，再顯示另一條光線，被試者會看到兩條相繼出現的光線；如兩條光線間的時間間隔短，被試者會看到兩條連續光線；但以六十毫秒的時間作為間隔，在兩條光線間，被試者會看到光線從一處向另一處移動後又往回移動，提出整體不是部分總和的例證。

完形學派反對構造主義的元素主義和行為主義的S－R公式，反對對任何心理現象進行元素分析，揭發心理學內的機械主義和元素主義觀點的錯誤。主張心理學應研究意識的完形或整體結構，強調整體不等於部分之和，意識不等於感覺、感情元素之和，行為不等於反射弧的集合，思維也非觀念的簡單聯結。完形治療對人性的看法是基於存在哲學與現象學的人性觀，特別強調知覺的擴展（Expanding Awareness）、責任的擔負（Accepting Personal Responsibility）及全人的統整（Unify of the Person）等觀念，認為人人皆有能力肩負自己的責任，像一個統整全人一般地生活。

由湯瑪斯．高登（Gordon, T.）所發起的「父母效能訓練」（Parent Effectiveness Training, PET）風行於美國，摒棄道德勸說的模式，以有效的實務經驗，使父母由團體的效能進行學習模仿，彼此腦力激盪，提供學校親職教育的良好模式，在方案設計中，父母傾聽孩子內在的心聲，與完形治療法中覺察的觀點及完形概念，直接探究心理困擾的根源，促使父母覺醒，除去未竟事件的困頓，父母親自我覺察訓練，促使父母習得自我覺察的能力，積極喚醒父母與子女互動的人際關係及溫馨的感受（陳怡君，2001；柯順議）。

四、人本主義學派——馬斯洛的需求理論

馬斯洛（Maslow, A. H., 1908-1970）是著名的社會心理學家、人格理論學家和比較心理學家，人本主義學派的重要代表還包括：機體心理學家戈爾德斯泰因（Goldstein, K.）、人格心理學家奧爾波特（Allport, G. W.）、新精神分析學派的蘇利文（Sullivan, H. S.）、霍妮（Horney, K.）、弗洛姆（Fromm, E.）、發展心理學家布勒（Bühler, C.）和存在主義心理學家梅（May, Rollo, 1909-1994）等，馬斯洛是心理學界第三思潮的領導人，現在的主要代表人物羅傑斯（Rogers, C.）指出：經過引導，人能認識自我實現的正確方向，自我指導理論是心理治療和諮詢及教育理論的基礎，他認爲精神障礙的根本原因是背離自我實現的正常發展。他的「來訪者中心」療法，透過認眞的「傾聽」、眞誠關懷患者，在眞誠和諧的關係中，啓發患者自我指導能力。這一原理適用於師生、親子及一般人際關係，「以人爲中心」的心理療法，在歐美各國廣泛流行。

馬斯洛的人本主義心理學（Humanistic Psychology）強調「自我實現」是人性的本質，凡有機體都有一般生物潛能與心理潛能，個體在

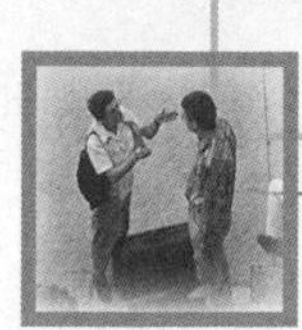

成長歷程中，有盡力發展自身潛能的內在傾向，是人類個體本身生而俱有。他於一九四三年提出需求理論的五個層次，即：生理需求、安全需求、社會需求、自尊需求、自我實現的需求；一九六八年改爲生理需求、安全需求、愛與隸屬需求、自尊需求、知的需求、美的需求、自我實現的需求等七個層次，他主張：人類「自我實現」的需求，在人生發展歷程中，促使個體發展。在達成自我實現之前，依據「需求層級理論」，個體成長發展的內在力量是動機，動機係由不同性質的需求所組成，各種需求之間，有先後順序和高低層次，每一層次的需求與滿足，決定個體人格發展的境界或程度（紀俊吉、蘇慧慈，2006：103）。

紀俊吉、蘇慧慈（2006：109）指出：馬斯洛的父母在其童年即離異，母親對冰箱食物的管制，對弟妹的偏愛，以及他體型瘦弱，無法加入幫派產生歸屬感，對於母親的宗教狂熱，他藉大量閱讀，駁斥母親的迷信言論，他自認外型容貌不美觀，又缺乏母愛，未被母親尊重，形成母親對他的親子關係的總和，影響他的人本主義觀點很深，馬斯洛的親子關係及其影響，列如**表9-1**。

馬斯洛的「需求層級理論」，涵蓋「X理論」、「Y理論」及「Z理論」三個次理論，生理需求與安全需求屬於「X理論」；社會需求、自尊需求及自我實現需求屬於「Y理論」，而超越自我的靈性需求屬於「Z理論」。當子女無心唸書、無心學習時，很可能低層次的需求還未獲得滿足，應設法提供滿足子女基本需求的機會；審美的需求爲藝術與生活美學之需求，如各方面的需求都能獲得滿足，就能肯定自我、欣賞他人、欣賞美好的事物，不會憤世嫉俗。

人本主義心理學所指的「動機」，並非「促發行爲的內在力量」，而是人性本質中的善根，人類的動機是個人一生發展的內在潛力。分爲七個層次：

表9-1　馬斯洛的親子關係及其影響

需求層次	童年經驗	備註
生理需求	母親常將冰箱以鐵鍊鎖住，或將好吃食物留給弟弟妹妹。	猶太族群的文化特質中食物與愛有關。
安全需求	1.馬斯洛的母親曾當面摔死馬斯洛撿回的貓。 2.在種族歧視環境中成長。 3.受限於以種族及體型作為加入幫派的條件。 4.自幼身體瘦弱，缺乏自衛能力。	1.缺乏母愛支持。 2.居住環境時有幫派群聚鬥毆，缺乏安全。 3.幫派成員身強體壯。
愛與隸屬需求	1.父母離異，母親偏愛弟妹，家庭氣氛緊張，缺乏家庭隸屬感。 2.種族歧視問題受到排擠。 3.無法融入猶太青年幫派組織，隸屬團體。 4.經常遷移住所，無從與同儕建立與維持關係。	1.父母於三〇年代離異 2.無法融入團體的原因除種族因素受到排擠，更因嗜好閱讀，未能從衆，二者交互作用。
自尊需求	1.母親傷及其自尊。 2.馬斯洛身形瘦弱，對體能與容貌自卑。 3.處於種族歧視情境，深感自尊受到傷害。	1.馬斯洛身形高挑，卻形單體薄。 2.自認容貌不美觀，未獲得他人肯定，缺乏自信與自尊。
知的需求	1.自幼酷愛閱讀。 2.母親的宗教狂熱。	1.藉閱讀穩定情緒。 2.閱讀駁斥母親的迷信言論。
美的需求	自認外型容貌不美觀	體型單薄，鼻型過大
自我實現的需求	無	無

資料來源：紀俊吉、蘇慧慈（2006），頁109。

1.生理需求（physiological needs）：指維持生存及延續種族的需求，諸如：食、飲、睡眠、性慾等。在生理需求滿足之後，高一層的需求始相繼產生。

2.安全需求（safety needs）：指希求受到保護與免於遭受威脅從而獲

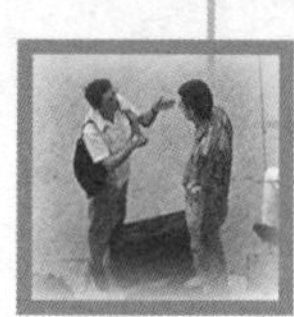

得安全的需求；需求保護與免於威脅，從而獲得安全感，包括身體的安全、經濟的安全、免於恐懼、有秩序的環境或法律約束、安全穩定的社會。生理及安全兩種需求滿足後，高一層的需求便相繼產生。

3.社會需求（social needs）：亦即隸屬與愛的需求，指被人接納、愛護、關注、鼓勵及支援，人類需要社會互動，歸屬於團體，不願被孤立，有情感交流，被人接納、愛護關注、欣賞鼓勵等，此種愛與隸屬的需求，遭遇危機時能相互照應與關懷。包括此一層次在內的上述三種需求均獲得滿足，再高一層次的需求方能隨之產生。

4.自尊需求（esteem needs）：指獲取並維護個人自尊心的一切需求；包含受人尊重與自我尊重兩個層面，感受自己的重要與價值，產生自尊、自信、尊榮與影響力；前者需求別人重視，後者需求個人有價值。對名氣的追求、對權力的爭取、希望獲得肯定與讚許都是自尊的需求，對自尊的需求過度追求，會導致傲慢的態度，此一層次的四種需求都獲得滿足，高一層次的需求又繼而產生。

5.知的需求（need to know）：指個體對自己、對他人、對事物、對自然環境變化或社會環境現象不理解者，有希望理解的需求。

6.美的需求（aesthetic needs）：指對美好事物欣賞，並希望周圍事物立秩序、有結構、順自然、循眞理等心理需求；對美好的事物、形象、樣貌，高貴優雅的品味，有欣賞學習、珍藏擁有的需求。

7.自我實現需求（self-actualization needs）：自我實現需求係指在精神上臻於眞善美合一的人生境界的需求，亦即個人所有需求或理想全部實現的需求。包括自我表現、自我發展與廣義的創造能力，在精神層面臻於眞善美，達成至高人生境界的需求。

前四層需求均獲滿足是構成最高層需求滿足的基礎，前四層次之需求屬於「基本需求」，而最高層次的自我實現需求則為「衍生需求」。

馬斯洛認為自我實現是人的價值的完滿實現，強調人的需要具有類本能性質，由人的潛能決定。在一九六九年提出屬於Z理論的最高需求，即超越自我的靈性需求（spiritual needs），例如，超個人、超越靈性、超人性、超越自我、超人本（不再以人類為中心，而以宇宙為中心）、天人合一等，為人類需求的「高峰體驗」及「高原體驗」之最高層次，特別強調高峰體驗是同一性感受的概念，人在此時有返歸自然或與自然合一的需求（**圖9-1**）。

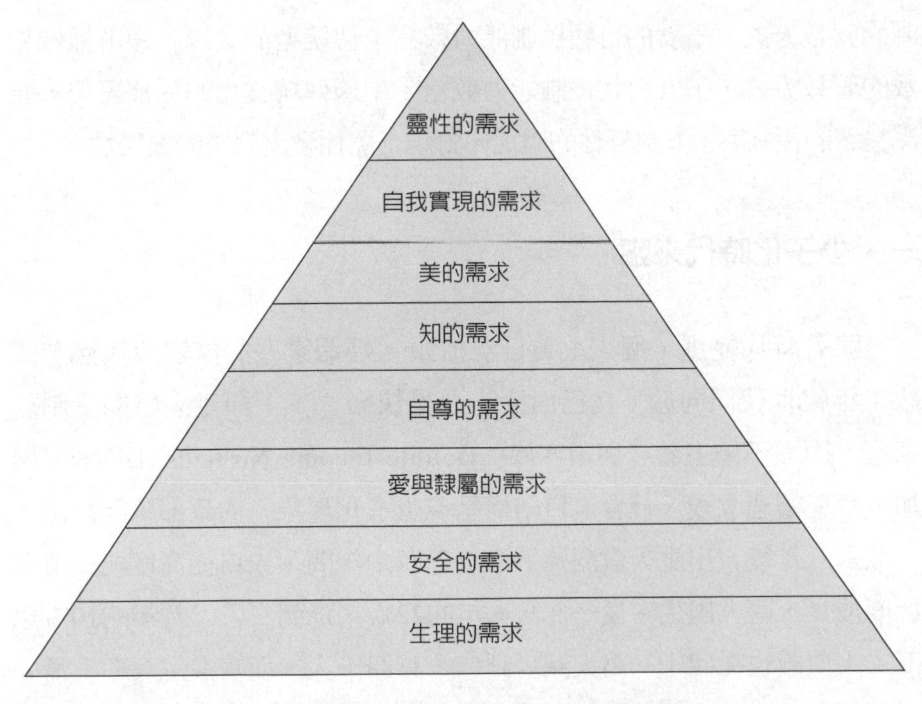

圖9-1　親子關係與馬斯洛的需求層級理論

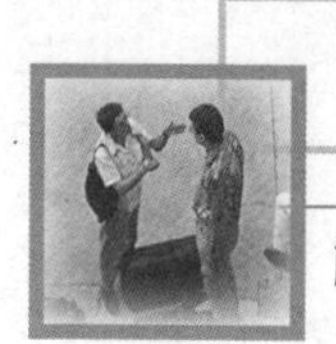

第四節　親子關係的時代性意涵

面對不同年齡時期的子女，要用不同的方式處理親子間的關係或問題。處於兒童期的子女，父母可要求子女聽從大人的話，等到子女心智愈來愈成熟時，加上個人主義的發達，父母必須從旁提供意見供參考，如還強硬要求服從，可能導致親子關係緊張與對立。

蘇建文（1975）指出：母親對子女愈嚴厲、體罰次數愈多、抱怨愈多、羞辱、拒絕、敵視與衝突，則子女的攻擊性行爲愈高；如對子女的態度愈民主、尊重、鼓勵，則子女攻擊性愈低。現代型的父母，採用開明的管教方式，子女的自我控制能力較高；傳統型的父母，採用權威獨裁的管教方式，子女自我控制能力較差。中國傳統文化的父權思想，充滿長輩的權威與子女無條件的服從，對親子關係會有嚴重的破壞性。

一、少子化時代來臨

隨著時代變遷，個人主義日益抬頭，婚姻家庭與傳宗接代觀念式微；年輕世代傾向於「爲已而活，過得快樂」，不願走入婚姻受制於家庭，因而不婚主義者與頂客族（Double Income No Kids, DINK）增加，育兒觀念改變，社會人口結構呈現少子化現象。內政部統計指出：一九六八年後，出生人數開始下滑，近四十年間，人口從高度成長滑至低度成長，國人出生率從一九八一年的22‰，降到二〇〇五年的10‰以下；人口數也從四十一萬人減少到二十萬四千人，而婦女生育率下滑，顯示「少子化」時代來臨。愈來愈多夫妻不願生育子女或最多只願生一胎，獨生子女的家庭比例上升。加之，國人結婚愈來愈晚，因此生育年

齡也往後挪移，更讓社會問題接踵而來。教育部門也提出因應對策，改善學齡人口數遞減問題，提高班級教師員額編制，調降國小班級人數爲三十人小班教學，以配合社會發展現況；研擬人口變遷的政策，降低子女養育負擔，輔導地方設立公、私立托兒所，建立兒童托教體系；提供低、中低收入戶兒童少年生活扶助、兒童托育津貼、中低收入戶幼童托教補助、發放幼兒教育券、三歲以下與低收入戶兒童醫療補助、加強人口教育以及鼓勵適齡結婚，協助職業婦女度過育兒階段的工作調適，少子化帶來的親子關係問題，也相繼產生。

二、升學主義的壓力

近年來，高中或大學教育改革，使升學管道更加多元，卻也招致正反兩面的意見，各有主張。有人主張聯合招生，節省人力、物力，聯合辦理入學考試，透過聯考，將學生分成不同的等級，依成績志願順序，分發至不同等級的高中或大學。成績好的學生進入高中，畢業後錄取大學的比例較高；成績較差學生分發進入的高中，畢業生考取大學的比例相對較低。然而，教育改革問題牽一髮而動全局，國中的不正常教學，隨著高中的階層化而日趨嚴重，高中階段也是天天加強考科的學習，忽略人文藝術素養的提升，父母爲子女升學不但要求要有公平競爭的機制，更以補習班、家教班、參考書、測驗題，提升子女考試的競爭力，爲的是能進入好學校，獲取文憑，進而參加高考、普考或各種證照考試，順利求職就業，「升學主義」與文憑主義的觀念，不但學習成就無法與家人分享，學習困境也難以表達，造成父母與子女的互動趨於表象，天天早出晚歸考試補習，鮮少情感交會的時間與空間，親子無法談心溝通，內心世界普遍缺乏交流的機會。

三、E世代的網路生活

網路科技的發達，E世代成為網路族，網路的功能擴增，卻也帶來重重的危機。常見透過網路媒介色情，設立色情網站或一夜情交易中心、銷售色情光碟影片、聊天網站、進行援助交際、自拍情色貼圖、公然猥褻、散布情色資訊；販賣違禁管制物品、盜版光碟，侵犯著作權及商標權；網路販賣搖頭丸、毒品、盜版光碟、電影DVD、VCD或音樂CD，仿冒精品。

以網路銷售商品，收錢沒送貨；佯稱中獎詐取錢財、千面人恐嚇、偽造文書、移植複製名星照片、妨害名譽；販售個人電話、地址、電子郵件帳號等隱私資料；駭客木馬程式入侵與散布電腦病毒；截取銀行帳號密碼、金融犯罪；架設賭博網站，公然煽惑不特定之人上網賭博。E世代運用電腦科技，使學習無遠弗屆，沒有自制能力的人，缺乏父母師長之輔導協助，一時昧於良心，貪圖錢財，極易誤蹈法網。

四、家庭暴力事件

家庭暴力是指家庭成員間，實施身體上或精神上不法侵害之行為。暴力行為不僅限於生理上的加害行為，亦包括心理或精神上的虐待，舉凡辱罵、威脅、不予睡眠等皆屬之。父母以明示暗示、警告禁止、嘲諷冷戰、威脅恐嚇、凌虐處罰、毆打傷害等方式管教子女，極易衍生家庭暴力問題，會導致子女自我概念的貶低、安全感缺乏、心理障礙的行為乃至生存意志的喪失。對於(1)身體上不法侵害：毆打傷害、暴力加害、凌虐；(2)精神上不法侵害：言詞虐待、恐嚇威脅、辱罵、冷嘲熱諷；(3)身心虐待：情緒虐待、歧視虧待、拘禁、控制隔離、疏忽、遺棄、剝削，甚至加以性虐待。虐待行爲發生在親子之間、已婚夫妻、同居男女、離婚或分居男女、有親密關係的男女間。此類家暴行爲受虐對象包括幼童、青少年以及老人等。家暴行爲情緒的波動，激烈昂揚、消極憂鬱、極端矛盾、爆發宣洩，是親子關係的互動中，嚴重的不良層次。

第五節　親子關係在人生全程發展的因應

一、嬰兒期—幼兒期的親子關係

心理分析學派或稱心理動力學派大師哈佛大學Ericson依據心理治療的觀點，將人生全程分爲八個心理社會期，即一歲、二至三歲、三至六歲、六歲至青春期、青年期、成年期、中年期、老年期，簡稱人生八段，零歲到一歲的嬰幼兒是建立對人信賴與否的開始。依據發展心理學的「附著理論」，在零歲到三歲期間，嬰幼兒對父母或照顧者有安全的需求，希望終日與照顧者「黏在一起」，緊密親近不願分離，如同小袋鼠待在母親育兒袋一樣，只有依附母親或照顧者，方能滿足安全的需求。嬰兒吃奶時感受母親心跳的聲音，有如在娘胎的環境般安全；漸漸能爬行到站立及行走，仍對母親或照顧者有依附、撒嬌、希望摟抱、不願脫離視線的需求。

此刻是嬰幼兒發展對人的信賴關係的關鍵時期，父母親要讓嬰幼兒感受「可信任性」，不能隨便矇混欺騙，要鼓勵、支持幼兒，讓嬰幼兒嘗試新經驗、探索新事物。嬰幼兒對於有危險性的環境或行爲，尚乏判斷能力，必須累積學習經驗，以滿足對環境的好奇與興趣，在長牙階段，嬰幼兒會將手中的任何東西或物品，放到嘴裏啃食，嬰幼兒並不知

可食與否、安全與否、衛生與否、有毒與否，父母為嚇阻嬰幼兒，往往拿骯髒甚至刺激性食物，如辣椒、胡椒使嬰幼兒產生畏懼或嫌惡，或施以嚴厲責備，以產生嚇阻效果；此種方式，無形中會造成嬰幼兒害怕膽怯，對大人產生不信任感。讓嬰幼兒從作中學習，父母適時給予教導，無須創造一個會讓嬰幼兒感到「害怕」或嚴格限制的情境，以免破壞嬰幼兒對大人的信任關係，甚至耳濡目染，學會作弄、虛偽、苛責、殘酷等行為。

子女的成長是父母最大的成就與喜悅，父母如能儘早幫子女製作成長紀錄：童年發展紀錄、攝影與錄影、學習成就、作文日記等，一方面能瞭解子女的發展情形，一方面可留下溫馨美好的紀念。

二、前兒童期—兒童期的親子關係

三到六歲的幼兒期亦即前兒童期，創造力開始發展，是觀察、學習的重要時刻，依據皮亞傑的認知發展階段說，幼兒對形體的描繪漸漸趨於精確，但抽象思考則未形成，初期幼兒的「記憶力」尚未能持久，所以無須要求或強迫幼兒學習記憶，鼓勵幼兒發揮創意，逐漸累積創造學習的經驗。

六歲之後，兒童開始學習思考，並會將思考付諸行動，會開始喜歡依據想像，進行繪畫，透過思考下棋或玩撲克牌，剛剛發展出的「具體化事物關係，進而建立策略」的能力，此時，父母應該配合兒童的成長，讓兒童盡情發揮，千萬不要揠苗助長。

國小學齡兒童，會開始想從事研究或完成某些成就，有獲得績效的動機和衝動，如果兒童不想讀書或學習，可能是幼兒階段沒有被鼓勵、沒有獲得刺激、沒有機會探索，以致培養不出「勤奮」工作的動機。

「勤奮」經過不斷地探索累積，發現在世界上存在許多新奇有趣的事物，值得去學習瞭解，並且從學習中獲得成就，會產生進一步勤奮探索的動機。

此期，兒童會開始注意周遭的人，進行模仿與認同，開始揣摩心儀的角色，構想未來的志願，無論如何變換多端，不要責怪兒童見異思遷。透過閱讀圖書或觀賞電視電影，給兒童足夠的時間與空間，探索外在環境與認識世界，與兒童討論其中的情節與人物故事，協助兒童認識所認同對象，或出外遠足旅行，鼓勵兒童做家事，述說居住與成長社區的文史，幫助兒童開拓視野，進而接軌國際社會。

有些父母常扮演鬧鐘媽媽，每天叫子女起床上學、做功課、睡覺，或子女忘東忘西，父母扮演快遞爸爸，幫忙送忘帶的物品到學校，如此容易養成依賴他人的心理，也缺乏負責任的行爲模式。也有父母會告訴子女不要跟「壞孩子」玩，所謂壞孩子也許指學業成就差或家庭社經地位較低的孩子。社區人士也常反對身心障礙者機構在地方上設立，認爲會影響子女的發展，或會導致房地產下跌，而產生排擠性的「鄰比效應」（Not in My Back Yard, NIMBY）。事實上，學業成就差、智能低並不表示品德不好，因爲功課好、智力高也並不表示品德高超，對於程度較差、智慧較低或殘障的孩子，父母正可引導子女付出更多的愛心與關懷，共同致力於高度文明、有溫暖、有情義的社會之建立。

三、少年期—青少年期—青年期的親子關係

青少年是從兒童時期，轉移到成人階段的過渡時期，青少年不再像兒童時期依賴父母，以家庭爲生活的中心，也不像成人以家庭跟事業爲生活的重心。此期生理發展的速度加快，身心發展不平衡，許多行爲問

題應運而生，有些青少年內向害羞與父母也很少溝通，害怕與人接觸或交往。多半觀看電視節目或上網聊天，長時間接觸電視與電腦，取代少年與他人互動的機會。雖然電視與網路，幫助青少年知識方面的學習，卻剝奪了社會化學習的機會。過度沉迷於電視電腦，久而久之造成「電視電腦孤獨症」，恐懼人際交往，缺乏溝通能力，加上電視節目間雜不良資訊，弱化青少年的心智判斷能力和道德品格意識。直接觀看的影像畫面，誘導青少年用「看」的方式認識世界，無法培養或深化精神層面的思維。父母應選擇適合的電視節目，酌留與青少年共同觀賞電視的時間，討論節目內容，培養子女邏輯思考能力、語言組織能力及公開表達之能力，父母正確引導子女觀看電視及使用網路，也應密切關注其身心發展。給子女零用錢是給子女學習的機會，讓子女學習如何管理零用錢、量入為出、如何儲蓄、理財、平衡預算收支。

青少年從朋友或同儕的反應，增強自信心，幫助對自我的瞭解。也藉各種活動的參與，學習獨立生活的能力，從與年齡相仿的同儕交往，互相肯定激勵，學得社會認可的生活模式，滿足其自尊的需求、領導與被領導、相互隸屬等需求。青少年的交友與終身伴侶的選擇有關，較人生其他發展階段更具獨特性與重要性，由於身心的發展狀況，尚未完全成熟，對於交友會患得患失，在交友過程中產生的問題與困擾，更需要父母的關注與輔導。

四、成年期之後的親子關係

度過青年期之後，立業成家生子，是另一個家庭循環的開始，親子關係包括：這一代與子女以及這一代與父母雙重的意涵，在此時期同時出現，父母在人生過程中進入年老的階段，身體機能因年齡而呈現

老化衰退的狀態；生理健康、心理調適、社會適應能力由於內在基因與外在環境影響而老化。會發生包括生理機能減弱、生活功能衰退、罹患慢性疾病、生活無法自理的「健康醫療需求」；也有退休理財等「經濟安全需求」，更有休閒、娛樂、社會參與、旅遊、乘車船優待、老人俱樂部、老人體育活動、老人社團，參與文藝活動、交誼活動、里鄰服務等「教育休閒需求」；也會面臨家庭組成、住宅擁有、住宅品質、無障礙環境設施、社區照護支援網絡、三代同鄰或三代同堂等「居住安養需求」，乃至心理關懷、情緒慰藉、受人尊重、友情或歸屬、自我實現等「社會適應需求」，因此如何讓年邁的父母可以含飴弄孫，一家人和睦相處，子孝孫賢，婆媳融洽，活得愉快，不虛此生，紓解老人問題的對策，可以從經濟制度改善、從家庭制度改善、從教育制度改善、從醫藥制度改善。

第六節　結語——優質親子關係的培養

鼓勵子女多接觸不同的人和經歷各種事物的機會，適時輔導正確面對困難的態度與解決問題的方法，採取合宜的、安全的、妥善的方式，訓練子女理性思考，智慧判斷，勇於向外發展，有信心面對各種人、事、時、地、物，不會退縮。父母過度保護，懼於可能的傷害而制止，反而壓抑子女對外探索與產生好奇的動機，完全剝奪機會學習的可能性，十分可惜。子女成長的過程，沒有經過探索學習的刺激，生理上自律機轉無法協調，因爲沒有機會探索，也就無法學會掌握，容易出現「過動」現象。

幫助子女行爲之前先冷靜思考，並給予對罰責的控制權和責任感，

要求子女自己研訂適當的罰則，父母從旁輔導決定，若子女將罰責訂得太輕，可與子女協商折衷的方案，讓子女感受獲得尊重，瞭解行爲和後果；若訂得太重，則讓子女知道父母期待子女好的行爲表現，而非嚴苛的處罰。子女往往抗拒父母自行決定的罰則，較願意遵守自己所訂定的罰則，也可避免父母由上而下發號施令，使焦點集中在不好的行爲而非懲罰，讓子女瞭解不當行爲和處罰的後果，以便進行公正的判斷。

優質親子關係的培養，從健全的家庭開始，父母應瞭解子女生命週期的變化，培養愛、尊重與關懷的親子關係，父母以警告禁止、嘲諷、威脅、恐嚇、凌虐、毆打傷害等家庭暴力，會導致自我概念的貶低、安全感的缺乏、心理障礙乃至生存意志喪失。父母不要在子女間作比較、不要取笑、威脅或賄賂，應表達對子女的肯定及關懷、容許子女有選擇的自由、提供承擔責任的機會；再者，教導態度應一致，影響一個人的人格發展，最關鍵的是早年的生活經驗，如早年有慘痛、無法平復的經驗，就會壓抑到潛意識。

若一個人的潛意識裏有很多早年負面、不愉快的經驗，則可能對人格發展產生不利的影響，父母如能瞭解子女早年的生活經驗，也許可找到子女許多問題行爲原因的線索。

關心、瞭解、信任、尊重、責任可幫助親子建立良好的關係，關心子女的成長與學習，跟學校的老師適度溝通，瞭解子女的身心發展、興趣和學習情況。鼓勵子女欣賞他人的優點，提供子女接觸及觀賞藝術展演的機會，培養人文素養、審美能力及品味。有耐心傾聽子女的意見，瞭解、尊重、信任、支持，讓子女願意把想法、困難告訴父母，親子之間才會有良性互動。假如父母讓子女感到壓力、恐懼、不受尊重，有話或有事不敢說，反而導引子女說謊、僞造、作假與逃避。讓子女學習自尊與尊人，建立自信，自我欣賞也能欣賞別人，有擔當，負責任，終能達成自我實現之目標。因此，瞭解人類有生理方面的需求、安全感、愛與歸屬感、自尊、求知、審美與自我實現和靈性的需求，妥適運用，生命會更加充實、更有意義，必能建立優質的親子關係。

參考書目

中文部分

李安德（1988）。《個人心理學》。台北：桂冠圖書。

林志誠（2001）。《建立貼心的親子關係》。高雄：清涼音文化。

洪有義（2006）。《親子關係與親職教育》。高雄：清涼音文化。

柯順議（2004）。〈完形治療模式觀點之國小父母效能訓練方案設計〉，《網路社會學通訊期刊》，第42期，2004/11/15，http://www.nhu.edu.tw/~society/e-j/42/42-18.htm。

紀俊吉、蘇慧慈（2006）。〈人本心理學之父——論馬斯洛其人其思〉，《休閒運動期刊》，5期，頁103-110。

陳怡君（2001），〈察覺在完形諮商中的角色、地位及其應用〉，《諮商與輔導》，183期，頁6-8。

許晉福譯（2000）。〈人性探索家：馬斯洛〉（Edward Hoffman原著）。台北：美商麥格羅．希爾。

彭金龍（2006）。〈親情與親子關係〉。台北：天馬文化。

彭運石（2001）。〈走向生命的顛峰：馬斯洛的人本心理學〉。台北：貓頭鷹出版社。

齊若蘭譯，（2001）。〈新世紀管理大師〉（Andrea Gabor原著）。台北：時報文化。

英文部分

Bryan C. H. & Ayscue H., E. (2004). *Picky Parent Guide: Choose Your Child's School with Confidence,* the Elementary Years, K-6, NC: Armchair Press.

Elaine K. McEwan (2004). *How to Deal with Parents Who are Angry, Troubled, Afraid, or Just Plain Crazy,* 2nd Ed.

Gary A. Davis (2006). *Gifted Children and Gifted Education: A Handbook for Teachers and Parents.* AZ: Creat Potential Press, Inc.

Wilmshurst, L. & Brue A. W. (2005). *A Parent's Guide to Special Education: Insider Advice on How to Navigate the System and Help Your Child Succeed.* NY:Amacom.

Peters, T. & Austin, N., (2007). Excellence in School Leadership. *Australian College of Education-Background Paper.* Jun. 15, 2007, Retrieved from http: //www.austcolled.com.au/leadership/background.html.

Bauer, S. W. & Jessie Wise (2004). *The Well-Trained Mind: A Guide to Classical Education at Home.*

Chapter 10 家庭經濟

蔡宏昭
國立中正大學社會福利博士
中國文化大學社會福利學系副教授

第一節　家庭經濟的內涵
第二節　家庭週期
第三節　家計規劃
第四節　家庭消費
第五節　家庭儲蓄
第六節　家事勞動

第一節　家庭經濟的內涵

家庭是由婚姻關係衍生之成員所組成，共同經營家計，以提升生活品質為目的之社會組織。傳統上，對單身者的家並不賦予家庭的地位，但是，由於單身者愈來愈多，所扮演的家庭機能也日漸增加，所造成的社會問題也日趨複雜，宜將其納入家庭的範疇，而稱之為單身家庭。

家庭的型態很多，除了單身家庭之外，有由夫妻組成的夫妻家庭，有由夫妻及其父母與子女組成之主幹家庭；有由數個核心家庭及其共同父母組成之大家庭。關於單身家庭，有些是沒有結婚的單身者；有些是離婚後的單身者；有些是年老喪偶的單身者。至於其他家庭型態，又可分為單薪家庭、雙薪家庭、多薪家庭等。若以家庭所得加以分類，則有高所得家庭、中所得家庭及低所得家庭等。若以地區加以分類，則有都市型家庭與鄉村型家庭。總之，家庭型態可以成員結構、勞動、所得、地區等不同條件加以分類。

家庭所扮演的機能很多，但是，可歸納成經濟機能、生理機能與心理機能三種。經濟機能如所得、消費、儲蓄、納稅、家務勞動等。生理機能如食衣住行、保健衛生、傳宗接代等。心理機能如親情、溝通、娛樂、家庭教育、幸福追求等。由於個人偏好的不同，有些家庭會比較重視某種機能，忽視他種機能，如果機能失衡的現象十分嚴重，就可能產生家庭的失敗，造成家庭問題，甚至形成社會議題，而需要政府介入加以解決。

如何維護家庭經濟機能的運作是十分重要而且需要高度技巧的問題，因為如果不以經濟法則去處理，家庭經濟機能就容易失衡，進而造成家庭的失敗。家庭可以運用的經濟法則很多，有些甚至涉及深奧的理

論與專業的技術，但是，有三個最基本的原則是家庭成員必須牢記的，第一就是「稀少性原則」：任何一種財物或勞務都具有稀少性，所以都必須付出代價才能取得，而稀少性愈高，需要付出的代價就愈多。例如，在其他條件相等的假設下，養育一個子女費用就要高於養育兩個子女的平均費用。第二就是「效用性原則」：家庭必須根據本身欲望的滿足程度，決定支付多少代價去取得財物與勞務。如果某種財物與勞務的效用很高，而家庭預算足夠的話，就值得去購買。例如，在考慮購買汽車代步時，就必須根據自己的效用程度和經濟能力，仔細評估後再作決定。第三就是「效率性原則」：即是以一定的投入去獲取最大的產出，或以最少的投入去獲取一定的產出。例如，以一定的食品支出去烹調出一餐最好吃、最有營養的料理；或以最少的食品支出去獲得一定的營養。

家庭經濟的目的是在一定的家庭所得下，從事最高效用的消費、最高效益的儲蓄與最高效率的家務勞動，以達成生活水準的提升、資產累積的極大化及家庭人力品質的改善。在家庭生活中若能有效運用經濟法則，不僅能夠維護家庭經濟機能的正常運作，更可提升每一家庭成員的生活品質與生命的樂趣。

第二節　家庭週期

每一個家庭都有一定的生涯週期，一般可以分爲下列四個時期：

1.家庭形成期（從結婚到子女就學之間的階段）：一般結婚的年齡大都在二十歲到三十歲之間，然後子女陸續出生，而形成一個家庭。結婚之初，由於有兩個人的收入，家庭所得較爲豐裕，於是以耐久性消費財爲主，逐漸充實家庭的物質生活。但是，在第一個孩子出生之後，配偶可能無法繼續工作，而住宅可能需要換新，加上小孩的保育費用，使形成期的家計陷入緊張的狀態。於是，家計支持者更需要努力工作，追求較高的收入；另一方面，則需要加強儲蓄，以準備子女的教育費用與購買住宅的資金。

2.家庭成長期（子女就學到完成學業之間的階段）：子女教育可以分爲前期的義務教育階段和後期的自費教育階段。在前期階段，家計支持者的所得增加最快（因爲工作效率高，而且配偶可以恢復工作），所以較有能力儲蓄，一般都在此一階段備妥購屋的自備款，並購買自用住宅。但是，當子女進入後期的教育階段之後，一方面教育費用增加了，另一方面購屋貸款的利息和本金的償還，也對家計構成極大負擔，所以在此一階段是家計最困難的時期。

3.家庭成熟期（子女完成學業到退休之前的階段）：子女完成學業之後，不是因就業而獨立，就是結婚而分家，對家計而言，生活費用的負擔會急速減輕。在家庭所得方面，由於長期工作的結果，所得會達到最高水準，若再加上子女的所得補助，家計更爲寬裕。因此，這是家庭生活週期中最安定的階段，也是準備老後生活資金最適當的時期。

4.家庭高齡期（退休後死亡前之間的階段）：退休之後，所得急速減少，子女完全獨立，甚至老伴也已過世，家庭頓然變成「空巢」。此外，健康也逐漸衰弱，醫療費用大幅增加，如果自己沒有充裕的儲蓄，如果政府沒有充實的老人福利措施，將會使老後生活陷入絕境。因此，在此一階段應多照顧自己的健康，再度從事簡易工作或志願服務，以維護身心的健康。

每個家庭對生涯週期的處理方法各不相同，一般說來，家庭型態、結婚年齡、子女狀況（出生時期、人數、教育等）及平均壽命等因素，都會影響生涯週期的處理態度。例如，核心家庭和三代同堂的家庭、早婚家庭和晚婚家庭、少數子女家庭和多數子女家庭、短壽者和長壽者等，對生涯週期都會有不同的規劃。從社會進化的觀點來說，目前所流行的核心家庭、晚婚、少數子女及平均壽命的延長，都對現代的家計規劃產生極大的影響。

此外，經濟社會的變化，例如，經濟成長、僱佣關係、人口結構和社會福利措施等，都會影響家計的生活規劃。在由高度經濟成長轉向低度經濟成長的過程中，所得增加率漸緩的結果，造成了晚婚和少數子女的家庭；延長退休年齡和老人人力再運用的開發，造成了勞動期間的延長和老人身心的健康問題；高齡化的結果，造成了核心家庭和老人家庭的普及；老人福利措施的充實，造成了平均壽命的延長和老後生活的安定。

第三節　家計規劃

家計收入的來源，主要有勞動所得（工資）、財產所得、事業所得及移轉所得四種。

1.勞動所得：是家庭成員爲政府、企業（含金融機構）、其他家計或其他單位提供勞力而獲得的報酬。不管從事何種勞動（身體的勞動或精神的勞動），只要有受僱的事實，並接受報酬者，均稱爲勞動所得。依此定義，受僱醫師的報酬是勞動所得，開業醫師的報酬就

不是勞動報酬；公司總經理的報酬是勞動所得，公司董事長的報酬就不是勞動報酬。

2.財產所得：是家計將資金或不動產提供他人使用而獲得的報酬。例如，存款、借與、債券等利息、公司股息、不動產的租金或出售所得等。以財產所得爲主要收入者謂之資產家庭。一般勞動家庭雖也擁有財產所得，但並非家計的主要收入。財產所得對穩定生活頗有幫助，是一般家計努力尋求的所得。

3.事業所得：是憑自己的能力經營事業所獲得的所得，例如，從事工商業、農業和自由業（如醫師、律師、作家、藝術家等）之個人事業經營者，但是不包括法人組織的企業利潤。個人事業經營者從生產或販賣的收益中，扣除僱用人員的薪資、資金成本、原料費用、稅金等生產成本，以及企業儲蓄後剩餘之金額，稱之爲家計的事業所得。個人事業經營者雖然努力賺取利潤，但是，有時候並無利潤，甚至還會有負債的現象。事業所得必須由經營者投入生產費用，負擔經營風險，而非單純的勞動報酬，所以應與勞動報酬明確劃分。

4.移轉所得：是特定的家計（如低收入者、失業者、殘障者及老人等的家庭）自政府的移轉性支出所獲取的所得。例如，低收入戶生活扶助、失業給付、殘障年金、老年年金等。由於社會福利制度的充實，接受移轉所得的家庭正逐漸增加，另一方面，其他一般家庭的租稅負擔也不斷地加重，所得重分配的結果，使貧富的差距不致太過懸殊。

家計支出的內涵主要有租稅、消費與儲蓄三種。當家計獲得所得之後，必須繳納所得稅和社會保險費，餘額才是可以自由支配的所得，稱

之為可支配所得。可支配所得部分用於生活費，部分用於儲蓄，當然，在繳納的社會保險費中，部分可以回收（如老年年金保險），也可以視為儲蓄。一般將生活費用支出稱為消費性支出，將租稅和保險費稱為非消費性支出，兩者合稱為實際支出。此外，還有實際支出以外的支出，包括存款、民間保險費、貸款和借款的償還、分期付款、有價證券的購買和不動產等資產的購買等。

消費性支出可以分為必要性支出和選擇性支出兩種。前者是維持生命和基本生活所必要的費用，例如食品費、居住費、醫療保健費、水電燃料費等；後者是為提升生命價值或生活品質所支付的費用，例如服飾費、教育文化費、休閒娛樂費、家庭器具與設備費、運輸通訊費等。非消費性支出可以分為直接稅與社會保險費兩種。前者是指個人綜合所得稅，包括勞動所得、財產所得、個人事業所得等所得所繳納的租稅；後者是指各種社會保險費，例如，健康保險、失業保險及年金保險等。實際支出以外的支出可以分為借貸的償還和資產的累積，前者有貸款、借款和分期付款的償還，後者則包括存款、儲蓄性保險費的繳納，以及不動產、貴重金屬、收藏品與有價證券的購買等。

影響家計支出的因素很多，至少有下列幾項：

1.所得、資產與負債的有無：除了所得之外，資產與負債也是影響家計支出的因素，資產（尤其是金融性資產）愈多，負債愈少，家計支出愈大。實物性資產雖然流動性較低，卻能產生富裕的感覺，而易於增加消費性支出。相反地，負債的壓力常使家計產生貧窮感，而不得不盡力節約。

2.家庭結構：家庭成員的人數和年齡結構也會影響家計支出。家庭人數愈多，家計支出也愈多，但是平均每人的生活費卻往往會減少，

因爲大家可以享有大量採購和共同使用的效益性和方便性，亦即所謂的規模經濟。此外，老人與小孩較多的家庭，家計支出也比較多；在小孩的成長階段，家計支出的食品費和教育費比較多，而在高齡者家庭，醫療保健支出則占較高的比率。

3.經濟社會的變化：在鼓勵節約的社會裏，家計支出就較少；而在鼓勵消費的社會裏，家計支出就較多。一般說來，在流行中產階級意識的現代社會裏，人人都有向別人看齊的意識，別人擁有的財物或享有的勞務，自己也想擁有和享有，於是，家計支出就會膨脹。此外，由於婦女勞動參與率的提高、高齡社會的加速與消費者信用的擴張等經濟社會的變化，也使家計支出有了顯著的變化，不僅在量方面增加了，在支出結構比率上也不斷地在調整，家計支出似乎是永不止息地在變化中。

家計預算雖依家計規劃者的自由裁量而訂，但是一般家計規劃者都會努力創造更多的盈餘。有些家計比較重視每月盈餘，控制每個月的消費性支出不得超出當月的可支配所得，並將盈餘投入資產的累積；有些家計比較重視週期性的盈餘，只要在一個週期（如半年或一年）獲得盈餘，就不在乎每個月是否有盈餘；有些家庭則比較重視機能性盈餘，爲了達成某一個生活的目標，而投入龐大的生活費用，但目標達成時，收入自會增加，盈餘自會產生。到底哪一種家計預算最爲理想，是個人生活價值觀的問題，無法給與理性的分析。有些家計資產萬貫，而生活貧乏，甚至痛苦異常；有些家計雖無家產，卻日日快活，我們實難肯定何種方式較爲理想。

經濟社會的變化也會影響到家計預算。例如，景氣不好時，消費性支出就可能減少，尤其是選擇性消費支出更會減少；存款利率提高了，

儲蓄率就會提高；股票狂飆了，金融性資產增加率就會增加；不動產價格上升了，實物性資產增加率就會提高。我們甚至可以說，經濟社會的變化會左右家計規劃者的生活價值觀，進而影響家計預算的內容。

第四節　家庭消費

在商品交易的流程中，有三個主要的變數：供給者、消費者與社會結構。一般人都瞭解供給者與消費者之間的關係，對社會文化、經濟制度、法律標準等社會結構與供給者、消費者之間的關係卻不十分熟悉。如圖10-1所示，社會結構會影響供給者成本結構、生產方式與價格水準，也會影響消費者價值觀、所得水準、生活樣式與消費偏好。從另一個角度說，商品交易的狀況則會影響生產水準、生活水準和社會結構。因此，商品交易不僅由供給者的行銷策略與消費者的消費行爲所形成，

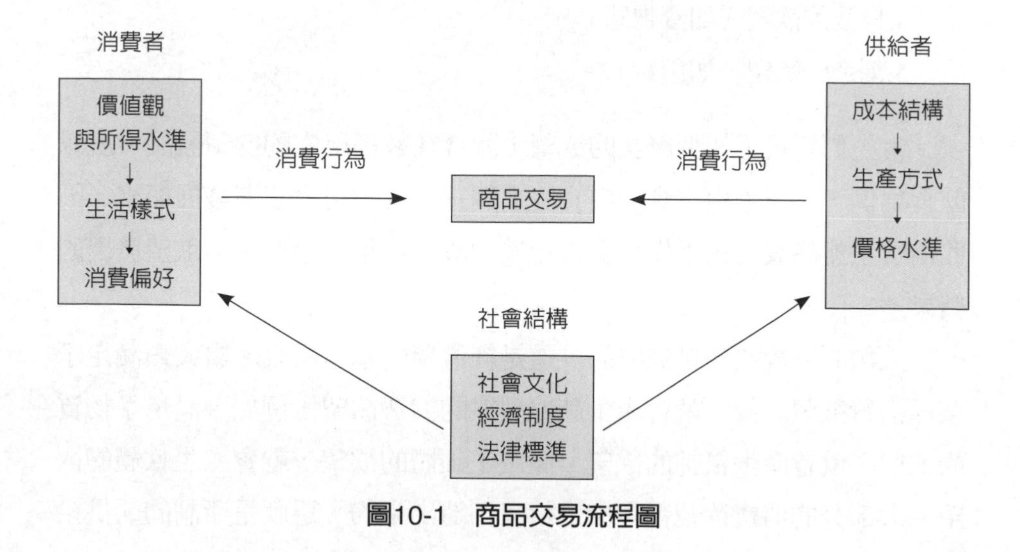

圖10-1　商品交易流程圖

也涉及整體社會結構的問題；不僅要以經濟學的方法加以處理，更要採用心理學和行爲科學的理論加以分析。

從消費者的立場而言，消費行爲是由刺激→認知→動機→行動的過程。當消費者看見商店裏的某種商品時，就產生了刺激，然後消費者便會以自己所擁有的知識去認知該商品，如果該商品對自己確有效用，就會產生購買的動機，如果自己的經濟能力足以支付該商品的價格，就會有購買的行動。

當然，決定消費行爲的主要關鍵，在於消費者的欲望，有些人欲望較多，消費動機就較強，消費頻度就較高；有些人重視高層次的欲望，消費型態就不同於較重視低層次欲望者。一般說來，人類欲望的發展階段可以分爲下列五種類型：

1.生理性欲望（如食欲）。
2.安全性欲望（如安定感）。
3.社會性欲望（如歸屬感）。
4.自我的欲望（如優越感）。
5.創造性欲望（如創新）。

當人們滿足了較低層次的欲望，就會往較高層次的欲望發展。就以飲食爲例，人類是由生食→熟食→烹調→外食→美食逐漸發展而來。因此消費型態的改變，不僅是消費行爲的改變結果，也是人類欲望發展的結果。

人類的消費欲望是無限的，這是經濟學的基本假設。當人類滿足了某種消費欲望之後，就會產生其他型態的消費欲望。例如，滿足了物質的欲望，就會產生精神的欲望；滿足了硬體的欲望，就會產生軟體的欲望。大部分的消費欲望都是由供給者創造出來的，這就是所謂的「供給

創造需求」的法則。在多樣化的商品市場中，消費者根據自己的價值觀與購買能力，從事各種不同的消費行為。

雖然消費行為各不相同，每一個人幾乎都在努力做個理性的消費者，可是，一般人對理性的消費大都缺乏正確的認識。有些人甚至將其解釋成「斤斤計較」或「貪小便宜」，完全扭曲了理性消費的意義。

所謂理性消費，就是在一定的預算水準和效用標準下，依照價格的變動，決定消費組合和購買數量的消費方式。基於這個定義，理性的消費者至少必須具備三個條件：

1.購買前，必須根據自己的效用程度，排定優先順序。在編列消費項目時，可以分為迫切需要的項目、希望擁有的項目及可有可無的項目。然後，根據這種優先順序從事消費。
2.購買時，必須隨著商品價格的變動，調整購買數量。原則上，價格上漲，就必須減少購買的數量；價格下跌就應該增加購買的數量，但是，如果價格遽漲，就必須考量停止購買，如果價格遽跌，就不應該增加購買。
3.購買後，必須以高度的技巧，增進財物的利用價值或延長財物的使用年限。不善用財物不僅是非理性的消費，更是最大的浪費。

隨著國民所得的增加和生活品質提升，現代家計的消費性支出有下列幾個特色：

1.食品費用比率逐漸降低：這是恩格爾（E. Engle）在一八五七年所發現的理論，即所得愈高的家庭，其食品支出占家計支出的比率愈低，這就是所謂的恩格爾法則（Engle's Law）。
2.居住費用比率逐漸降低：這是史華伯（H. Schwabe）在研究所得與

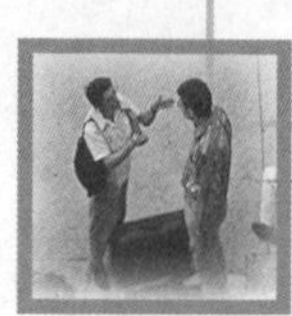

房租關係之後所提出的理論，即所得愈高的家庭，房租支出比率愈少，這就是所謂的史華伯法則（Schwabe Law）。但是，萊特（C. D. Wright）在調查美國勞動者的家計後，卻發現房租與所得的關係不大。這可能與不動產的價格有關，如果不動產價格很貴，高所得家庭當然擁有自用住宅，而無需支付房租；低所得家庭則難以擁有自用住宅，而需負擔昂貴的房租。

3.教育費用比率逐漸增加：由於教育的普及、教育期間的延長與教育費用的提高，教育費用已成爲現代家計的重要支出項目，而且所得愈高的家庭，教育支出比率也愈高。在一八五七年萊特的調查中，也發現這種現象。

4.選擇性消費支出比率逐漸提高：服飾、教育文化、休閒娛樂、家庭器具與設備、運輸通訊及雜費等選擇性消費支出的所得彈性大於一。即家計所得增加一時，選擇性消費支出增加一以上；相反地，必要性消費支出的所得彈性則小於一，所以家計所得愈高，選擇性消費支出比率愈大。

5.勞務支出比率逐漸增加：居住、水電燃料、保健醫療、運輸通訊、教育文化、休閒娛樂等服務費用的增加率，會高於財物支出的增加率；易言之，現代家計在擁有充分的財物之後，對勞務的需求會不斷地增加。

第五節　家庭儲蓄

儲存財物的行爲是人類的本能，也是人類延續生命的必要條件。現代人的儲蓄動機頗爲複雜，但是歸納起來不外是生活防衛與資產形成兩

種動機，前者是因應將來生活所需費用的準備，後者是爲了滿足富裕心理的憑據。生活防衛動機大概有下列幾種情況：

1.爲了因應不測事態的發生：在現代生活中就業的不穩定以及層出不窮的交通事故、公害、災害等都對家庭經濟產生莫大威脅。增加了家庭生活的危機，而另一方面，現代社會的冷淡以及相互扶助的喪失，在社會福利制度尚未充實之前，只有依賴儲蓄，以自己的力量克服生活危機。
2.爲了取得棲身的住宅：在工業化和都市化的線代社會裏，要取得一幢自用住宅實非易事，尤其在地價高昂的都市更屬困難，而需要長期儲蓄，方能實現住宅美夢。
3.爲了購買耐久消費財或籌措休閒費用：在物質主義盛行下，現代人（尤其是年輕人）愈來愈重視耐久消費財的取得與休閒生活。例如，各種家電用品、汽車、娛樂用品及旅遊等。
4.爲了準備子女的教育費用：在高學歷和高學費的現代社會裏，一般人的教育年數延長了，教育費用也增加了，子女的教育費用已成爲家庭的長期負擔，必須仰賴長期儲蓄方能因應。
5.爲了準備退休後的生活費用：由於所得的急速減少、罹病機率的提高、平均壽命的延長以及扶養意識的低落，退休後的生活負擔將會愈加沉重。即使有良好的退休制度與社會福利措施，也會因爲物價膨脹的高漲與給付水準的限制，而難以享有安適的老後生活，必須在退休之前，從事長期儲蓄。

金融性儲蓄可分爲金融機構儲蓄與非金融機構儲蓄兩種，前者包括通貨性存款、定期存款、人壽保險及有價證券等四種。茲將各種金融性儲蓄分述於後：

1.通貨性存款：銀行、郵局及其他金融機構之活期儲蓄存款、支票存款。

2.定期性存款：銀行、郵局及其他金融機構之定期儲蓄存款、零存整付存款。

3.人壽保險：保險公司的各種人壽保險、農漁會的會員互助保險及郵局的簡易人壽保險等。

4.有價證券：股票、債券及投資信託等。

5.非金融機構儲蓄：公司之員工儲蓄存款、標會及其他互助會等。

家計選擇金融性儲蓄的理論雖有不同，但基本上是基於流動性、安全性與收益性三種考量。所謂流動性，就是提存及兌換的容易程度。例如，通貨性存款要比定期性存款高；定期性存款要比人壽保險高；人壽保險則比有價證券高。所謂安全性，就是保證本金不會受損的信用程度。例如，在固定期間內（如十年或二十年）繳納保險費，而在期滿時領回本利的養老保險，就比爲某種事故（如癌症、飛行事故或旅遊事故等）而投保的事故保險或傷害保險較爲安全。因爲前者可以領回所繳納的保險費，而後者若不發生事故，就不能領回所繳納的保險費。所謂收益性，就是獲利率的程度。例如，有價證券要比人壽保險高；人壽保險要比定期性存款高；定期性存款要比通貨性存款高。流動性、安全性和收益性常有衝突的現象，例如，養老保險的安全性雖高，流動性卻很低；股票買賣的收益性雖可期待，安全性卻十分危險，通貨性存款的流動性和安全性很高，收益性卻偏低。因此，要選擇合適的金融性儲蓄並非易事。

家計在選擇金融性儲蓄時，必須考量社會經濟環境的變遷，加以適當運用，不可一成不變。例如，在激烈的物價膨脹下，流動性的考量要

重於安全性，以便在適當時機，提出存款購置必要的財物。又如在股票狂飆時，要重視收益性，大膽投入；在股票走下坡時，要重視安全性，在損失不多的狀況下，狠心拋售。一般民間所流行的標會，雖然流動性和收益性均比定期性存款高，但是安全性卻毫無保障。此外，民間也盛行各種高利貸的地下金融活動，可見，國人偏重收益性而忽視安全性，重視非法性而忽視合法性。要扭轉國人的儲蓄習慣，可能要從下列幾個方向努力：

1.要徹底開放金融制度，實施經營自由化與利率自由化。在完全競爭的條件下，達成均衡利率，使黑市交易不致產生。
2.要擴大金融機構的金融商品。例如，合會業務、消費者貸款業務及投資信託業務等，以與民間標會、地下錢莊及地下投資公司相抗衡。
3.要嚴格取締非法金融活動，並採重刑主義，使其無法存在。對於參與非法金融活動之受害者，政府必須言明，不採取救濟措施，甚至要科以罰則。
4.要健全證券市場，放寬上市公司的資格條件，允許外國人有限度交易，縮小每日行情波動的上下限，貫徹證券交易所得稅制度、嚴厲取締內線交易等，使證券市場成爲名副其實的投資性資金市場。

實物性儲蓄既是一種儲蓄，也是一種直接投資，尤其在激烈的物價膨脹下，實物不僅可以保值，也可以獲利，所以實物性儲蓄兼具儲蓄與投資兩種功能。一般常見的實物性儲蓄有下列幾種：

1.不動產，包括土地、房屋、車位等。
2.高級耐久財，例如，汽車、家具、音響、家電、皮飾品等。

3.貴重金屬，例如，黃金、鑽石及其他寶石。

4.收藏藝術品，例如，名畫、名琴及其他古代藝術品等。

5.會員卡，例如，高爾夫會員卡、度假會員卡及其他休閒育樂會員卡等。

隨著所得和儲蓄金額的提高，人們逐漸擁有從事實物性儲蓄的能力，尤其是不動產更是大多數人都擁有的資產。一般說來，所得愈高，實物性儲蓄愈多，而且擁有高級耐久財、貴重金屬、收藏品或會員卡的資產也愈多。目前，我國約有76%的家庭擁有自用住宅，每十二個人中有一人擁有自用汽車，而貴重金屬的購置也十分普及，最近，各種會員卡的購買也蔚成風氣，國人正逐漸提高對實物性儲蓄的興趣。

第六節　家事勞動

在原始家庭裏，男主外、女主內，兩者密切配合，而維持均衡關係；家庭內勞動和家庭外勞動具有相等的重要性，兩者均為支持家計生活的重要存在。隨著貨幣的發明與商品經濟的發達，以家庭外勞動與商品交易為主的市場經濟遂取代了家庭內勞動的重要性。近代經濟學的國民所得概念，也僅以透過市場交易的財物和勞務為計算對象，完全忽視非市場的經濟活動。於是，非市場的家庭內生產活動（即家事勞動）就完全被排拒於市場經濟體系之外。

市場經濟愈發達，家庭機能愈趨向瓦解。所有家庭成員幾乎傾巢而出，在家庭外的市場經濟體制中，尋求就業、就學和就養（托嬰），而家事勞動也逐漸被市場經濟所取代。例如，外食產業取代了家庭料理、

服飾產業取代了家庭縫紉、洗衣產業取代了家庭洗衣、清潔產業取代了家庭清潔，甚至理財業也取代了家庭的財務管理。於是，家庭變成了空殼的組織，變成了家庭成員短暫的休息場所，甚至變成了不必要的存在。因此，所謂國民生產毛額愈多，生活水準愈高的理論，似乎也可以說國民生產毛額愈多，家庭的瓦解愈快，人的疏離狀態愈高。

家庭勞動可分爲無償性的家事勞動與有償性的副業勞動兩種。前者如料理、洗衣、縫紉、掃除、照顧子女或老人等，後者就是在家庭內從事商品的製造或加工。首先，就針對無償性的家事勞動加以分析。爲什麼家事勞動必須給與合理的貨幣報酬呢？理論上是基於家庭分工的理念，家庭勞動包括家庭內勞動與家庭外勞動。如果家庭主婦（或主夫）選擇家庭外勞動，就無法從事家事勞動，必須仰賴他人，而支付必要費用，如果家庭主婦（或主夫）放棄家庭外勞動，從事家事勞動，那麼，從事家庭外勞動的家庭主夫（或主婦）就必須將部分勞動所得移轉給從事家事勞動的家庭主婦（或主夫）。此外，夫妻共同財產的理念，也建立了家事勞動報酬的基礎，夫妻共同財產制度不僅承認雙方對婚姻生活中所累積的財產享有共同的所有權，也承認家事勞動對家計的貢獻以及家事勞動的貨幣價值。易言之，在夫妻共同財產制度下，夫妻的勞動所得是由家庭外勞動和家庭內勞動所構成，家庭內勞動報酬當然要以貨幣價值加以估計。

如果家庭主婦（或主夫）因懶惰不從事家事勞動、因長期住院而不能從事家事勞動，或因家境富裕而僱用傭人從事家事勞動，理論上就沒有家事勞動報酬，而不能享有夫妻勞動所得，甚至是夫妻財產的所有權。若是如此，夫妻共同財產權的精神是否會遭受破壞？這是頗值得研究的問題。此外，家事勞動既然屬於勞動的一環，是否能像家庭外勞動一樣，擁有損害賠償權？也是頗值得商榷的。在一般的勞動市場中，勞

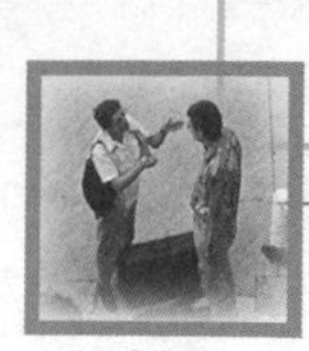

動者可因健康、職業災害、失業或老年等理由，向雇主要求賠償，或向政府要求保障。可是，家庭主婦（或主夫）在從事家事勞動時，若有意外發生是否可以要求損害賠償？要向誰求償？又可獲得何種形式的賠償？這些問題都必須詳加研究和規劃。一般先進國家的社會保險制度，對家庭主婦提供遺屬年金和老年年金，並將家庭主婦納入全民健康保險制度中。另一方面，在先進國家的企業福利制度中，也對家庭主婦提供各種津貼和福利，以保障家事勞動的安全。因此，家事勞動的損害賠償權應及早建立和落實，才能保障家事勞動和家庭生活。

家事勞動如何以貨幣價值加以估計，主要有兩種方法：第一是「平均工資法」，第二是「市場價格法」。茲分別說明於後：

所謂「平均工資法」，就是以婦女受僱者的平均薪資，乘以家事勞動的時間。假設：我國婦女受僱者的平均薪資為每月三萬元，每月工作時間為二百小時，那麼，每小時平均薪資為一百五十元左右，如果每日家事勞動的時間為十小時，那麼，每日的家事勞動報酬為一千五百元。所謂家事勞動時間，是指從事生產性活動所花費的時間，所謂生產性活動，則指在家庭外從事同種勞動時，可以獲得勞動報酬者，例如，料理、洗衣、縫紉、掃除、照顧子女或老人等。另外一種計算方法，是以家庭傭人平均薪資計算。例如，家庭傭人每小時平均薪資為一百元，而某一家庭主婦的每日家事勞動時間為十小時，則每日的家事勞動報酬為一千元。

所謂「市場價格法」，就是依家事勞動的性質，而以市場價格加以計算的方法。為了方便讀者瞭解，可以**表10-1**的模型加以說明。

在勞動項目中，可依家事需要加以制定；在每小時市場價格中，可用調查方式求出平均價格，但是，家事勞動報酬可依實際狀況調整價格。例如，照顧一個小孩子和照顧兩個以上的小孩子，價格應該有所不

表10-1　家事勞動報酬模型　（單位：元／小時）

勞動項目	每小時價格	每日勞動時數	小計金額
早餐料理	90	0.5	45
中餐料理	100	1.0	100
晚餐料理	120	1.5	180
購物	90	1.0	90
掃除	120	0.5	60
洗衣	100	1.5	150
燙衣	110	1.0	110
縫紉	110	0.5	55
育兒	100	3.0	300
托老	90	2.0	180
合計	—	12.5	1270

同，如果市場價格是以照顧一個小孩計算，那麼，照顧兩個小孩的家庭主婦育兒價格，就應該給與加權計算。又如用手洗衣及用全自動洗衣機洗衣，其價格當然也應有所不同。將每小時家事勞動價格乘以每日家事勞動時數，即可算出每日家事勞動報酬。

家事勞動報酬的估計方法迄今未獲得普遍的採納，因爲家事勞動畢竟不是單純的身體勞動，而是涵蓋精神、知識和技術的綜合性勞動。如果僅以單純的身體勞動計算報酬，未免不切實際，也不甚合理。若以料理爲例：要做完全相同的一餐飯，有些主婦要花一個小時，有些主婦可能花費兩個小時；相同地，花費相同時間料理，有些主婦可以做出營養又好吃的一餐，有些主婦所做的飯菜卻完全不能入口。如果要一律以均價計算，那麼，有效率又有技術的家庭主婦，其家事勞動報酬反而比沒有效率和缺乏技術的家庭主婦爲低。如果一律以婦女受僱者的平均薪資計算家事勞動報酬，也同樣會產生這種缺失。因此，家事勞動報酬的評估方法仍有待更進一步的研究。

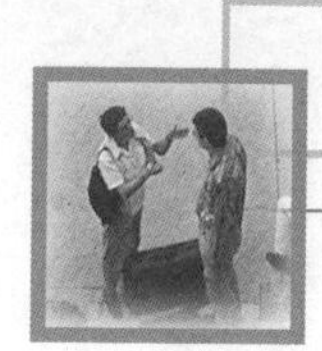

家事勞動的效益（包括貨幣性和非貨幣性）是值得肯定的。雖然家事勞動的貨幣價值仍未獲致定論，但是，家事勞動的重要性已普遍受到重視。如果把家事勞動視爲無償性勞動，那麼，從事家事勞動者的重要性就不會被重視，家庭主婦的社會地位就難以提升。因此，我們必須不斷地研究開發家事勞動報酬的估計方法，同時，也應鼓勵男性家長從事家事勞動，尤其是男女都擁有職業的家庭，更應該共同參與家事勞動，不應該由女性單獨負責。所謂男主外、女主內的傳統思想，應該調整爲：男女共同從事家庭內外勞動的觀念。唯有家庭內勞動和家庭外勞動同等重要的觀念能夠獲得社會全體的共識，男女平等的理想目標才有可能實現。

參考書目

中文部分

蔡宏昭（1996）。《生活經濟學》，台北：遠流出版公司。

英文部分

Gilder, G. (1993). *Wealth & Poverty.* San Francisco: ICS Press.

Hyman, D. N (1990). *Economics.* Boston: Richard D. Irwin, Inc.

Hallman, G. V. & Rosenbloom, J. S. (1993). *Personal Financial Planning.* N.Y.: McGraw-Hill, Inc.

日文部分

安永武己（1980）。《消費經濟學》。東京：至誠堂。

井原哲夫（1991）。《生活樣式的經濟學》。東京：日本經濟新聞社。

江見康一、伊藤秋子（1988）。《家庭經濟學》。東京：有斐閣。

小澤雅子（1986）。《新階層消費的時代》。東京：日本經濟新聞社。

多田吉三（1989）。《生活經濟學》。東京：晃洋書店。

日本家政學會家庭經濟學部編（1997）。《二十一世紀的生活經濟與生活保障》。東京：建帛社。

吉原龍介（1984）。《生活中的經濟分析》。東京：學友社。

Chapter 11 家庭危機管理

游美貴
英國肯特大學社會工作博士
文化大學社會福利系助理教授

第一節　緒　論
第二節　家庭危機議題
第三節　家庭危機的管理策略
第四節　結　論

家庭會有多變的型態，除社會變遷、工作型態或生活方式改變外，尚有因爲婚姻危機、家庭解組、鰥寡獨居或遇到重大災害等等導致家庭型態改變。後者因素常稱爲家庭危機，因爲危機可能致使家庭遭遇問題，相對造成家庭成員的壓力。家庭危機雖會產生一時應對能力的失平衡，但只要面臨危機時有適當的因應策略、良好的家庭危機管理，將可減輕危機對家庭的衝擊，使家庭回歸原有平衡，並且恢復原有的應對能力。

無論從家庭的週期、家庭的功能或是家庭保護兒童的觀點，可以將家庭遭遇的危機，歸納爲以婚姻、健康和經濟等三方面爲主之問題。家庭危機有時並非單獨發生與存在，產生的問題可能是互相影響或者伴隨而來。但是家庭危機的探討，常會從著眼於家庭問題、家庭能力缺失或家庭功能不彰等負向或病態的面向來看待家庭；有時容易忽視家庭的優勢，家庭系統互動的能力或者家庭資源應用等等家庭可能存在的正向機能。本章強調從家庭的正向能力出發，發展家庭危機的管理策略，提升家庭的參與及有能力的解除或改善家庭的危機。

家庭因應危機的管理策略，可以從壓力管理、系統觀點、優勢觀點與資源介入等四個方向切入討論。當家庭發生危機，若是引進家庭外的資源，將使家庭能自然與正式社會支持系統合作，以便提升家庭參與改變的動機；協助家庭尋找合適且多元的支持管道，並且從家庭的需求面出發，而不是問題的症狀面；另外鼓勵家庭成員，發揮個別的優點，互相支持與協助，家庭才能從內而外的面對危機，使家庭在社會變動與環境變遷下，可以有能量及有彈性的面對衝擊。

第一節　緒　論

家庭是人類最基本的社會單位，隨著社會變遷，從傳統分類的大家庭、小家庭及折衷家庭的型態，逐漸轉變為多樣的新型態家庭，新型態的家庭包含有跨國婚姻家庭、同居、同性戀者家庭、分偶家庭（living apart together）、繼親家庭（step-parenthood）和單親家庭等等。這些家庭的變遷也同樣顯示，在家庭關係中家庭成員角色的改變。例如，婦女逐漸投入就業市場的雙薪家庭，或父親可能增加扮演家庭照顧責任，甚至是性別角色不再明顯的區隔等（Carling, 2002）。

Gonzalez-Lopez（2002）的研究比較了歐洲主要國家，認為目前家庭居住的型態，變化複雜且難以預測，也提出包括長距離的親密關係維持（類似分偶家庭）、非婚生子女或同居生子的家庭、頂客族（double income no child）或重組家庭（類似繼親家庭）等等。同樣的在台灣，家庭型態也逐漸轉變。

家庭會有多變的型態，除社會變遷、工作型態或生活方式改變外，尚有因為婚姻危機、家庭解組、鰥寡獨居或遇到重大災害等等導致家庭型態改變；後者的因素常稱為家庭危機，因為危機可能致使家庭遭遇問題，相對造成家庭成員的壓力。家庭危機雖會產生一時應對能力的失平衡，但家庭若面臨危機有適當的因應策略，良好的家庭危機管理，將可減輕危機對家庭的衝擊，使家庭回歸原有平衡，並且恢復原有的應對能力。

謝秀芬（2006）指出，家庭危機種類可分為：過度性或發展性危機、外在傷害或情境性的危機和天然災害三種類型。發展性危機：是生命階段轉換時期所產生，如孩子出生、父母退休或老年疾病等；情境性危機：是外在突然性的改變，如家庭暴力、戰爭、車禍等等；天然災害：是自然引起的傷害，如九二一地震、颱風、土石流等等。何名娟（2004）將家庭的危機分成有自我改變的危機、愛的危機、經濟的危機、階段危機及意外危機等等幾種類型。自我改變的危機與人類發展與任務有關；愛的危機則爲個人因爲愛所產生的改變；經濟的危機係指因爲工作，所造成的人際或是婚姻的困境；階段的危機則是因應家庭發展週期所產生的衝突；意外的危機與天災人禍有關，如地震或是車禍等等。因此，家庭危機是家庭對於環境的改變或重大事件的壓力，產生不穩定階段，需要重新適應，所以面對家庭危機的挑戰，需要合適的管理策略對待。

唐先梅（1996）提出，家庭管理的程序包含有計畫、實施與評估。其中計畫必須要設立標準及建立施行次序；實施包括控制與檢查；評估則指計畫與實施過程的評估。江惠瑜（2006）指出，家庭管理受個人因素與家庭因素所影響，個人因素包括家庭成員的教育程度、職業與健康等等；家庭因素則和家庭生命週期與家庭大小有關，其中家庭大小指家庭成員人數與居住空間等等。所謂家庭危機管理，即是因應家庭所遭遇的危機，依據家庭的發展及成員的能力，共同學習有計畫的解決策略，並檢視家庭資源使能盡快回覆既有的平衡。本章針對家庭危機的議題先行討論，並提出不同的危機管理策略予以舉例說明之應用。

第二節　家庭危機議題

家庭危機的產生，可能是因爲家庭內外壓力或者是長期的問題所造成。從家庭週期的觀點看家庭危機，可明顯看出不同時期家庭可能產生的危機。若以不同的家庭成員爲依據，生命週期各有其不同的分期；作者整理學者的主張，本文將家庭週期分爲六個階段（Carter & McGoldrick, 1989; 謝秀芬，1997），每個階段因應發展的需求家庭需要適應，如適應不良則可能產生家庭危機。以下分述之：

1.新婚期：男女結婚後至第一個孩子出生。這個時期是新婚夫婦的蜜月期，也是適應的磨合期，離婚常發生於此期，主因爲適應不良。

2.第一個孩子出生期：指第一個孩子出生至第一個孩子就學前。通常在婚後二或三年之間。開始扮演父母的角色，照顧養育子女的責任，增加夫婦二人的適應，因爲忙於照顧孩子，可能產生對夫妻間的關係的冷淡或輕忽，此階段多爲外遇的危機期。

3.孩子入學期：指第一個孩子開始就學至孩子青春期前。對於家庭而言，孩子的入學意謂著家庭成員開始學習與外界接觸，學習社交技巧的第一步。因爲重視學前教育，目前孩子就學期已經指以孩子入幼稚園起。此時家庭的危機，常是孩子學校的適應，以及父母親對應兒童成長或處理手足糾紛的管教方式。

4.孩子進入青春期：指當孩子進入青春期直至其成年離家前。一般青春期被視爲成長的風暴期，雖然此時家庭通常應進入穩定狀況，但因爲青春期的子女追求認同，因此父母親面臨最大的挑戰是親職的轉變，以及如何學習與風暴期的孩子相處，倘若孩子出現負面的叛逆行爲，則會增加家庭氣氛的不和諧，容易造成的危機則是孩子挑戰父母親權所造成的衝突。另外，家庭的支出也會隨著子女的成長而增加，經濟負擔較重，如果此時家中主要經濟負擔者失業，將使家庭面臨更高的風險。

5.孩子成人離家期：此時期不無具體的時間性，主要以孩子獨立自主

爲分界。此時子女多數不與父母居住，或是對於父母的依賴減少，經濟獨立是一重要象徵，也象徵養兒育女的階段性任務結束。此時的父母則面臨所謂空巢期，孩子不再是家庭的焦點，回到扮演夫妻角色較多的家庭生活，此時若適應不良，常會伴隨所謂中年危機或者是中年憂鬱的病症產生。

6.父母年老期：此時期是指父母邁入老年期，相反是可能成爲子女的依賴者，多數的父母面臨退休生活的適應，與子女的關係成爲非常重要的部分。此階段家庭的衝突來自於對於生命的失落，以及適應成爲依賴子女者的過程。如適應不良家庭可能的危機是老人虐待，或是子女爲照顧父母所產生的衝突。

另外若從家庭功能項目，馮燕（2004）研究指出，家庭因爲功能不彰，可能遭遇的危機處境問題有：

1.保護與照顧功能：親職角色衝突與壓力、單親失功能、親職角色偏差、家庭暴力及依賴成員（身心障礙、老人、兒童）照顧等危機。
2.經濟功能：失業、貧窮與老年經濟安全等危機。
3.社會化與教育功能：則是指外籍配偶跨文化家庭問題、子女管教問題與偏差行爲等問題。
4.家人情感功能：則爲親子互動與夫妻情感。
5.其他：指突發性危機事件。

在政府相關福利服務策施上，近年提高對於高風險家庭的關注與協助。所謂高風險（high risk）及所稱高危機家庭，爲預防兒童在家受虐或疏忽照顧的情形，內政部兒童局於是發展出「高風險家庭關懷處遇輔導實施計畫」，將高風險家庭的評估約分有六項，凡有此六項風險之家庭視爲高風險家庭，相關單位可逕行通報，由兒童社政主管機關積極介入協助處理（2007）：

1.家庭成員關係紊亂或家庭衝突：如家中成人時常劇烈爭吵、無婚姻關係帶年幼子女與人同居、頻換同居人，或同居人有從事特種行業、藥酒癮、精神疾病、犯罪前科等。

2.家中兒童少年父母或主要照顧者從事特種行業或罹患精神疾病、酒癮藥癮並未就醫或未持續就醫。

3.家中成員曾有自殺傾向或自殺紀錄者，使兒童少年未獲適當照顧。

4.因貧困、單親、隔代教養或其他不利因素，使兒童少年未獲適當照顧。

5.非自願性失業或重複失業者：負擔家計者遭裁員、資遣、強迫退休等，使兒童少年未獲適當照顧。

6.負擔家計者死亡、出走、重病、入獄服刑等，使兒童少年未獲適當照顧。

綜上所述，無論從家庭的週期、家庭的功能或是家庭保護兒童的觀點，將家庭可能遭遇的危機，歸納爲以婚姻、健康和經濟等三方面爲主之問題：

1.婚姻：家庭的組成是以婚姻爲基礎所發展，因此婚姻若有狀況，可能導致家庭面臨危機，以及家庭成員互動受到影響。在此所謂的婚姻是指，實質婚姻關係，故包括同居的狀態。婚姻的危機來自內部成員的相處互動（家庭衝突、暴力、虐待），以及外力介入（外遇），這些危機如外遇、離婚、家庭暴力、頻頻更換親密關係等等。家庭成員的缺位，如因犯罪入監服刑，也可能導致婚姻關係生變或者與家中成員互動產生問題。

2.健康：主要是家庭成員的生理與心理健康情形。家中成員健康危

機，一般性的危機爲生病的情形，家中若有因病需要照顧者，除了會影響家中的經濟狀況，也會影響家中生活的安排，因爲可能必須有人擔任照顧者，使得家庭收入減少。較棘手的危機是家庭成員有藥酒癮或自殺的問題，這些問題容易造成家庭的混亂，也可能削弱家庭的功能，影響甚鉅。

3.經濟：家庭生活的維持，主要來自經濟，若經濟出現問題，家庭許多的基本功能都無法發揮。家中主要經濟提供者突然失業，是家庭經濟危機的常見情形；或者是家中欠下債務無法償還，甚至被逼債；也可能是家中有工作能力者，長期游手好閒不務正業等等；也可能是家中有成員不斷剝削家中經濟，使得家庭陷入困境等等。

總之，上述所提及的家庭危機有時並非單獨發生與存在，產生的問題可能是互相影響或者伴隨而來。但是家庭危機的探討，常會從著眼於家庭問題、家庭能力缺失或家庭功能不彰等負向或病態的看法；有時容易忽視家庭的優勢，家庭系統互動的能力或者家庭資源應用等等家庭可能存在的正向機能。因此，本文強調從家庭的正向能力出發，發展家庭危機的管理策略，提升家庭的參與及有能力的解除或改善家庭的危機。

第三節　家庭危機的管理策略

家庭遭受危機時，雖會影響家庭的功能，但是危機常常也是家庭的轉機，一旦家庭的危機解除，通常會使家庭成員間的情感或家庭狀況得到幫助與改善，也使家庭恢復其功能。何名娟（2004）指出，家庭面對危機處理方式有視危機爲轉機、坦然與家庭成員分享內在感覺、尋求資源的協助、預防發展的危機應有靜態與動態興趣的培養、培養確實有效處理的能力、支持體系的擴展與建立、家庭成員平常即學習建立一同面對問題的團隊默契及培育危機發生時的深度心靈交流能力等等原則。

從正向的觀點協助家庭處理危機，學習因應危機的管理策略，可以從壓力管理、系統觀點、優勢觀點與資源介入等四個方向切入討論。

一、壓力管理

當面臨壓力所帶來的變動時，一般人的反應會經過一段歷程，初期可能會有否認與拒絕此變境，隨之而來的是生氣或憤怒等情緒，再來可能用試探方式以瞭解狀況，此時心境的變化從沮喪漸朝向接受既定無法改變的事實，並進而擺除失落感尋求對策（唐璽惠等，2005）。若從壓力管理的方法而論，常用認知或態度的改變及放鬆技巧訓練著手（謝秀芳，2006）。壓力管理有所謂的ABC-X模式，A為發生的事件，B為當事件發生時家庭的資源，C為對於事件的認知，最後X為所造成的壓力或危機（Hill, 1971）。

具體而言，家庭遭遇變動事件時，端賴家庭當時的狀況，以及對於此事的認知，瞭解家庭目前遭受危機的程度，進而使用合適的因應策略，如認知重建、轉換態度或情緒放鬆技巧等等。以下是因應家庭危機使用壓力管理的實施策略：

1.瞭解危機事件的認知：是幫助家庭實際面對危機事件，如果家庭對於危機事件仍在否認的階段，就要設法協助其接受已發生的事實。
2.危機事件所產生的壓力：當事件發生時，因個別成員對於壓力反應不一，所造成的影響也不同，因此要能瞭解家庭成員對於危機事件所產生的生理及心理的相關反應，以評估個別成員所承受的壓力程度。

3.瞭解家庭慣於因應壓力的策略：家庭對於任何事件都有習慣回應的方式，但是有些回應的方式並不理想，如最常見的方式爲互相指責等等。對於家庭慣於回應壓力方式的瞭解，有助於家庭發展好的管理策略，可能打破家庭以往不合適的處理模式。

4.提升家庭凝聚力：危機可能是轉機，往往重大危機事件，在正向的影響，可能使家庭成員更有向心力。因此，讓家庭成員感受到家庭仍是重要的，特別是情感維繫的功能，有益於提升家庭的凝聚力。家庭的凝聚力可使家庭在面對危機事件時，不至於被社會孤立，較能向外尋求資源。

5.提升家庭復原力：每個家庭在面臨危機時，即使產生壓力，都仍有復原的可能。復原力即指家庭具有改善危機、解除壓力的能力。因此尋找家庭所具有的能力，以及協助家庭提升復原力，則是壓力管理重要的一環。所以熟悉家庭內外的可運用資源，還有掌握家庭成員的特質，都是提升復原力的基本要素。

例如當面對家人的死亡，常會產生很大的壓力，進而造成生活適應或心理適應的危機，特別是對年少的家庭成員而言。家人可以學習以下策略，引領家中幼小成員走過傷痛：

1.瞭解兒童對家庭成員死亡的認知：死亡的議題，可能因文化上的禁忌，在家庭內甚至是學校教育裏，都是較少被觸及的話題，所以很容易使其蒙上負面的情緒或可怕恐懼的色彩。首先應該消除兒童心中的恐懼，化解孩子的害怕與擔憂。依據孩子認知的發展，較小的孩子可以用想像與舉例的方式，較大的孩子可以帶領一起回憶過往。

2.瞭解因爲家庭成員死亡兒童所產生的壓力：在面臨重大事件的時

候，多數兒童產生的明顯生理反應，包括如作惡夢、尿床或吸手指頭等退化行爲；而心理上所造成的影響，則包括如否認、沮喪、焦慮或害怕等等，甚至是創傷後壓力症候群（PTSD）等等情形。如果觀察到兒童有這些現象，應該要進行協助，讓兒童瞭解這些創傷後的反應是正常的，對於退化的行爲，應該給予解釋與說明，避免加重其羞愧與不成熟的感受。再者，家人的情感反應是協助兒童減少創傷影響的重要因素。

3.協助兒童抒發情緒：當面臨親人的死亡，難免有情緒，應鼓勵兒童正向地發洩情緒，並與兒童一起面對可能發生的任何狀況，讓兒童參與處理家人後事的過程，與兒童共同分享生命歷程。如此一來，兒童較能承受傷痛的壓力，也能適時地澄清疑惑，家人的情感更緊密，增加家庭凝聚力。

4.相信兒童具有復原力：兒童隨著不同時期的發展，有其不同的發展任務，在認知與心智發展也會隨著發展，漸趨成熟。相信兒童的潛在能力，是處理兒童面對創傷壓力非常重要的信念，如此才能充實兒童及其家庭的資源，讓兒童具一定成熟度之後，可以瞭解並解讀危機事件的意涵，學習面對親人的死亡，進而走過壓力的生理與心理的影響。

總之壓力管理的策略，在於對於危機事件的認知，透過認知的改變，轉變處理危機的態度與方法，進而解除壓力與危機，回復家庭的功能與平衡。

二、系統觀點

若以家庭系統觀點看家庭的衝突，任何形式的家庭衝突存在四種面向：(1)內在人際衝突：個人內心同時存在兩種衝突意涵，故產生許多的自我的矛盾與衝突；(2)人際衝突：與家中一名或是多名成員有衝突，造成家庭內關係緊張與不安；(3)團體內衝突：家庭內形成小團體間的衝突，可能是父母親結盟，與孩子有衝突，也可能是孩子與父母一方結盟，與另一方相抗衡；(4)團體間衝突：與家庭外團體或機構發生衝突，這些常常發生在家庭受社會福利機構協助，與這些機構的合作產生衝突（楊康臨、鄭維瑄譯，2007）。

從系統的觀點而言，家庭的結構可以分爲個別成員的子系統，如孩子、父母或者共住者等，以及個別成員間互動所形成的次系統，如父母親職、親子關係或手足關係等，以及整個家庭與外界互動所形成的外部系統，如學校、鄰里、社區或社會機構等等。因此，若分析家庭危機時，可以分別從家庭個別成員面臨危機的需求評估起，再瞭解次系統的互動狀況與能力，最後是瞭解家庭與外部系統運作方式、外部資源可能扮演的角色，或是可能得到外部資源的幫助等等，而使得系統間的衝突降低且需求得以滿足，自然能降低危機的衝突。

例如發生兒童虐待危機之家庭的服務處遇，可從系統的觀點評估三個面向，分別爲兒童發展需求、父母的親職能力及家庭環境等等，進而依這三個面向提供服務，終止兒童受虐的風險，以確保兒童在家庭安全無虞地成長。

1.滿足兒童的發展需求：瞭解兒童健康、教育、情緒與行爲發展、自我認同、家庭和社會關係、社會表達能力、自我照顧技巧等發展需求，並且提供合適的協助，促進其需求的滿足。

2.提升父母親職能力：父母的親職能力包括了對兒童的基本照顧、安全的確保、情緒支持、社會刺激的給予、情緒輔導和親子互動的穩定性等等。如果父母親無法具備上述的親職能力，將無法滿足兒童的需求，因此可以協助安排相關的親職教育課程協助父母親，協助其扮演父母的角色。

3.避免家庭環境孤立，建構家庭社會支持網絡：針對家庭的親屬系統、居住狀況、就業穩定度、收入情形、社區資源運用與正式的社會支持的連結等等進行瞭解。家庭可能因爲缺乏相關的資源，使得家庭陷於社會孤立，當其有危機時，也不知如何求援。建構家庭的社會支持網絡，是協助這類家庭很重要的方法，可從家庭的外部系統著手，例如最近的親屬資源、鄰里系統及社區居住的安排，另外，協助有穩定的就業及收入，使家庭免於經濟的匱乏；總之，對於發生兒童虐待的危機家庭，通常由外部的社會福利資源進入協助家庭，如能善用系統的觀點，較能達到解除危機的目標。

三、以優勢觀點（Strength Perspective）

每個家庭雖然看似面臨危機，家庭功能不彰，但是實際上家庭仍具有優勢，而不是只有處於劣勢需要幫助。優勢觀點即是發揮家庭成員的優勢，進而成爲家庭的優勢，評估家庭的需求及強化家庭的支持系統，讓家庭有能力處理所面臨的危機事件，回復功能或平衡的狀態。無論是家庭內成員或家庭外成員介入家庭，使用優勢觀點協助家庭，都應該與家庭是對等與平權的關係。有關優勢觀點作爲，是創造機會讓家庭展現能力，使家庭自主性地發展家庭危機的管理策略。優勢觀點在強化家庭

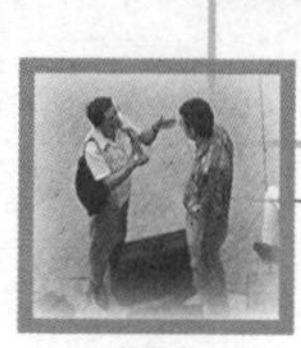

的功能，而不是問題的解決，當家庭有實際的功能，自然有解決問題的能力。

(一)瞭解個別家庭成員的優勢——優勢盤點

找出個別家庭成員、成員間互動及支援網絡的優點。可以從外到內作優勢的盤點，大至經濟資源、居住住所或家人情感的連結，小至兒童能力或氣質、個別成員的個性或做人處事的方式，逐一逐項地檢視，確實找出個別成員可能擁有的外顯或內隱的優勢。

(二)評估家庭的需求

同樣的必須瞭解家庭的需求，並且評估這些需求如何運用家庭成員的優勢達成。優勢觀點強調家庭成員有責任且有能力解決危機，充分評估家庭的需求，也可以提升家庭意願，決定家庭未來的生活。

(三)建構家庭的優勢

藉由生態圖以家庭爲中心，瞭解家庭可能得到或達到的協助，這包括家人的支援、擴大家庭的親屬系統、鄰里的關係、社區福利服務、緊急協助的服務、家庭的決策方式及問題解決能力等等。以家庭爲中心的過程，可以檢視家庭目前的助力與阻力，強化家庭現存的支持系統，化阻力爲助力，滿足家庭的需要，完成家庭的計畫。

例如遭遇外遇危機的家庭，可能因此使得家庭成員彼此的信任關係破壞，即使家庭仍維持，也可能面臨使家庭成員間的互動產生不良的影響。此類的家庭很可能面臨離婚的決定，而使家庭解組，成爲單親家庭。相關的學者提出，單親家庭面臨的問題可能有經濟、工作就業、親子教養、人際關係、身心調適或居住等等（彭淑華，2002；趙善如，

2003；萬育維，2005）。所以有些家庭在外遇事件後，並不希望家庭解組；但外遇事件畢竟會影響家庭，所以必須解除此項危機。如果遇到外遇事件，但期待家庭不至於解組，需要清楚分析然後做決定。其中可以採用的策略有找出家庭的優點（運用家庭圖及生態圖作為評估工具），找回家庭可以運用及改變的優勢；促使家庭成員間有效的溝通，坦然面對外遇所帶來的情緒或情感的衝擊；促進家庭成員間對話，並且鼓勵家人負擔起承諾的責信；促使家庭成員之間相互貢獻各自的技巧及資源，找出達成改變目標的各種方法清單。家庭面臨危機時家庭成員需要主動面對，如果不幸家庭必須解組，也可以在其中找到未來的家庭維持與生活方式。

四、資源介入策略

資源不足常使家庭容易發生危機，或是當危機發生無法解除使家庭陷入困境。因此發展家庭資源管理，以達到家庭需要，是家庭危機管理重要策略之一。所謂家庭資源的管理是動態的過程，家庭資源管理的內涵，主要是能有效運用所有資源，使其達到最高效用，且家庭內的資源管理，不只依靠家庭互動，亦涵括每個家庭成員一起參與和共同協助（江惠瑜，2006）。邱素沁（1990）指出，家庭資源可分為家人資源與環境資源。其中家人資源分成人力資源與物力資源，前者指能力、態度、時間與精力，後者指金錢與物資。環境資源可分為自然資源（有形與無形）與社會資源（泛指制度、人際關係、設施與服務等等）。

目前台灣因為M型化社會來臨，社會貧富差距擴大，個人與家庭隨著社會的變遷產生許多適應不良的情形，特別是急性貧窮的問題，如主要收入者失業而經濟陷困的家庭，或者是家庭收入減少，無法支應基本生活，而導致家庭欠債，甚至走上攜子燒炭自殺等等家庭悲劇。爲此政府提出所謂「高風險家庭關懷輔導處遇」計畫及「大溫暖社會福利」方案，希望藉由增加相關服務方案、服務機構及法規等社會資源的提供，支持弱勢家庭或危機家庭，使家庭功能改善與恢復。這樣因應社會變遷所發展的社會資源，對於資源薄弱的家庭爲其利多，但是仰賴外部所提供的資源非長久之計，重要的是個人及內部系統資源的建構，才能使家庭得以有能力因應危機，而非仰賴外援。

以資源介入觀點處理家庭危機，可以將資源分爲三類，分別爲家庭成員個人性資源、家庭內部系統資源與家庭外部系統社會資源。個人性的資源在於家庭成員各自擁有的優勢，主要強調生理與心理的發展成熟度、社會技巧、人際關係或家庭角色扮演的適當性等等。家庭內部系統資源則是指家庭成員間互動的方式、溝通的技巧、情感維繫、經濟狀況、居住等基本資源。家庭外部系統資源包括朋友關係、鄰里互動、學校適應、工作就業、正式社會支持網絡及國家所提供福利措施等等。資源的介入策略是希望藉由增加家庭的資源，一方面滿足家庭的需要，也避免家庭因爲資源缺乏導致更多的危機傷害；另外資源的介入也包含時效性，當資源的積極介入，家庭的危機至少可以暫爲解除；尤其使用家庭外的資源時，是期待家庭有時間可以恢復其功能，強化其個人與內部系統資源，使得未來有面臨危機的解決能力。

第四節　結論

在文化的架構下，許多社會福利的建構與服務模式都強調在家庭系統。傳統的家庭背負著提供生育、經濟、教育、情感支持、育樂及社會

化等等功能。但社會的變遷使得家庭無法承受種種的衝擊，因應而生的危機，更使得家庭蒙受損傷。個人、家庭、社會與國家對於現今社會的轉變，不應該是獨自的接受挑戰，而應是一體的應對。

當家庭發生危機，強調的是從家庭的正向功能來面對，避免不斷地單向指責家庭，應該擴大家庭責任的範疇，讓家庭不是單獨承受不安與危機。多元化發展家庭危機的管理策略，是使家庭有更多的選擇權，創造家庭的參與機會，讓家庭可以有意願及動機，提升能力以解除或改善家庭的危機。

適當地引進家庭外的資源，是要使家庭能自然與正式社會支持系統合作，以便提升家庭參與改變的動機；協助家庭尋找合適且多元的支持管道，並且從家庭的需求面出發，而不是問題的症狀面；另外鼓勵家庭成員，發揮個別的優點，互相支持與協助；確實降低家庭的風險，使家庭從內而外地面對危機，讓家庭在社會變動與環境變遷下，可以有能量及有彈性地面對衝擊。

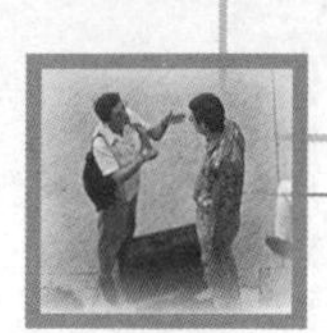

參考書目

中文部分

內政部兒童局（2007）。《推動高風險家庭關懷輔導處遇實施計畫》。取得日期：2007年8月6日。網址：http://www.cbi.gov.tw/chinese_version/2/檔案下載區/兒少保護類。

江惠瑜（2006）。〈家庭資源管理相關因素之探討〉，《網路社會學通訊期刊》，第55期。取得日期：2006年5月15日。網址：http://www.nhu.edu.tw/~society/e-j/55/55-32.htm。

何名娟（2004）。〈有效的處理家庭危機〉，《網路社會學通訊期刊》，第41期。取得日期：2004年10月15日。網址：http://mail.nhu.edu.tw/~society/e-j/41/41-33.htm。

邱素沁（1990）。《家政概論》。台中：復興圖書。

唐先梅（1996）。〈個人與家庭管理〉，載於黃迺毓、柯澍馨、唐先梅編著，《家庭管理》，頁197-221。台北：空大出版圖書。

唐璽惠、王財印、何金針、徐仲欣（2005）。《情緒管理與壓力調適》。台北：心理出版社。

馮燕（2004）。《危機家庭評估指標制訂研究》。內政部兒童局委託研究。

彭淑華（2002）。《建構單親家庭支持系統之研究》。內政部社會司委託研究。

萬育維（2005）。《花蓮縣單親家庭生活概況與福利需求調查》。花蓮縣政府委託研究。

趙善如（2003）。《從家庭生命週期談屏東縣單親家庭之生活需求》。屏東縣政府委託研究。

鄭錦霞（2005）。〈家庭生命週期之探討〉，《網路社會學通訊期刊》，第45期，取得日期：2005年3月15日。網址：http://mail.nhu.edu.tw/~society/e-j/45/45-30.htm。

謝秀芬（1997）。《家庭與家庭服務》。台北：五南圖書公司。
謝秀芬（2006）。《社會個案工作》（第二版）。台北：雙葉書廊。
Taylor, A.原著，楊康臨、鄭維瑄譯（2007）。《家庭衝突處理》。台北：五南圖書公司。

外文部分

Carling, A. (2002). Family policy, social theory and the state. In A. Carling, S. Duncan & R. Edwards (Eds.), *Analysing Families: Morality and Rationality in Policy and Practice.* London: Routledge.

Carter, B. & McGoldrick, M. (1989). Overview the changing family: A framework for family therapy. In B. Carter & M. McGoldrick (Eds.), *The Changing Family Cycle : A Framework for Family Therapy* (2nd ed.). New York: Allyn & Bacon.

Gonzalez-Lopez, M. J. (2002). A portrait of western families: New models of intimate relationships and the timing of life events. In A. Carling, S. Duncan & R. Edwards (Eds.), *Analysing Families: Morality and Rationality in Policy and Practice.* London: Routledge.

Hill, R. (1971). *Families Under Stress: Adjustment to the Crises of War Separation and Reunion.* Oxford: Greenwood Press.

Chapter 12 兒童福利議題與社會福利

蔡嘉洳
中國文化大學兒童福利研究所碩士
中國文化大學推廣教育部講師

第一節 緒 論
第二節 兒童福利的現況與議題
第三節 兒童福利需求與因應策略
第四節 結 論

第一節　緒　論

一、引言

兒童是未來社會的資本，應受到社會之照顧與保護，以助其健全發展，此乃普遍之社會意識，亦是近代世界多數國家強調兒童權的基礎價值，對於兒童福利的重視大體立基於此，無論聯合國兒童權利宣言的主張，抑或近年臺灣社會提出的「兒童人權指標」，其意涵均在於表達成人世界對於兒童的責任與義務，宣示兒童有權依其身心需求得到良好的照顧保護與各種服務，且健康地在社會中成長。因此，兒童權利的重點是讓兒童得到順利發展所需的各種適當照顧和保護，及獲得社會化的機會（馮燕，2004）。兒童處於身心發展之重要基礎期，無論其生理、人格、情緒、認知、語言發展，都將影響其青少年期及成年期之發展，亦是未來社會人力資源品質的關鍵，是故如何營造有利兒童健全成長之環境，乃當今社會積極關切之議題，而推動兒童福利，創造兒童良好的生活品質，促進其身心健全發展是每一個民主社會的追求目標，也是所有人的共識。

由於社會環境變遷快速，往往使兒童生活環境產生劇大質變，也使兒童生活陷入若干危險，大多數國家爲了預防或解決因社會變遷而帶來之問題，將具體行動訴諸社會立法、社會政策與福利服務，我國政府於二〇〇四年修訂兒童及少年福利法，除了整合兒童福利法與少年福利法，並因應當前我國兒童及少年之重大問題，增補較完整的救濟或殘補式之兒童及少年福利，也包含了更多發展取向（developmental orientation）之規範；同時，兒童及少年本身也從保護之客體，變成了權

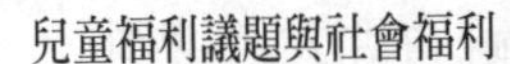

利的主體。站在社會成本的角度來看，發展取向的福利服務能以較少成本換取較大效益，以美國啓蒙計畫（Head Start）之經驗而言，對於貧窮家庭兒童每投資一美元，可獲得三至十七美元的回報（Lynch, 2004）；亦即針對兒童提供預防性服務措施，非但能做爲落實權利概念的基礎，長遠觀之，亦能發揮投資未來人力、減少社會成本的功效。因此，不論就兒童個人、父母親及照顧者、家庭環境、社會環境、政府單位等，都應該重視兒童的需求，提供普遍性或特殊性的服務，以滿足各種兒童及其家庭的各項福利需求。

二、兒童福利的涵義

兒童福利（child welfare）是社會福利的一環，更是一門社會工作專業，兒童福利並無一放諸四海而皆準的定義，其定義常依國家的社會、經濟、文化、政治等發展層次不同而有差異。未開發國家視兒童福利爲兒童救濟；開發中國家視兒童福利不僅是消極的救濟，更要解決各種社會中的不良因素所導致的兒童問題，特別要救助不幸的兒童及家庭（尤其是因貧窮而導致兒童處於不利生存的家庭）；對已開發的國家而言，兒童福利係指促進兒童身心健全發展的一切活動而言（李鍾元，1983；引自郭靜晃、彭淑華、張惠芬，1995）。就此而言，「兒童」是我們在討論兒童福利時的第一個要素，也就是兒童這個對象要如何界定的問題，根據我國兒童及少年福利法第二條：「本法所稱兒童及少年，指未滿十八歲之人；所稱兒童，指未滿十二歲之人……」，然而「聯合國兒童權利公約」中所稱之兒童，係指所有未滿十八歲之人（彭淑華，2004）；另外，美國兒童福利的對象包括十七歲以下的少年，日本則將兒童福利對象擴及十八歲以下（林勝義，2002）。無論如何，在探討兒童福利之涵義時，應思考社會、經濟、文化、政治的差異，一般而言可由下列幾個方向來探討：

1.一九五九年聯合國「兒童福利宣言」（Declaration of the Rights of the Child）：「凡是以促進兒童身心健全發展與正常生活爲目的之各種努力、事業及制度等均稱之爲兒童福利。」（周震歐等，1997；郭靜晃，2004）
2.一九六〇年美國《社會工作年鑑》（*Social Work Year Book*）：「兒童福利旨在謀求兒童愉快生活、健全發展，並有效發掘其潛能，它包括了對兒童提供直接福利服務，以及促進兒童健全發展有關的家庭和社區的福利服務。」（周震歐等，1997）
3.一九九〇年美國兒童福利聯盟（Child Welfare League of America）：「兒童福利是社會福利的一環，以全體兒童及青少年爲對象，提供在家庭中或其他社會機構所無法滿足需求的一種服務。」（林勝義，2002）

整體而言，兒童福利廣義而言是以全體兒童爲服務對象，滿足兒童之需求，並預防兒童問題之發生，一切以保障兒童福祉爲目的；當然也有人以狹義之觀點來解釋，對於兒童福利服務的推動，是以特定兒童（例如低收入戶、身心障礙兒童）爲主要的服務對象，提供其所需的特殊服務。不論以何種觀點出發，基本上對於兒童福利的推展，皆以「兒童最佳利益」爲服務的最高準則。

三、兒童福利與社會福利

自古以來，人類一直以追求安定無虞的生活爲目標，但工業化之

後，社會變遷快速，帶來了複雜的社會問題，傳統的救濟工作已無法勝任，因而社會安全制度伴隨社會改革、政治、經濟及福利的發展逐漸形成。早期福利服務工作是由民間及宗教組織推行，一六〇一年英國伊莉莎白女王提出濟貧法，是當時解決貧窮問題最重要的立法，以救助貧民及失依兒童爲主，爲社會安全奠定基礎（楊靜利，2000）。美國「衛生及人群服務部」將社會安全界定爲：政府透過各項立法而設立的各項社會安全方案，這些方案保障個人不致中斷或喪失謀生賺錢的能力，並補助因婚姻、出生或死亡而增加的支出，此一定義也包括用以協助家庭維持其子女生活必需的津貼（楊瑩、詹火生，1994）；盧政春（2004）則認爲，社會安全泛指一個社會之全體成員在公權力積極作爲下，面對生、老、病、死、傷、殘、失業與長期照護需求等生活風險因素，以及面對生命孕育、養育、保育、教育、就業、合理居住空間以及財產形成等發展需求時，得免於陷入經濟恐懼、免於陷入物質匱乏之一種樣態。因此，社會安全是國家政策之一，以確保人民生活及社會安定爲目的，尤其對個人面臨緊急事故的援助，及對老殘貧病的協助，以能夠維持基本生活所需的所得爲基礎，且透過各項方案的規劃形成一安全網，以滿足人民生活需求。

社會安全既是國家保障國民福祉的重要理念，自當積極落實爲政策與服務。民國九十三年，內政部修正社會政策綱領，主要參酌國際慣例大抵以社會保險、社會救助、社會服務、醫療保健、就業服務、社會住宅，以及教育爲社會政策之主要內容；復考量我國社會福利政策的歷史傳承與實施現況，以社會保險與津貼、社會救助、福利服務、就業安全、社會住宅與社區營造、健康與醫療照護等六大項目爲內涵（內政部社會司，2004）。基於此，社會安全似也可直指爲社會福利的概念，社會福利是指協助個人與社會環境之相互適應，使獲得生活健康爲目的之

有組織活動。具體而言，社會福利可區分為：(1)狹義與廣義的社會福利，前者是只對社會上不幸的人給予物質和金錢上的救助，以及類似的庶務性的服務工作；後者是指對社會上全體民衆的共同需要或人類潛能的綜合性責任。(2)消極性和積極性的社會福利：前者是指只有在正常的社會結構崩潰時，所做的補救殘缺，改善殘缺和填補洞口的社會福利服務活動，這就是傳統補救方式的社會福利；後者是指把社會福利當作現代社會工作的首要制度之一，與其他社會制度協調合作，積極的為健全社會發展目標而努力（詹火生，2000）。

我國社會福利思想遠在先秦時代就有明確的敘述，而以周禮與禮運兩部書之記載最為完善。周禮司徒篇：「以保息養萬民，一曰慈幼，二曰養老，三曰賑窮，四曰恤貧，五曰寬疾，六曰安富。」這六者，即是社會福利的內容，也是社會福利的具體表現。禮運大同篇是極崇高的大同社會福利思想，所謂「故人不獨親其親，不獨子其子，使老有所終，壯有所用，幼有所長，鰥寡孤獨廢疾者皆有所養，男有分，女有歸。」（楊明傑，1998）從早期的福利思想，不難看出以弱勢者的救助為主的救濟式福利，但對兒童福祉的重視，亦可見一斑。

總之，兒童福利是社會福利的一部分，它可能是一種消極的兒童救濟，亦是一種為求解決各種因社會問題所產生的兒童問題的服務，甚至是促進兒童的全面身心發展的推展。因此我們瞭解到兒童在其成長階段，所有的發展都在塑造其人格、健康、生長等等，都必然因投注的兒童福利政策多寡而產生變化。所以在面對兒童福利的議題時，對於兒童本身、家庭、學校乃至於社會環境，都應考量其複雜性與多元性，同時，應力求全面提昇專業服務品質，並制定各項兒童福利政策，推展兒童福利服務，以滿足兒童的需求，創造一個有利於健全的成長環境。

第二節　兒童福利的現況與議題

隨著社會文明的發展，兒童權益保障與需求福祉業已逐漸受到重視，就此而言，「兒童是國家未來主人翁」這句話就不僅只是一句口號而已，更需要具體的落實，即便是世界上仍存在兒童行乞、溺殺女嬰、飽受戰亂或飢荒威脅之難童、女性兒童受教權嚴重被剝奪等問題，甚至於在講求兒童權益之福利國家仍不免有虐待兒童、處於貧窮兒童、親職角色與功能不彰的現象發生，但是世界各國致力於兒童保護與兒童權益維護之理念與努力卻是不爭的事實，對此歐美先進國家在規範「家庭政策」或「家庭福利」時，亦多半以兒童福祉為其考量，顯見對兒童之照顧與養育不只是殘補式福利，亦擴及至發展性、預防性福利（彭淑華，2004）。

睽諸我國兒童生活狀況，大多數兒童在良好的照顧之下，順利成長茁壯，然而隨著社會環境變遷快速，致使兒童生活環境產生劇大質變，也使兒童生活陷入若干危險，諸如育齡婦女的總生育率持續偏低所連帶衍生出來的生育、養育、教育以及少子化家庭的晚年安養問題；在家庭式托嬰與育兒服務已經成為現代父母不得不的替代選擇之下，家庭保母虐待嬰幼兒的不幸案例，卻令人痛心與擔憂；此外，從歷年來台灣地區的十大兒童保護新聞來看，仍然還是以負面事件居多，從內政部2005年及2006年兒童及少年保護安置統計中，遭受虐待進而進入保護安置系統的兒童少年依舊有著可觀的數量（見表12-1）；再者，雙薪家庭的增加，父母無暇照顧子女，放學後四處遊蕩的浮萍兒乏人照顧的情形，亦普遍可見。凡此種種，不但可能形成兒童心理壓力而影響正常發展，更可能會帶來身心創傷，也顯現規劃兒童福利及提供服務的必要性與急迫性。

表12-1 近二年台灣地區兒童及少年保護安置情形

變遷指標			2005年	2006年
保護安置情形	合計	男生 女生	4,957（50.55%） 4,849（49.45%）	5,102（51.05%） 4,892（48.95%）
	仍住在家中		7,512（76.16%）	8,064（80.69%）
	緊急安置	親屬寄養	253（2.58%）	174（1.74%）
		家庭寄養	361（3.68%）	374（3.74%）
		機構安置	295（3.01%）	251（2.51%）
	繼續安置	親屬寄養	160（1.63%）	181（1.81%）
		家庭寄養	705（7.19%）	323（3.23%）
		機構安置	255（2.60%）	215（2.51%）
	死亡		34（0.35%）	31（0.31%）
	其他		231（2.38%）	381（3.81%）
受虐兒少人數	合計	男生 女生	5,005（50.57%） 4,892（49.43%）	5,145（50.98%） 4,948（49.02%）
	0-2歲		1,445（14.60%）	1,341（13.29%）
	3-5歲		1,721（17.69%）	1,626（16.11%）
	6-8歲		1,879（18.99%）	1,968（19.50%）
	9-11歲		2,050（20.71%）	2,054（20.35%）
	12-14歲		1,733（17.51%）	1,890（18.73%）
	15-17歲		1,069（10.80%）	1,214（12.03%）
	族群別	一般 原住民	9,408（95.06%） 489（4.94%）	9,412（93.25%） 681（6.75%）

原始資料來源：內政部統計資訊網，2007。

我國兒童人口數截至二〇〇六年底，共計3,176,997人，占我國總人口數13.9%，同年的育齡婦女總生育率爲1,115‰（內政部統計處，2007），人口出生率逐年下降爲世界趨勢，此一階段爲人生最重要的紮根成長期，讓每一位兒童安全、健康、快樂的長大，是臺灣目前兒童福利政策發展的主要目標。現階段重點工作內容如下述（內政概要，2007）：

1.幼兒照顧：

(1)規劃優質的托育服務：包括規劃辦理保母支持系統計畫、輔導各地方政府結合民間團體辦理保母人員訓練、普設公、私立托兒所、普設課後托育中心、輔導地方政府辦理托育機構評鑑等。

(2)規劃托育補助：包括發放幼兒教育券、開辦中低收入戶幼童托教補助。

(3)推動幼托整合。

(4)建構發展遲緩兒童早期療育體系。

2.兒童及少年經濟照顧：

(1)辦理低收入戶暨弱勢兒童少年醫療補助。

(2)辦理三歲以下兒童醫療補助。

(3)加強危機家庭兒童及少年生活照顧。

3.兒童及少年保護：

(1)訂頒「落實兒童及少年保護家庭暴力與性侵害事件通報及防治工作實施方案」。

(2)設置二十四小時婦幼保護專線「113」及提供兒童及少年保護諮詢、舉報、失蹤兒童及少年協尋及親職教育等服務。

(3)設置「失蹤兒童少年資訊管理中心」，開放「0800-049880」（您失蹤幫幫您）協尋專線，推動兒童及少年協尋與宣導工作。

(4)加強輔導地方政府辦理諮詢、通報、緊急安置、輔導、轉介、實施強制性親職教育及家庭輔導重建服務。

(5)輔導地方政府辦理兒童及少年寄養家庭服務，安置照顧短期內不適宜在原生家庭生活之兒童及少年。

4.兒童及少年福利機構之設置與輔導：

(1)訂定「兒童及少年福利機構設置標準」、「私立兒童及少年福利機構設立許可及管理辦法」、「兒童及少年福利機構專業人員資格及訓練辦法」及「兒童及少年福利機構專業人員訓練核心課程」。

(2)輔導設置兒童及少年安置教養機構，並補助其改善設施設備、強化專業人力與訓練，輔導辦理機構評鑑工作，以提升服務品質。

(3)輔導設置兒童少年福利服務中心。

5.規劃親子季（四至六月）、保護季（七至九月）、活力季（七至九月）、人權季（十至十二月）系列活動，加強國人重視親子關係、兒童少年之育樂成長、保護及重視其權益觀念。

6.少年轉向業務：輔導各直轄市、縣（市）政府協助司法人員對非行少年之轉介服務或安置輔導處遇等工作提供相關資源。

7.兒童及少年性交易防制工作：定期召開跨部會「兒童及少年性交易防制督導會報」；提供兒童及少年從事性交易或有從事性交易之虞者保護服務；輔導設置關懷中心、緊急及短期收容中心。

8.建立跨行政體系協調合作機制：定期召開跨部會組織會議，以整體性、一致性地規劃兒童及少年福利政策，增進兒童及少年福祉。

9.推動兒童及少年犯罪防治：積極推動「預防少年兒童犯罪方案」、確立地方政府設立少年輔導委員會法制化方向；另針對邊緣、非行兒童少年規劃辦理「少年高度關懷團體工作」。

10.兒童少年性教育宣導及未婚懷孕處遇服務：積極配合衛生署辦理跨部會之「推動少年性教育計畫」，結合民間團體辦理兒童少年性教育宣導活動、設置兩性關係及未婚懷孕諮詢專線、輔導設立

未婚懷孕少女安置教養機構及辦理未婚懷孕處遇等服務措施，以建構完善的未婚懷孕支持系統。

從政府當前主要兒童福利措施可以看出除了針對弱勢兒童提供救助之外，對於一般兒童的生活需求亦規劃若干服務，且也涵蓋了預防及發展取向的福利服務在內。對於兒童福祉的重視是作爲文明社會與福利國家的一項發展性指標，就此而言，諸如受虐保護、重病醫治、危機處遇、緊急安置以及孤兒照顧等等以問題取向爲主的弱勢兒童福利工作固然有其迫切執行的優先考量，但是，以正常兒童爲主體所提供的發展取向的一般兒童福利工作，則也是同樣地不可偏廢，例如兒童人權、休閒、安全與托育服務等。終極來看，如何形塑出一個免於恐懼、免於人身安全危險以及免於經濟困頓的兒童照顧服務（child care services）的生活環境，這既是當前政府努力的目標，更是整體社會共同追求的願景。

我國兒童福利服務體系，主要依照Kadushin及Martin以服務輸送提供與家庭功能間的關係所做的分類：支持性、補充性及替代性的兒童福利服務（**圖12-1**）。國內兒童福利服務的分類也常以此爲圭臬，馮燕等學者（2000）更將此分類解釋爲協助庭功能發展、保護兒童發展機會之三道防線：即第一道預防防線（預防家庭功能受損），第二道補充及支持防線（補充家庭功能以支持家庭免受壓力之影響）及第三道治療之防線（提供家庭解組後之安全網絡）。林勝義（2002）爲了考量兒童福利實務之運作，依家庭功能將兒童福利服務內容增加保護性服務。各層次的福利服務具有各自主要功能：支持性服務主要在支持、增進及強化家庭，滿足兒童需求之能力，包括兒童諮商、家庭服務、社區心理衛生中心、保護受虐兒童及被忽視兒童、未婚媽媽服務等；補充性服務主要在彌補家庭照顧之不足或不適當，包括收入補助方案、家庭員服務、托育

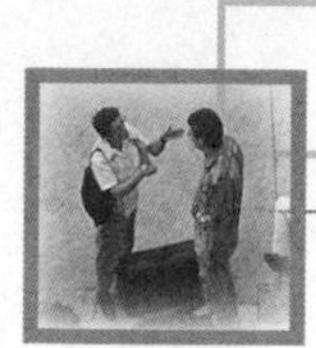

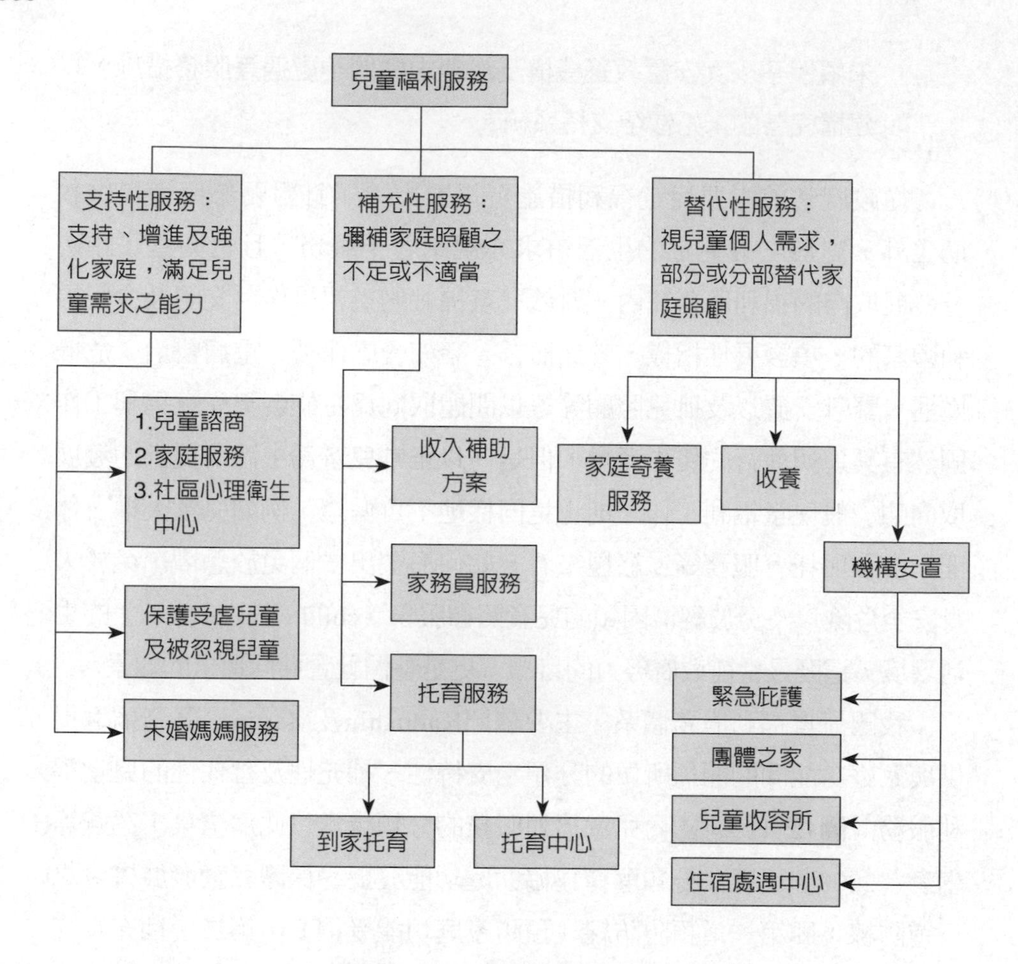

圖12-1　兒童福利服務系統

資料來源：郭靜晃（2004）。

服務等；替代性服務則視兒童個人需求，部分或全部替代家庭照顧，包括家庭寄養服務、收養、機構安置、緊急庇護、團體之家、兒童收容所、及住宿處遇中心等；保護性服務是針對受虐待或被疏忽之兒童，提供適當的處遇，以維護兒童的權利，包括緊急保護服務與家庭維繫服務（郭靜晃，2004：21-23）。

具體而言，兒童福利屬於社會工作之一環，主要藉由專業服務措施來達到支持兒童與照顧兒童，及增進兒童福祉的目標，在政府與民間團體二十餘年來對兒童福利的努力投入與耕耘下，兒童福利已由問題（殘補）取向逐漸轉向加強制度化福利措施的重視，兒童福利的專業性也衍然成形。然而，現今兒童福利服務仍存在若干待改善之議題（王育敏，2007）：

1.托育需求日增，托育品質需政府加強把關：隨著愈來愈多的婦女投入就業市場，托育需求也隨之增加。近年來，有關不合格保母收托幼童、娃娃車超載、腸病毒及食物中毒等事件時有所聞，國內未立案托兒機構或不適任保母充斥，托育安全與品質值得格外重視。中央與地方政府需設立專責人員與單位，規劃相關托育政策，監督托育機構的品質與安全，建立完善托育體系，滿足家庭托育需求。
2.家庭結構不穩定，單親兒童與非婚生子女人數增加：單親家庭兒童或非婚生子女，因爲家庭支持系統相對薄弱與不穩定，在成長過程中承受較多的壓力與風險，相關權益與福利需要專責單位給予支持與保障。
3.兒童受虐問題嚴重，兒童保護工作需加強：兒童虐待事件層出不窮，日益嚴重的兒虐問題，需要兒童專責單位研議因應對策，進一步防止兒童受傷害。
4.貧富差距加大，貧窮兒童增多：根據家扶基金會推估，台灣約有十八萬戶的貧窮家庭需要幫助。如何縮短家庭貧富差距，幫助更多中低收入兒童，需要兒童福利專責單位規劃具體方案推動。
5.中輟人數增加，兒少自殺人數上升：依據教育部統計，八十八學年中輟人數爲5,638人至九十二學年增加爲8,605人，短短四年增加

52.63%，甚至九十學年曾高達9,464人，然其復學率卻僅有六成。在憂鬱自殺方面，研究發現兒少憂鬱症盛行率爲8.66%；自殺意念盛行率高達14.41%。換言之，每一百位兒童、少年中，就有近十五位有想自殺。目前政府資源僅能分配在弱勢兒童照顧工作，尚未有足夠資源投注在兒少心理健康議題，未來需要兒童專責單位提出相關因應對策，以有效防範兒少心理問題再惡化。

綜合上述托育、兒童虐待、貧窮、中輟等問題的嚴重性，可看出仍有許多兒童問題要解決，有許多兒童福利服務需要政府進一步提供，唯有中央設立兒少專責單位因應，投入更多人力及資源，才能強化對兒少的保護與照顧。

第三節　兒童福利需求與因應策略

兒童的最佳利益最重要的是要滿足兒童成長的需求。兒童及其發展歷程中，骨在長、血在生、意識在形成，所以世界上許多事情可以等待，只有兒童的成長不能等待，他的需求要立即被滿足，他的名字叫做「今天」（Gabriela Plistral, 引自王順民，2000）。「如果我們的孩子都不快樂，一切的努力都是徒然無功的。」（Hayes et al., 1990）所以，兒童的需求獲得滿足，才能夠快樂自在地生活，同時才能獲得相當能力滿足其發展階段的發展任務，進而適應社會的期望，以彰顯個人功效及社會功能。

慣常在探討社會福利政策時，需求（need）的概念是基本且必要的，事實上大部分的福利服務方案也正是爲了因應需求的不同而被設計與提供的。然而，需求的界定不可避免地會含涉某些的價值判斷與價值選擇，就此而言，社會福利政策釐定過程當中的首要工作便是希冀能夠更清楚地找出確認需求的方法以及掌握有關需求的各種假設（McKillip, 1987）。在社會福利領域裏最常被援引的需求類型是Bradshaw的類型區分，據以區分出自覺性需求（felt need）、表達性需求（expressive need）、規範性需求（normative need）以及比較性需求（comparative need）（詹火生，1987）。只不過，需求指標本身作爲一項社會和文化性的建構，並且與時俱變，就此而言，如何在人們眞正的需求（real need）與一般性的規範性需求間取得一個平衡點，是一項基本的課題思考。連帶地，扣緊兒童福利關懷旨趣，即便僅僅是在規範性需求的單一思考面向底下（**表12-2**），這也點明出來：對於兒童相關人身權益的保障與看顧是深邃且複雜的，而亟待更爲完整、周全的思考（郭靜晃，2004：18-19）。

由上觀之，需求的界定往往依對象不同而有不同的面向，在政策的整體考量上，應更周延地顧及兒童生活環境中所關聯的各種需求面向。再從需求被具體落實的層面來看，上述各個標的人口需求，仍可以兒童福利服務的四個體系即支持性、補充性、替代性、保護性福利服務加以探討，以下分別說明之。

一、支持性兒童福利服務

支持性的兒童福利服務即是運用家庭外之資源給予原生家庭的支持，也是兒童福利服務的第一道防線，即當家庭結構仍然完整，但家庭關係及親子關係產生緊張，使家庭成員承受壓力，若其壓力持續進行而未能減緩，將導致家庭結構之破壞，如遺棄、分居離居或其他危機時，

表12-2　兒童福利規範性需求一覽表

兒童類型	福利需求項目
一般兒童	專責單位、社工員、托育、兒童圖書館、諮商輔導、親職講座、兒童健保、義務教育、生活教育、安全教育
低收入戶兒童	家庭補助、托兒服務、免費醫療服務、學前輔助教育、免費義務教育
原住民兒童	兒童娛樂場所、親職教育、社工員服務、醫護健康檢查、加強師資素質、營養午餐、母語教學、謀生補習、圖書設備、課業輔導、學前教育、獎勵就學措施
意外事故兒童	親職教育、安全教育、急救照顧措施、醫療措施、醫療補助、心理輔導及諮詢
單親兒童	現金津貼、住宅服務、醫療保險、就學津貼、法律服務、就業服務、急難救助、課業輔導、托兒服務、心理輔導、親職教育、學校輔導
未婚媽媽子女	收養服務、寄養服務、機構收容服務
學齡前兒童	托兒設施、課後托育、假期托育、托育人員訓練、在宅服務
無依兒童	醫療服務、寄養服務、機構教養、收養、收養兒童輔導
寄養兒童	寄養家庭招募、寄養家庭選擇、寄養家庭輔導、寄養兒童心理需求、個案資料建立、追蹤輔導
機構收容兒童	專業人員、學業輔導、生活常規訓練
受虐兒童	預防性親職教育、社會宣導、家庭支持、學校社會工作、責任通報制、危機治療、身體照顧、寄養服務、機構照顧、心理治療、熱線電話、緊急托兒所、社會服務家務員
街頭兒童	遊童保護與取締、緊急庇護、中途之家、替代性福利服務、追蹤輔導
性剝削兒童	家庭社會工作、宣導教育、個案救援、法律保護、中途之家、教育需求、心理輔導、追蹤輔導、專業社會工作人員
失蹤兒童	親職教育、安全教育、智障兒童家庭預防措施、個案調查及管理、尋獲、追蹤、暫時安置、永久安置、傷害鑑定、補救教學
問題兒童	親職教育、常態編班、消弭升學主義、取締電玩、傳媒自清、補救教學、輔導服務、藥物治療、直接服務社工員、鑑別機構、家長諮詢機構、兒童心理衛生中心、行為矯治、觀護制度、法律服務、寄養服務、戒毒機構
身心障礙兒童	心理輔導諮詢、早期通報系統、優先保健門診、早期療育、醫療補助、雙親教室、互助團體、長期追蹤、轉介服務、特別護士、早產兒資料網絡、親職教育、床邊教育、臨時托育、居家照顧、臨終照顧、醫療團隊

資料來源：馮燕（1994）。

也可能產生兒虐事件，則可經由以家庭為本位的計畫及兒少保護機構所提供之支持性服務，並借助家庭本身的力量，增強父母親的努力；致力處理父母的婚姻衝突，設法減低親子關係的緊張，使得家庭功能得以修補、維持、改善，以免兒童少年產生不良之影響（陳武雄，2003），其具體的措施包括有兒童少年與家庭諮詢輔導服務、兒童少年休閒娛樂、發展遲緩兒童療育服務、未婚媽媽及其子女服務等。

(一)兒童少年與家庭諮詢輔導服務

馮燕（1994）受內政部委託所做的「兒童福利需求初步評估之研究」發現：由於家庭照顧與保護功能受損、衰退或喪失之後，導致兒童福利需求日趨殷切，故維護家庭功能是最能預防兒童遭遇不幸之基本防線。王麗容（1992）受台北內政部社會局所委託之「台北市婦女就業與兒童福利需求之研究」發現：台北市兒童之家長對於支持性兒童福利之需求順位相當高，包括：親職教育、諮詢服務、兒童問題諮詢服務、婚姻問題諮詢服務、家人關係諮詢服務等家庭諮詢服務等，占了五成以上。

兒童家庭福利服務在實行方面大致可分為兩類：一為家庭服務機構，其功能在解決個人與家庭的問題，舉凡父母管教子女的問題、家中手足關係緊張、夫妻婚姻關係失調、失業、住屋、工作壓力使得父母扮演親職角色的困難，都可以藉由家庭諮商服務獲得改善；另一為兒童輔導中心，亦為兒童諮詢輔導，主要在於解決兒童適應及行為問題，舉凡兒童發展的問題、人格問題、反社會行為、精神病變問題、心身症、兒童在家庭或學校中與同儕團體關係不佳、學業表現低落、學習困難、情緒困擾等，都可藉由對兒童本身進行輔導諮商來改善兒童的適應問題。兒童家庭福利服務，即為針對兒童本身及其所處的家庭環境兩方面，提

供適當諮詢，雙管齊下，直接及間接促進兒童福祉。

前面所述的是我國目前部分機構所提供的兒童與家庭諮詢服務，但就王麗容（1992）的研究推估顯示，僅台北市一處便有十萬名以上的家長需要支持性兒童福利服務。「一九九二年及一九九五年台灣地區兒童生活狀況調查」亦顯示，家長認爲在面對養育子女時所面臨的困難有兒童休閒場地及規劃化活動不夠、父母時間不夠、不知如何培養孩子的才能或如何帶孩子、課後托育及送托的問題等等，且在管教子女的過程中亦曾遭遇子女愛吵鬧、脾氣壞、說謊、對子女學業表現不滿意、情緒不穩、打架、父母間或父母與祖父母間意見不一致，甚至不知如何管教子女等難題，而處理這些難題的方式，通常是家長採取自己的方法解決，或者是向學校老師、親朋好友求教，而向專業的政府機構或是民間機構求教者未達3%（內政部統計處，1997）。除此之外，家長對於政府所辦理的兒童福利機構或措施的利用及瞭解情形，除了公立托兒所、兒童教育及休閒設施等福利機構較爲知道且利用外，其餘的兒童福利服務措施包括有：兒童生活補助、親職教育活動、個案輔導、寄養家庭、醫療補助、低收入兒童在宅服務、保護專線、兒童養護機構均顯示不知道而未利用。在王麗容（1992）的調查研究中亦有結果顯示，家長認爲目前政府應加強辦理的兒童福利措施包括有：兒童健康保險、增設公立托兒所、托嬰所及課後托育中心、增設兒童專科醫療所、醫療補助、籌設兒童福利服務中心、推廣親職教育、增加兒童心理衛生服務等項目，每一項目均有超過9%以上（最高的有50%以上）的兒童家長人口表示應加強該項福利服務措施。若以一九九二年及一九九五年台灣地區兒童生活狀況調查結果來推算，因應上述需求的綜合性家庭福利服務機構在我國實爲數不多，甚至缺乏，相對地，我國從事兒童及家庭諮詢的專業人員目前亦缺乏整合（內政部統計處，1997）。

兒童福利服務的提供有三道防線，家庭與兒童諮商服務乃屬第一道防線，若能在兒童與家庭出現問題時，立即提供輔導與支持，防微杜漸，或許可預防因為發現問題而使兒童遭受不可磨滅的傷害。

兒童少年與家庭諮詢輔導服務：目前國內所提供相關的兒童少年與家庭諮詢輔導服務，求助的父母親在比率上並不多，大部分的父母在兒童及少年發生問題時，大多採自行解決問題的方式。再加上為維持家中經濟來源的不短缺，父母親必須將大部分的時間投注於工作中，相對地較疏於關心孩子，而衍生了許多的問題。對於政府或民間所提供相關的諮商輔導服務，應多加利用，使兒童及少年所受到的傷害及影響降至最低。

(二)未婚媽媽及其子女服務

台灣究竟有多少未婚媽媽及非婚生子女？據估計台灣約有12.95‰之青少女未婚懷孕。歷年來，從台灣地區人口統計資料中顯示，未婚生子有逐漸增加之趨勢（林萬億、吳季芳，1995；藍采風，1995；林勝義，2002），以及台灣單親中屬於未婚生子類型所占比例也有逐年上升之情況（王麗容，1995；彭懷眞，1999；郭靜晃、吳幸玲，2003）。根據內政部戶政司最新統計的數據，二〇〇三年國內出生之嬰兒數218,900餘人（此為婚生子女數），而非婚生之嬰幼兒數為8,030人，其中有1,800人是透過私下收養或生父出面認領，而有6,184人為「父不詳」。未婚媽媽成為單親家庭，處於「女性貧窮化」及「年輕貧窮化」之雙重的不利因素，如果未能得到正式及非正式資源的協助，都會直接與間接影響其個人及其子女的成長。目前國內之出生率逐年遞減，而非婚生子女數卻逐年上升，其中潛藏了許多令人擔憂的問題。

我國兒童少年福利法第十三條對於嬰兒出生後七日內，接生人應將

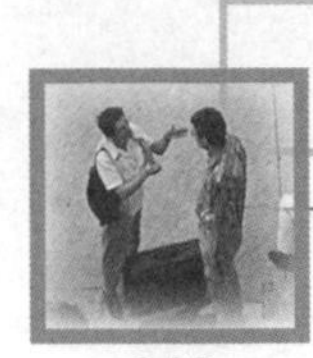

其出生之相關資料通報戶政及衛生主管機關備查，就是預防初生兒流入黑市販賣市場；第十九條第五款：對於無力撫育其未滿十二歲之子女或被監護人者，予以家庭生活扶助或醫療補助；及第十款：對於未婚懷孕或分娩而遭遇困境之婦嬰，要予以適當之安置及協助。這也顯示未婚媽媽及其子女之服務已成爲我社會之問題，不僅政府重視，也經立法給予提供扶助或補助之規定。

未婚媽媽（unmarried mother）係指未有法定婚姻關係而生育子女之女性。從傳統以來，無論中外對於未婚生子的態度皆受到風俗習慣、社會制度、宗教信仰及法律的影響，而呈現污名化（stigmatization），尤其在一夫一妻制的婚姻體系中。時至今日，哈日風盛行，加上媒體的傳播，時下的年輕女性受日本援助交際及社會上包二奶次文化的影響，也造成未婚媽媽的個案數目有逐年上升的趨勢。林淑芬（1987）及Kadushin與Martin（1988）皆指出，形成未婚媽媽的原因很多，包括個人因素（如道德或心理缺陷、生理衝動、性愛詮釋錯誤等）、文化因素（如援助交際、包二奶之次文化）、環境因素（如家庭失功能、色情傳媒、性教育不足、社會風氣開放）、意外事件（如約會強暴、性侵害）及其他（如藥物濫用、不願被婚姻約束）。儘管形成未婚媽媽的成因很多，但青少年成爲未婚媽媽將面臨失學、失業以及失去自信的窘境，接下來的流產、墮胎、自殺等事件也時有所聞，而如果選擇將孩子生下來，日後孩子的照顧、父親的責任確認，也都要面臨考驗。

兒童福利服務不僅要服務孩子也要顧及其家庭，所以未婚媽媽的服務，是從發現媽媽未婚懷孕開始，一直到孩子受到妥善的安置爲止，對孩子的安置，基本上有三種選擇方式：

1.由未婚媽媽生下來，自己撫養或依賴未婚媽媽之家撫養。

2.由未婚媽媽同意，送適當家庭或機構收養。

3.由未婚媽媽同意，由父親或其家庭領養。

國內的「未婚媽媽之家」均由教會或私人機構辦理，提供未婚媽媽產前及產後的照顧、嬰兒保健及心理輔導，這些機構所需要的經費皆靠私人捐贈及地方政府補助，人力及財力都相當有限。

謝秀芬（1987）提出「未婚媽媽之家」設立之原意有五，分列如下：

1.提供給未婚媽媽在懷孕期間的醫藥、精神、情緒、教育及娛樂上的需要。

2.使未婚媽媽有較成熟的情緒，及擁有一般社會人的生活方式。

3.使同類問題的女子生活在一起，交換生活經驗、緩和罪惡心理、減輕對人的敵意、增加自我價值與瞭解、獲得同伴，並參與自我表現的團體活動機會。

4.透過和工作人員的相處，學習一般健全者的作爲，建立良好的生活情況，以改進人格。

5.供給安適的住所、合適的食物、保守私人隱私、免受壓力，使其覺得安全，並養成自治、自決及自己負責的精神。

因此，國內對未婚媽媽的服務措施，可以分爲兩個層面來加以說明（陳淑琦，1997）：

1.社會治療：係指收入維持、住宅、醫療照顧、就業輔導、法律輔導和教育輔導等。

2.心理治療：係指協助處理因懷孕而產生的心理困擾、衝突和緊張的問題。包括輔導和情緒支持有關懷孕媽媽與自己家庭關係的變化、

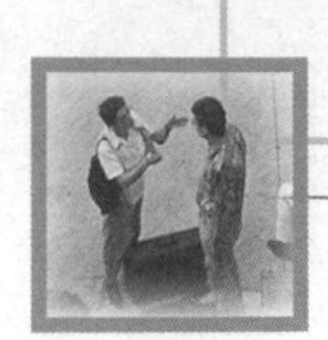

推定父親的關係、與同儕團體的關係、對懷孕的反應與生產的憂慮、對孩子未來的計畫和對自我概念的轉變等等。

就上列之服務內容，在本質上是支持性的兒童福利服務，然而對象是對孩子本身，尤其對未婚媽媽及其子女重獲新生有所幫助，至於對事前的預防及防範措施就少有涉及，這有待相關單位對青少年懷孕之預防。藍采風（1995）就提出未婚媽媽及其子女之福利服務除了提供必須的服務外，對於青少年的性教育、生活技能訓練（含營養、購物、照顧嬰幼兒之技能）、親職教育的輔導（含婚姻與家庭的價值觀），及家庭教育等也必須同時進行，才能減少日後問題家庭的產生和再次產生未婚媽媽。

未婚媽媽及其子女服務：國內目前對於未婚媽媽的服務措施包括了社會及心理治療兩個層面，提供其產前產後的照顧、嬰兒的保健及心理輔導等等服務。但就根本解決之道應加強青少年的性知識教育、家庭教育、生活技能訓練等輔導，以減少問題的產生。

二、補充性的兒童福利服務

補充性的兒童福利服務是兒童福利的第二道防線，也就是利用一些補充性方案，目的在彌補家庭對其子女照顧功能不足或不適當的情況；換言之，當父母親角色扮演不當，導致親子關係的嚴重損傷，透過家庭外之系統給予補充與輔助，使其子女繼續生活在原生家庭中，而不致受到傷害，例如喘息服務、托育服務等。其具體的措施及內容包括：托育服務、居家照顧服務、家庭經濟補助等。

(一)托育服務

托育服務是一種「補充」而非「替代」父母親對孩子照顧的兒童照顧方案；而Kadushin及Martin（1988）則認爲托育服務是一種補充性的兒童福利服務，主要是幫助暫時欠缺母親角色的家庭，並增強與支持正向的親職角色的功能。由此看來，托育服務是具有補充父母角色暫時缺位的功能，「照顧」和「保護」爲托育服務之首要工作，「教育」則爲托育服務的附帶功能。 基本上，無論是主觀的個人感受抑或是客觀的事實反映，在在都說明了「托育服務」已經是台灣一項重要的社會事實（social facts）（內政部，1997）。事實上，從一九九一年及一九九五年內政部統計處所統計的有關學齡前兒童托育之調查報告中顯示：由母親在家帶育幼兒是理想且實際的最大優先順序，但這種相對地位的重要性卻也日漸減緩；相對地，將幼兒送往幼稚園以及托兒所的比例反而有逐漸上升的趨勢。行政院主計處一九九○年報告指出：台灣地區各育齡階段女性勞動參與率調查顯示，有六歲以下子女之婦女勞動率從一九八三年的28%提升到一九九九年的49%，其中46%的職業婦女的子女是三歲以下（引自邱貴玲，2003）。

幼教品質一直以來良莠不齊，加上幼兒教育在國家政策上定位不明，如缺乏幼稚教育之專責單位，幼教相關法令未能明確幼教經費之來源及比例，公私立幼稚園因分配失衡，私立幼稚園學費昂貴，造成家長負擔沉重（heavy affordability）。托育機構之主要機構爲幼稚園與托兒所，分別隸屬於不同主管機關，因管理法規、師資培育管道不同，造成不能在幼稚園立案及取得資格之幼稚園及教師紛紛轉向到社政單位立案爲托兒所，並取得保育員資格。長期以來，由於幼托工作人員薪資偏低、福利差又無工作保障等因素，使得工作人員流動率高，也造成幼

教師資供需之間嚴重失衡，也衝擊整個幼教生態及輸送品質，加上公立托育機構因數量有限，城鄉及地區分布不均，而且托育又有可近性（accessibility）之需求，所以造成幼兒入園所比例低，並且轉移到私資源之親自照顧或委託親人照顧。這些未能解決的問題皆是攸關托育服務品質提昇的首要條件，以及未能紓解國家育兒及兒童照顧之壓力。有鑑於此，教育部與內政部積極整合托兒所與幼稚園，訂定幼托整合方案。

(二)兒童的經濟安全制度

兒童津貼或家庭津貼（children's allowance or family allowance）是給予有兒童的家庭現金給付，以幫助其養育兒童。這是一種不經資產調查（means test），針對某些特定人口群，平等給予一定數額的現金補助（先進國家對年齡的限制，通常定於十五至十九歲）。相對地，另一類的經濟補充方案是家庭補助（financial aid to family），又稱爲所得維持方案（income maintenance program），是要經資產調查，更要符合低收入的門檻，而我國兒童少年福利法第十九條第五款就規定：對於無力撫育其未滿十二歲之子女或被監護人者，予以家庭生活扶助或醫療補助。Pampel及Adams（1992）針對十八個先進工業民主國所做的比較研究中發現：影響兒童津貼方案發展最重要之因素是：大量的老年人口、統合主義結構（corporatism structures），天主教教義及左派執政的政治結構。而兒童津貼即扮演強化傳統家庭制度之功能角色（王方，2002）。

兒童經濟安全制度逐漸由社會保險轉向社會扶助（尤其是兒童津貼）的背景至少有七個因素（蔡宏昭，2002）：

1.經濟安全逐漸由勞動關係的重視（社會保險）轉向家庭關係的重視（社會津貼）。

2.經濟安全的保障範圍逐漸擴大，除了納費式（contribution）的社會保險之外，仍需非納費式（non-contribution）的社會扶助。

3.社會保險的公平性漸受質疑，國民逐漸重視社會價值的適當性。

4.社會保險給付受限於收支平衡原理，難以因應實際需求作大幅改善，而有賴於社會扶助加以補充。

5.低所得階層難以在社會保險中獲得充分的保障（低保費低給付）。

6.社會保險的保費與給付間的累退性減弱了一般國民的信心（繳得越多不一定領得越多）。

7.資方的保費負擔如同僱用稅（僱用員工就必須負擔保費），阻礙了僱用的誘因。

目前，我國的兒童經濟安全制度是以社會扶助體系爲主，且爲地方政府的職責。由於地方政府的財政狀況與主政者的福利觀念差異性很大，所以實施的措施就十分紛歧，給付內容也參差不齊。台北市的兒童經濟安全制度，在措施類型和給付水準上，均可作爲各縣（市）的表率。目前，台北市的兒童經濟安全制度可以分爲五個類型：(1)低收入戶兒童的經濟扶助；(2)一般兒童的經濟扶助；(3)身心障礙兒童的經濟扶助；(4)安置兒童的經濟扶助；(5)保護兒童的經濟扶助。

在低收入戶兒童的經濟扶助方面，有生活扶助、育兒補助、托育補助、子女就學交通費補助、營養品代金、健保費及部分負擔補助等；在一般兒童的經濟扶助方面，有中低收入戶育兒補助、危機家庭兒童生活補助、危機家庭及原住民兒童托育補助等；在身心障礙兒童的經濟扶助方面，有身心障礙者津貼、身心障礙者短期照顧補助、身心障礙者托育養護費用補助、發展遲緩兒童療育補助等；在安置兒童的經濟扶助方面，有寄養補助、收養補助、機構照顧費用補助等；在保護兒童的經濟

扶助方面，則有兒童保護個案法律訴訟費用負擔、兒童保護個案醫療費用負擔、兒童保護個案緊急安置者的餐點、日用品、衣物、上學用品等的負擔（蔡宏昭，2002）。

補充性的兒童福利服務，其主要之目的在彌補家庭對其子女照顧之不足或不適當的情況下，給予家庭系統之外的福利服務。綜觀現今的社會，由於面臨整體社會環境的變遷，包括：人口及家庭結構的轉變（如雙薪家庭及單親家庭數量的增加、家庭核心化）、鄰里力量削減、婦女因經濟因素的刺激外出工作的比率增加等等變化，加上兒童照顧之政策也尙未全面普及。整體而言，台灣現階段兒童照顧政策仍是殘補的提供弱勢兒童，趨向社會救助的補助方式，使得家庭照顧兒童的負擔愈來愈沉重，而受到最直接影響的即是家庭中的兒童及父母。

三、替代性的兒童福利服務

替代性的兒童福利服務是兒童福利的第三道，也是最後一道防線，更是公共兒童福利服務花費最多的時間與金錢資源，目的在針對兒童個人之實際需求，提供一部分或全部替代家庭照顧的功能。換言之，當子女陷於非常危險的境地，需要短暫或永久的解除親子關係，而提供家外安置（out-of-home placements），始能維護兒童少年之權益，安置時間的長短要以「兒童及少年最佳利益」爲考量。本章將介紹替代性兒童福利服務之主要措施與內容，包括：寄養服務、收養服務、機構安置與教養服務及兒童保護服務。

(一)寄養服務

寄養服務，依美國兒童福利聯盟（Child Welfare League of America）

（1959）定義爲：「寄養服務是一種兒童福利服務，爲兒童親生家庭暫時或長期無法提供兒童所需的服務，同時親生父母不希望兒童被領養時，所提供給兒童的一個有計畫、有時間限制的替代性家庭的照顧。」Downs、Costin 與 McFadden（1996）提出寄養服務具有以下幾項特質：(1)寄養服務是由公立或志願性的社會福利機構所提供；(2)當父母不適任或無力撫育兒童時，由社區代替照顧兒童日常生活的責任；(3)寄養服務是二十四小時全天照顧，兒童必須離開自己的家庭；(4)寄養服務又稱家庭外照顧（out-of-home care），可安置於寄養家庭、治療性寄養家庭、小型團體之家或大型的照顧機構；(5)寄養服務是暫時性的安置，最終的目的是兒童能夠回到自己的家庭，或被領養，或達到法定年齡後終止安置（楊葆茨，1998）。

家庭寄養服務僅是寄養服務中的一部分，專指「家庭式」的寄養服務。《社會工作辭典》指出：「一些不能與自己親生父母住在一起的兒童，或無親屬可以依靠的孤兒，或不知父母爲何人的棄童，或因父母患病、入獄而無人照顧的兒童，甚至或因留在父母身旁直接受到不良影響而不得不離開家長的兒童，可以將之安置在適當的家庭中，此種方式的寄養，稱爲家庭寄養。」（蔡漢賢，1992）

寄養服務可分爲家庭寄養（foster family care）與機構寄養（institute care）兩種，但大都均以家庭寄養爲考量，所以寄養服務也可直接稱爲家庭寄養。家庭寄養服務是當提供第一道防線（支持性兒童福利服務）及第二道防線（補充性兒童福利服務）之後，仍無法將兒童留在家中照顧時，才考慮使用的方法。家庭寄養與機構教養（第三節將會提到）所牽涉的是兒童法律保護權（legal custody）的移轉，兒童親生父母仍保有其監護權（guardianship），這不同於收養（包括法律權和監護權兩者同時移轉）。

(二)收養服務

收養又稱爲領養，兩者之區分爲「收養」不具有血緣或姻親之收養關係，而「領養」較具有血緣及姻親之收養關係。收養是寄養關係終止或不適合寄養服務的一種永久性規劃的替代性兒童福利服務。通常收養適用於兒童失親、被遺棄或遭受虐待而使得原生父母權利被剝奪（國家親權主義），收養是指非（直系）血親的雙方，經過法律認可的過程而建立的親子關係，使其不幸的兒童可以得到一個永久的家，同時也爲收養父母覓得子女，視同親生。

收養可分爲兩種方式：一爲私下收養，二爲機構收養。「私下收養」是出養者與收養者私下決定，也就是透過黑市（black market）來收養；而「機構收養」則是透過兒童福利機構安排收養的對象，但兩種方式皆需要經過法院認可的過程才算合法。我國二○○三年國內出生嬰兒218,900餘人爲婚生子女，另有8,030人爲非婚生，其中1,800人透過私下收養或生父出面認養，其餘6,184人爲「父不詳」之未婚生子女，占總出生數的3.5%（《聯合報》，2004）。

(三)機構安置與教養服務

機構安置與教養服務在過去（六○年代之前）一直是兒童福利的主要業務，尤其對於一些貧童、兒童虐待個案、非婚生之子女或原生家庭不適擔任教養角色等。安置服務一般可分爲家庭式與機構式之服務；家庭式之安置又以親戚及寄養家庭之家外安置爲主（已於第一節中介紹），而機構式又以相關教養機構或育幼院爲主，是屬於兒童安置照顧體系裏的最後一道防線。安置照顧的目的在於提供上述兒童臨時式的替代性照顧，待原生家庭功能恢復，再讓兒童返家，如家庭功能已喪失，

再尋找永久性的規劃，如收養家庭。

余漢儀（1995）提出機構安置服務雖然讓兒童、少年免於家人的傷害，但分離的經驗卻也造成孩子心理情緒與生活適應上之困難；而且機構內複雜的人際關係、較不彈性的管理規則，也會造成兒童及少年日後人格及行爲之影響。機構安置的教養（institute care）是政府與民間團體共同對失依兒童所提供的一種團體照顧方式，尤其在對提供兒童安全堡壘的家庭，失去了功能，加上社會資源及支持系統日益薄弱，更衍生社會對機構安置的需求。早期對失依兒童，提供類似家庭給予兒童一些生活照料及學習機會的機構收容，稱爲孤兒院或育幼院，一般是以非營利組織或慈善人士所興建。漸漸地，這些機構收容一些破碎家庭、變故家庭或低收入的家庭（馮燕等，2000），日後隨著社會兒虐事件頻增，此種安置機構遂成爲兒童保護的最後一道護身符，提供家外安置。

機構安置係指兒童因家中遭遇變故或遭受不當教養或虐待，故使兒童不適宜待在原生家庭，因此兒童必須要採取家外安置，而家外安置優先之考量爲寄養服務（暫時性），其次爲收養服務（永久性的規劃），最後才爲機構安置（可爲暫時性及永久性）。所以說來，機構安置及教養之目的是透過安置，給予兒童暫時性或永久性的養育及教育，以協助兒童身心健全成長，以及幫助兒童返回原生家庭或能適應社會環境。

四、保護性的兒童福利服務

保護性福利服務係針對受虐待或疏忽的兒童，提供適當的處置，以維護兒童的權益。一般而言，依據兒童受虐狀況的嚴重性，評估家庭功能是否能夠重整，而有短期與永久的服務計畫（黃瑋瑩，2004：6-11~6-12）。

1.緊急保護服務：兒童因受不當對待情況嚴重時，將兒童與施暴者隔離，以保護兒童生命安全。

2.家庭維繫方案：案家經診斷後，兒童受虐危機程度較低，可經由支持性或補充性服務，像是諮商輔導、急難救助或提供家務員服務，在保持受虐兒童家庭結構的完整下，使兒童及其家庭獲得改善，家庭功能得以發揮，則兒童可繼續在原生家庭成長。而社工員仍需要在期限內予以追蹤訪視，確保相關服務有發揮功效，兒童不再有被虐待或疏忽的情事發生。

3.家庭重整方案：經診斷分析後，兒童受虐危機程度偏高，家庭系統短期內無法改善，因此社工員選擇讓受虐者暫時離開家庭並進行安置。在此同時，社工員也對兒童與施虐者提供輔導與評估，試圖改善原生家庭之親職功能，待其問題改善後，再安排兒童返家。

4.永久安置方案：有些家庭經評估，兒童會持續處於高危機狀態，且案家不可能重建，如此則會同或轉介主管機關，經由法律程序轉移監護權，將兒童少年長期安置。安置途徑則包括長期安置機構或尋找適當之收養家庭等。

整體而言，在目前相關之兒童福利制度及實務上，仍有一些議題亟須面對，包括兒童權利之倡導維護、政策法規的落實、兒童福利專業人員之培育、幼托整合制度的實施、親職教育輔導的落實、特殊境遇家庭兒童之協助與輔導、身心障礙兒童及早期療育工作之推動、兒童保護工作之加強、正確收養理念與服務機制之建立及家外安置服務品質之提升。

第四節　結　論

兒童的福祉不再是單一個人或家庭的責任。反之，它必須是由個人、家庭、社會及政府各階層結合的力量所共同完成的責任或使命。因此，兒童福利工作之推展是要政府組織、非政府組織、學術界及兒童福利實務工作人員的努力及通力合作更是無庸置疑，所以政府應用多元的觀點來保障兒童的權利。兒童福利已不再是單純的人道主義問題，至少目前世界潮流對兒童福利努力的目標，已不只是消極性地針對需要特別救濟和特別保護的不幸兒童，而是更進一步地積極針對每個兒童權益的保護，包括兒童的教育、衛生、社會各方面的福利事業。因此，兒童福利政策可以說是運用一切有效之社會資源，滿足兒童時期生理、心理、社會環境的特殊需求，促使兒童得以充分發揮其潛能，達成均衡且健全發展之目的的計劃或方案，以落實兒童人口之需求與問題的解決，和爲兒童創造健全與快樂的成長空間。

我國兒童福利工作不斷回應外在環境而適時修正調整，未來兒童福利之推動，仍應朝向一些方向發展，包括兼顧兒童保護及家庭維繫、兼顧普及式福利及選擇性福利、兼顧多元文化差異、建構一個兒童照顧之服務體系，及建立兒童福利服務機制與整合兒童福利資源等。

參考書目

中文部分

內政部（2005）。〈現行兒童福利照顧措施〉。取得日期：2007年8月14日，網址：http://www.moi.gov.tw/stat/index.asp。

內政部兒童局網站（2007）。〈台閩地區取得保母技術士證照人數統計一覽表〉。取得日期：2007年8月14日。網址：http://www.cbi.gov.tw/text_version/displayContent.do?method=displayContent&subMenuLinkNo=20532&publishWeb=1&info=兒童福利數據&text=true&targetNo=1&subMenuName=托育服務&displayType=1&publishVersion=1&content=content&menuLinkNo=6&contentNo=20923。

內政部社會司（2004）。〈社會福利政策綱領〉。台北：內政部社會司。

內政部統計處（1997）。《中華民國八十五年台灣地區兒童生活狀況調查報告》。台北：內政部。

內政部統計處（2007）。〈內政統計年報——人口年齡分配、育齡婦女生育率〉。上網取得日期：2007年8月10日。網址：http://www.moi.gov.tw/stat/index.asp。

內政部統計資訊網（2007）。〈近二年台灣地區兒童及少年保護安置情形〉。取得日期：2007年8月14日。網址：http://www.moi.gov.tw/stat/index.asp。

內政概要（2007）。內政部統計處─內政概要。上網日期2007年8月10日。網址：http://www.moi.gov.tw/outline2006/before.html。

王方（2002）。〈福利津貼的社會背景：對兒童津貼發展的省思〉。輯於中國文化大學社會福利學系（主編），《當代台灣地區青少年兒童福利展望》。台北：揚智文化。

王育敏（2007）。〈從兒童福利發展現況論政府組織再造〉。取得日期：2007年8

月14日。網址：http://www.moi.gov.tw/stat/index.asp。
王麗容（1992）。《台北市婦女就業與兒童福利需求之研究》。台北內政部社會局委託研究計畫。
王麗容（1995）。〈單親家庭與社會變遷〉，《單親家庭研討會論文集》（頁24-41）。台中：中華兒童福利基金會。
〈台灣之子，每年被丟棄上千人〉，《聯合報》（2004年5月7日）。
余漢儀（1995）。《兒童虐待——現象檢視與問題反省》。台北：巨流圖書出版公司。
周震歐主編（1997)。《兒童福利》（修訂版)。台北市：巨流圖書公司。
林淑芬（1987）。《未婚媽媽問題之研究》。私立東海大學社工研究所碩士論文。
林勝義（2002)。《兒童福利》。台北市：五南圖書公司。
林萬億、吳季芳（1995）。〈單親家庭的兒童福利政策〉。王明仁等編，《二十一世紀兒童福利政策》（頁165-192）。台中：中華兒童福利基金會。
邱貴玲（2003）。〈托育服務的國際觀：從丹麥經驗談起〉。《社區發展季刊》，101期，頁266-275。
國情統計通報（2007.03.21），〈2006年中低收入戶兒童及少年生活扶助人次表〉。取得日期：2007年8月14日。網址：http://www.dgbas.gov.tw/public/Data/73211602471.pdf。
郭靜晃（2004)。《兒童福利》。台北市：揚智文化。
郭靜晃、吳幸玲（2003）。〈台灣社會變遷下之單親家庭困境〉。《社區發展季刊》，102期，頁144-161。
陳武雄（2003）。〈兒童及少年福利法之剖析〉。《社區發展季刊》，102期，頁131-143。
彭淑華等（2004）。《兒童福利：理論與實務》。台北市：偉華。
彭懷眞（1999）。《婚姻與家庭》。台北：巨流圖書公司。
馮燕（1994）。《兒童福利需求初步評估之研究》。內政部社會司委託研究。

馮燕（2004）。《兒童福利》。臺北縣：國立空中大學。

馮燕、李淑娟、劉秀娟、謝友文、彭淑華（2000）。《兒童福利》（頁184）。台北：國立空中大學。

黃瑋瑩（2004）。〈兒童保護〉。載於鄭鈞元、賴奕志、黃瑋瑩編著，《兒童福利》，第6章。台北縣永和市：群英。

楊明傑（1998）。《我國社會福利之現況與展望——台灣地區福利服務體之初探》。中國文化大學中山學術研究所碩士論文。

楊保茨（1998）。《寄養兒童社會行為、社工處遇與安置穩定性內外控信念之研究》。中國文化大學兒童福利研究所碩士論文。

楊瑩、詹火生（1994）。〈英國社會安全制度——改革與現況探討〉。台北：台閩地區勞工保險局。

楊靜利（2000）。〈社會保險的意義與社會福利體系〉。《台灣社會福利學刊》（電子期刊），1期，頁160-165。

詹火生（2000)。〈社會福利〉，載於蔡漢賢主編，《社會工作辭典》（第四版）（頁307-308）。台北市：內政部社區發展雜誌社。

蔡宏昭（2002）。〈兒童經濟照顧政策〉。輯於中國文化大學社會福利學系（主編），《當代台灣地區青少年兒童福利展望》。台北：揚智文化。

蔡漢賢（1992）。《社會工作辭典》。台北：中華民國社區發展研究訓練中心。

盧政春（2004）。〈台灣社會安全體系之問題與對策〉。載於新世紀第二期國家建設計畫研擬，專題系列三。台北：經濟建設委員會。

謝秀芬（1987）。〈未婚媽媽中途之家所當扮演的角色與功能〉。台北市社會局：為何及如何推展中途之家研討會。

藍采風（1995）。〈從經濟需求面談單親家庭兒童福利服務的實務與政策：美國經驗的借鏡〉。輯於王明仁等編，《二十世紀兒童福利政策》（頁193-222）。台中：中華兒童福利基金會。

外文部分

Downs, S., Costin, L. B. & McFadden, E. J. (1996). *Child Welfare and Family Services: Policies and Practice* (5th ed.). New York: Longman.

Kadushin, A. & Martin, J. A. (1988). *Child Welfare Service.* (4th ed.). New York: McMillan Publishing Company.

Lynch, R.(2004). *Exceptional Returns: Economic, Fiscal, and Social Benefits of Investment in Early Childhood Intervention.* New Brunswick, N.J.: National Institute for Early Education Research, Rutgers University.

Pampel, F. C. & Adams, P. (1992). *The Effects of Demographic Change and Political Structure on Family Allowance Expenditures.*

Chapter 13 少年議題與社會福利

賴月蜜
國立暨南大學社會政策與社會工作博士
中國文化大學社會福利學系助理教授

第一節　緒　論
第二節　少年的問題與需求
第三節　少年與社會福利
第四節　結論——年少輕狂的可為之處

時代的急遽變遷，對於少年的發展也帶來劇烈的影響，在網路e化的時代，科技帶來知識傳播的迅速，但也產生了新的少年社會問題，如網路援交、網路沈迷成癮、不與外界互動的「御宅族」；而少年的犯罪，也從以往的以偷竊爲主，演變到駭人聽聞的殺人強盜重大刑案，越來越履見不鮮，似乎從新聞媒體所見的少年問題，負面的多於正向報導許多，如何透過社會福利服務的提供，協助現代的少年擺脫負向標籤的脆弱「草莓族」，再度展現古代少年「猛志逸四海，騫翮思遠翥」（晉朝陶潛，雜詩）的飛揚壯志，此爲本文探討之主旨。

第一節　緒　論

「少年」這個階段，常被形容爲是生命歷程（life course）中，介於兒童期與成人期之間的一段間隙期（interstitial phase）。各個社會科學，對少年時期強調的觀點有所不同。心理學比較喜歡用青春期（adolescence）這個名詞，從生物及心理觀點，來瞭解少年階段的生理、情緒及性發展上的成熟。政治學者比較關注在他們處於少年階段，所增加的權利與責任。確實有些分析家指出，少年的公民權與成人的完全公民權是有所不同的。社會學家比較常認爲少年與轉變（transitions）的機制有關，從學校到工作的過渡轉變及在原生家庭內的轉變。社會政策採納這所有社會科學的觀點，期待以周延的角度、深入的認識，以探討政策應如何制訂，用什麼方法，才最能滿足少年的需求（Coles, 2003）。

一、少年的涵義

少年期也常被描繪爲在獨立與依賴間搖擺，在自決與受他人決定間失衡的現象，仍然是現今少年階段建構的顯著要素。在少年發展的理論中，從鉅視面而言，源於馬克思與韋伯從角色地位的社會結構進行解釋，及由歷史脈絡中，發展出世代理論（generation theory）；從微視面而言，源自後現代主義思潮，從解構觀點看個別的家庭關係，探討青年在個別環境下的不同（Jones & Wallace, 1992）。「少年」長期以來，一直被界定爲「社會問題」（social problem），而所謂的「問題」包括：未成年懷孕、對教育的不滿（如中輟、逃學）、藥物濫用、失業及犯罪等（Coles, 2003）。少年轉銜至成年之階段，在以往社會主要關注在：離校、進入職場、離開原生長家庭、結婚及建立家庭等五個要素。惟時代的改變，使少年延長了在原生長家庭庇護的期間，及其在學校求學的總期程，故現今普遍的青少年現象爲離校晚、晚進入職場、晚獨立離家及晚婚等（Hurrelmann, 1989）。

法律意義上之少年，一般以年齡爲區分，惟各國對於少年法適用的年齡界定略有不同，有界定少年爲十四歲以上未滿十八歲者，如德國；有界定爲未滿十八者，如美國數州；有界定爲未滿二十歲者，如日本（張甘妹，1986），而我國的少年的界定則爲十二歲以上未滿十八歲者（少年事件處理法第二條、兒童及少年福利法第二條）。惟一九八九年十一月通過的「聯合國兒童權利公約」（United Nations Convention on the Rights of the Child, UNCROC），將兒童的權利由目的上之宣言，變爲有約束力的立法條文，明定兒童應享有的權利及政府應經由立法、司法、行政、福利等方面努力之責任，以保障兒童之權益，此可謂爲兒童權利奠定明確之指標。依聯合國兒童權利公約第一條規定，「本公約所稱之

兒童係指十八歲以下之自然人」，故本文主要探討少年政策，惟在國外所引註參考的文獻法規，爲忠於原文之意涵，仍以兒童稱之，惟雖以兒童稱之，實際上適用範圍係亦涵概我國所稱之少年，在此先敘明之。

二、少年的身心發展

少年在生理發展方面，第二性徵出現使男女在生理上漸有差異，少年的自我特徵與自我觀念密切相關。在少年心理發展方面，分爲認知發展、道德發展、情緒發展及群性發展。少年的認知發展伴隨著強烈的自我中心現象；在是非判斷上，少年逐漸有成人法治觀念之基礎，但卻因爲反抗意識，強烈又缺乏生活經驗，以致無法對道德情境作有效的判斷。少年階段因身心發展及與外界的互動，常有正負多樣起伏的情緒、喜怒無常及難以控制的情緒發生，實係生理和心理發展不同調有關（江福貞，2004；王煥琛、柯華葳，1999）。少年除因其身心發展互爲影響，少年階段爲主要發展團體認同的階段，在意同儕團體的接受與否再加上社會文化對個人的期待及要求，美國芝加哥大學教授Havighurst（1953）提出少年時期的主要發展任務（developmental tasks）：(1)瞭解自我與接受自我（self-understanding and self-accepting）：接受個人身體外表自我，發展合適的性別角色；(2)發展同性與異性的同儕友伴關係；(3)脫離對父母和其他人的依賴，發展情緒上的獨立自我；(4)逐漸發展經濟上的獨立；(5)未來職涯的選擇與準備；(6)發展公民所具備的認知與技術能力；(7)發展社會所期待認可的負責任行爲；(8)對婚姻與家庭生活做適當的準備；(9)建立和諧世界的良知價值觀（摘自王煥琛、柯華葳，1999；高華強，2000）。

三、少年的次文化

少年常被比喻爲「小大人」，而在兒童與成人的夾縫中，少年也形成自我文化以爲出口，少年的次文化也是瞭解少年生活狀況、少年議題的重要指標，江福貞（2004）歸納衆多學者之研究，將青少年的次文化特徵歸納爲：(1)「只要我喜歡，有什麼不可以」的意志高張的自我文化；(2)成群結隊的朋黨文化；(3)獨樹一格的流行文化；(4)澎湃激情的偶像文化；(5)網路電腦電玩的幻想世界的虛擬文化；(6)火星語等抽象難解的流行語文化。以上之次文化似乎都帶有負向性質，讓人感到青少年的次文化似乎都是庸俗的、逸樂的，甚至是反道德的，然而不可忽略的，其實亦有正向功能之次文化，例如：(1)強健體魄的健身文化；(2)犧牲小我的服務文化；(3)動腦探索的研究團體。

青少年的次文化固然褒貶皆具，然而青少年的次文化卻代表著下列深層的意義：(1)展現新穎獨特的創意；(2)完成團體認同的發展任務；(3)抒發情緒；(4)擴大少年社會關係；(5)使少年潛在能力得以激發；(6)增進少年人際交往能力（高華強，2000）。

第二節　少年的問題與需求

一、少年人口及生活概況

台灣近年來少年人口數逐漸下降，八十七年少年人口數約二百一十萬人，占總人口數的9.95%，自九十年開始，少年人口數降至約一百九十萬人，九十四年統計少年人數占總人口數的8.56%（詳如**表13-1**），在少

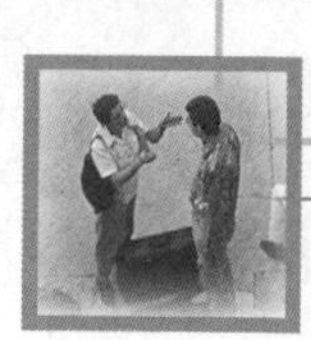

表13-1　歷年十二至十七歲少年單齡人口數概況

年度	87年	88年	89年	90年	91年	92年	93年	94年
12-17歲小計	2,181,983	2,083,263	2,027,945	1,962,266	1,932,701	1,912,023	1,931,153	1,948,681
占總人口比例	9.95%	9.43%	9.10%	8.76%	8.58%	8.46%	8.51%	8.56%
12歲	301,356	309,603	341,683	311,008	335,246	318,595	320,263	326,445
13歲	338,566	301,105	309,456	341,479	310,702	334,833	318,386	320,123
14歲	364,242	338,248	300,830	309,142	341,112	310,265	334,539	318,234
15歲	375,756	364,034	338,048	300,567	308,852	340,645	309,952	334,391
16歲	395,979	375,231	363,559	337,378	300,090	308,322	340,221	309,683
17歲	406,084	395,042	374,369	362,692	336,699	299,363	307,792	339,805

資料來源：《內政部統計年報》（95年2月）。

子化的情況下，少年是否皆受到最適切的照顧，依內政部兒童局九十四年委託文化大學郭靜晃教授完成之「台閩地區兒童及少年生活狀況調查報告」，就少年部分的調查結果發現（內政部，2005）：

1.少年手足狀況：「兄弟姊妹一位」及「無兄弟姊妹」者比例增加，顯示家庭子女數有減少趨勢。

2.少年與知心朋友最常做的事爲「上網、ICQ、MSN」，顯示網路使用日趨普及現象。

3.少年需要協助項目，以「課業升學輔導」最多，而在「不需要任何協助」上，高於五年前情況，顯示少年需要協助項目有減少趨勢。

4.少年對少年福利措施之認知和需求情形：

(1)對法規之認知：與五年前相較，有五、六成少年對相關法規知道但不熟悉，其中以兒童及少年福利法表現最高；處於知道且熟悉者，除「家庭暴力防治法」、「性侵害犯罪防治法」較五年前略高外，其餘均低。

(2)希望優先辦理之福利項目：以增設休閒場所比例最高，其次爲增加課業或升學輔導。

5.未來期許：少年父母及家人對少年未來期許以「繼續升學，獲得高學歷」最高，其次爲「習得一技之長」。

二、少年問題成因與福利需求

少年發展，在社會及家庭結構變遷下，少年問題日益嚴重，從生態觀點分析，少年個人因處於身心發展的困擾中，常有角色混淆、認知偏差、非行行爲衍生；家庭結構以小家庭或隔代教養爲主，家庭因解組、暴力、失親、失業、犯罪等因素導致照顧功能不足，家庭管教方式不一，皆易產生少年偏差行爲。學校教育的「升學導向，智育掛帥」，升學制度的設計問題、學校課程偏重形式理論、教師管教獎懲態度，亦容易使學生逃避學校生活，衍生社會問題。在社會因素方面，因社會的脫序、重功利享樂、輕規範，暴力與色情氾濫，再加上媒體的傳播，使得少年在社會不良氣息的渲染、模仿學習效應下，少年問題越習以爲常。故從生態觀點來看少年問題，個人、家庭、學校、社會層層的環結互有影響，即所謂少年偏差行爲「種因於家庭，惡化於學校，顯現於社會」（王仁宏、林萬億，2004）。

(一)中輟、逃學、逃家問題成因與福利需求

依我國國民教育法、強迫入學條例、兒童及少年性交易防制條例之規範，中輟學生主要包含四類：(1)無故未經請假未到校達三日以上者；(2)未依入學基準到學區所屬學校報到的學生；(3)學生未於註冊日返校完成註冊手續者；(4)完成轉學手續後三日內，未到轉入學校辦理報到

手續的學生。台灣中輟生問題的現象嚴重，雖然近年來透過學校社會工作師及輔導室的努力，協助中輟生復學的比例提高，但復學後對班級的影響，使得校園盛行「找回一匹狼，帶走一群羊」的擔憂與迷失。中輟生的問題成因常除了學校因素外，更有個人原因及家庭影響的多重因素存在，個人學習成就低落、原生家庭功能薄弱、同儕關係由校內延伸至校外，擴大廣度，更嚴重的是中輟學生容易成爲犯罪高危險群，因爲中輟生在與學校及家庭脫節後，容易成爲社會不法分子加害的對象，如被勒索、被強迫從事性交易或販毒等；而其本身亦容易有虞犯或犯罪行爲產生，如打架、偷竊、加入幫派等，因此，從事少年輔導工作及犯罪矯治輔導人員，強烈認爲中輟是許多問題衍生的起點，輟學後的逃學、逃家，在外晃盪的時間拉長，衍生許多的社會問題（黃韻如，2004）。

實務上，由於我國有三日無正常理由未請假未到校的規定，所以許多學生是經常性二日未到校，第三日到校，以逃避中輟通報的規定，蹺課、逃學的情況嚴重，而在少年逃家問題，除了因中輟、逃學後，受到同儕的影響，拉長在社會上的時間，繼而逃家外，而逃家問題更容易發生在家庭喪失功能，特別有家庭暴力、家庭犯罪的情況，因爲當少年逐漸有力量時，即以逃家方式，逃離有問題的家庭，故在輔導逃家的少年時，常有先安置少年的必要，應先協助家庭問題的處遇，而非一味地令其返家，造成重複性逃家問題。因此，從社會福利需求而言，極需專業輔導人員，協助少年提升個人自我認知、學習動機，提供親職教育、個人及家庭諮商輔導，甚至有安置輔導的需求。

(二)少年犯罪問題成因與福利需求

我國少年司法政策的發展，依法務部九十三年各少年法庭審理終結而裁判確定觸法之少年與兒童人數合計爲9576人（法務部，2005），

雖然我國少年事件之處遇效法日本少年司法政策，以「以保護代替管訓，以教養代替處罰」爲本（蔡坤湖，1995；劉作揖，2000；法務部，2005），少年犯之科刑，在九十四年的刑法修訂，廢除舊法未滿十八歲之人犯殺害直系血親尊親屬時，少年犯有可能被處以死刑及無期徒刑之規定，使我國少年刑法給予少年自新，貫徹保護矯正的宗旨（賴月蜜，2005）。惟少年與兒童觸法人數已逐年減少，但再犯率的持續升高、犯罪態樣及手法趨於暴力化、多樣化及複雜化等，都令人更加憂心（法務部，2005）。

少年犯罪以往以微罪、調皮或未受到適當照顧而引起的偷竊爲主，但目前殺人、強盜等暴力犯罪增加，而近年來少年違反著作權的案件也有激增的現象，因爲社會上盜版風氣興盛，再加上許多少年不諳法律，爲打工賺錢，在夜市幫忙販賣盜版產品而觸法。另外，少年也因「兩小無猜」的問題，不瞭解我國刑法對未滿十六歲兒童及少年性行爲禁止與保護之規定，觸犯刑法妨害性自主罪增加，歸結少年犯罪原因多源於自我情緒控制不良、個人問題、家庭問題、青少年次文化、受同儕吆喝壓力、大眾傳播媒體、社區因素、社會不良環境與價值觀等的影響。

我國少年犯罪主要係以少年事件處理法加以規範，少年事件處理法除保障少年健全成長之立法目的及保護優先的立法原則外，尙可見許多的福利取向之措施。以J. O. Finckenauer所提出的四D爲例——「轉向（diversion）、除罪化（decriminalization）、去機構化（deinstitutionalization）、正當程序（due process）」（施慧玲，2001），我國少年事件法的政策與精神也都朝向四D前進，例如在「轉向」部分，係將情節較輕微的少年事件，儘量不經由司法機關，而委由其他各種社會機構處遇協助之，而轉向思想係源於保護少年，免因受法院審判，接受司法處遇後，因社會標籤而加污點，也避免因司法處遇中

相互感染，更易增長犯罪（張甘妹，1986；張華葆，1997）。惟在因應少事法轉向的制度下，少年安置的社會福利需求增加，安置機構如何從傳統慈善救助的模式，轉而提升其專業輔導處遇知能，以因應少年轉向問題的特殊性、多樣性及複雜化，已成爲社會福利在提供少年安置時，當務之急要解決的困境（彭淑華，2005）。

(三)少年藥物濫用之問題成因與福利需求

藥物濫用的四個階段，第一階段：嘗試用藥，偶爾使用菸或酒。第二階段：定期使用菸酒。第三階段：使用大麻，與菸或酒併用。第四階段：使用多種藥物（闕漢中譯，1999）。少年常因交友不慎，自我判斷薄弱，吸菸飲酒進而使用藥物成癮，有鑑於毒品對少年所帶來的身心傷害及少年犯罪的升高，我國八十七年制訂了毒品危害防制條例，加重處罰對毒品的製造、販售及施用，並且規範成人對未成人犯之者，加重其刑至二分之一。菸害防制法亦規定未滿十八歲者，不得吸菸。父母或監護人應禁止未滿十八歲者爲吸菸行爲，販賣菸品之負責人或從業人員不得供應菸品予未滿十八歲者。另兒童及少年福利法第二十六條擴大規範兒少不良行爲之禁止，「吸菸、飲酒、嚼檳榔、施用毒品、非法施用管制藥品或其他有害身心健康之物質」，這些物品皆易使孩子染上菸癮、酒癮、毒癮而有害身體，父母、監護人或其他實際照顧兒少之人，應禁止兒少爲這些行爲，任何人也都不可以提供兒少這些有害兒少發展的物質、物品。因此，在少年藥物濫用議題的處遇方法，應爲藥物濫用的防制、宣導、預防工作，對個別成癮之少年及其家庭進行治療與處遇工作，倡導去除引起藥物濫用的社會情境（林振春，2003）。

(四)網路援交、兒少性交易問題成因與福利需求

在兒童及少年性剝削的議題上，八十四年制訂兒童及少年性交易防制條例，主要係在救援被不法成人利用從事性交易的不幸兒童及少年，加以保護協助，故兒少條例第二章訂爲「救援」專章，爲對不幸兒童及少年加以安置及保護措施，亦加重嫖客、老鴇、皮條客的處罰。惟時代變遷快速，現在被迫從事兒少性交易的孩子減少，反倒是自願從娼的情況越來越多，這些自願從事性交易的孩子對於以往不幸少女也有了新的解讀——「不幸被抓的少女」，以前被迫從事性交易的原因多係貧窮、被脅迫、被控制，而目前自願從事性交易的原因多爲好奇，滿足虛榮、購買奢侈品，應男朋友請求、爲愛犧牲、爲情下海，與家人關係不睦、缺乏關愛、替代需求的滿足，報復男人等（林萬億，2004）。

而在網路興起之際，兒少性交易問題更趨嚴重，透過網路、青少年次文化及同儕影響，更興起兒少的好奇心，也由於兒少對法律的不瞭解，即使沒有眞的從事性交易的行爲，但仍有許多少年因爲在網路刊登暗示性交易的訊息，而以違反兒少性交易條例第二十九條，移送少年法庭。因此，在防制兒少性交易的社會福利需求，除增加對兒少個人及其家庭的輔導外，更應加強性教育、兩性平等教育、生命教育、安全教育及法治教育的貫徹，使兒少本身有正確的價值觀，不致受外在因素影響，也能慢慢導正社會不良的風氣。

(五)未成年少女懷孕問題成因與福利需求

依據勵馨基金會二○○○年的問卷調查，未成年懷孕的主要原因有：欠缺有效的避孕措施、尋求愛與安全感、成年男友的引誘與要求、親子關係不佳、錯誤的性知識與迷思等（摘自郭靜晃，2004）。未成年

懷孕後，最常見的結果有：墮胎、孩子生產後出養、少女扮演單親角色獨自撫養孩子、未成年少女奉子成婚與先生合力撫養孩子（王淑芬，2006）。未成年少女懷孕對子女健康照顧、養育品質及個人的健康、婚姻與家庭等都有不良的影響，也衍生許多社會問題（王淑芬，2006）。未婚懷孕少年的福利需求有：安置需求、妊娠需求、兒童照顧需求、家庭計畫需求、教育與就業需求（任麗華、傅凱祺，2006）。

(六)少年自殺問題成因與福利需求

現代的少年，不僅有少年維特的煩惱，現代少年自殺及精神疾病的問題日益嚴重，主要原因可在於：(1)個人因素，如內分泌失調、精神疾病、人格因素、自我評價低、挫折容忍力不足等；(2)家庭因素，如不良的親子關係，少年覺得父母不瞭解他們，父母婚姻破裂，有家庭暴力存在等，使少年產生壓力；(3)學校社會因素，同儕影響、模仿、人際關係不佳、課業壓力等（高華強，2000）。故就少年自殺防治及心理衛生工作，其輔導部分而言，除落實「精神衛生法」，兒童及少年福利法第十九條規定，直轄市、縣市政府應提供相關福利措施：對少年及其家庭提供諮詢輔導服務、對少年及其父母辦理親職教育、提供少年適當之休閒娛樂及文化活動。期待透過相關諮詢輔導服務的提供，提升家庭的功能、親子互動及解決少年適應問題（賴月蜜，2005）。

第三節　少年與社會福利

Lansdown（1994）依聯合國兒童權利公約的五十四條內容規範，將兒童人權的內涵分為下列三大類型（the three‘P’s’）（Smith, 2000）：

1.供給權（provision rights）：家庭生活最低標準的權利，有權利接受父母親的照顧、健康、教育、社會安全、遊戲、文化與休閒娛樂等。

2.保護權（protection rights）：免於受歧視、身體虐待、性虐待、性剝削、物質濫用（substance abuse）、不法侵害等權利。

3.參與權與自主權（participation or autonomy rights）：公民及政治上的權利，如姓名權、身分權等，及被詢問、被考量、被通知及意願表達自由的權利，及基於自身利益，參與與己身相關的決策過程。

馮燕（1997）在其發表之〈制度化兒童少年福利政策之探討〉一文中，說明兒童及少年在社會上應享有基本人權，和因其成長需要與發展任務而來的福利權、參與權、和特別權。而落實到日常生活中應受到保障的範圍，包括就學、就養、就醫、就業、保護、安置、輔導、育樂等。就法律層面的意義來看，具有保護未成年人功能之法令，除了憲法、民法及刑法上對兒童及少年的基本權益與保護有政策性之宣示外，另有六類法令對行政執行有實質效益：福利服務類、教育類、司法保護類、衛生保健類、勞工行政類和新聞傳播類（馮燕，1997），故在少年福利的提供時，實係著重於行政橫向聯繫的整合與合作。

一、少年福利法規之制定與修訂

法律規範是社會控制的重要機制（吳錫堂等譯，1991），而法律的社會利益功能上有：要求公共安全，追求社會、家庭、宗教、政治等制度的安全利益及追求公共道德、社會資源保護、社會進步、個體生活等的社會利益（鄭哲民譯，1996）。而在兒童及少年權益之推動、兒童及

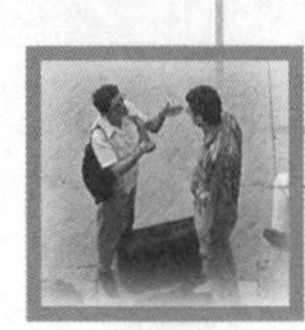

少年保護之執行、兒童及少年福利之提升，則有待於兒童及少年相關法規之制定，以作為政府主管機關在推動兒童及少年福利政策，所依循的指標及準繩（馮燕，2002）。

少年福利法自七十八年公布以來，制訂宗旨係為增進少年福利，健全少年身心發展，提高父母及監護人對少年的責任感，惟規範過於簡略，致使少年福利服務難以推廣。為因應兒童及少年不斷出現的新議題，避免兒童及少年之資源重疊及行政體制的整合，及順應先進國家的兒童法及一九八九年聯合國兒童權利公約，其所指之「兒童」，皆以十八歲以下為規範，故民間團體自八十六年起，即進行兒童福利法與少年福利法二法之合併及其相關議題，嗣終於在諸多紛擾及眾人的合力下，於九十二年完成二法合併之工作（賴月蜜，2003）。此次修法的主要精神及重點有：

1.昭示照顧兒童及少年之責任，加重政府協助父母親管教子女之責任，政府與父母共負親權（parens patriae）之責——父母或監護人對兒童及少年應負保護、教養之責，政府及公私立機構、團體應協助兒童及少年之父母或監護人，維護少年健康、促進其身心健全發展，對於需要保護、救助、輔導、治療、身心障礙重建及其他特殊協助之兒童及少年，應提供所需服務及措施。

2.擴大保護範圍，除兒童及少年遭受侵害，或家庭遭逢重大變故，而有安置之必要者外，增列逃家之兒童及少年，亦得予以安置。另兒童及少年罹患性病或有酒癮、藥物濫用情形者，應予以強制性治療。對兒少的教育方式，應該多些開放及民主，少些禁止及防堵，但在社會變遷越來越快，社會問題越來越嚴重的情況下，為了保護兒少健全成長，除加重父母親對兒少的照顧、教育及管教的責任，

亦不得不就一些容易導致偏差、影響身心健全發展的不當及危險的行爲爲禁止規定，以防範未然。擴大規範兒童及少年不良行爲之禁止，包括吸菸、飲酒、嚼檳榔、施用毒品或管制藥品、飆車、參與飆車行爲，以及閱聽暴力、色情、賭博的各類平面、廣電或網路的出版品。

3.安置期間延長，當兒童及少年有未受適當之養育或照顧、有立即接受診治之必要而未就醫，遭遺棄、身心虐待、買賣、質押，被強迫或引誘從事不正當之行爲、工作或其他迫害，非立即給予保護、安置或爲其他處置，其生命、身體或自由有立即之危險或有危險之虞者，主管機關應予緊急保護、安置或其他必要之處置，緊急安置七十二小時，繼續安置每次以三個月爲限，必要時，得聲請法院延長，不限次數；主管機關對安置期滿或依法撤銷安置者，應續予追蹤輔導一年。

4.重視家庭處遇及增加親職教育時數，著重於整個家庭的處遇計畫，強調兒童及少年的保護事件，除保護其安全與照顧外，更應致力於對原生長家庭的輔導及目睹暴力兒童及少年之輔導，以切斷其暴力代間移轉的影響（余漢儀，1995），及維護其在原生長家庭成長的權利；在提升父母親職方面，將輔導時數擴大爲八至五十小時，並提高不接受親職教育之罰鍰爲三千元以上一萬五千元以下；經再通知仍不接受者，得按次連續處罰，至其參加爲止。

5.保護兒少隱私權，對於兒童及少年保護案件，媒體、行政司法機關文書及任何人，應禁止揭露兒童及少年之身分資訊。安置期間，對兒童及少年之探視，應經主管機關之許可並尊重兒童及少年之意願，非必要之訪問、偵訊、訊問或身體檢查，應禁止之；必要進行時，應由社工員陪同。

二、少年福利服務

少年福利服務的提供，各縣市政府除努力執行法定服務項目外，亦不斷積極推廣創新方案，期待透過社會福利服務的提供，解決少年及其家庭問題，以維護少年及家庭權益。

(一)以家庭爲基礎，提供弱勢兒童少年生活照顧福利服務

■ 建立兒童少年社區照顧輔導支持系統

提供弱勢兒童少年諮商、課輔、寄養安置、親職活動等服務，並培訓志工推動社區認輔制度方式，建立社區兒童少年照顧輔導支持系統，使弱勢兒童少年受到基本生活照顧，提升家庭照顧功能。

■ 推動隔代及單親家庭子女教養及輔導計畫

針對有教養困難問題之隔代及單親家庭進行定期訪視、親職教育、諮詢服務、心理輔導及治療、行爲輔導、課業輔導、寒暑假生活輔導營隊等各項外展服務，提升家庭的親職教養能力與支持。

■ 執行高風險家庭方案

當兒童少年家庭遭遇重大變故、陷入經濟困頓、負擔家計者重病、婚姻關係不穩定、家中成員經常衝突、患有精神疾病或酒藥癮等危機事件，而本身又缺乏有力的支持系統和足夠的資源來處理危機，致兒少未受到適當之照顧，藉由社區中的鄰里、學校、就業輔導系統、民政、衛生、警政、司法人員等，發掘並轉介社區的高風險家庭，由社政單位提供輔導處遇，以預防兒童少年虐待、家庭暴力及性侵害事件之發生。高風險家庭方案提供的服務有：電話會談、家庭訪視、家庭喘息服務、家庭技能訓練、托育服務、諮商服務、轉介服務等，社福單位協助高風險

家庭之資源聯結有：(1)就業輔導資源，媒合勞委會委託辦理職災及失業勞工家庭處遇服務單位協助高風險家庭就業；(2)衛生醫療資源及心理諮商輔導資源，媒合醫療單位或自殺防治中心醫療及諮商資源，協助具有自殺傾向及精神疾病之高風險家庭。

■ 弱勢兒少生活緊急補助

兒童及少年其家庭有下列情形之一：(1)父母一方或監護人失業、經判刑確定入獄、罹患重大傷病、精神疾病或藥酒癮戒治，致生活陷於困境。(2)父母離婚或一方死亡、失蹤，他方無力維持家庭生活。(3)父母一方因不堪家庭暴力或有其他因素出走，致生活陷於困境。(4)父母雙亡或兒童少年遭遺棄，其親屬願代爲扶養，而無經濟能力。(5)未滿十八歲未婚懷孕或未滿十八歲之非婚生子女，經評估有經濟困難。(6)其他經評估確有生活困難，需予經濟扶助。而且家庭總收入平均未達當年度每人每月最低生活費一點五倍者（消費支出80%），全家人口動產（含股票、投資、存款等）平均每人低於新臺幣十五萬元，全家人口不動產（含土地、房屋等）總值低於新臺幣六百五十萬元，有事實足以證明生活陷困，經評估確有扶助之必要，父母、監護人、實際照顧兒童及少年之人或本人得申請兒童及少年緊急生活扶助。

(二)中輟、失蹤、逃家、非行少年及少事法轉向輔導福利服務

■ 辦理家庭外展服務

針對上述中輟、逃學、逃家、非行少年及少年犯罪問題成因及福利需求，加強兒少保護服務，針對中輟、失蹤、逃家之虞犯少年的輔導業務，結合警政、教育資源，少年隊的協尋、學校的輔導，透過跨局處的合作模式，提供少年適切完善的輔導，適時介入並提供定期訪視、心理

輔導、諮商輔導、課業輔導、親職教育、外展服務，並廣納民間資源，提供安置、生活照顧、就業輔導及獨立生活等服務，協助兒少解決偏差行為，及協助兒少正常生活之返家或就學。

■辦理邊緣少年高關懷團體輔導工作

在兒少偏差行為防治工作，推展高關懷兒少高關懷輔導工作，高關懷兒少及其家庭之外展服務工作，外展工作應提升自尊（esteem）及培養復原力（resilience）為策略（胡中宜，2005）。結合民間公益團體針對邊緣、非行少年辦理休閒輔導活動，由專業人員引領活動並融入輔導教育，期望能從活動中導正其行為及偏差價值觀，以落實少年身心健全發展之任務。

■落實少事法轉向之輔導安置業務

依據少年事件處理法規定，強化少年保護措施，輔導各直轄市、縣（市）政府協助司法人員對非行少年之轉介服務或安置輔導處遇等工作提供相關資源。為妥善處理經法院裁定交付社會福利機構安置之兒童少年，除研訂「少年安置輔導之福利及教養機構設置管理辦法」外，另積極與司法機關協商兒童少年機構安置費用分擔事宜。

(三)兒少性交易防制及未成年懷孕防制輔導福利服務

■加強兒少性交易防制教育、性侵害防治及性教育推廣宣導

少年階段正值其青春期之發育，而少年常因對性的好奇及認識不足，而欠缺自我保護能力，故就發生在少年的性剝削或性騷擾、性侵害等，從教育層面而言，散見在相關法令，強調在學校場域施以性教育的重要性。性侵害犯罪防治法第七條，明訂各級中小學每學年應至少有四小時以上之性侵害防治教育課程。前項所稱性侵害防治教育課程應包

括：(1)兩性性器官構造與功能。(2)安全性行爲與自我保護性知識。(3)兩性平等之教育。(4)正確性心理之建立。(5)對他人性自由之尊重。(6)性侵害犯罪之認識。(7)性侵害危機之處理。(8)性侵害防範之技巧。(9)其他與性侵害有關之教育。

■加強兒少性交易防制條例責任通報系統

依兒少性交易防制條例規定，醫師、藥師、護理人員、社會工作人員、臨床心理工作人員、教育人員、保育人員、警察、司法人員、觀光業從業人員及其他執行兒童福利或少年福利業務人員，知悉未滿十八歲之人從事性交易或有從事之虞者，或知道有犯罪嫌疑者，應通報主管機關加以調查。就兒少性交易的個案，從社會福利行政部分，提供兒少性交易防制陪同偵訊、兒少性交易防制後續追蹤輔導、辦理兒少性交易防制加害人輔導教育，並且增加兒少性交易防制關懷中心緊急及短期收容中心設置。

■設置兩性關係及未成年懷孕輔導專線及建構相關補助措施

爲引導少年建立正確、健康之性觀念與性知識，地方政府設置兒童少年兩性關係及未婚懷孕諮詢專線，電話諮詢之內容包含性知識、兩性關係、出養資源、經濟協助、法律諮詢、醫療問題、心理輔導、安置諮詢及性侵害等方面之諮詢服務。另外，就未成年懷孕部分，依其福利需求，補助民間團體設立未成年懷孕少女安置教養機構，辦理未婚懷孕處遇服務，以建構一套完善的未婚懷孕支持系統。

■推動網路巡邏志工訓練，加強兒少網路色情及性交易預防及取締

加強網路分級制度之推動，配合行政院新聞局網站內容分級制度之推動，加強結合民間資源，辦理少年網路安全宣導活動，保護少年免受不良網站內容影響。

(四)少年發展輔導福利服務

各地方政府在少年發展輔導福利服務業務部分，推動多項少年參與社區方案之進行，藉由各地少年服務中心的方案設計及活動的進行，提供少年參與社區服務體驗的機會，增加少年志工招募及提升少年的社區參與的多元化與深度，增加兒少社區參與意見表達及實際參與的機會與空間，使少年得於寒暑假或假日參與社區服務，以實際參與學習體驗志願服務，對社區有更大的歸屬及認同感，及瞭解志願服務的眞諦。

(五)辦理少年休閒娛樂福利服務

在少年生活需求調查中，少年最強烈表達的就是休閒娛樂的不足，因此，各地方政府在辦理少年休閒娛樂福利服務方面，首先著重在兒少休閒場所的規劃設立與管理，並積極結合民間團體資源辦理相關少年休閒活動，在兒少休閒娛樂相關活動舉辦的規劃上，加強娛樂性、體能及藝文性的考量，讓青少年有更多的選擇，以提升其休閒品質；並透過少年發展輔導福利服務及辦理少年休閒娛樂福利服務，增進少年的自我認知，加強其在家庭及學校的適應，使少年能遠離毒品，提升其心理健康，以減少少年自殺的問題產生。

(六)辦理少年職涯探索及就業輔導福利服務

各地方政府在辦理少年職涯探索及就業輔導福利服務業務方面，以加強少年社會服務輔導方案爲主，並開辦弱勢家庭子女工讀輔導方案——提供弱勢家庭子女工讀機會，協助社會福利服務工作。惟目前青少年職涯探索及就業輔導部分，成效有待加強，應橫向聯結勞政單位，就青少年職涯輔導部分專責研究及徹底執行，除開辦工作坊外，亦可增加職場體驗及職業探索等。

茲因在多元的現代社會，雖然升學主義使得就業年齡不斷延後，但仍有不少的孩子是期待及早就業，對於這些未成年但想工作的孩子，就應該要有完善的法規保護這些孩子的工作權，而在勞動條件及工作權益的保障部分，主要還是依據勞動基準法及相關的勞動法規，從福利法規的角度，兒童及少年福利法進一步強調對少年工作的協助與保護，故對於年滿十五歲有進修或就業意願的少年，在兒少法第二十五條明文規定，教育、勞工主管機關應該協助少年，視其性向及志願，輔導其進修、接受職業訓練或就業，勞工主管機關對於一些能提供對年滿十五歲之少年員工教育進修機會且辦理績效良好的雇主，也應該予以獎勵，激發更多的雇主能更照顧到少年工作的需求與發展。亦加強家庭照顧兒少的第一道防線的功能，父母、監護人或其他實際照顧兒少之人，應關心及瞭解孩子的工作環境及工作性質，當有不適當的情況發生時，即應禁止之，善盡保護之責，其次，兒少的議題應是全民大眾一起關心，故任何人亦不得利用、僱用或誘迫兒童及少年從事易影響兒少健康身心建立的工作。

第四節　結論——年少輕狂的可爲之處

現今的少年，姑且不論其轉銜階段的延遲及科技如何發達、全球化如何地進展，雖然現今的青少年已與舊時代的少年有所不同，但少年期之叛逆、矛盾的兩極化心理，在這延遲的發展段中，仍然可以清楚預見。少年的一面是：不耐大人叨念、極欲獨立、展現自己的看法主見、渴望自由、期待展翅高飛、遠走家園；而同時併存的可能是：害怕獨

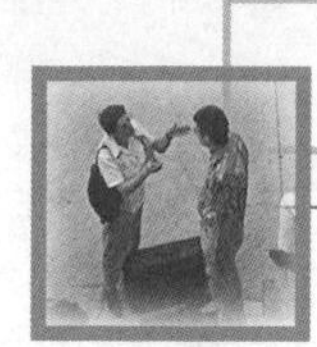

立、對未來及自己的決定沒有把握、擔心失敗、沒有安全感等，故如何尊重其自主性及適時提供其需求，亦成為少年的輔導工作上之難題與重點。少年到成人過度的最大特徵，是由對父母的依賴到獨立及可獨自處理自己日常事務，而「就業安全」即被視為最重要的指標（Irwin, 1995）。在工業社會的今天，個人經濟的成就，更成為決定社會地位的重要關鍵。因此，工業社會經濟競爭的物質化，使大環境瀰漫著向「錢」看的氣息，以金錢物質化建立其社會地位，在同儕之間展示零用錢多寡，及使用現代流行物品，以取得同儕認同，這對少年帶來許多負向的影響（Hurrelmann, 1989）。

少年在進入成年期的階段裏，如何協助其道德及政治上的成熟？而「社區服務」（community service）即被視為是年輕人進入成年期階段中，創造歷史（make history）的政治化與道德成熟的機制（Yates & Youniss, 1999）。社區服務在美國社會裏，對於現行不良的教育體制也的確提供了靈藥良方，在以往的實證顯示，青少年投入志工工作者，較能成為健康的父親（healthier fathers）及較好的公民（better citizens），少年參與社區服務帶給少年許多正向的影響（Yates & Youniss, 1999），一如美國的少年資源委員會（National Commission on Resourced for Youth, Inc., NCRY）的經驗，倘能將焦點重新關注在成人應如何給予少年支持與機會，則少年對社區將發揮難以衡量的貢獻（Kleinbard, 1997）。因此，在美國少年增權與社會行動中，Community & Youth Development Series, Volume 7. *Youth Acts, Community Impacts: Stories of Youth Engagement with Real Results.*的專刊報導中，透過青少年增權（Adams, 1996），例舉了少年參與社會行動的成功典範，例如：Maine州的Lubec水耕農業方案（Lubec Aquaculture Project），即由Lubec當地的高中生，復興了當地衰退的經濟；Massachusetts州的Boston食物方案（The Food Project），即由

當地專業的農夫與學校的實習老師合作，一同帶領著當地的學生，運用少年力量，結合社區，從事農業復興工作，發揮對土地及社區的實際照顧（practice care for land and community）；Pennsylvania州的Philadelphia學生聯盟，也經由學生自發性的聯盟組織，提出對當地教育改革的建議；New York的犯罪問題氾濫，當地的教育錄影帶中心，即以少年自身的力量，由少年自己爲影片製作者或攝影家中的狀況，透過鏡頭下檢視，對犯罪有更進一層的瞭解，不僅減低了少年犯罪，也成爲當地犯罪預防最佳的倡導者（Tolman, Pittman, Cervone, Cushman, Rowley, Kinkade, Phillips & Duque, 2001）。上述例子中，清楚可見少年的確可以創造歷史（make history），而少年的行動（youth action）計畫也都含有以下三項趨勢：(1)少年行動聚焦在少年的需求及其參與的重要角色，以支持少年的學習與發展。(2)以往公民社會的參與及社區參與，逐漸開始重視少年參與其中所帶動的社區發展及領導人發展的新興角色。(3)少年對社區參與的回應，也越來越要求一些是對社會有意義的參與機會（Irby, Ferber, Pittman, Tolman & Yohalem, 2001）。

從正面角度而言，如何提升其經濟與社會地位，高學歷與高技術似乎成爲不可缺少之必要要件，因此，以教育與職業訓練爲管道，增強其社會競爭力。惟在青少年教育過程中，亦應協助其探索與認知，在金錢社會下，對自身之意義與價值。政策制定者應就服務的型態與內容，擺脫世代間之鴻溝，站在青少年的角度加以研究，針對青少年興趣及社會時勢之需求，提供青少年適當的服務機會，使青少年能在社區服務中，以「行動」爲基礎，在助人的歷程中提升其「成就感」，也才能使青年在投入社會服務的活動中，做中學、做中體會，促其自我認同及社會化，發揮其創造歷史之光與熱。

從上述國外的借鏡及我國上述少年相關法令觀之，雖然從各類型

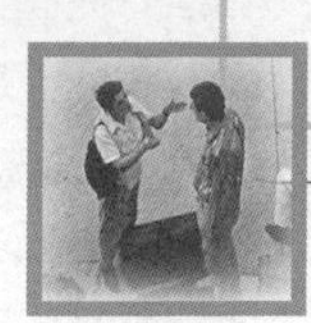

的少年政策法規皆可見其福利色彩，但相關的少年法制仍偏向以消極、殘補及問題導向的政策爲主，目前先進國家對兒童、少年福利努力的目標，已不只是消極地針對需要特別救濟和特別照顧的不幸兒少，而是更進一步地積極針對每個兒童和少年權益的保護，推動教育、衛生、社會各方面的福利事業，以促進少年德智體群各方面的均衡發展，爲改善未來人力資源素質作準備（馮燕，1997）。英國過去二十年的社會工作，更加注重少年倡導的工作，以確保少年服務的品質，以有效、即時的倡導工作，兼具主導及預防的功能，以辨識哪些服務提供的落差將會對少年造成傷害，使孩子不是僅能接受最低標準的服務，而是進而確保每一位少年都能接受到最棒的服務，有最好的結果（Timms, 2001）。

九十一年行政院鑒於暑假期間發生數起稚齡學童遭人爲縱火燒死、性侵害案件，以及青少年飆車、聚衆鬥毆、出入公共營業場所吸食危禁藥品、留連於網咖等等，引起社會各界關切，召開「研商當前少年兒童問題」會議，商討如何針對當前青少年問題提出因應對策，呼籲各相關部會應正視青少年問題之發生非單一機關、單一策略即可解決，必須結合各相關部會及民間團體力量共同防制，並從治本及治標兩方面著手並進。爲協調各相關部會共同推展青少年事務，促進青少年身心平衡發展，健全人格，爰此，成立跨部會協調機制，由院長親自召集，內政部負責幕僚作業，成立「行政院青少年事務促進委員會」，委員會主要任務有：青少年事務政策及重大措施之規劃諮詢事項、青少年教育保障、青少年生活育樂、青少年福利服務、青少年犯罪防治等之政策及措施規劃諮詢事項（行政院青少年事務促進委員會，2005）。

在行政院青少年事務促進委員會二〇〇五年所提出的青少年政策白皮書，其目標有四：(1)促進青少年潛能開發，提升競爭力，促進多元知能發展。(2)協助青少年規劃生涯發展藍圖及適性發展。(3)加強青少年

對台灣本土之瞭解，鼓勵青少年關懷社會，參與公共事務。(4)提出有效青少年問題對策，並營造青少年健全發展之環境，培養尊重生命、關懷社會、具有國家意識與國際觀、有適應力及競爭力之青少年。其實施原則及具體措施：(1)擴大青少年參與公共事務。(2)建立整合性之青少年政策推動機制。(3)強化跨部門合作，活化青少年組織，增進青少年工作者專業能力。(4)充實青少年學校及社會教育。(5)加強青少年職業陶冶及就業準備。(6)培養青少年國際視野。(7)重視青少年休閒運動與本土文化認知。(8)增進青少年身心健康與福利。(9)加強特殊境遇青少年預防保護與輔導發展。(10)加強青少年性教育及性別平等觀念。(11)加強媒體對青少年的正面影響及傳播倫理（行政院青少年事務促進委員會，2005）。就其所推動的青少年政策方案，多爲積極層面及預防角度，故應以此爲出發，積極推動少年法制的建立，及少年法制整合（賴月蜜，2005），並提升社工在法律上的專業（Roche, 2001）及福利服務提供的品質，使少年及其家庭得以因高品質的社會福利服務提供，皆有最適切、健康、正常的發展。

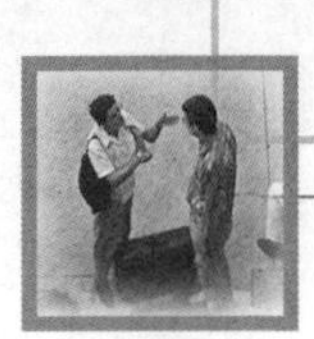

參考書目

中文部分

內政部（2005）。《台閩地區兒童及少年生活狀況調查報告》。

王仁宏、林萬億（2004）。〈問題學生？學生問題？〉，收錄於林萬億、黃韻如等著，《學校輔導團隊工作——學校社會工作師、輔導教師與心理師的合作》。台北：五南圖書出版股份有限公司。

王淑芬（2006）。〈未成年懷孕相關研究整理資料〉。論文發表於陳德成社會福利基金會（主辦），「小父母的天空——多元觀點看青少年懷孕危機處遇研討會」（6月12日）。舉辦地點：台北醫學大學醫學綜合大樓。

王煥琛、柯華葳（1999）。《青少年心理學》。台北：心理出版社。

行政院青少年事務促進委員會（2005）。《青少年政策白皮書》。台北：行政院青輔會。

任麗華、傅凱祺（2006）。〈未婚懷孕少女生育之福利需求與政策內涵——人文區位的分析〉。《台大社會工作學刊》，13期，頁41-107。

法務部（2005）。《93年少年兒童犯罪概況及其分析》。

林振春（2003）。《學校社會工作服務》。台北：學富文化事業有限公司。

林萬億（2004）。〈受家庭暴力、性侵害與性交易的學生輔導〉，收錄於林萬億、黃韻如等著，〈學校輔導團隊工作——學校社會工作師、輔導教師與心理師的合作〉。台北：五南圖書出版股份有限公司。

胡中宜（2005）。〈發現街頭的春天：危機介入取向之外展工作模式探究〉。論文發表於實踐大學主辦，「兒童少年之社會工作危機問題與處遇研討會」（6月3日）。舉辦地點：實踐大學台北校區。

高華強（2000）。《理解青少年問題——透視新新人類》。台北：師大書苑有限公司。

吳錫堂、楊滿郁譯（1991）。《法律與社會》。巨流圖書（譯自Friedman, L. M. (1977). *Law and Society: An Introduction.* Prentice-Hall, Inc.）。

郭靜晃（2004）。《兒童少年福利與服務》。台北：揚智文化事業股份有限公司。

郭靜晃等著（2002）。《當代台灣地區青少年兒童福利展望》。台北：揚智文化事業股份有限公司。

張甘妹（1986）。《刑事政策》（二版）。台北：三民書局。

黃韻如（2004）。〈中途輟學學生的輔導〉，收錄於林萬億、黃韻如等著，《學校輔導團隊工作──學校社會工作師、輔導教師與心理師的合作》。台北：五南圖書出版股份有限公司。

馮燕（1997）。〈制度化兒童少年福利政策之探討〉，《社會政策與社會工作學刊》。第1卷第2期，頁73-98。

馮燕等（2002）。《兒童福利》（第二版）。空中大學。

彭淑華（2005）。〈寧缺勿濫？寧濫勿缺？──兒童少年保護工作人員安置機構抉擇困境之研究〉。論文發表於實踐大學主辦，「兒童少年之社會工作危機問題與處遇研討會」（6月3日）。舉辦地點：實踐大學台北校區。

鄭哲民譯（1996）。《法律社會學》。巨流圖書（譯自Evan, W. M. (1980). *The Sociology of Law: A Social-Structural Perspective.* The Free Press.）。

蔡漢賢（2002）。〈法規訂修〉，收錄於葉肅科、蔡漢賢主編，《五十年來的兒童福利》。內政部兒童局。

賴月蜜（2003）。〈兒童及少年福利法合併修法之歷程與爭議──民間團體推動修法之經驗〉，《社區發展季刊》。第103期，頁50-65。

賴月蜜（2005）。〈我國青少年政策及其相關法令之規範〉。論文發表於文化大學主辦，「邊緣／高風險青少年社區及外展工作理論與實務研討會」。台北：文化大學曉峰國際會議廳。

闕漢中（譯）（1999）。《兒童青少年社會工作》。台北：洪葉文化事業有限公司（譯自Paula, A. M. (1995). *Social Work with Children and Addolescents.* Longman Publishers USA.）。

外文部分

Adams, R. (1996). *Social Work and Empowerment.* MacMillan Press.

Coles, B. (2003). Young people. In Alcock, P., Erskine, A. & May, M. (eds). *The Student's Companion to Social Policy* (2 ed.). Oxford: Blackwell Publishing Ltd.

Hurrelmann, K. (1989). *Social World of Adolescents: International Perspectives.* New York: de Gruyter.

Irby, M., T. Ferber, K. Pittman, J. Tolman & N. Yohalem (2001). *Youth Action: Youth Contributing to Communities, Communities Supporting Youth.* Community & Youth Development Series, Volume 6. Takoma Park, MD: The Forum for Youth Investment, International Youth Foundation.

Irwin, S. (1995). *Rights of Passage: Social Change and the Transition From Youth to Adulthood.* UCL Press.

Jones, G. & C. Wallace (1992). *Youth, Family, and Citizenship.* Open University Press.

Roche, J. (2001). Social work values and the law. In Cull, L. A. & Roche, J. (eds). *The Law and Social Work- Contemporary Issue for Practice.* The Open University.

Kleinbard, P. (1997). "Youth participation: Integrating youth into communities", *Service Learning: Ninety-sixth Yearbook of the National Society for the Study of Education (Part I)*, Chicago, IL: NSSE, pp.1-18.

Smith, A. B. (2000). Children's rights: An overview. In Smith, A. B., Gollop, M., Marshall, K. & Nairn, K. (eds). *Advocating for Children- International Perspectives on Children's Rights.* University of Otago Press.

Timms, J. (2001). The development of advocacy services with and for children and young people. In Cull, L. A. & Roche, J. (eds). *The Law and Social Work-Contemporary Issues for Practice.* The Open University.

Tolman, J., K. Pittman, B. Cervone, K. Cushman, L. Rowley, S. Kinkade, J. Phillips & S. Duque (2001). *Youth Acts, Community Impacts: Stories of Youth Engagement with*

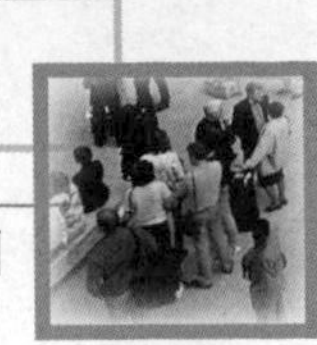

Real Results. Community & Youth Development Series, Volume 7. Takoma Park, MD: The Forum for Youth Investment, International Youth Foundation.

Yates, M. & J. Youniss (1999). *Roots of Civic Identity.* Cambridge University Press.

網路部分

內政部（2006）。〈內政部統計年報〉。取自內政部網站。線上檢索日期：2007年8月6日。網址：http://www.moi.gov.tw/stat/。

江福貞（2004）。〈其實你不懂我的心——由青少年身心發展特質談青少年次文化〉。《網路社會學通訊期刊》，第40期，2004年6月15日。取自南華社會所網站，線上檢索日期：2007年5月10日。網址：http://mail.nhu.edu.tw/~society/e-j/40/40-26.htm。

Chapter 14 婦女議題與社會福利

邱貴玲
美國哥倫比亞大學社會工作學院博士
中國文化大學社會福利學系助理教授

第一節　緒　論
第二節　婦女研究相關理論
第三節　婦女的福利需求與因應策略
第四節　結　論

第一節 緒 論

「婦女撐起半邊天」，婦女占全世界總人口的二分之一強，但婦女擁有投票權的歷史卻不到一百多年。台灣社會積極關心婦女相關福利議題，更是一直到一九八〇年代「婦女新知」等雜誌社的出現，推動婦女運動，並隨著政治解嚴，各種婦女團體如雨後春筍成立，社會議題蓬勃發展，婦女福利的關照才日漸在台灣社會中成型。

時代跨進二十一世紀以來，社會環境生活改變，隨著婦女教育率提高，就業率增加，現代婦女對於本身的福利意識也日漸提升。過去，許多相關婦女的社會議題，即使直接關係到婦女需求，因婦女權益未受重視，因此常被歸類於一般社會問題。例如，「家庭暴力」問題被視為家庭問題；「婦女人身安全」問題被歸屬為犯罪問題；「婦女經濟安全」問題被列為社會貧窮問題；「婦女就業需求」被視為一般勞工問題；「托育問題」劃歸為兒童福利問題等等。

這些和婦女生活福祉息息相關的婦女需求，隨著社會福利觀念的進步和婦女意識的提升，社會開始察覺到婦女作為一個族群，相對於這些常見的社會問題，婦女生活有其特殊的需求和不同影響。

更重要的，由於台灣社會快速發展，人口變遷，家庭結構改變，衍生出「家庭核心化」、「人口老化」、「少子化」、「雙薪家庭增多」、及「外籍配偶增加」等現代社會現象，使婦女在面對多重的社會議題時，家庭和社會的角色更加多元，在家庭、職場和社會分工的責任和角色也更加多重。因此，婦女作為一個獨立的社會福利議題探討，成為世界的趨勢，也是台灣社會福利未來發展的一個重要方向。

第二節　婦女研究相關理論

一、自由主義女性主義

自由主義女性主義是以十九世紀初興起於西歐的自由主義爲基礎，以女性爲對象，探討人類社會關係的女性主義。

自由主義講求「理性」、「平等」、「自由和個人主義」，認爲人類是基於理性思考，以理性作選擇，因此法律的約束在自由主義的社會中，是重要的人員行爲約束準則。

自由主義認爲，人類都有一己之私，在「理性」的選擇下，每個人都希望得到對自己最有利的結果。所以，只有在人人「平等」的基礎下，才能保持公平，因此必須制定法律，讓每一個人得以遵守法律，這樣每個人才能保障自己想要的權利（林芳玫，2004）。

爲了追求自由和個人的選擇，自由主義女性主義也認爲，女性要以自我選擇爲優先，發揮自我潛能，以發展自我人生爲存在的目的。換句話說，女性的第一個也是首要社會角色就是自我，因此女性的自我高於傳統的妻子、母親、媳婦等由家庭來定義的社會角色（Fridedan, 1963）。Fridedan在一九六〇年代，出版了劃時代的名著《女性迷思》（*The Feminine Mystique*），直批當時美國社會視爲理所當然的女性身爲家庭主婦的角色，認爲社會塑造一個快樂、幸福、滿足，每天相夫教子的家庭主婦形象，使得女性陷於這個家庭迷思而不自知。讓許多受過高等教育的婦女走入家庭後，就陷入家庭生活的角色，而家庭生活又是沒有薪資、沒有實質報酬的工作，讓女性更無法獨立於家庭定義角色之外。包括出外工作、經濟獨立自主，而如果女性單身或離婚恢復單身，在沒有家庭角色的保障下，生活就更加困難（Fridan, 1963）。

自由主義女性主義因此認爲，要追求兩性平等的社會，在「理性」、「平等」、「自主」的前提下，最重要的也是第一要做的，就是透過法律保障婦女的權益（林芳玫，2004）。包括：

1.廢除歧視性的法律。例如，民法中有關子女繼承部分，夫妻財產由丈夫管理、子女從父性優先、子女監護權等問題，任何對女性有所不公平的待遇，都必須廢除。

2.中性的法律。自由主義女性主義認爲，法律不需有性別區分，最高工時、最低工資等，都需維持中性，不因性別而有差別待遇。

3.制定反歧視法律。需明文禁止任何對性別不得有任何歧視。如過去的單身條款、禁孕條款等，不僅要廢除，更要立法禁止未來再出現類似歧視的法律。

4.以法律加速性別平等的推行。以法律保障兩性平等，如「兩性工作平等法」、「反性騷擾法」等，以保障兩性的平等。

二、社會主義女性主義

自由主義女性主義強調「理性」、「平等」、「自由」，爭取平權，但自由主義女性主義以法律保障追求兩性平等的主要訴求，也受到其它各家的挑戰和批評。自由主義女性主義雖然追求兩性平等，以兩性相同爲訴求，講求「中性」和「無性」，強調女性和男性一樣好，可以做一樣的事，基本上還是以男性爲標準（林芳玫，2004）。然而，無論如何強調中性和無性，兩性本質還是不相同，兩性的生理差異也無法改變，加上社會結構的因素，即使用樣是女性，所可以使用的社會資源和

生存條件，還是有所不同。

社會主義女性主義當代學者（Jaggar, 1983; Hartmann, 1993）因此認爲，自由主義女性主義，所追求的平等、自由，不可能在資本主義的父權社會中實現，只有法律保障，不足以使女性跳脫人類社會的性別分工現象，例如職業婦女的產假、育嬰假等婦女特殊需求，都是反資本主義運作的，更重要的是，自由主義女性主義忽視了「階級」的差異，即使同爲女性，但階級不同生活的資源和自由的意涵也有所不同。

從階級的角度出發，社會主義女性主義因此從不同的女性議題，提出另一種探討追求兩性平等的出路，包括以下幾種訴求（范情，2004）：

(一)家務分工議題

當代社會主義女性主義學者認爲，家庭勞動有其特殊的價值。經由婦女的操持家務的勞動，家庭才得以維持食衣住行生活所需，所以家務勞動也有其交換的價值，家庭婦女的勞動，因此和出外在職場工作的婦女一樣，也有其勞動的價值。

社會主義女性主義因此主張「家務有給制」，認爲婦女在家中提供的服務也是一種再生產勞動力，以家庭勞動的方式貢獻社會，有其使用價值，因此應該給予酬勞。

(二)女性再生產的自由

社會主義女性主義認爲，再生產（reproducation）包括生育、養育，對婦女的限制如果不排除，婦女無法得到解放和自由。因此，再生產的自由意味，婦女可以決定生育的自由，包括墮胎的權利、避孕的權利和養育的權利。讓婦女可以自己掌握，「是否」，和「何時」，與「何人」生育小孩的權利。

社會主義女性主義認爲，家務異化了婦女對公共事務的參與，讓婦女侷限於家庭的領域中，讓婦女在經濟和生活上更依賴男性。所以公共責任和社會參與非常重要，因此要提供國家托育服務，讓養育子女的責任由社會來共同負擔，減輕年輕婦女被家庭責任異化的負擔。

(三)婦女和勞動市場

基於以上「再生產」自主的思考，社會主義女性主義認爲，女性投入勞動市場，經濟獨立，可以促進兩性和階級的平等。但因爲家庭的兩性分工依然存有，尤其是女性的生育、養育問題，沒有因爲女性加入勞動市場而改變，因此爲了保障婦女的勞動權益，應提供充足的托育設施，讓婦女享有有薪產假、育兒假等相關福利。

(四)婦女組織

社會主義女性主義也主張，婦女保有獨立的婦女組織，以保障婦女的權利和發聲管道，爭取跨階級的婦女權益。

三、後殖民女性主義

隨著經濟「全球化」的發展，「後殖民女性主義」也逐漸興起。後殖民主要以時間爲指標，指帝國殖民主義沒落後的國際局勢。後殖民主義女性主義有時也稱爲「第三世界女性主義」，以區分於以西方世界爲主體的第一世界和冷戰時期的共產國家。

後殖民女性主義最重要的主張，就是將兩性平等議題，從跳脫自由主義女性主義的「性別」不同，也超越「社會主義女性主義」、「階級

差異」，而將兩性問題再多加一層「國族」的思考（邱貴芬，2004）。

後殖民女性主義學者認為，婦女運動不只是性別抗爭，而且還要和國家政治運動結合。因為沒有國族的平等，兩性的平等也無法達成（邱貴芬，2004）。社會中婦女遭受性別、階級、族群、國族的壓迫案例不斷，過去如原住民女性從娼，台灣、韓國婦女被日本軍隊充當慰安婦，又如近幾年來的外籍配偶、外籍幫傭、大陸新娘等，都不只是兩性問題，也是國族問題下的兩性平等問題。在全球化的經濟體制下，往往有愈來愈多的第三世界婦女成為最底層的廉價勞工，全球化的發展中，第三世界血汗工廠的女工，也因此成為最弱勢的一群。

從後殖民女性主義的角度思考，邱貴芬提出（2004），兩性問題在全球化的特殊環境下，也是國家、政治、經濟、環境的問題，婦女問題無法只侷限於兩性平等的思考，而要以更宏觀的視野，探討包括兩岸婚姻、財產繼承、國防預算，婦女福利資源比例、台商問題等，這都是兩性平等的延伸問題，需要追求兩性平等的工作者更積極的思考和參與。

第三節　婦女的福利需求與因應策略

一、婦女就業與家庭照顧

長久以來，托育問題一直被視為是影響世界各地婦女就業的一項重要關鍵因素（Zimmerman, 1995; Pearson, 1989; Redclift, 1989; Parker, 1989; 張晉芬，1997；劉毓秀，1997；傅立葉，1995）。家庭責任對婦女的負擔舉世皆然，托育問題如果沒有先解決，所有家中有十二歲以下兒童的婦女就無法安心出外工作，如果家中有六歲以下幼童沒有人照顧，除了出外工作有問題，甚至連出門辦事都成爲困難，更不用提三歲以下幼兒，婦女更是隨時將子女帶在身邊。城市的婦女，抱著子女買菜做家事，鄉村的婦女背著子女下田工作，子女的照顧養育責任，占去了家庭生活大部分的時間、精神、金錢和勞力，對婦女，尤其是職業婦女而言是工作以外的一大負擔，對單親家庭更是一個生存和家庭的雙重壓力。

隨著教育提高和女性獨立自主的觀念提升，婦女就業的機會日益增加，就業風氣也日益普遍。行政院主計處（2007）統計，二○○四年，台灣婦女勞動力共有四百二十七萬人，比一九九四年增加了22.4%。婦女勞動參與率爲46.6%，低於美國59.6%、日本48.5%、香港52.0%、南韓49.7%、新加坡53.4%。

台灣婦女沒有就業的原因，以「料理家務」占最高爲54.5%，求學或準備升學占22.4%、高齡或身心障礙者占19.5%。而歐盟國家平均只有23.6%女性因「料理家務」而未就業，顯示台灣在婦女的家庭責任沉重和社會仍普遍存在著女性以專心料理家務爲優先的期待。以時間計算，台灣已婚婦女「照顧小孩、老人和做家事」的料理家務時間，平均每天4.98小時，其中就業婦女平均爲4.01小時，未就業婦女平均6.01小時（主計處，2007）。

從「我國十五至六十四歲已婚女性婚、育而離職者復職情形」分析表（如**表14-1**）來看，台灣婦女因結婚而離職者，從一九九三年的33.5%，提高到二○○三年的35.6%。顯示出「結婚」仍是許多女性退出職場的重要因素。再進一步分析，退出職場後未再度就業的婦女從一九九三年的76.0%，降爲二○○三年的61.1%；因生育再度離職的婦女，未再就業者，也從一九九三年56.4%，降爲二○○三年的51.7%，顯示了婦女無論是因爲結婚、或生育而退出職場，重回職場二度就業已成爲社會的重要趨勢。

表14-1　我國十五至六十四歲已婚女性婚、育而離職者復職情形

	1993年	2003年	變動率（%）
結婚離職率	33.5	35.6	+2.1
曾因結婚離職者復職情形	100	100	-
未曾復職	76.0	61.1	-14.9
曾復職	24.0	38.9	+14.9
平均復職時間（月）	98.9	84.5	-14.3
生育離職率	29.9	29.5	-0.4
曾因生育離職者復職情形	100	100	-
未曾復職	56.4	51.7	-4.7
曾復職	43.6	48.3	-4.7
平均復職時間（月）	75.9	75.0	-0.9

表14-2　有偶婦女配偶料理家務項目概況（按有無工作、教育程度）　單位：%

項目別	配偶料理家務項目												均無	拒答
	小計	清洗與整理衣物	準備三餐與點心	餐後清洗整理餐具	金錢管理	照顧家人生活	清掃整理家務	指導子女課業	家庭維護工作	購買食物日常用品	處理垃圾	其他		
總計	68.1	26.1	18.1	22.6	2.8	11.2	50.2	5.9	14.1	12.8	24.1	4.8	31.5	0.4
按有無工作分														
有工作者	73.5	30.8	16.2	24.0	2.3	9.0	53.8	6.4	13.2	11.9	23.7	4.6	26.4	0.2
無工作者	61.8	19.9	20.5	20.7	3.6	14.0	45.4	5.3	15.1	14.2	24.5	5.4	37.5	0.6
按教育程度分														
小學以下	50.9	15.7	24.8	15.5	4.2	14.2	50.8	2.3	15.8	15.4	21.1	5.4	48.2	0.9
國（初）中職	59.7	24.3	23.6	16.7	2.5	8.8	44.0	5.8	15.8	14.4	20.1	4.7	39.3	1.0
高中職	69.9	24.9	18.7	23.1	3.0	12.5	52.2	6.0	13.4	10.5	23.3	4.5	29.9	0.1
專科	82.3	33.7	11.6	24.9	2.9	11.0	47.4	8.8	14.8	13.2	29.9	4.4	17.7	-
大學院校	86.3	34.1	11.4	27.3	1.1	7.0	57.4	5.9	11.6	12.9	25.8	7.4	13.7	-
研究所以上	90.4	34.9	8.1	60.3	-	3.6	30.7	9.7	10.1	28.1	30.7	-	9.6	-

資料來源：行政院主計處，「中華民國九十一年臺閩地區婦女生活狀況調查摘要分析」。

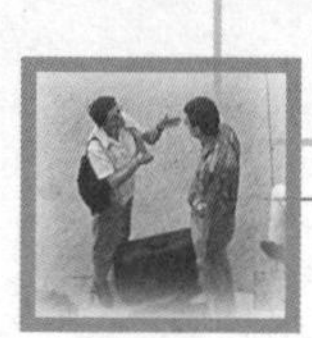

由於傳統社會將婦女視爲家庭責任的主要負擔者，因此婦女就業的優先權，往往落於家庭責任之後。爲了排除婦女就業的障礙和負擔，除了要廢除性別歧視的相關法律條款以外，更重要的是提供「托育」和「托老」服務，以免除婦女的家庭照顧負擔。

以「托育」來看，托育的安排，61.92%的幼兒「在家由母親帶」，而在費用支出上根據兒童福利聯盟調查，家中有幼兒的家庭支出，以托育費用最高，含兒童支出的32.2%。顯示台灣家庭爲了免除龐大的托育費用，多由婦女在家照顧子女，且婦女如果出外就業，其收入的一大部分都支用於托育費用。

托育服務一向被定位爲增加婦女就業的一大利器，也是促進家庭性別平等的重要條件。但學者Rita Liljestrom（1978）將性別平等和婦女角色的概念加以延伸，她認爲托育服務不只是婦女就業和性別平等的問題而已，而是一個雙薪家庭中，兩個同等地位的父母、兩個賺錢養家的成員、兩個社會的公民、也是生活中的兩個個人，有其個別的生活的時間安排和需求。

托育究竟應歸屬於「國家公領域」的範圍，或是「家庭私領域」的範圍？婦女就業應該是「一度就業，就業到底」還是「鼓勵婦女二度就業」？

劉毓秀（1997）等學者從女性公民權的角度出發，認爲女性作爲家庭照顧者，應由國家分擔其家庭照顧的工作，落實家庭的兩性平等，減輕婦女兩性分工的傳統家庭責任。張晉芬（1995，1997）、黃玟娟（1997）則從女性就業角度指出，婦女就業受到結婚和生育的嚴重影響，許多婦女在結婚或生育後，退出職場，少數重回市場二度就業，更多是從此不再出去工作，或從此找不到工作。一旦丈夫失業或成爲單親媽媽，家庭生活也因此陷入困境。因此許多學者主張，婦女應該「一度就業，就業到底」。並指出這個政策的前提，就是婦女不因為結婚、生育或其它如家務、照顧病人、照顧老人等家庭因素退出職場，而堅守工作職位，保障婦女個人經濟獨立和自主。主要的原因在於婦女二度就業，犧牲了職場經驗的累積，在薪資的升遷上也出現斷層，更嚴重的是，婦女二度就業所能選擇的行業有限，待遇和職位都偏低，年齡較大的婦女更是備受歧視，讓許多因為家庭變故而重回職場的中高齡婦女，在二度就業時成為職場最弱勢的一群（張晉芬，1997）。

從社會利益的角度來看，學者研究也發現（馮燕，2002；郭靜晃，1999），良好的托育服務更可為社會帶來：(1)兒童的自信和正面的社會技能；(2)節省社會成本，減少未來在特殊教育、矯治教育和社會救助的支出；(3)增進社會生產力和自立人口；(4)提高勞動就業，可以讓父母安心就業，持續穩定工作；(5)刺激經濟發展，良好的托育可以增加地區的就業條件，使更多父母加入勞動市場。

因此，以台灣托育政策來看，對婦女的就業是雙輸的局面。不是選擇放棄就業沒有收入地在家帶小孩，就是出外就業，但收入的大部分用於托育費用。因此，提供一個合理的托育服務，減輕家庭的負擔，讓婦女有更多的就業選擇，是提升婦女就業參與的重要因素（張晉芬、黃玟娟，1997；嚴祥鸞，1995；馮燕，2002）。

二、婦女的經濟安全福利

台灣「女性貧窮化」議題，由於婦女長期定位於家庭角色中，加上離婚率低，傳統的養兒防老觀念和法律仍訂有奉養父母的義務，因此許多婦女處於貧窮的困境，尤其是老年婦女貧窮的問題，都被掩蓋在「家

庭內部資源共享」中，因此在社會問題中都未受重視（李安妮，1998；許雅惠，2002）。

根據行政院主計處資料，台灣婦女的收入偏低，二〇〇一年低所得（年所得未滿三十萬者）的女性高達43%（男性27.1%），而高所得（年所得高於一百萬者）的女性只有3.1%，而男性有9.7%。

女性貧窮化的問題，又以老年女性更爲嚴重。由於婦女常因家庭因素而進出職場，因此勞動經濟保障較男性低。以二〇〇二年勞保來看，現在勞保被保險人中，男性占50.84%，女性占49.16%，但因過去女性就業少，因此勞保老年給付的件數中，男性占69.84%，女性只有30.16%。而老人中，只有27.48%的女性有房子或其它存款，顯示老年女性陷入經濟困境的人口數不少。李安妮（1998）研究也指出，女性因爲薪資較低，求職的年資也較短，因此在老年退休給付和相關保險的退休經濟安全保障淪爲經濟弱勢的機會，比男性風險更高。

台灣社會政策中目前針對貧窮主要提供的福利爲「社會救助」與「特殊境遇婦女扶助」、「老人生活津貼」、「全民健康保險補助」、「就業子女學雜費補助」及「身心障礙者生活津貼補助」等。這些都是屬於特殊需求的貧窮人口，而補助的金額也僅足以維持生活最低所需，不足以幫助婦女脫離貧窮。

以婦女貧窮的結構面來看，如許雅惠所指，婦女貧窮是父權社會的產物，年輕時依賴「婚姻」，年老時依賴「子女」，再年老時依賴「社會慈善和國家福利」，讓許多婦女無法累積個人所得，經濟無法自主，一旦依賴者供應不繼，生活就陷入困境。

因此，許多學者（許雅惠，2002；傅立葉，2004；張晉芬，1997；邱貴玲，2003）都主張，消除婦女貧窮化的問題，要多管齊下，包括：

1.鼓勵婦女提升就業能力，積極加入職場。

2.提供婦女就業的友善環境，排除婦女就業的歧視與障礙。

3.提供全盤的家政政策，避免婦女陷於家庭照顧的唯一角色，提供家庭服務的需求，免除婦女家庭責任包括托育、老人、自我身心障礙者的照顧負擔。

4.加強老年年金保險的規劃，讓兩性在老年生活上，得以享受平等的經濟保障。

表14-3　五十歲以上國民之經濟來源

經濟來源	男（n=3,254）		女（n=3,043）	
工作收入	1,502	46.19%	1,079	35.46%
儲蓄利息投資	263	8.08%	246	8.08%
子女奉養	737	22.65%	1,341	44.07%
退休金或保險給付	451	13.86%	178	5.85%
社會或親友救助	13	0.40%	12	0.39%
政府救助或津貼	237	7.28%	142	4.67%
其它	40	1.23%	34	1.12%

資料來源：內政部，「中華民國八十九年老人生活狀況調查」。

表14-4　婦女最近一年有參與社會團體之活動類別（按教育程度）

民國九十一年九月　單位：%

項目別	醫療衛生團體	宗教團體	體育團體	社會服務及慈善團體	國際團體	宗親會	同鄉會
總計	7.1	32.4	6.0	37.3	3.1	1.4	0.8
按教育程度分							
小學以下	6.1	34.8	15.7	32.3	-	0.9	-
國（初）中、職	8.5	41.6	3.7	37.6	3.5	-	-
高中、職	6.6	32.6	6.9	41.5	2.4	3.0	1.3
專科	5.8	31.5	2.9	33.7	6.1	1.2	-
大學院校	9.6	27.0	5.2	35.1	3.1	-	1.3
研究所以上	-	36.5	-	39.3	-	-	-

資料來源：行政院主計處，「中華民國九十一年臺閩地區婦女生活狀況調查摘要分析」。

(續)表14-4　婦女最近一年有參與社會團體之活動類別(按教育程度)

民國九十一年九月　　單位:%

項目別	同學校友會	學術文化團體	經濟業務團體	政治團體	社運團體	其他	不知道	拒答
總計	7.0	10.2	2.1	0.9	3.7	6.2	1.7	0.0
按教育程度分								
小學以下	-	3.1	-	3.8	2.8	11.5	5.9	-
國(初)中、職	10.2	9.9	-	-	7.6	7.5	0.7	-
高中、職	5.0	5.4	2.3	1.3	3.6	4.7	1.4	-
專科	5.8	10.8	3.8	-	2.4	3.4	1.9	0.2
大學院校	9.9	16.0	2.6	0.2	1.1	9.1	1.1	-
研究所以上	22.1	37.9	-	-	19.4	-	-	-

資料來源:行政院主計處,「中華民國九十一年臺閩地區婦女生活狀況調查摘要分析」。

三、婚姻暴力與婦女福利

反抗暴力侵害是婦女的基本人權之一,台灣的婚姻暴力意識和歐美國家相似,始於婦女團體的婚姻暴力倡導和聲援。在民間婦女開始倡導之前,社會上的婚姻暴力多以單純的刑事案件處理,如涉及人身傷害才由警政單位介入,提起告訴。

一九八○年代以來,在婦女團體大力奔走下,我國於民國八十七年通過「家庭暴力防治法」,並於民國八十八年元旦,正式實施。在家暴法立法下,各縣市成立「家庭暴力暨性侵害防治中心」,簡稱「家暴中心」,整合家庭暴力的防治工作各項資源,成為婚姻暴力防治工作網的核心單位,建立通報和救援系統,使婚姻暴力防治工作,進入新的紀元。

婚姻暴力包括已婚配偶、同居人或伴侶的虐待。虐待形式包括:身體攻擊(physical battering)、性虐待(sexual violence)、財產/寵物毀損(destruction of property and/or pets)、心理攻擊(psychological

battering）和精神情緒虐待（emotional abuse）（周月清，1997）。

行政院「台閩地區婦女生活狀況調查」，二〇〇二年訪問全台各地十五至六十四歲婦女3,820人，統計發現，近一年中，8.6%的婦女曾遭受配偶暴力，而其中以四十五至五十四歲的婦女最高（15.5%），次爲二十五至三十四歲婦女（12.4%），再其次爲三十五至四十四歲的婦女（10.6%）。顯示婚姻暴力在台灣家庭中是個嚴重問題。但更多學者認爲，這些數字還不足以代表眞實現象，因爲許多婦女在家醜不能外揚的心態下，不敢承認婚姻暴力的事實（**表14-5**）。

表14-5　婦女最近一年曾遭遇不好經驗情形（按年齡別）

民國九十一年九月　　單位：%

項目別	遭遇過不好（或不幸）的經驗											
	小計	遭受配偶暴力	遭受配偶精神虐待	遭受其他家人暴力	遭受其他家人精神虐待	遭受丈夫惡意遺棄或被迫離婚	被他人強暴	在工作場所遭受性騷擾	在外頭遭受性騷擾	在家中遭受性騷擾	先生外遇	被迫從事不法工作
總計	4.6	8.6	2.4	1.6	0.2	-	-	9.8	44.1	3.7	-	-
按年齡別分												
15-17歲	4.6	-	-	-	-	-	-	7.5	88.8	-	-	-
18-24歲	6.7	5.4	-	2.9	0.8	-	-	10.4	64.1	-	-	-
25-34歲	5.1	12.4	3.3	-	-	-	-	19.7	53.0	3.3	-	-
35-44歲	4.1	10.6	7.0	3.9	-	-	-	4.7	25.9	12.9	-	-
45-54歲	2.5	15.5	-	-	-	-	-	4.5	10.7	-	-	-
55-64歲	4.2	-	-	-	-	-	-	-	17.7	-	-	-

資料來源：行政院主計處，「中華民國九十一年臺閩地區婦女生活狀況調查摘要分析」。

（續）表14-5　婦女最近一年曾遭遇不好經驗情形（按年齡別）

民國九十一年九月　單位：%

項目別	遭遇過不好（或不幸）的經驗								未曾有過	拒答
	企圖自殺	遭受外人傷害	被搶奪財物	吸毒、吃搖頭丸等不法藥物	被恐嚇詐財	墮胎	未婚生子	其他		
總計	-	4.8	12.1	0.3	3.3	-	0.7	16.4	95.4	0.0
年齡別										
15-17歲	-	-	-	-	1.0	-	-	2.7	95.4	-
18-24歲	-	7.1	-	1.2	6.6	-	-	8.7	93.1	0.2
25-34歲	-	6.9	3.4	-	-	-	-	7.9	94.9	-
35-44歲	-	-	10.0	-	6.0	-	-	32.0	95.9	-
45-54歲	-	2.8	43.1	-	2.8	-	-	28.3	97.5	-
55-64歲	-	9.2	45.0	-	-	-	-	20.6	95.8	-

資料來源：行政院主計處，「中華民國九十一年臺閩地區婦女生活狀況調查摘要分析」。

生態理論認爲，婚姻暴力發生的原因可從「巨視」、「中視」、「微視」角度來分析。Dutton（1988）和Carlson（1984）認爲，從巨視的角度來看，父權社會下的傳統文化，影響婦女的價值觀、生活觀，和社會標準和人生信心，因此在遭遇暴力時，會以社會文化價值如「嫁雞隨雞，嫁狗隨狗」的說法，內化自己順從心理、合理化配偶的暴力行爲，再加上擔心社會標籤的壓力，更加害怕暴露家庭暴力的事實，對配偶的暴力和虐待，更加逆來順受，不敢反抗。從「中視」的角度來看，婦女所處的社經地位、家庭脈絡、生活環境、工作環境都影響到婦女生活的自主和資源取得。家庭中的夫妻關係，家人互動，工作的同事相處和親戚來往等，都可視爲婦女「中視」生態系統，也影響到婦女對外求助的資源和價值認知的概念。「微視」角度，則包括個人人格、身體健

康狀況、自我認知、生存條件、就業能力、職業特長、成長背景和家人支持等個體層次。

在我國現有的實證研究中，陳若璋（1992）發現婚姻暴力的受害者多有下列特質：自我評價低和社會隔離，另外和娘家也多不聯繫，經濟和情緒依賴丈夫，不確定自己的需求等。周月清（1996）也引述美國華盛頓特區婦女虐待防治中心資料指出，受虐婦女因受到身體、精神和情緒的傷害，嚴重影響到她對人的信任，和對自已的自信心，對周圍的社會環境也沒有安全感。英國學者Charles（1995）指出，婚姻暴力雖存在每個階級族群，不同階級有不同社會資源，和其它社會福利所需一樣，中產階級的受虐婦女有自己的資源提供協助，社會資源也較多。以受虐婦女最立即需要的經濟救助和收容安置來說，中產階級婦女的出路就多，所以Charles認爲，婚姻暴力的社會福利服務資源對中下階級的婦女幫助，遠重要於對中產階級婦女的幫助。但Schechter（1982）認爲，個人資源或許因社會階級不同，但就精神支持和個人自信心的喪失和重建，任何階級的婦女卻都面臨一樣的難題。另外，因爲中產階級婦女可以尋求自己的資源，找私人醫生診治，或自己找律師出面，所以實際去報警處理，被公開出現報端的案例並不多見。因此許多中產階級婦女同樣也面臨婚姻暴力問題，但因爲沒有被公開，而未受到重視。社會上因而仍存有迷思，以爲婚姻暴力只存在中、下階層家庭而已（Rodriguez, 1988）。

從這些角度來看，公權力的介入對許多個人資源有限的非中產階級婦女而言尤爲重要。因爲如果沒有這些社會資源，她們的處境將更爲孤立，情況也將更危急。周月清（1996）引述Dibble和Straus（1980）的研究指出，愈是下層的婦女愈不知如何尋求社會資源，也因此更容易受到虐待，主要因爲施虐者知道婦女沒有資源或不知到哪裏找資源，所以使

他更加有恃無恐，爲所欲爲。所以周月清結論說，婦女受虐或無法脫離受虐關係，主要都和缺乏社會資源支持有關。

社會資源研究者分析（Gourash, 1978，引自周月清，1996），社會資源分爲非正式和正式兩種，非正式資源包括個人家人和親友支持網絡。受虐婦女在私人網絡得不到有效支持時，或認爲私人資源無法有效解決問題時，才會轉而向正式資源包括專業機構和公權力機構如警察、法院等等求助（Gelles, 1976）。

而從資源使用的角度而言，台灣婚姻暴力的專業機構和公權力單位，對任何階層的受虐婦女都具有保護作用。一來他們可以作爲婦女的護身符，讓對方知道即使她的個人資源有限甚至可能家人也不支持，但她最終還是可以尋求法律保護，對施虐者有無形的嚇阻作用。第二，除了嚇阻以外，這些正式資源也的確是受虐婦女的重要保護傘，讓她們在最後關頭，私人介入無效時，以公權力介入，甚至核發保護令，讓施虐者無法再靠近受害婦女。

林佩瑾（1995）、周月清（1997）研究台灣婚姻暴力的案例發現，社會支持對婚姻暴力受害的婦女尤爲重要，社會支持對婚姻暴力受害者，是個重要的生活壓力中介，包括不同面向（周月清，1997；Cobb, 1975; Wortman, 1981）。

1.「情緒支持」，讓受害者在生活中有被關愛的感覺。
2.「實務支持」，包括經濟救助、庇護、物質、生活資訊、就業協助。
3.「自尊支持」，讓受害者得到更多訊息，有被重視的感覺。
4.「社會支持」，讓受害者重新建立社會關係，加入社會互動網絡。

由於婚姻暴力的形成，不只是單一面向的問題，因此要處理婚姻暴力問題時，社會工作專業者，需要有更多元的訓練。美國近幾年來提出「社區介入計畫」，包括：

1.警政配合：警察是保護婦女人身安全的第一線工作公權力執行者，因此，一旦接受婦女求助的訊息，警政單位要能立即反應，即時保護婦女的安全。
2.婦女權益倡導社會教育：透過社會教育宣導，教育婦女自身安全的重要，婚姻暴力是違法的，電話113保護妳，還有相關的社會資源等，讓婦女知道求助的管道和方法，知道保護自己安全的重要性。
3.司法單位參與：以司法的力量，將加害者繩之以法，包括由法院給予「保護令」，以法律約束加害人行爲，保障婦女的人身安全。
4.社會服務專業介入：社工專業人員是婚姻暴力受害者最直接的社會支持者。社工員可以提供上述各種社會資源的中介者，幫助婦女尋求司法幫助，瞭解個人權益，重建生活，擴展社會關係，爭取子女撫養權益等，其它還包括庇護、就業、教育等不同的社會資源，社工員的角色都是直接幫助受害者的工作人員。

以台灣現狀來看，自從家暴法成立後，對婚姻暴力防治工作，也出現新的衝擊（邱貴玲，2001），包括：

1.整合行政資源：在實務工作層面上，家庭暴力防治中心在各縣市正式成立，使防治工作有了統籌單位。以台北市來說，現有的婚姻暴力工作主要以家暴中心爲主軸，再由行政區劃分，由四個婦女福利服務中心負責行政區內的個案。家暴中心設有二十四小時熱線，接到求助電話，或接到通報後，依受虐婦女所居住的行政區，交由就近的婦女福利服務中心社工員接案。婦女如需緊急庇護，則由庇護所暫時收容。另外家暴中心也負責來自警政單位、醫療單位等相關

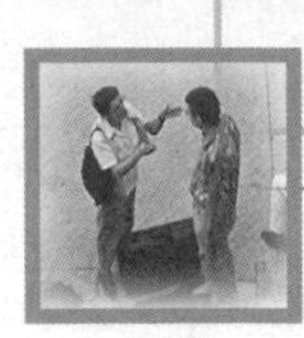

人員的通報，聯絡社工員和受虐婦女服務。

台北市現有四家負責婚姻暴力工作的婦女福利服務中心，其中大安和龍山兩個中心爲公辦民營機構，大安婦女中心由「新女性聯合會」承辦，龍山婦女中心由「勵馨基金會」承辦。其它兩個中心：北區婦女及南港婦女中心則爲市政府所屬。市政府另外也以公辦民營方式委託善牧會提供庇護所。

在觀念上，社工員婚姻暴力防治工作服務的資源，包括：資源分配規劃、受虐婦女需求和處境、社工員的工作和挑戰，未來防治工作的發展等。

2.提升婦女需求的能見度：受虐婦女除了緊急庇護外，其它的需求在家暴法規範下，有一清楚歸類。包括：(1)法律需求：社工員接觸的個案主要以尋求法律協助爲大宗，許多婦女想要瞭解自己的權益，如何蒐證、保障財產，子女的監護權、撫養費，如何申請保護令，如何求一個公道等等。四個受虐婦女中心，目前都有法律諮詢服務，也開辦法律事務班。另有義務律師協助婦女處理法律訴訟等問題。但對許多受虐婦女來說，法律訴訟過程耗盡心力，也耗盡財力。(2)經濟和就業需求：大部分受虐婦女都沒有經濟支援，就業經驗也很有限。在經濟協助上，目前社會局提供婦女緊急生活補助，每月約領一萬一千元，一次申請可領三個月。許多婦女會帶著小孩一起逃出來，社會局也提供庇護所供暫時居住。但大部分的婦女都沒有工作經驗，年齡也都已偏高，且多有在學子女。因此長期的就業輔導和生活安置等，在未來如何協助受虐婦女就業將是一個工作重點。

3.強化意識宣導：家庭暴力法通過後，無形中也提高了婚姻暴力的社會意識。播放婚姻暴力紀錄片和社會教育廣告就是一個重要的宣導

工具。實證研究發現（邱貴玲，2001），大部分的婦女對婚姻暴力的觀念都不清楚，遭到暴力威脅時，第一個想到的多是求助警察。目前台北市十二個行政區，依家暴法規定都設有家暴官，但派出所的警員才是實際接到報案、直接面對受虐婦女的第一線人員。這些基層警員的態度和處理方法，對婦女安全具重要關鍵性。如果警員將求助的受虐婦女草草打發，不僅將嚴重影響婦女接下來的求助意願，更使婦女又重回暴力環境。

4. 提升社工員角色：對許多受虐婦女而言，社工員像是一個朋友也像是一個家人，一個幫她們出面說話、找資源的人。許多時候，婦女都很無助，也沒有人出面幫她們說話，有社工員出面，情況就好一點。有時碰到警察態度不好，或是法官問話，讓她們很害怕，社工員如果也在場，婦女的膽子就會大一點，也比較放心。大部分的婦女都不是很有信心的人，也沒什麼社會地位，也許要有人幫她們說話、幫她們聲援，社工員就是一個代表。」家暴法是社工員爲受虐婦女據理力爭權益，和執法機關協調的一個重要依據。有了家暴法的明文規定，社工員成爲受虐婦女的第一線的倡導者。無形中，也提升了社工員在執行業務的權力和影響力。

第四節　結　論

婦女問題在人類社會中一直都存在著，但因過去隱藏於傳統封建父權社會結構中，而沒有受到應有的重視。隨著社會發展變遷，婦女教育提升，就業率提高，家庭婚姻結構改變，婦女的生活所需和權益也更加多元化，進而使婦女福利的關照，也從過去的單一思考，提升到婦女、

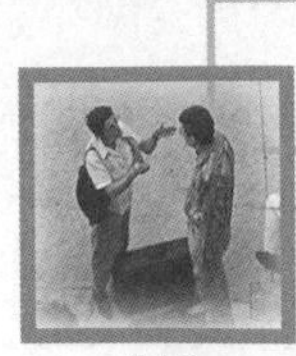

婦女自主權益、到社會結構和體制對婦女的不公平待遇等多元面向。從以上女性主義幾個基礎的理論思考為出發點，婦女的家庭照顧、婦女的經濟安全保障，和婦女配偶／伴侶關係暴力防治（或稱為婚姻暴力），都是婦女基本權益的重要領域。總之，婦女福利不是單一福利，影響層面跨及各個家庭，需要社會更多的支持和全體婦女的共同努力，在結合更多的社會力量下，兩性平等的理想世界才有實現的一天。

表14-6 婦女對於政府所辦各項婦女福利項目之滿意程度 單位：%

對政府各項婦女福利滿意情形	總計	知道政府辦理各項婦女福利項目				不知道或拒答
		滿意	普通	不滿意	無意見	
113婦幼保護專線	100.0	30.7	3.7	4.5	5.8	55.3
婦女各項生活扶助措施	100.0	31.0	3.4	5.1	6.0	54.5
親職教育及學習成長	100.0	32.4	4.0	5.5	6.9	51.1
心理諮商或法律諮詢的服務	100.0	33.5	3.3	4.4	6.6	52.2
休閒活動方面的服務	100.0	33.6	3.5	4.2	7.2	51.5
各項活動及成長課程	100.0	32.4	3.8	4.9	6.9	52.0
托兒方面的服務	100.0	31.0	3.1	4.4	6.6	54.9
托老方面的服務	100.0	29.4	3.8	4.8	6.5	55.5
身心障礙者的服務	100.0	31.6	4.0	4.1	7.4	52.9
性侵害及家庭暴力被害人的服務	100.0	31.8	2.9	4.4	7.4	53.5
促進婦女就業之相關服務及輔導措施	100.0	31.5	4.0	4.2	7.6	52.7

資料來源：行政院主計處，「中華民國九十一年臺閩地區婦女生活狀況調查摘要分析」。

參考書目

中文部分

陳若璋（1992）。〈台灣婚姻暴力高危險因子之探討〉，《台大社會學刊》。21期。

馮燕（2002）。《托育服務：生態觀點的分析》。台北：巨流文化公司。

馮燕（1997）。〈家庭需求與福利政策——制定托育政策的探究〉，《台大社會學刊》。25期，頁141-178。

劉毓秀（1997）。〈從父權到國家社會〉，收錄於劉毓秀編，《女性、國家、照顧工作》。台北：女書文化。

傅立葉（1996）。〈建構女人的福利國〉，收錄於劉毓秀編，《台灣婦女處境白皮書：1995年》。台北：女書文化。

傅立葉（2004）。〈婦女福利服務〉，收錄於呂寶靜編，《社會工作與台灣社會》，頁7-36。台北：巨流出版。

范情（2004）。〈社會主義女性主義〉，收錄於顧燕翎編，《女性主義理論與流派》。頁203-241。台北：女書文化。

李安妮。〈性別與貧窮〉，《人文與社會科學集刊》。10卷2期，頁161-190。

林芳玫（2004）。〈自由主義女性主義〉，收錄於顧燕翎編，《女性主義理論與流派》。頁1-23。台北：女書文化。

劉毓秀（1997）。〈父權國家，媽媽政府〉。收錄於劉毓秀主編，《女性、國家、照顧工作》。頁1-12。台北：女書出版。

郭靜晃（1999）。〈幼托人員合流之分級制度可行之探討〉，《社區發展季刊》。86期，頁280-298。

邱貴芬（2004）。〈後殖民女性主義〉，收於顧燕翎編，《女性主義理論與流派》。頁341-369。台北：女書文化。

邱貴玲（2001）。〈家庭暴力防治法對婚姻暴力防治工作的衝擊〉，《社區發展季刊》。94期，頁96-106。

許雅惠（2002）。〈性別、依賴、就業力——台灣婦女的經濟弱勢與保障〉，《台大社工學刊》。6期，頁123-173。

周月清（1996）。《婚姻暴力－理論分析與社會工作處置》。台北：巨流圖書公司。

張晉芬（1995）。〈綿綿此恨，可有絕期？——女性工作困境之剖析〉。收錄於劉毓秀主編，《台灣婦女處境白皮書：1995年》。頁145-180。台北：時報出版。

張晉芬、黃玫娟（1997）。〈兩性分工觀念下婚育對女性就業的影響〉。收錄於劉毓秀主編，《女性、國家、照顧工作》。頁227-253。台北：女書出版。

嚴祥鸞（1995）。〈從社會學觀點論兩性平等制度〉，發表於「歐美而性工作平等制度之比較研究學術研討會」。頁141-155。台北：中研院歐美研究所。

主計處（2005），www.dgbas.gov.tw。

內政部統計局（2006），www.moi.gov.tw/stat。

外文部分

Cobb, S. (1976). Social support as a moderator of life stress. Psychosomatic Medicine, 38(5), 300-314.

Charles, N. (1995). “Feminist politics, domestic violence and the states”. *Sociological Review,* 43(4): 617-640.

Charles, N. (2000). *Feminism, the State and Social Policy.* New York: St. Martin's Press.

Dibble, U. & Straus, M. (1980). Some social structure determinants of inconsistency between attitudes and behavior: the case of family violence. Journal of Marriage and Family, 42, 71-80.

Dobash & Dobash (1992). *Women, Violence and Social Change.* London: Routledge.

Edwards, S. S. M. (1989). *Policing Domestic Violence: Women, the Law and the States.*

London: Sage.

Fridan, B. (1963). New York, NY: Norton and Company, Inc.

Gelb, J. (1989). *Feminism and Politics: A comparative Perspective.* University of California Press; Berkeley.

Hartmann, H. (1983). "The Unhappy marriage of Marxism and feminism: toward a more progressive union". In Lydia Sargent Ed., Women and Revolution: A Discussion of the Unhappy Marriage of Marxism and Feminism. Boson: South End Press.

Jaggar, A. (1983). Feminist Politics and Human Nature. Totowa, N.J.: Rowman and Littlefiled.

McGregor, H. & Hopkins, A. (1991). *Working for Change: the Movement Against Domestic Violence.* Allen & Unwin: Sydney, Australia.

Rodriguez, N. (1988). "Transcending bureaucracy: Feminist politics at a shelter for battered women". *Gender and Society,* 2(2): 214-227.

Schechter, S. (1982). *Women and Male Violence: the Visions and Struggles of the Bttered Women's Movement.* Boston: South End Press.

Zimmerman, S. (1995). Understanding Family Policy. New York: Sage.

Chapter 15 老人議題與社會福利

陳正芬
國立中正大學社會福利博士
中國文化大學社會福利學系助理教授

第一節　緒　論
第二節　老人的定義與人口老化的議題
第三節　老人的需求與因應策略
第四節　結　論

第一節　緒　論

人口老化的議題目前是已開發國家最棘手的課題之一，亦是二十一世紀人類可預測的最大挑戰。人口老化的挑戰不僅影響政府預算之編列，亦促使經濟體制的調整、家庭結構的重塑，以及政治關係的重新定義。聯合國統計顯示一九九一年全球老人（六十五歲以上）有三億三千兩百萬人，到了二〇〇〇年增加到四億兩千六百萬人，十年間增加了將近一億人，老人人口增加的速度超過總人口增加的速度，十年來全球平均每月增加近百萬的老人，這種現象前所未有，預告了地球人口銀灰化的快速來臨。

聯合國在一九七八年的第三十三屆大會採納各方意見，宣布一九八二年爲國際老人年，同時於維也納第一次召開聯合國高齡會議，通過維也納國際高齡行動計畫（Vienna International Plan of Action on Aging）。因著全球人口快速老化，聯合國於一九九九年再次宣布該年爲國際老人年，要求各會員國提出針對老人的全國性與地方性的方案，處理涉及代間議題的「邁向一個全齡的社會」（towards a society for all ages），避免各國將漸增的高齡社會中的老人邊緣化，同時緩和因人口老化帶來的世代間照顧負擔的壓力，提醒各國政府結合鄰里、家庭、個人、商業部門、學校、大學以及媒體，採行因應策略，包括住宅、交通、健康、社會服務、就業、教育等（林昭文，1998）。隨後，聯合國於二〇〇二年在馬德里（Madrid）召開世界高齡化會議（World Assembly on Aging），再次確認老化不只是一個個人的議題，也是一個社會的議題，美國健康與人群服務部長Josefina G. Carbonell於會中畫龍點睛地提到：「老化，即使現在尚未成爲你的議題，不久的將來，也會是你的

議題。」（林萬億，2006）會中建議各國所應採取的重要行動策略，包括：(1)人口老化問題與國家社會發展之間的關係；(2)將老化問題納入當前種種全球發展會議主流的策略；(3)爲建設「不分年齡，人人共享」的社會，建立公、私部門之間，以及與非政府組織之間的伙伴關係；(4)使代與代間更加和衷共濟的策略。會議中通過了今後行動的三大重點領域爲：(1)老人與經濟成長；(2)老年期健康和福祉增進；(3)確保使能和支持性環境築構（Kinsella & Phillips, 2005；梅陳玉嬋、楊培珊，2005），顯示各國已積極面對人口老化所帶來的各項議題，並將注意力移轉到如何將老人融合入社會各層面、如何擴展老人的角色以及活力的老化政策等議題，老人的福祉與能力愈受到重視。

第二節　老人的定義與人口老化的議題

一、老人的定義

老化（aging）係指時間累積的一種過程，從生理層面觀之，人類的老化以二十五歲爲分水嶺，之前是人的青春發育期，之後的細胞分裂狀況漸次遲緩，身體的質與量均產生變化。而當生理機能退化到某一階段，其體能負擔與社會適應能力發生差距，亦即體力的匱乏難以支持各種活動的需求，意謂老年期（old age）已至（徐立忠，1989）。

從年齡的標準觀之，許多國家以工作退休時起算爲老人年齡的開始，而退休制度的建立，肇自於一八八九年德國首相俾斯麥（Besimarker）創立勞工保險，創立以六十五歲爲勞工限齡退休而給付退休金的制度，爾後各工業國家多參考此一法例而訂定該國工作人口的退休年齡。再者，聯合國於一九八二年在維也納召開的「世界老人大會」通過以六十歲作爲老人的定義（江亮演，1988；徐立忠，1989；徐震，2000）；我國一九七〇年訂定的老人福利法原以七十歲爲老人之定義，而後於一九九七年修法將老人定義年齡降至六十五歲。事實上，老人一詞可由多方面來界定其外顯或內隱之特徵，包括生理、心理、社會關係及法律等觀點，惟各國慣以年齡界定之。

二、人口老化的議題

檢視我國人口老化的成因，主要來自戰後嬰兒潮人口逐漸高齡化、出生率下降加速人口老化、人口老化速度冠全球，以及老年人口扶養比上升等四大成因。

(一)戰後嬰兒潮人口逐漸高齡化

我國的老年人口比率於一九九三年超過7%的人口高齡（aging）國家門檻，二〇〇四年老人人口比率提高到9.4%，到了二〇二五年，我國人口中將有五分之一是老人，老人人口比率直追歐洲的英國、法國以及美國（見圖15-1）（行政院經濟建設委員會，2006）。台灣人口呈現倍數成長的主要驅力是一九四五年到一九四九年間，因中國大陸淪陷而產生的人口大撤離，以及戰後的嬰兒潮；一九六〇年到一九六六年間，台灣人口共增加了四百一十三萬人，這些人將在二〇二五年到二〇三一年間成爲老人（林萬億，2006）。

(二)出生率下降加速人口老化

台灣的總生育率自一九五〇年後，即呈現一路下降的趨勢，從

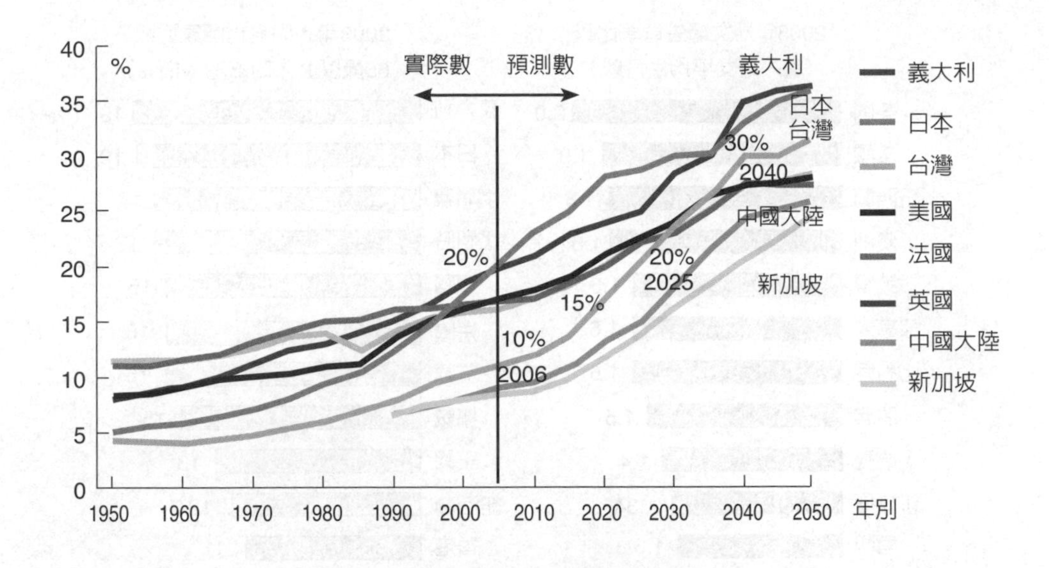

圖15-1 人口老化趨勢的國際比較

資料來源：行政院經濟建設委員會，「中華民國台灣95年至140年人口推計」，95年6月。

一九八四年起，總生育率掉入不到2.1的人口不足替代的水準。一九八六年到一九九七年之間，平均維持在1.75左右。但從一九九八年起，總生育率明顯下降，到二〇〇三年總生育率僅爲1.23，使得台灣成爲世界上所謂「超低生育率」的地區。二〇〇四年與二〇〇五年，總生育率更進一步下跌到不到1.2的情景（劉一龍、王德睦，2005），比美國（2.0）、法國（1.9）、英國（1.6）、南韓（1.3）低，僅些微高於義大利（1.2）（行政院經濟建設委員會，2006）。出生率的下滑固然是工業先進國家的趨勢，但是我國這三十年來出生率的下降幅度偏高，是值得警惕的。當出生率下降時，幼年與青壯人口數會隨之逐年降低，老年人口比率自然會增加，再加上壽命的延長。一旦前述的戰後嬰兒潮的世代進入老年期的二〇一四年起，根據行政院經建會二〇〇六年的推估（採中推估值），民國一百年，老人人口數將有二百四十八萬人，占總人口的10.72%；民

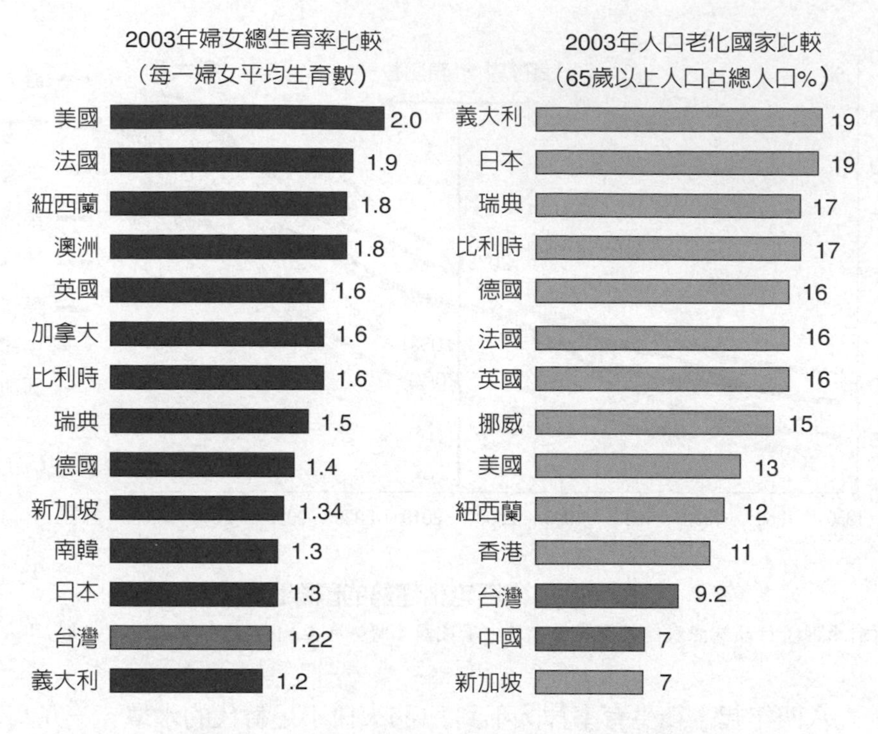

圖15-2　各國出生率與老年人口比率對照圖

資料來源：1. U.S. Population Reference Bureau, 2003 Population Data Sheet, September 2003.
2.行政院經濟建設委員會根據內政部92年1-12月人口統計月報表估計全年資料。

國一二〇年增爲五百五十八萬餘人，占24.62%；民國一四〇年將有近六百八十九萬人，占36.98%。

(三)人口老化速度冠全球

人口老化是全球普遍的現象，但老化速度的差異則是另一個課題。台灣與日本一樣是世界上人口老化速度最快的國家。日本的老人人口比從一九七〇年的7%爬升到一九九四年的14%，期間只有二十四年。相對於法國的一百三十年，瑞典的八十五年，美國的七十五年，西德的四十五年（Usui & Palley, 1997），其間差異不可謂不大。而台灣的情形也類似，老年人口比從一九九三年的7%，預估到二〇一七年將攀升到13.5%（行政院經濟建設委員會，2006），期間也只有二十四年，台灣的人口老化較歐美各國快速，對於社會經濟的衝擊也較嚴重，老化速度快意涵爲高齡社會作準備的時間縮短。

(四)老年人口扶養比上升

再依經建會（2006）的推估，約在二〇一六年時，我國的老人與十五歲以下幼年人口同爲13.0%（三百二十萬人），此後，老年人口將超過幼年人口數（見**圖15-3**），老年人口扶養比也隨之上升，從二〇〇三年的13%，上升到二〇二一年的23.45%。亦即從二〇〇三年每7.7個青壯

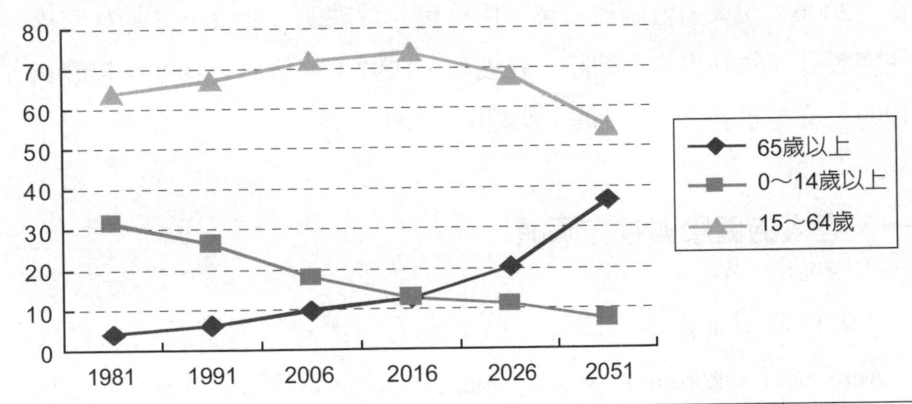

年代	1981	1991	2006	2016	2026	2051
65歲以上	4.4	6.5	9.9	13.0	20.6	37.0
0～14歲	31.6	26.3	18.2	13.0	11.3	7.8
15～64歲	64.0	67.2	71.9	74.0	68.1	55.2

圖15-3　台灣未來三階段人口年齡結構

資料來源：行政院經濟建設委員會，「中華民國台灣95年至140年人口推計」，95年6月。

人口扶養一個老人，到二〇二〇年每4.26個青壯人口養一個老人。如果情況不變，到了二〇三一年時，已經是每2.65個青壯人口要養一個老人，由此可知，國民扶養老人的負擔將非常沉重。

第三節　老人的需求與因應策略

當高齡社會來臨，究竟要爲老人哪些需求提供何種服務？老化是一個多面向的過程，影響所及涉及生理、心理、家庭關係、社會關係、就業、生活安排等。針對高齡社會的需求，學者提供的研究結論可彙整爲下列五點：健康與社會照顧（吳淑瓊、呂寶靜、盧瑞芬，1998；吳淑瓊、張明正，1997；張明正，1997）、經濟安全（鄭麗珍、黃泓智，2006）、人力資源與就業（周玟琪、蔡瑞明，2006）、居住安排與住宅設計（陳妙盡、王德睦、莊義利，1997；陳肇男，1999；楊靜利，1999）及交通運輸（徐淵靜、陳菀蕙，2006）等。

一、老人的健康與社會照顧

健康與福祉被聯合國認定爲老人的兩大迫切與普及的社會議題（Antonucci, Okorodudu & Akiyama, 2002）。當我國已於一九九三年正式邁入「老化的社會」，由於醫療科技的進步，老人的壽命不但延長，更使過去可能致命的疾病，因得以治療而保留性命；但老年人雖然從疾病侵襲中存活下來，卻有不少比例的老人在日常生活活動上需要他人協助。由於疾病的困擾再加上年齡增長引起的自然老化，慢性病與慢性功能障礙的盛行率也在急遽上升中，預防保健與長期照護的需求將因而快

速成長，成爲我國今後最重要的社會福利與衛生議題之一。

依據二〇〇一年戶口及住宅普查資料顯示，台閩地區六十五歲以上老人需長期照護者計十七萬二千人，占老年人口9.1%，且估計其中四成左右需重度與極重度照護；而此項需要在未來三十至四十年間將成長四倍（吳淑瓊、張明正，1997）。再者，人口老化的過程中，人類的疾病型態也隨之轉型，以美國爲例，一九〇〇年肺炎和流行性感冒、結核病、胃腸炎爲美國人的前三大死因；但到二〇〇〇年，前三大死因變爲心臟病、癌症、中風等慢性健康問題，這三大死因也是美國老人的主要死因，每年60%以上的老人罹患上述疾病，可見健康問題從傳染性轉爲慢性的疾病型態。而各種慢性健康問題中，除了容易導致死亡的致死原因受到關注外，對於容易導致功能障礙的問題，更是影響老人生活品質以及帶來大量照顧需求的主因。參考Verbrugge等人（1995）之研究，老人族群中常見而且可能導致日常生活活動功能障礙的主要慢性健康問題包含：風濕、聽力失常、缺血性心臟病、慢性阻塞性肺部疾病、視力失常、糖尿病、癌症、中風、骨質疏鬆、氣喘及認知障礙等（呂寶靜、吳淑瓊、徐亞瑛，2006）。而參考陳惠貞等人（2004）分析我國老人一九八九年至一九九九年間的健康狀況，亦發現關節炎、高血壓、胃腸潰瘍、呼吸道疾病、白內障以及心臟病，是兩性老人罹患率最高的疾病，罹患這些慢性問題，使老人發生功能障礙而需他人協助照顧的機會顯著提高。

除以上慢性問題外，失智症是老年人口中特有的慢性問題，這是老人和其他年齡組最不一樣的慢性問題，罹病老人因爲心智的喪失，不但無法自理生活，並會併發暴力與異常行爲，最後連日常生活活動功能喪失，甚至臥床而後死亡，可見罹病期間照顧負荷之沉重。根據美國疾病管制局二〇〇三年的資料，約6-10%的美國六十五歲以上老人，罹患阿茲

海默氏症（Alzheimer's disease），八十五歲以上老人的罹病盛行率提升爲50%，女性盛行率高於男性。而失智症的發生導致較高的死亡率，使用較多的護理之家和醫療服務，帶來家庭照顧者沉重的照顧負荷（呂寶靜等，2006）。

回顧我國健康及社會照護政策與立法的發展歷程，一九九○年代開始制定老人健康及照護政策與立法；社政體系方面，人口老化政策係以一九八○年公布實施的「老人福利法」爲始點，服務設施的發展以機構式服務爲主，首次法定我國老人福利機構，在社政體系下設有四類機構：扶養機構、療養機構、休養機構、服務機構等，這四類機構均爲公立或非營利的財團法人組織，其中療養機構以療養罹患長期慢性病或癱瘓老人爲目的，可說是我國第一個法定的長期照護機構。其後陸續公布「社會福利政策綱領」（1994）、「加強老人安養服務方案」（1998～2001）、「照顧服務產業發展方案」（2004）等重大政策，並修訂「老人福利法」（1997）及「社會福利政策綱領」（2004）等，衛政體系亦陸續執行「建立醫療網第三期計畫」（1997）「老人長期照護三年計畫」（1998）、「醫療網第四期計畫」（新世紀健康照護計畫）（2001～2005）及「醫療網第五期計畫」「全人健康照護計畫」（2006～），上述方案除加強推動養護機構、日間照顧、喘息服務等資源的發展外，並積極於各鄉鎮區設立「居家服務支援中心」以提供居家服務。至於長期照顧制度之建構方向，行政院社會福利推動委員會亦於二○○○至二○○三年間推動「長期照護體系先導計畫」，並於二○○四年成立「長期照顧制度規劃小組」，並於二○○七年通過我國長期照顧十年計畫——大溫暖社會福利套案之旗艦計畫，顯示我國政府部門對人口老化所衍生的長期照顧問題之介入程度（行政院，2007；吳淑瓊、陳正芬，2000）。

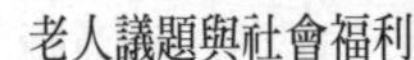

爲能運用有限資源滿足民衆「在地老化」（aging in plave）的需求，回顧近年先進國家的長期照護的改革重心，均放在如何研發與擴大社區式服務的提供，一方面希望能迎合服務使用者的偏好，增進長期照護需要者留住在家庭或社區之的機會；另一方面，希望能盡量降低對機構式服務的過度依賴，以節約長期照護成本（吳淑瓊等，1998）；再觀我國下一個世代的老人，教育經濟水準均將大幅提升，其對健康及長期照顧服務的偏好，必步歐美各國之後塵，希望儘可能支持他們獨立自主的生活品質。由此觀之，社區式照顧必爲未來需求之主流。如何引進上述先進國家近年來長期照護資源的發展重點，將是我國未來努力的方向。惟由於大多數的老人已經具有某些健康問題，且有相當比率的老人已經具有功能退化的問題，除應該思考如何協助老人照護其已經發生某些健康問題的身體，關注如何減緩慢性問題的惡化，亦應聚焦於預防疾病併發多重問題或身心功能障礙，以及支持功能障礙者，盡量保持自己的獨立與活動。

二、老人的經濟安全

由於大多數工業國家都實施退休制度，通常將六十五歲訂爲退休年齡，結果使得一般勞工喪失原有的收入，除非該勞工有足夠的累積資產可資利用，或有公共或私人的退休金等其他收入來源，否則將面臨到經濟不安全的問題。更甚者，一個勞工退休後除了喪失所得外，還可能會因年老生病需要住院醫療而產生額外的照顧費用，更加重此時期的經濟不安全（柯木興，2000）。故人口結構快速老化的社會裏，老人如何獲取經濟安全以安養餘年，成爲政策關注的議題。

因應人口老化的經濟安全需求主要靠四個支柱：第一個支柱是國

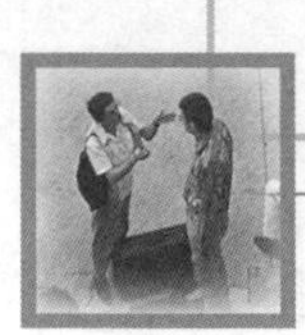

家保證的年金（state-guaranteed pension）體系，這種年金方案通常採隨收隨付制（pay-as-you-go, PAYG）的所得相關年金給付（earning related benefit）。但是，也有一些國家如瑞典、英國、丹麥、荷蘭等國，同時存在定額給付（flat-rate）的最低保證年金，提供給所得偏低或未加入勞動市場的女性家庭照顧者。第二支柱是職業年金（occupational pensions），由部分職業別的雇主協助其員工辦理團體退休金保險。某些國家，如英國已經容許職業年金可以選擇替代國家保證的年金。第三支柱是私人年金保險，這是由個人在保險市場中選購合乎自己經濟與財務規劃條件的私人年金保險。第四支柱是資產調查式的社會救助，這通常被認爲是最後的手段（the last resort）（林萬億，2006）。

我國目前並沒有一個完整的社會安全制度足以提供所有國民老年生活保障，換言之，缺乏上述老年經濟安全體制中的第一個支柱之保障；長久以來，政府部門規劃的維持老人所得的措施一直是採取雙軌措施，一方面針對定期繳費的就業人士提供老年退休金給付，另一方面針對無力繳費的老弱人口提供社會救助，也就是仰賴上述第二支柱及第四支柱。但社會救助的涵蓋範圍很小，甚至不及總人口的1%；而與職業有關的老年退休金制度卻因「職業身分」認定不同而產生極不均等的所得替代率設計；目前針對受雇勞工提供的老年經濟安全保障主要是依據勞工保險條例提供的勞工保險老年給付，以及依據勞動基準法提供的勞工退休金；勞保老年給付屬於社會保險型態，採一次給付方式，但所得替代率偏低，而勞基法雖規定雇主每個月應提撥薪資總額的2%～15%至勞工退休準備金專戶，但實際依規定提撥的事業單位不到一成，且不同事業單位年資不能合併計算，許多勞工因工作轉換而致使工作年資無法有效累積，老年退休金的領取金額亦深受影響，僅有具備軍公教身分之退休人員得以獲得所得替代率相對較高的退休金。有鑑於此，敬老津貼

等老年經濟安全議題成爲一九九〇年代各政黨競相討好選民的重要政策選項，目前約有47%的六十五歲以上老人領有某種形式的老人津貼（石泱，2005；鄭麗珍、黃泓智，2006）。

實際上，眞正維持我國老人之老年經濟安全的來源多是第三支柱，即民眾透過儲蓄或子女奉養方式維持晚年生活所需。依據內政部統計處（2000）調查，57.71%的六十五歲以上老人自認經濟資源大致夠用，22.27%認爲「相當充裕」，自覺經濟有困難者占13.72%。而老人實際經濟來源以子女奉養占多數（47.13%），其次爲本人或配偶的退休金、撫卹金或保險給付（15.39%），本人或配偶的工作收入再次之（13.72%），第四順位爲政府救助或津貼（12.33%），顯示「養兒防老」仍是我國老人維繫經濟安全的一項重要機制，但隨著家庭價值觀的式微，親子代間經濟移轉活動是否仍能維繫有待進一步評估。爲了保障每位國民在老年時期能享有經濟安全的權利，政府相關單位多年來一直致力於國民年金制度之規劃，可惜國民年金的規劃始終未能獲得一致性的共識而正式通過立法，惟各項職業相關的老年給付制度之修法持續進行中，包括公務人員退休法、勞工保險條例及老年農民福利津貼暫行條例的修正等，但上述依據職業別進行的修法能否修補老年經濟安全保障的漏洞仍有待觀察。

整體而言，台灣社會將進入一個縮小的青壯人口支撐老年人口的新時代，老年時期的經濟地位與貧窮風險議題都會快速浮現，爲降低個人老人經歷老化過程帶來的「所得漸減、健康日頽」之雙重經濟風險，並減緩人口結構高齡化對社會經濟生產力之衝擊（鄭麗珍、黃泓智，2006），我國實有必要儘速致力於老人經濟安全制度的整合，強化社會、家庭與個人對於人口結構高齡化趨勢之因應能力。

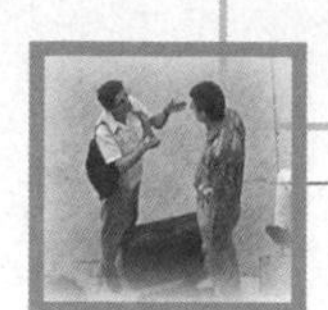

三、老人的人力資源與就業

如何促進高齡者就業、善用高齡人力資源，是近年來國際社會努力追求之目標。事實上，爲了降低失業率，增加年輕勞動力的就業機會，鼓勵提早退休成爲一九八〇年代各國解決高失業率的策略之一；但隨著近期人口高齡化與年輕勞動力減少之趨勢，近年來如何妥適運用老人之人力資源與鼓勵就業，已成爲先進國家關注之政策焦點。經濟合作發展組織（OECD）於二〇〇五年在比利時召開有關高齡社會與就業的高峰論壇會議決議即強調，當人類的平均餘命持續延長之際，工作年齡亦有必要延長（Living longer must mean working longer），否則高齡社會帶來的公共支出將成爲沉重的財務負荷（周玟琪、蔡瑞明，2006）。

雖就人體測量學（anthropometry）的角度來看，高齡勞動者的身高、體重、骨骼、動作、工具性日常生活活動能力（IADLs）等條件都有異於青壯勞動者，換言之，要求活動力高、體能好、反應快及工作時間長的工作，明顯不利於高齡勞工；其次，人類之認知能力明顯隨著年齡增高受到影響，例如，反應力降低、訊息處理能力減退及記憶力衰退等，當高齡勞動者從事以電腦爲工具、內容以資訊處理相關的工作時，其速度的確落後青壯勞工，而這類工作又是二十一世紀最顯著的就業增加機會；第三，由於聽力變差緣故，吵雜及高頻率的工作環境將使高齡勞工出現頭痛及不適應之生理徵狀，且視力的衰退將導致高齡勞工漸失敏銳度，因此，需閱讀符號、燈光、駕駛、電腦或醫療紀錄等的工作都越來越不適合高齡勞動者。綜言之，二十一世紀的新興行業，包括：健康服務工業、零售服務業、電子商務、交通事業、資訊產業等，都是導致高齡勞動者必須離職或失業率高的潛在原因（Schwerha & McMullin, 2002; 林萬億，2006）。針對上述高齡勞工在體力及認知能力方面之限

制，藍領勞工表示期待透過操作姿勢及工作環境的溫濕度調節等設施來克服年齡方面的工作障礙，而白領勞工則相對希望雇主重視教育訓練（紀佳芬，1997）。考量許多健康有活力的高齡者仍希望持續參與或延續職場的投入，顯示教育訓練及職務再設計的觀念有待強化，如何考量高齡者的體能與職場需求，重新分配與或設計工作與職場環境，促使身心狀況良好的高齡勞工能傳承其工作經驗，將是勞動政策不可忽視之重要課題。

爲有效處理高齡者在就業上所遭遇到的問題，Ilmarinen（2002）主張從高齡勞工個人、企業與政府等三方面來分析高齡者就業所面臨的問題、解決方法及其相關因應方向；國際勞工組織（Samorodov, 1999）亦針對高齡勞工的就業提出下列四點建議：(1)修訂全額年金的領取資格：年金的領取資格應依據繳費年齡，而非勞工的實際年齡，方能促使勞工擁有較多規劃工作生涯之彈性空間；(2)延後年金的領取年齡：年金領取年齡應適度修正，並提高延後年金領取之額度，以作爲勞工繼續工作之誘因；(3)推廣部分就業（partial employment）及階段性退休（phased retirement）：協助勞動市場有時間調適有工作經驗之勞動者退休之損失，並減輕對社會安全給付體系之衝擊；(4)提升高齡勞動者之工作能力與生產力：透過持續之技能訓練及工作環境的調整，減緩年齡對勞動能力之影響。

整體而言，目前國際趨勢乃將促使高齡者就業、提早退休制度趨嚴、立法延長退休年齡、推行彈性退休制度，並在稅賦上或退休金給付上加強工作誘因，視爲是活化高齡（active ageing），降低政府財政負擔及避免高齡化影響國家經濟之具體作法（周玟琪、蔡瑞明，2006）。而我國爲避免中高齡勞工其年齡因素受到雇主歧視，行政院已於九十五年送請立法院審查之老人福利法修正案、就業服務法部分條文修正草案，

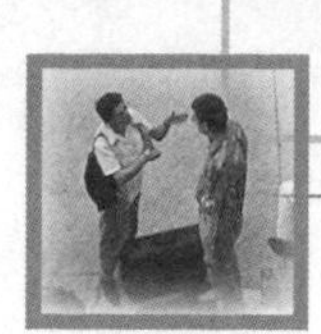

新增雇主對於老人員工不得予以就業歧視之規定，以及明訂禁止雇主因年齡因素歧視求職人或所僱員工。然僅禁止年齡歧視，並不足以達成目標，其他的對策，譬如改善高齡勞工的可就業力（提供職業訓練、職業能力檢定、就業服務）、提高雇主的僱用意願（持續僱用津貼、再僱用的誘因、職務再設計等），甚至是改革退休制度以去除不利就業的障礙等對策都有必要詳加規劃，才能有助於活躍老化（active ageing）的落實及高齡者的社會融入（social inclusion），進一步維護高齡者本身的經濟能力，並減緩高齡社會趨勢對國家財政之衝擊。

四、老人的居住安排與住宅設計

居住安排乃是家庭生活與支持體系最重要的基礎，「居住」對高齡人口而言，其與生活相關的功能，是一物體實體、單位或結構，可提供物理性的庇護功能；而老人居住安排的不同選擇，不僅與家庭代間聯繫與支持相互關連，亦與居住環境與家庭結構互動模式的改變密切相關。過去數十年間，台灣地區老人之居住安排產生相當大的變化，針對我國家庭結構趨勢的變遷，王德睦與陳寬政（1988）以人口轉型的觀點說明核心家庭比例的增減；目前台灣六十五歲以上的老人均出生在一九三〇年代以前高生育率及高死亡率的時代，約在一九五〇年代後結婚生子，當時嬰幼兒死亡率已大幅下跌，因此其擁有的子女數都還不少（行政院衛生署國民健康局於台灣省家庭計畫研究所一九八九年既行的「台灣地區老人保健與生活問題調查」結果指出，當年擁有四個子女以上的老年人約占70.6%），老年父母可選擇子女其中之一同居，則其他未與父母同住的兄弟則組成核心家庭，核心家庭的比例因此增加；檢視我國老人居住安排的現況，內政部調查結果（2000）顯示六十五歲以上生活無法

自理之老人住在一般家宅爲89.73%，其中77.21%由家人自行照顧，顯示家庭照顧乃是我國長期照護需求滿足的主要途徑；且同一調查亦指出老人認爲最理想之養老居住方式仍以與子女同住或隔鄰而居住者爲首位（69.68%），其次爲與配偶同住者（13.29%），認爲居住於老人福利機構者僅有5.2%，希望獨居者僅占6.27%，顯示老人認爲與子女同住是最理想的養老居住方式。

誠然，奉養老年父母一直是我國家庭制度的基本功能之一，從實際奉養父母的觀點而言，同住毋寧是最直接最具體的奉養方式，其可由同住子女同時提供老年父母的日常生活所需與經濟支持（伊慶春、陳玉華，1998）。參考林松齡（1993）提出的社會支持來源與老人社會需求研究，其主張台灣地區的老人支持模式傾向於家庭突顯模式內的特定職務取向（task-specific orientation in family asymmetrical model），已婚老人支持來源主要侷限在家庭成員——配偶、兒子及媳婦，配偶提供的生病時的服侍、閒聊慰藉及日常家事的支持，兒子的支持功能則傾向經濟方面，而家事方面的功能性責任則多由媳婦承擔，其他家庭外親戚對老人各項需求的支持程度十分有限，鄰居及朋友提供的支持項目則以情緒支持爲主。但隨著經濟條件的提升、孝道觀念的彈性適應與都市生活經驗的累積，皆促使老年父母與已婚子女同住的比例在過去數十年開始呈現逐年下降的趨勢（見**表15-1**）（陳妙盡等，1997；陳肇男、史培爾，1999）；特別是當個人教育程度越高、擁有都市化居住經驗、子女數相對較少時，較傾向不與已婚子女同住的比例相對較高（伊慶春、陳玉華，1998）。

事實上，人們在健康時的適應能力較強，對來自周圍環境的制約並不會感到不方便；但隨著年齡增長，身體機能不可避免地逐漸退化，由於物理環境障礙引起的不便亦逐步明顯化（曾思瑜，1999）。一九七〇

表15-1　一九八六至二〇〇二年台灣地區六十五歲以上老人實際居住方式

單位：%

年別	獨居	僅與配偶同住	與子女同住	照顧機構	其他
1986	11.58	14.01	70.24	0.78	3.39
1987	11.49	13.42	70.97	0.64	3.483
1988	13.73	14.98	67.88	0.36	3.05
1989	12.90	18.17	65.65	0.87	2.41
1991	14.52	18.70	62.93	1.19	2.66
1993	10.47	18.63	62.19	1.04	7.67
1996	12.29	20.60	64.30	0.90	1.91
2000	9.19	15.11	67.79	5.59	2.32
2002	8.52	19.46	61.38	7.51	3.13

備註：因1987及1988年的調查選項中，將「固定與某些子女合住」及「至子女家中輪住」合併爲「與子女同住」，考量「輪住比例偏低」（低於5%），故將兩者合併計算。

資料來源：內政部出版之1989、1991、1993、1996、2000及2002年之老人狀況調查報告。

年代以前，當身心機能老化或疾病等因素導致身體功能缺損時，多藉由同住的家庭成員之人力資源提供日常生活的照顧，或進入強調醫療模式的照顧機構獲取密集式人力照顧服務。但隨著在地老化（aging in place）觀念的推動與落實，針對身體功能障礙者提供的協助居住（assisted accommodation）逐漸發展爲「在宅支持」（support in housing）與「支持性住宅」（supported housing）兩種模式（Giarchi, 2002）。

所謂「在宅支持」是指支持受照顧者繼續生活於社區中，例如老人與家人同住，或是具部分生活自理能力的老人租屋或購屋獨立居住於社區中，但考量老人日常生活動作能力的衰退，造成水平、垂直移動的困難，輔具成爲生活必需品，急救系統成爲必要設備，且其居住環境之單元尺寸及空間都有必要透過重建、整建或維護等方式進行住宅改造，以因應老人的生活需求。而上述照顧機構逐漸擺脫隔離主義（segregationlism）與機構化（institutionalism）的色彩，主張老人的照

顧環境應從「收容地方」轉換爲「生活場所」，強調盡可能讓老人過一般人生活，以正常化（normalization）住宅環境之主要規劃原則，並發展各類型之支持性住宅。以瑞典爲例，老人與身心障礙者特別需求住宅（special needs housing）自從一九九二年以來，即將機構式服務與照顧轉型成爲一種結合住宅、照顧與服務於一體的新服務取向（Wahlgren, 2000）。英國則是於一九六〇年代開始大量推展強調協助高齡者獨立生活的住宅（Assisted Independent Living Housing, AILH），其是在老人住慣的地方、或外出購物便利及公共設施普及的地段，提供老人易於管理及維護面積適中的住宅，內部設置老人需要時的援助系統，支持他們繼續維持獨立自主的生活模式；換言之，近年來的空間與建築模式開始從隔離走向統合、集中到分散、約束限制到獨立自主，只要老人的身體及健康條件許可的範圍內，盡可能不要住進機構而以住宅（housing）取代之；此外，機構亦盡量減少集中管制之氣息，盡可能塑造家庭化之氣氛（曾思瑜，1998，2002）。

由於我國的國民住宅鮮少作爲社會照顧之用，屬於弱勢國民的社會住宅更少，而老人、身心障礙者、精神病人、遊民等不是住在未獲協助的居住條件下，就是住在收容機構中，因此，整合社會住宅與社會照顧服務的做法仍然陌生。有鑑於我國人口老化的來臨，內政部於一九九〇年六月頒布「八十年度獎助建立老人公寓改善老人居住實施計畫」，獎助各級政府及民間團體興建、籌設老人公寓後，開啓了我國以老人公寓解決老人居住問題的政策之始。而政府部門於二〇〇一年五月起的「照顧服務產業發展方案」，其中的第二大項「引進民間參與機制，充實多元化照顧服務支持系統」，第五小項即提到「推廣住宅無障礙空間觀念與技術開發」，以及第八小項提及「研議管理社區照顧住宅之規範，滿足失能者居家安養需求」（林萬億，2006）顯示我國住宅政策開始逐步

回應高齡化社會之住宅需求，但對於高齡社會所需要的住宅規格、形式與數量，照顧服務支持體系，老人住宅維護與管理，以及無障礙社區的建構等有待進一步審慎研議。綜言之，歐美各國現正積極推展的協助高齡者獨立生活的住宅（AILH），亦是整合「方便管理的住宅」、「設計便利老人居住的住宅」、「考量緊急時的因應對策」、「必要提供協助」、「緩和孤獨情緒」、「盡可能維持老人獨立自主生活」及「結合住宅與照顧」等多元概念的住宅模式（曾思瑜，1998），不僅可滿足老人在硬體及軟體方面多元之需求，亦可作爲我國老人住宅規劃之重要參考。

五、老人的交通運輸

維持行動（mobility）乃是老化活動理論（activity theory）強調的重點之一，而所謂的行動，不只是駕駛車輛，也包括人有能力移動，這是達成活動的老化（active aging）目標重要的條件；因此，建構一個友善老人（elder-friendly）行動的社區是促進活動老化的重要因素（French, 2003）。而「無障礙環境設計」（barrier-free environment design）即是一種人性化空間的實現，主要在確保人類的「移動權」，讓所有人能共同參與社會活動（曾思瑜，2003）。

事實上，老人活動力不僅影響其社會參與，其社會參與亦關係著老人士氣與生活滿足的程度，惟老人的社會參與受到個人生理特性功能之影響甚鉅，視覺上的疾病（老花眼、白內障與青光眼）和退化皆會影響老人的行動力與辨識能力，例如，對近物看不清楚，使其無法準確地完成動作；從事交通活動時，對於來車無法清楚判斷，無法辨識指引圖示或錯看交通標示、號誌與標線；聽覺的退化亦會導致老人無法擷取高頻

率及高音階的聲音，致使對喇叭聲的敏感度降低。換言之，隨著年齡增長，受到生理特性影響而衰退的行動力越需要交通與運輸工具的支持，包括：便利老人或失能者搭乘的公共交通工具、自用車、機車、腳踏車及輔助視力系統等（Higgins, 2003；徐淵靜、陳菀蕙，2006）。

再者，除了個人的身體功能外，社區環境影響老人的行動至爲關鍵。社區的人行專用道不平坦，或是根本就沒有人行步道，人行道連接不順暢，死巷過多，距離公共交通工具站牌太遠，出入公共設施不便，紅綠燈秒差太短、公共交通工具不適合老人搭乘等，都是老人行動有障礙的社區環境。此外，社會價值規範也影響到老人行動，如果社區公園及道路充滿歧視老人的用路人或駕駛，亦會降低老人外出之意願。羅孝賢及陳昌益（2004）曾針對都會區六十五歲以上、身心健康、較具活動力之老人族群（不包含身心功能障礙及無法自行活動者）的旅運需求特性進行研究，發現老人由於體力的限制及對陌生環境的不安全感，多選擇較近且熟悉的地點從事各項活動，步行方式是其到達目的地主要採取的交通方式；長途外出活動較多爲醫療與訪友活動，公車乃是主要的交通工具選項，計程車則是因價格太貴不納入考慮，捷運系統則由於目前老人搭乘並非完全免費，且導引資訊系統較爲複雜，無家人陪同時並不會主動使用。

但檢視歐美國家推動無障礙環境之政策背景，早期並非以高齡者的交通運輸需求爲政策目的重要的政策課題，「無障礙環境設計」（barrier-free environment design）的理念成爲福利政策的主流乃始於一九五〇年代，主要緣起於北歐斯堪地納半島國家推動身心障礙者回歸社會主流之運動，主張讓身心障礙者也能和一般人一樣在社會中過普通的生活，盡可能讓身心障礙者得以擁有正常的居家生活；既然是以「居家」與「社會生活」爲前提，如何提供「移動」的自由來保障身心障

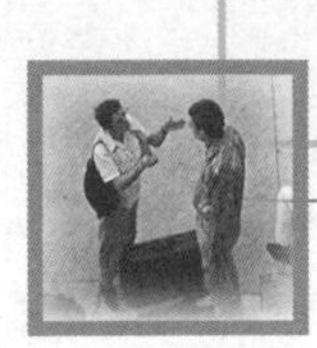

礙者的生活品質即成爲不可忽略之政策重點，例如，美國於一九九〇年通過「身心障礙者法案」（American with Disability Act，簡稱ADA法案），乃是美國最具約束力的身心障礙者支援法案，該法案確保並促進身心障礙者擁有像一般人的基本人權法規，包括對公共建築物、交通系統及通訊等公共服務之使用權利；又如瑞典國會於二〇〇〇年五月通過「從病人到公民：身心障礙政策的國家行動計畫」法案（From Patient to Citizen: a national action plan for disability policy），政策目標是希望至二〇一〇年時，所有的公共交通系統都可以讓身心障礙者搭乘（吳淑瓊等，2001；曾思瑜，2003）。

但爲了因應高齡社會裏迅速增加的高齡人口的交通運輸需求，歐美先進國家及專業團體開始透過立法訂定來築構高齡者安全而便捷的運輸環境，並將無障礙環境的設計推展至「通用設計」（Design for All /Universal Design）；所謂通用設計源自於北卡州立大學的Ronald教授提倡之「設計應該不因年齡、能力、性別而有差異，應該爲所有人設計」之理念；另一方面，提倡「通用設計」之背景因素在於現代人愈來愈在日常生活中倚賴科技產品，譬如手機、自動轉帳機及交通工具等，但是人類使用科技產品的能力與其健康程度（失能狀況）及年齡等因素相關，故「通用設計」是適合所有人——不論年齡、健康或者失能——的產品或是環境設計，並不需要特殊的設計或是改造，減少特殊多餘的設計及製造費用。另外，「通用設計」亦應考量產品之經濟效益，還有不應讓使用者因使用某項產品而有被歧視的感覺。「通用設計」的產品譬如會報樓層數的電梯，正常人可以搭乘，失明者亦可明瞭電梯所到之樓層數；或是比較矮一點的公用電話，既符合輪椅者使用，又可供一般人通話等（吳淑瓊、王正、呂寶靜、莊坤洋、張媚、戴玉慈，2001；徐淵靜、陳菀蕙，2006；曾思瑜，2003）。回顧各國交通運輸的發展沿革，

發現無障礙空間的服務對象從狹隘的身心障礙者，延伸至高齡社會福利政策之一，近年來更重視大眾運輸的無障礙空間課題，讓所有人的移動空間權利更加完善。

綜言之，高齡交通運輸目標乃在於創造老人「安心」及「尊嚴」之交通環境，「安心」所追求之目標一方面係讓老年人可以順暢、圓滑地使用各種設施，確保其能往來無阻的移動，毋需顧忌設施使用時或其他車輛對其人身安全的威脅；另一「尊嚴」之目標，乃是藉由軟硬體的規劃手法消弭高齡者在交通上的相對弱勢，使老人在移動時得以享有和其他青壯者同等便利和安全的權力（徐淵靜、陳菀蕙，2006）。

第四節　結　論

隨著人類生命歷程的延長，全世界的老人人口皆在迅速攀升，從健康與社會照顧、經濟安全、人力資源與就業、居住安排與住宅設計、交通運輸各層面都必須儘速滿足銀髮族群之生活需求，老人生活必需的滿足即有賴上述各種支持體系的建構，唯有公共部門、非正式部門（家庭、鄰里）、志願部門或非營利組織，以及產業（營利）部門分工合作，方能因應高齡社會對整體社會帶來的巨大挑戰。

參考書目

中文部分

內政部（2000）。《中華民國老人狀況調查報告》。

王德睦、陳寬政（1988）。〈現代化、人口轉型與家戶組成：一個社會變遷理論之驗證〉，收錄於楊國樞、瞿海源編，《變遷中的台灣社會》。頁45-59。台北：中央研究院民族學研究所。

石泱（2005）。〈老年經濟安全保障制度之探討〉，《社區發展季刊》。110期，頁260-273。

伊慶春、陳玉華（1998）。〈奉養父母方式與未來奉養態度之關聯〉，《人口學刊》。19期，頁1-32。

江亮演（1988）。《老人福利與服務》。台北：五南。

行政院（2007）。我國長期照顧十年計畫～大溫暖社會福利套案之旗艦計畫。台北：行政院。

行政院經濟建設委員會（2006）。中華民國台灣地區民國95至140年人口推計。行政院經濟建設委員會。

吳淑瓊、呂寶靜、盧瑞芬（1998）。《配合我國社會福利制度之長期照護政策研究》。行政院研究發展考核委員會編印。

吳淑瓊、張明正（1997）。《台灣老人健康照護之現況分析》。國立台灣大學公共衛生研究所暨衛生政策研究中心、台灣省家庭計畫研究所。

吳淑瓊、陳正芬（2000）。〈長期照護資源的過去、現在與未來〉，《社區發展》。92期，頁19-31。

吳淑瓊、蕭玉煌、劉玉蘭、林萬億、陳永豐、李貴榮等（2001）。《考察英國、德國及瑞典長期照護制度報告書。台北：行政院所屬各機關報告書。

吳淑瓊、王正、呂寶靜、莊坤洋、張媚、戴玉慈（2001）。《考察英國、德國及瑞典長期照護制度報告書》。行政院社會福利推動委員會。

呂寶靜、吳淑瓊、徐亞瑛（2006）。《高齡社會的來臨：為2025年台灣社會規劃之整合研究——健康與社會照顧組成果報告書》。行政院國家科學委員會研究計畫。

周玟琪、蔡瑞明（2006）。《高齡社會的來臨：為2025年台灣社會規劃之整合研究——就業及人力資源組成果報告書》。行政院國家科學委員會研究計畫。

林松齡（1993）。〈老人社會支持來源與老人社會需求：兼論四個社會支持模式〉，收錄於王國羽編，《社會安全問題之探討》。嘉義：國立中正大學社會福利研究所。

林昭文（1998）。〈1999國際老人年——不分年齡人人共享的社會〉，《社區發展季刊》。83期，頁280-286。

林萬億（2006）。〈高齡社會的來臨：為2025年台灣社會規劃之整合型研究〉。發表於2005～6年高齡社會研究規劃成果發表會。

紀佳芬（1997）。〈中高齡勞工勞動作業環境適應性的意見調查〉，《就業與訓練》。15卷1期，頁52-56。

徐立忠（1989）。〈有關「老」的概念〉，收錄於《老人問題與對策——老人福利服務之探討與設計》。頁11-18。台北：桂冠。

徐淵靜、陳菀蕙（2006）。《高齡社會的來臨：為2025年台灣社會規劃之整合研究——交通與運輸組成果報告書》。行政院國家科學委員會研究計畫。

徐震（2000）。〈老人問題〉，收錄於徐震、李明政、莊秀美編，《社會問題》，頁177-211。台北：學富。

張明正（1997）。〈台灣地區高齡人口自評健康及功能障礙之追蹤研究〉，收錄於孫得雄、齊力、李美玲編，《人口老化與老年照護》。台北：中華民國人口學會。

梅陳玉嬋、楊培珊（2005）。《台灣老人社會工作實務與理論》。台北：雙葉。

陳妙盡、王德睦、莊義利（1997）。〈台灣地區老人健康狀況與居住安排〉，收錄於孫得雄、齊力、李美玲編，《老人老化與老人照護》。台北：中華民國

人口學會。

陳惠眞、王香蘋（2004）。〈台灣老人健康狀況初探：1989年至1999年〉，《台灣家醫誌》。15卷1期，頁25-35。

陳肇男（1999）。〈90年代台灣地區老人之居住安排〉，收錄於胡勝正編，《老人問題與政策研討會論文集》。台北：財團法人孫運詮學術基金會、中央研究院經濟研究所。

陳肇男、史培爾（1999）。〈台灣地區現代化過程對老人居住安排之影響〉。收錄於《人口變遷與社會經濟發展研討會論文集》。台北：中央研究院經濟研究所。

曾思瑜（1998）。〈日本及歐洲高齡者住宅、居住設施體系的變遷〉，《空間》。111期，頁84-89。

曾思瑜（1999）。〈高齡化社會住宅環境的現況與問題點〉，《福利社會》。75期，頁20-23。

曾思瑜（2002）。〈北歐高齡者住宅、設施政策與體系建構之研究——以瑞典和丹麥爲例〉，《建築學報》。41期，頁23-42。

曾思瑜（2003）。〈從「無障礙環境」到「通用設計」——美日兩國無障礙環境理念變遷與發展過程〉，《設計學報》。8卷2期，頁57-76。

楊靜利（1999）。〈老年人的居住安排——子女數量與同居傾向因素之探討〉，《人口學刊》。20期，頁167-183。

劉一龍、王德睦（2005）。〈台灣地區總生育率的分析：完成生育率與生育步調之變化〉，《人口學刊》。30期，頁97-123。

鄭麗珍、黃泓智（2006）。《高齡社會的來臨：爲2025年台灣社會規劃之整合研究——經濟安全組成果報告書》。行政院國家科學委員會研究計畫。

羅孝賢、陳昌益（2004）。〈都市地區高齡者旅運需求特性之研究〉，《土木水利》。31卷5期，頁48-53。

外文部分

Antonucci, T., Okorodudu, C. & Akiyama, H. (2002). Well-being among olderadults on different continents. *Journal of Social Issues, 58*(4), 617-626.

French, M. E. (2003). Walking and Biking: Transportation and health for Older People. *Generations*(4-75).

Giarchi, G. G. (2002). A Conspectus of Types, Options and Conditions of Elder-accommodation in the European Continent. *Innovation,* 15(2), 99-119.

Higgins, K. (2003). Driving and Vision in an Aging Society. *Aging and the Sences, Spring,* 57-63.

Ilmarinen, J. (2002). *What the social partners can do to improve employment opportunities for older workers.* Paper presented at the Ninth EU-Japan Symposium, Brussels.

Kinsella , K. & Phillips , D. R. (2005). Global aging: The challenge of success. *Population Bulletin, 60*(1), 3-40.

Samorodov, A. (1999). *Ageing and Labour Markets for Older Workers.* Geneva: International Labour Office.

Schwerha, D. & McMullin, D. (2002). Prioritizing Wrgonomic Research in Aging for the 21st Centry American Workforce *Experimental Aging Research, 28*(99-110).

Usui, C. & Palley, H. A. (1997). The Development of Social Policy for the Elderly in Japan. *Social Service Review,* 360-381.

Verbrugge, L. M. & Patrick, D. L. (1995). Seven chronic conditions: their impact on US adults' activity levels and use of medical services. *American Journal of Public Health, 85,* 173-182.

Wahlgren, A. (2000). *Good Housing for Older People and People with Disabilities.* Sweden: Socialstyrelsen.

Chapter 16 身心障礙者議題與社會福利

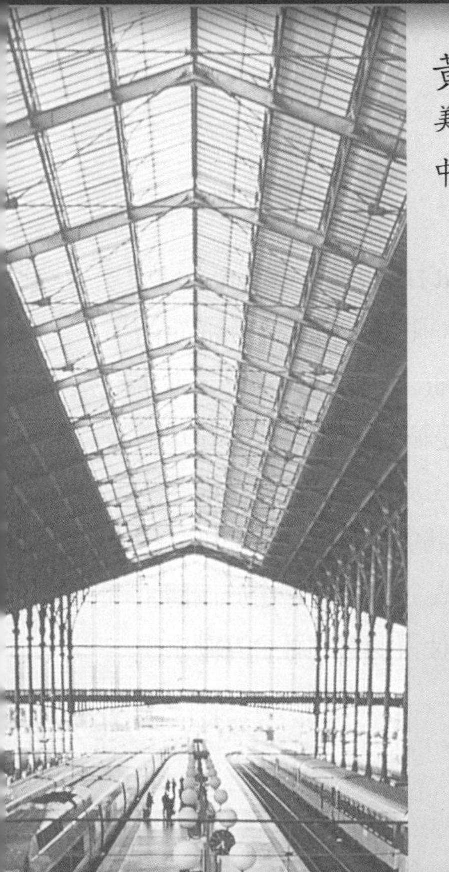

黃志成
美國紐約州立大學特殊教育研究所碩士
中國文化大學社會福利學系教授

第一節 緒 論
第二節 身心障礙的成因
第三節 身心障礙者的醫療服務
第四節 身心障礙學生的特殊教育
第五節 身心障礙者的就養服務
第六節 身心障礙者的就業服務
第七節 結 論

第一節　緒　論

一、引言

根據內政部人口統計年報統計指出，在九十年身心障礙人口爲754,084人，到九十五年時身心障礙人口統計數爲981,015人，增加了22,693人（內政部，2007a）。一般而言，吾人可以認知社會對於身心障礙者存在著結構歧視與差別待遇，身心障礙者並不是一個單純同類的族群，他們所遭遇的阻礙性質不一，必須以不同的方式克服（李弘喆，2004）。因此，政府部門與相關單位須提供各相關的福利服務，以滿足身心障礙者的各項福利需求。

二、身心障礙的涵義

身心障礙的涵義可由下類幾個方向來探討：

1. 「障礙」一詞，根據世界衛生組織（World Health Organization）的定義，可以有三種層面的意義：第一種層面指的是醫學上所認定的生理、心理傷害，稱之爲損傷（impairment），用以表示醫學鑑定或病理診斷上的傷殘；第二層層面指的是個體因生理、心理功能有損傷而導致之殘障（disability），亦即由於生理、心理功能受損以致於個體在處理日常活動時出現失能的狀態；第三種層面則是帶有社會互動意義的殘障（handicap）（障礙），指的是由於個體生理、心理之特質與外在環境不同，所以才使得個體的社會互動出現問題（黃志成、王麗美，2006）。

2.根據教育部（2004）所修訂頒布的特殊教育法第三條所稱身心障礙，係指因生理或心理之顯著障礙，致需特殊教育和相關特殊教育服務措施之協助者。所稱身心障礙，指具有下列情形之一者：智能障礙、視覺障礙、 聽覺障礙、語言障礙、肢體障礙、身體病弱、嚴重情緒障礙、學習障礙、多重障礙、自閉症、發展遲緩、其他顯著障礙。

3.在九十六年七月十一日公布的「身心障礙者權益保障法」所稱身心障礙者，指下列各款身體系統構造或功能，有損傷或不全導致顯著偏離或喪失，影響其活動與參與社會生活，經醫事、社會工作、特殊教育與職業輔導評量等相關專業人員組成之專業團隊鑑定及評估，領有身心障礙證明者，其類別包括：

(1)神經系統構造及精神、心智功能。

(2)眼、耳及相關構造與感官功能及疼痛。

(3)涉及聲音與言語構造及其功能。

(4)循環、造血、免疫與呼吸系統構造及其功能。

(5)消化、新陳代謝與內分泌系統相關構造及其功能。

(6)泌尿與生殖系統相關構造及其功能。

(7)神經、肌肉、骨骼之移動相關構造及其功能。

(8)皮膚與相關構造及其功能。

由上可知，身心障礙包含個人因生理或心理因素，導致個人在參與社會及從事生產活動功能受到限制或無法發揮。

三、身心障礙與社會福利

社會福利是指協助個人與社會環境之相互適應，使獲得生活健康爲

目的之有組織活動。具體而言，社會福利可區分為：(1)狹義與廣義的社會福利，前者是只對社會上不幸的人給予物質和金錢上的救助，以及類似的庶務性的服務工作；後者是指對社會上全體民眾的共同需要或人類潛能的綜合性責任；(2)消極性和積極性的社會福利：前者是指只有在正常的社會結構崩潰時，所做的補救殘缺，改善殘缺和填補洞口的社會福利服務活動，這就是傳統補救方式的社會福利；後者是指把社會福利當作現代社會工作的首要制度之一，與其他社會制度協調合作，積極的為建全社會發展目標而努力（詹火生，2000）。

身心障礙者一直是社會中的弱勢族群，且因其問題的多重性，及牽涉面向之廣泛，所以身心障礙者的照護工作是一件十分沉重的負擔（陳秋麗，2004）。為因應身心障礙人口多元照顧服務需求，內政部在九十四年辦理成年心智障礙者社區居住與生活服務、社區日間照顧服務及家庭支持服務三項試辦計畫，以扶植民間團體加強提供身心障礙者所需生活照顧及支持服務；另為加強輔導身心障礙福利機構提升專業服務品質，九十四年度辦理台閩地區第六屆身心障礙福利機構評鑑及「身心障礙福利機構巡迴輔導計畫」，將持續推動各項身心障礙者社區照顧、居住服務及家庭支持性服務等，以達身心障礙福利服務社區化、多元化目標（內政部，2007b）。足見身心障礙福利是社會福利的一部分。

第二節　身心障礙的成因

身心障礙的成因可分為直接原因及間接原因，說明如下（黃志成、王麗美，2006）：

一、直接原因

(一)戰爭傷患的增加

身心障礙福利的觀念及服務一如其他社會福利一樣，源自於西方國家，尤其經過兩次世界大戰的結果，造成身心障礙者無數，特別是「榮譽國民」——軍人，這些為國而傷及身體的軍人，國家不得不予以照顧，無論是就醫、就養、就業等措施應運而生，這都是身心障礙福利措施的一部分。

(二)工業傷害的增加

自從工業革命以來，機器取代了人工，為人類省了不少勞力，但也衍生了另一個問題——職業傷害，很多人為的疏失，機械操作的不當或機器本身等問題，造成肢體殘障者愈來愈多。

(三)過度污染所造成的病患增加

近二十年來，各種環境污染相當嚴重，來自於食品添加物（如防腐劑、殺菌劑、漂白劑、營養添加劑、著色劑等）、食品原存毒素（如抗生素）、重金屬污染（如農藥、肥料、高濃度金屬地理區、工業排放廢氣廢水、車輛排放廢氣、食品加工不當（如污染過的水、加工機械）、盛裝食品容器污染（如罐頭脫錫、罐頭空氣銲邊料污染）等因素（黃志成，2004），造成慢性病民眾增加，如肺臟、肝臟、心臟、腎臟等，嚴重時亦為身心障礙福利服務的領域。

(四)醫療的進步

由於醫學的發達，醫療技術的改進，雖然許多人在重大意外事件、重病後因而獲救，但也導致了身心的障礙，例如因缺氧而被救活，卻導致了智能障礙或植物人，工業傷害或車禍被截肢，雖被救活了，卻導致肢體障礙。

二、間接原因

(一)依血緣和地緣關係的社會福利式微

我國社會工作不發達的原因很多，其中之一就是傳統家族、宗族觀念過深，一般民眾遇有疾病、殘障、失業等問題時，家族、宗族成員總會互相幫忙，故不太需要政府所主導的社會福利服務；然而近三、四十年來，隨著工業化的發展，血緣地緣關係日漸式微，故而民眾有急難或其家庭出問題時，自然就需要政府與民間共同協助。

(二)民主化的結果

一個國家愈民主，必定愈重視人權及人性尊嚴，而民主化是一個過程，身心障礙福利政策是否能訂定？或是否有更好的身心障礙福利政策，端賴國家的民主化。

(三)社會福利的進步

身心障礙福利是社會福利的一環，故一個國家的社會福利愈進步，身心障礙福利必愈進步，而先決條件必須有好的身心障礙福利政策。

(四)社會正義的進展

身心障礙福利的推展，光靠政府的力量是不夠的，有賴社會民眾共襄盛舉，有錢出錢，有力出力，大家共同努力，如此有正義感的社會，才能促使政府與民間共同訂定符合身心障礙者的福利政策。

第三節　身心障礙者的醫療服務

一、預防性醫療服務

此項服務對身心障礙者及一般人實施，其目的在預防身心障礙兒童產生，並及早發現，及早療育，主要服務內容如下：

(一)遺傳諮詢

「遺傳諮詢」的目的是提供病患有關疾病與基因變異之間的關係及資訊，並提供病患現行的醫療方式及社會福利之來源，以協助病患做相關決定，以美國人力學會（American Society of Human Genetics, ASHG）的定義：「遺傳諮詢是一種有關處理人類各種遺傳疾病的發生或可能發生之溝通過程。」「遺傳諮詢」一詞由Reed於一九四七年提出，當時指的此一過程則由專家對個人或家庭提供以下的協助（引自劉紓懿，2005）：

1.瞭解遺傳疾病的診斷、潛在原因以及將來可以採取的治療方式等。
2.評估特定疾病的遺傳型態，以其在家族中對特定成員的發生率或再發生率。

3.瞭解面對遺傳疾病之再發生時，可以選擇的方法。

4.衡量各項危險性，選擇符合家庭目標、倫理、宗教考量方式來處理遺傳疾病。

5.調適面對家人罹患遺傳疾病的病程進展及未來可能再發的風險。

(二)孕婦健康檢查

孕婦健康檢查包括妊娠試驗、產前檢查，產前檢查以超音波掃描、羊膜穿刺術（amion centesis）及胎兒內視鏡實施，以便儘早確知胎兒是否有異常發展，做必要的措施，可減少障礙兒童的產生。目前我國的孕婦健康檢查頗受重視，以唐氏症篩檢爲例，先針對高齡產婦以及超音波檢查出高危險群，進一步進行絨毛取樣或是羊膜穿刺檢查胎兒的染色體，就可以篩檢出是否爲唐氏兒了。

(三)胎兒疾病矯治

胎兒醫學已是目前醫學界努力的方向之一，其目的在確知胎兒發展異常之後，予以胎兒醫療措施，以及早治療控制病情，如此亦可減少身心障礙兒童的產生。

(四)預防注射

爲加強嬰幼兒的免疫力，預防接種有其必要性，我國目前已有完善的預防接種制度，以預防身心障礙兒童產生爲例，至少有下列之措施：小兒麻痺口服疫苗、MMR（麻疹Measles、腮腺炎Mumps、德國麻疹Rubella）混合疫苗、日本腦炎疫苗、白喉百日咳破傷風混合疫苗。

(五)嬰幼兒預防醫療服務

嬰幼兒健康檢查、新生兒先天代謝異常疾病篩檢、兒童定期接受健康檢查、有健康問題之高危險群兒童之監測。

(六)社會教育

旨在教導一般社會民眾之衛生保健、疾病預防、婚前之健康檢查、意外事件之避免，以期預防身心障礙人口之產生。

二、機能訓練

機能訓練乃是爲改善機能的障礙，增加生活能力而實施的系統化訓練。機能訓練的種類很多，包括：基本動作訓練、起立步行訓練、水療訓練、職能治療等。

三、障礙改善或消除障礙

障礙改善係指透過醫療介入，改善目前之狀況；消除障礙係指透過醫療介入，治療身體障礙部位。列舉如下：

1.視覺障礙者：眼角膜移植，移殖成功後，即沒有障礙了。
2.聽覺或平衡機能障礙者：聽力檢查，裝配助聽器，可改善聽力。
3.聲音機能或語言機能障礙者：語言矯治，可以改善與人的溝通能力。
4.肢體障礙者：義肢裝配，輔助器具使用，可以克服一部分生活的不方便，甚至達到生活上的無障礙環境。
5.顏面傷殘者：植皮手術，可改善皮膚的外觀。

四、心理治療

心理治療的目的旨在透過輔導克服身心障礙者因身心障礙所導致的心理障礙，身心障礙者能有較健康的心態來面對自己的生活，包括人際關係、價值觀及人生觀、就業生活、婚姻及家庭生活等。

五、我國現行醫療服務措施

(一)醫療補助

依照身心障礙者權益保障法第二十六條的規定，身心障礙者醫療復健所需之醫療費用及醫療輔具，尚未納入全民健保給付範圍者，直轄市、縣（市）主管機關應依需求評估結果補助。

(二)健康保險自付保費補助

依據身心障礙者參加社會保險保險費補助辦法（民92）第五條規定身心障礙者自付部分保險費補助之標準如下：

1.極重度及重度身心障礙者全額補助。

2.中度身心障礙者補助二分之一。

3.輕度身心障礙者補助四分之一。

(三)復健輔助器具補助

身心障礙者基於復健之目的，經身心障礙鑑定醫院診斷並出具證明確有需要裝配復健輔助器具者，可申請復健輔助器具補助。

(四)醫藥分業制度

行政院衛生署於八十六年三月十一日公告放寬醫生不釋出處方箋的規定，在「醫療急迫情形下」，對領有身心障礙手冊者，醫師可依病患要求暫不釋出處方箋，並在醫療機構內親自調劑，身心障礙者拿到這些醫師交付的藥品時，藥品容器上應註明藥品名稱、劑量、用法和用量。

第四節　身心障礙學生的特殊教育

一、特殊教育的目的

實施特殊教育的目的可以下列幾點來說明：

(一)診斷學生在學習上的需要

每一位學生在學習上均有特殊需要，尤其是特殊學生，以視障學生爲例，可能需要點字教學；以聽障學生爲例，可能需要團體助聽器；以語障學生爲例，可能需要語言學習機。因此，透過對特殊學生的鑑定、診斷，吾人可以瞭解該學生在學習上的特殊需要，給予最適當的教育，滿足學生的需求。

(二)決定是否成爲特殊學生

對一位學生實施診斷之後，才能瞭解其特殊需要，如有必要時，始給予「標記」（labeling）爲特殊學生。由此可知，在診斷是否成爲特殊學生之前必須作上述之考量，但有一項可以確定的是：如無標記，則喪

失接受特殊教育的機會。

(三)安置適合教育情境

特殊學生在被診斷之後，應即給予最適當之安置，例如，一位中度智障的學生，爲了回歸主流（mainstreaming）之原則，不要把他安置到啓智學校去，而將其安置在普通學校的啓智班，既能接受特殊教育，又不被隔離於普通學生之外。

(四)提供教師教學依據

特殊老師可根據學生之鑑定結果提供教學依據，例如，一位輕度弱視學生可考慮放大字體課本教學，而不採點字教學。又如，一位心臟病的學生在求學期間，老師要注意不讓學生做過激烈的運動。

二、特殊教育的安置形態

特殊教育的安置形態可分爲兩大類，一爲隔離制，亦即是將身心障礙學生與普通學生作隔離，如特殊學校、特殊班均是；另一爲混合制，亦即將身心障礙學生與普通學生混合就讀，如我國現在實施的「融合教育」即是，以下就以此兩大類爲基礎，分別說明特殊教育的幾種安置形態（黃志成、王麗美、高嘉慧，2006）：

(一)特殊學校

一般而言，特殊學校可分爲三類，一爲通學制，二爲住宿制（residential school），三爲混合制。目前我國啓聰、啓明學校大都採通學與住宿雙軌並行的混合制。

(二)特殊班

特殊班依性質的不同可分爲兩類：(1)自足制特殊班：即特殊老師擔任班級全部身心障礙學生的教學工作；(2)合作制特殊班：或稱部分時間特殊班，即身心障礙學生在一天中，一部分時間在特殊班上課，另一部分時間則在普通班上課。

(三)資源班

身心障礙學生大部分時間在普通班上課，每週再抽離幾節課到資源教室上課。在資源教室上課的目的，旨在協助身心障礙的改善或因身心障礙無法在普通班滿足的學習需求。

(四)普通班

即將身心障礙學生安置在普通班裏，與普通學生混合就讀，也就是融合教育。

(五)床邊教學

所謂床邊教學即在醫院成立特殊班或個別指導身心障礙學生，此種教學對象以罹患慢性病（如心臟病、腎臟病、肝病、肺病）者爲主，或其他身心障礙兒童（如肢體障礙）需要在醫院作長期復健者，此種教學以醫療爲主，教育、學習爲輔，但可隨時彈性調整，教導的方式可有老師面授、電視、錄影帶、廣播、遠距教學等。

(六)教育體制外機構

我國特殊教育法第十六條規定：「……少年監獄、少年輔育院、社

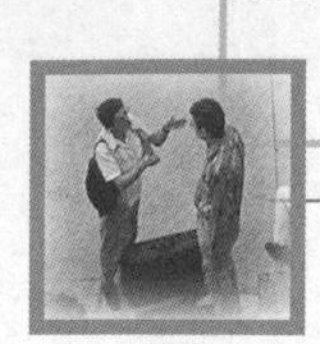

會福利機構及醫療機構附設特殊教育班，應報請當地主管教育行政機關核准後辦理。」此為教育體制外機構辦理特殊教育的法源依據。例如，在啓智教養院附設啓智班。

(七)在家教育

我國自民國七十六年開始試辦「在家自行教育」計畫，學生對象以重度身心障礙者為主，在各縣市政府教育局或學校設輔導員，每週提供一至二次到家輔導的服務，輔導的內容可為知識的傳授、心理輔導、行為矯正，甚至對家長作輔導。輔導的方式除巡迴老師前往面授外，還可利用函授、電視、廣播等教學活動。

三、現行身心障礙學生教育福利措施

(一)身心障礙者及身心障礙子女學雜費優待（減免或補助標準）

依身心障礙者權益保障法第二十九條規定，教育主管機關應依身心障礙者之家庭經濟條件，優惠其本人及子女受教育所需相關經費。

(二)獎助金

依身心障礙者權益保障法第三十二條規定，身心障礙者繼續接受高級中等以上學校之教育，各級教育主管機關應予獎助。

(三)參觀文教設施優待

身心障礙者進入收費之公營風景區、康樂場所或文教設施，憑身心

障礙證明應予免費；其為民營者，應予半價優待。

(四)身心障礙學童交通車提供或交通費補助

依身心障礙者權益保障法第二十七條第一項規定，身心障礙學生無法自行上下學者，應由政府免費提供交通工具；確有困難，無法提供者，應補助其交通費；直轄市、縣（市）教育主管機關經費不足者，由中央教育主管機關補助。

(五)教育代金

無法適應就讀一般公私立國民中、小學或特殊學校之義務教育階段之身心障礙者，就讀於社會福利機構之特殊班或在家教育者每月發給教育代金。

第五節　身心障礙者的就養服務

一、支持性的生活照顧

支持性的福利服務主要是以家庭為基礎的計畫（home-based programs），它是身心障礙福利服務的第一道防線，主要針對身心障礙者的家庭仍然完整，身心障礙者與家人關係仍然不錯，但家庭成員蒙受壓力，假使其壓力持續進行，會導致家庭問題的產生。因此，支持性的生活照顧應該提供身心障礙者下列之服務（黃志成、王麗美，2006）：

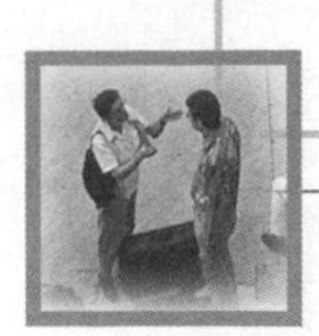

(一)保護被虐待、被忽視的身心障礙者

1.制定身心障礙者保護相關法令：可單獨成一法，亦可將內容置於身心障礙者權益保障法、兒童及少年福利法、老人福利法內，以法律約束施虐者。

2.教導父母或家人應付壓力：父母或家人在家虐待身心障礙者，可能出於壓力過大（如身心障礙成員所給的壓力、工作壓力、經濟壓力……），故有效地透過心理衛生服務，將有助於壓力的紓解，減少虐待事件的發生。

3.教導身心障礙者自我保護的能力：透過學校教育、社會教育教導身心障礙者自我保護的能力，免於被身體的傷害、身心上的疏忽、精神上的傷害、性虐待等。

(二)提供諮商及心理衛生服務

家有身心障礙者，其親人在教養上的問題會多於一般人，這是可想而知的；而身心障礙者在成長過程中，會產生較多的人格、生活適應、求學、就業、感情、婚姻及人生觀等問題，也是可以理解的，為了讓身心障礙者及其家人能自立自強，提供必要的諮商及心理衛生服務是必須的，其作法說明如下：

1.電話諮詢：提供身心障礙福利諮詢專線，解答身心障礙者及家屬所提出的問題。

2.傳真機服務：語言障礙、聽覺障礙或其他無法有效運用表達之身心障礙者，可透過傳真機請求解答問題。

3.網際網路（internet）服務：語言障礙、聽覺障礙或其他無法有效運用表達或行動不方便之身心障礙者，可透過網際網路服務解答問題或接收訊息。

4.會談：會談可分爲兩方面，一爲身心障礙者至諮詢機構會談，由諮商員提供服務；二爲諮商員爲行動不便者赴宅（或指定地點）提供諮商服務，如此服務到家更能滿足行動不便者的需求。

5.書信：身心障礙者及其家屬可透過函件請求諮商員回信解答問題。

6.團體輔導：藉由演講，由專家學者、行政人員提供服務；也可以辦理身心障礙者及其家屬的成長團體，增強生活適應能力；或辦理座談會，分享生活及教養經驗及精神上的支持。

二、補充性的生活照顧

補充性的服務係指身心障礙者的家屬因角色執行不適當，嚴重的傷害身心障礙者與家屬的關係，但其家庭結構，透過補助，身心障礙者仍能繼續生活在家庭中，並不會受到傷害。因此，補充性的生活照顧應該提供下列之服務：

(一)家庭補助

家庭補助（financial aid to family）之精義乃在使身心障礙者留在自己的家庭，藉由經濟或物質的補助，讓其享受天倫之樂，補助的方式分爲二：

1.經濟的補助：九十年台閩地區低收入戶致貧原因最主要爲由於身心障礙，可見身心障礙者及其家庭的經濟狀況並不好，故政府或民間依物價指數或當地生活費用之需要，善盡人道精神，按月提供無經濟收入或收入不夠家庭總支出之身心障礙者經濟上的補助，使其生

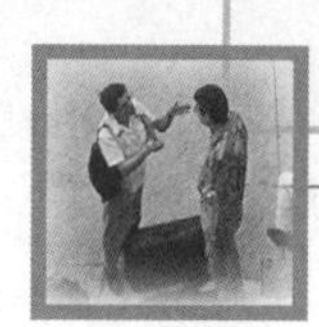

活無慮，直接的可減輕身心障礙者家庭生活負擔；間接的增進社會安全，免於身心障礙者淪爲竊盜、賣春或其他犯罪行爲。

2.物質的補助：金錢的補助，其優點乃在能使身心障礙者彈性運用，符合個別需要；但其缺點則可能被挪爲他用或不當使用（如拿去賭博、喝酒等），故通常可針對身心障礙者的特殊需要，提供物質的補助，如提供奶粉、衣服、營養品及生活上所需之輔助器物。

(二)家務員服務

家務員（homemaker）服務的功能有三：一爲協助身心障礙者家庭運作的正常：由於部分身心障礙者家庭成員（尤其是照顧身心障礙者），因生病、工作、入獄、遠行等因素而短期無法照顧身心障礙者家屬，此時如有公私部門的家務員介入，家庭運作才會正常；二爲提供身心障礙者的家庭工作示範，尤其許多身心障礙者家庭屬於低社經地位者，其家庭運作可能不佳（如衛生條件不好、擺設零亂、營養不均衡等），藉助於家務員的服務與指導，可將身心障礙者的家庭帶入正軌；三爲提供單身身心障礙者在宅服務，服務項目可視身心障礙者的障礙程度、教育程度、家庭設施等斟酌辦理，諸如：整理家務、代打（接）電話、寫信、購物、存（提）錢、送飯、洗澡、協助就醫、帶出散步、代領津貼等。

(三)托育服務

托育服務（day care services）乃在協助家屬照顧身心障礙者，使其家屬能就業或臨時辦事，因此托育服務方式可分爲三類：

1.日間托育服務：一如兒童托兒所一樣，由身心障礙者自行前往托育所、由家屬將身心障礙者送往托育所或由托育單位派車接送。可視家庭之需要選擇全日托或半日托。

2.臨時托育服務：由於身心障礙者之家屬因事外出或其他原因無法照顧時，臨時請托育機構代為照顧。

3.到家托育：由於身心障礙者之家屬無法照顧身心障礙者，故由公私立機構派遣服務人員到家照顧身心障礙者。

三、替代性的生活照顧

替代性的（substitutive）服務係指身心障礙者的家庭因某種原因（如父母雙亡，父母一方死亡，另一方需負擔經濟、照顧者工作，重病或嚴重的排斥身心障礙者等），而必須離開家庭，接受暫時或永久的安置。因此，替代性的生活照顧應該提供下列之服務：

(一)寄養

寄養（foster care）適合於身心障礙者的家庭暫時失去功能，如照顧者生病或入獄等因素，只好將身心障礙者送往寄養家庭或團體之家（group home）。一般而言，身心障礙者由於本身外表、行動能力、寄養家庭能否提供無障礙的居家生活環境、自理能力等問題，在國內要尋找寄養家庭頗為困難。在國外，Ceso-Zanic（1989）於其所作的研究中，提及南斯拉夫所屬克羅埃西亞（Croatia）的寄養服務中，有24%屬於身心障礙者，可見這些寄養父母是相當有愛心的。

寄養家庭除提供暫時住宿服務之外，尚有治療之功能，Rosen（1989）述及的自閉症兒童療法時指出，吾人可提供一個溫暖、護理和支持的家庭，以刺激自閉症兒童在此種家庭中慢慢地被教導發展上的任務（tasks）和應有的行為。同時，寄養父母也須時時與學校、親生父母及其他有關的人保持密切的聯繫，共商對策。如此，自閉症兒童將有被治癒的機會。

(二)收養

收養（adoption）適合於身心障礙者的家庭永久失去功能（如父母雙亡、家人嚴重拒絕等），而必須尋求永久性的家庭來收養身心障礙者。由於身心障礙者本身的條件，要尋找收養家庭可謂難上加難，尤其國人的收養動機，如精神慰藉、傳宗接代、經濟收入、求新經驗、自我尊重、求好的運氣、利社會（蘇靖媛，1989），將不易達成，不過國外有部分善心人士來台領養小孩，特別指定要身心障礙兒童，其「利社會」之動機值得嘉許，也值得國人效法。

(三)安養

教養院是較適合身心障礙者作替代性的生活照顧機構，可以是暫時性的，也可以是永久性的。依黃志成（1993）調查台北市身心障礙者有2.8%是在住宿性教養機構接受安置。有關身心障礙者的居住問題，在此乃基於回歸主流的觀念，目前已漸趨向放在社區中成立小組家庭（Coury et al., 1982; Mitteler, 1984; Landesmen & Butterfield, 1987; 張雅麗，1991），如此方便身心障礙者與家人互動，身心障礙者的家屬也能常去探視，算是比較人性化的一種安置方式。

身心障礙者的前半生通常有父母陪伴，父母可以照顧得無微不至，但身心障礙者的父母親最大的痛就是沒有辦法陪其子女度過後半生。爲使身心障礙者於其直系親屬或扶養者老邁時，仍受到應有的照顧及保障，父母最好就先爲身心障礙的子女預作安排，可以自立的當然就自立，不能自立的就幫子女找一適合的安養中心，讓其度過餘生，讓父母

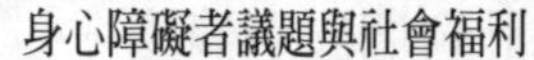

親可以較無牽掛。此外，可能的話，也幫身心障礙的子女準備一份「財產」，讓子女往後的經濟沒有匱乏，若子女沒有管理財產的能力，父母可將財產信託轉給第三者，委託其以該財產之收益作爲安養費用。

第六節　身心障礙者的就業服務

一、身心障礙者的就業能力

要做好身心障礙者的就業服務，就應先瞭解其就業能力，一般而言，身心障礙者的就業能力可分爲下列四種（張勝成，1997）：

(一)競爭性就業

也稱爲獨立性就業，以全時間工作爲基準，或以平均每週至少工作二十小時爲基準之有酬工作；且其薪資的給付須符合「勞基法」的規定。

(二)支持性就業

所謂支持性就業的定義實有下列三個涵義：(1)最低基本工資以上的酬勞工作；(2)和非身心障礙員工一起工作；(3)需要持續的、必要的支持，以維持其工作（萬明美，1996）。中重度身心障礙者因障礙之因素導致無法立即適應職場上之要求。首先在輔導員的指導之下熟練工作所需之要求，待身心障礙者適應工作之後，輔導員再退出輔導，而由身心障礙者自行工作。

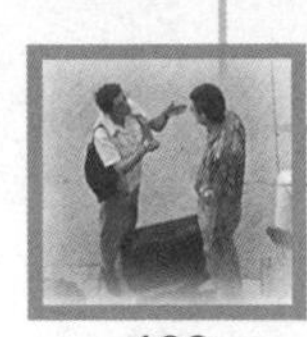

(三)庇護性就業

對重度身心障礙者因障礙較嚴重，無法從事獨立性就業、支持性就業，而需由庇護工廠來指導其從事較為單純之工作。當然庇護工廠同時具有過渡性與長期性的特色，兼具有職業試探與安置的功能。也即是身心障礙者若在庇護工廠內之工作表現較佳時，可轉為支持性之就業；若工作成果欠佳時，則繼續安置在庇護工廠內。

(四)養護性就業

在養護機構的極重度身心障礙者也視其工作能力給予符合其能力之工作。通常為單純之作業，讓身心障礙者也享有工作成果之需求及欣慰。

綜上所述，一位身心障礙者的職業生涯中，若能由開始的養護性就業，進而至庇護性就業，再進至支持性就業、競爭性就業，算是相當大的成功了。

二、身心障礙者的就業服務程序和原則

(一)身心障礙者的就業服務程序

■職業諮商與評估

要成功的做好身心障礙者就業服務工作，首重職前的諮商會談，藉助於會談，瞭解身心障礙者的身心狀況，必要時，再對其身體作醫學評估、心理測驗（人格測驗、職業性向測驗、職業興趣測驗等）、教育評量（尤其是學業成就測驗）、社會評量（瞭解社會適應狀況）、工作能

力評量，及其他有關職業重建之評估。

■技藝訓練

根據黃志成（1993）對台北市16,392位身心障礙者所做的調查中發現，各類身心障礙者技藝訓練的需求頗高，在總計二十四項福利服務需求中，技藝訓練的需求在視覺障礙者排第七位，聽覺或平衡機能障礙者排第四位，聲音或語言機能障礙者排第三位，肢體障礙者排第六位，智能不足者排第四位，多重障礙者排第四位，重要器官失去功能者排第九位，顏面傷殘者排第八位，自閉症者排第四位，因此，吾人可依上述職業諮商與評估的結果，給予必要的技藝訓練，讓身心障礙者有一技之長，用以立足於社會。

■職業推介

一方面公私立就業輔導機構應廣泛徵詢求才單位，爲身心障礙者爭取更多的工作機會，二方面也多多利用大衆傳播媒體廣爲宣傳，讓身心障礙者知道求才單位在哪裏，如此配合推介工作，相信能讓更多的身心障礙者獲得工作機會。

■職務再設計（job accommodation）

身心障礙者在投入就業市場之後，常因本身障礙的因素、工作內容與工作性質的因素，或工作環境的因素，造成工作成效不彰、雇主的不滿意，與同事的互動不佳，也可能影響產品的品質與產能。因此，職務再設計就是在身心障礙者本人、雇主和職業輔導員充分對工作內容溝通後，透過工作分析（task analysis）的方法，從以往找合適的人來工作的理念，進而設計合適的工作給身心障礙者做的積極觀念，解決身心障礙者的就業問題，也讓雇主肯定身心障礙員工的工作成效。職務再設計的內容包括：(1)改善工作環境或設備，如提供工作場所內無障礙的交通環境、提供盲用電腦、建築物周邊設備的改善；(2)改善工作場所機具，如針對身心障礙員工的特殊需要而設計工作時之輔具；(3)改善工作條件，如提供手語翻譯、導盲犬；(4)調整工作內容，如工作重組、簡化工作流程。

■追蹤輔導

身心障礙者被推介至工作單位後，就業輔導機構仍需按時作追蹤輔導，對於不適任者予以再評估再轉介，對於適任者可按工作單位之需求，予以再訓練，如此更能有效勝任該工作。

(二)個別化與社區化原則

在上述的就業服務程序中，必須注意個別化與社區化兩個原則，說明如下：

■個別化就業服務（individualized employment service）

個別化就業服務的目的是在保障身心障礙者的工作權。在就職前考量其身心狀況、職業興趣、性向與需求，然後施與職業訓練，最後才輔導就業並定期追蹤，而在上述之過程中，家長、職業輔導員與雇主均需充分溝通，藉以提高職業輔導之成功率。

■社區化就業服務（community-based employment service）

社區化就業服務乃認爲對身心障礙者的就業服務以社區本位的安置爲目標，亦即身心障礙者的就業場所回歸到所居住的社區中與一般人一起工作，並獲得合理待遇。其安置方式乃先媒介工作再作職業訓練、職務再設計、工作環境適應，並作追蹤輔導。

以上兩者理念合而爲一，即在對身心障礙者的就業服務時，需考量其個別狀況與需求，並以安置所居住社區爲本位。

三、目前我國對身心障礙者就業服務實施概況

目前我國對身心障礙者就業服務實施概況可分下列幾點說明：

(一)職業訓練

目前我國辦理身心障礙者職業訓練之機構，在中央有行政院勞委會職業訓練局、行政院青輔會；在地方主要為台北市／高雄市政府社會局、勞工局及其所屬相關機構以及各縣市政府，且實施方式大都採「委託辦理」方式，例如，台北市社會局委託榮總傷殘重建中心辦理電腦排版、印章篆刻、皮鞋製作、縫紉班。此外，還有民間社會福利機構自行辦理者。目前我國各身心障礙福利機構及相關職業訓練機構為身心障礙者提供的職業訓練課程有：

1.電腦類：中文電腦、電腦排版、中文打字與電腦輸入、電腦程式設計、電腦輔助機械、電腦製圖打版設計、電腦立體設計、電腦3D動畫、電腦影像處理、電腦美工設計、電腦零件製作。

2.木藝類：印章篆刻、木工、寢具製作、手工藝製作。

3.衣務類：縫紉、成衣製作、服裝設計製作、電腦服裝設計、洗衣、毛衣編織、休閒鞋製作、皮件製作、電繡。

4.餐飲類：餐飲服務、清潔工、西點烘焙、食品烘焙、烹調。

5.陶藝類：陶藝、陶瓷、紋石加工、珠寶設計製作。

6.農業類：農產品加工、農牧、水耕栽培、農藝、園藝、花卉栽培。

7.商業類：超商服務、電腦廣告設計、電腦行銷。

8.電子類：電子零件裝配、電子零件製作、電器修護。

9.其他：資源回收處理、按摩、包裝加工、玩具製作、網板印刷、鐘錶修理、清潔工具製作、鋼琴調音、紙器加工及包裝、燈籠製作、

飾品製作、汽車清潔、美工設計、抹布製作、廣播人員訓練、視聽媒體製作、環境清潔維護、大樓管理。

由於爲身心障礙者提供的職業訓練職種過少，設置地點不足，開班有一定的時間及容量不夠等問題，致使身心障礙者在接受職業訓練時面臨相當大的困境。故行政院勞委會職訓局自民國八十七年十月開始，發行「身心障礙者職業訓練券」，明訂年滿十五至六十五歲的肢體障礙者均可申請職訓券，憑券免費到政府立案的公私立職訓機構、學校、技藝補習班接受職業訓練。同時爲避免訓練與就業二者之間產生的落差，以及職業訓練的成效，確保國家資源運用得當，必須注意下列幾點：

1.職訓項目中屬於休閒、益智或語文的項目，不應在補助範圍之內。
2.參加職訓的身心障礙者，必須在訓練前報請縣市主管機關知悉，並接受考核是否有按時前往接受訓練及訓練成效。
3.公私立職訓機構必須有完善的無障礙訓練環境。
4.公私立職訓機構必須對身心障礙者進行確實的考核制度。

(二)職業推介

身心障礙者欲找工作時，可尋求下列管道爭取就業機會：

1.由接受職業訓練之委訓單位或有提供身心障礙者就業輔導服務之民間機構輔導就業。
2.台北市、高雄市政府勞工局國民就業服務中心。
3.各縣市殘障福利服務中心。

民國八十六年「殘障福利法」修正，更名爲「身心障礙者保護法」，九十六年七月十一日又修正爲「身心障礙者權益保障法」，雖已

修正之前略帶有歧視意味名稱，仍然視身心障礙者爲弱勢，需要被「保護」。然而，在正視身心障礙者之就業問題時，將個人視爲一個「工作者」而非身心障礙者來考量，其應爲身心障礙者之「工作權」，而非身心障礙者之「福利權」，這個概念如果不突破，所有措施都將是一種恩給，而不是站在一個平等的立足點上幫助身心障礙者自立。理論上，工作權是一種基本人權（萬育維，1997）。因此，無論政府或民間在爲身心障礙者提供職業推介時，在觀念上、態度上均應慢慢地由保護政策轉變爲平等政策。讓身心障礙者因有「工作權」而有工作，而非有「福利權」而有工作。

(三)創業協助

爲協助身心障礙者自立更生，行政院勞委會於八十七年四月十六日通過「身心障礙者創業貸款補助辦法」，針對年滿二十歲至六十歲，領有身心障礙手冊者，提供創業貸款利息補貼，補貼方式由台北、高雄兩市及各縣市政府自行訂定。

第七節　結　論

身心障礙者於職場上遭受歧視問題在我國一直未獲重視，也因此我國至今並未有一完善的訴訟救濟管道以提供身心障礙者主張權利（黃惠琪，2003）。國內身心障礙者福利服務主要是依其不同人生發展階段需要而由不同目的事業主管機關負責，導致身心障礙者生涯轉銜問題除了垂直銜接，還必須涉及橫向的服務系統銜接而更加複雜，轉銜服務的規劃與實施因而有其必要性（黃靜宜，2005）。隨著社會福利的興起、人

權意識的抬頭，使得身心障礙者權利也逐漸受重視，對於這群弱勢者的照顧理念也紛紛提出（張珮如，2005）。邱雅珍（2002）指出，隨著社會思潮的改變，西班牙人民對於殘障者關懷亦逐年改善中，而西班牙之殘障福利法亦在社會事務暨工作部的推動下，將擴大對殘障者之各項權益作保護。近年來在我國有關就業歧視所引起的爭議，已經因各弱勢團體權利意識之覺醒，而有逐漸受到社會的重視（林政緯，2004）。從我國福利法規的修訂可看出政府部門對於身心障礙者福利的重視，身心障礙者保護法才在九十三年六月二十三日修法，於九十六年七月十一日又再度更名爲身心障礙者權益保障法，法條從七十五條增加成爲一百零九條，並在保健醫療權益、教育權益、就業權益、支持服務、經濟安全保護服務等服務有明確的規定。

參考書目

中文部分

內政部（2003）。〈92年身心障礙者生活需求調查報告分析摘要〉。線上檢索日期：96年7月6日。網址：http://law.moj.gov.tw/。

內政部（2007a）。〈統計年報〉。線上檢索日期：96年7月5日。網址：http://sowf.moi.gov.tw/stat/year/y04-10.xls。

內政部（2007b）。〈內政概要〉。線上檢索日期：96年7月5日。網址：http://www.bli.gov.tw/sub.asp?a=0008443。

內政部（2007c）。「身心障礙者生活托育養護費用補助辦法」。線上檢索日期：96年7月6日。網址：http://www.scu.edu.tw/sw/data/welfarelaw/welfare_7.htm。

內政部（2007d）。〈九十年臺閩地區低收入戶生活狀況調查結果摘要分析〉。線上檢索日期：96年7月19日。網址：http://www.moi.gov.tw/stat/index.asp內政統計資訊服務網。

內政部（2004）。「身心障礙者保護法」。上網檢索日期：96年7月6日。網址：http://www.moi.gov.tw/outline2007/5.htm。

內政部兒童局（2005）。「發展遲緩兒童到宅服務實施計畫」。上網檢索日期：96年7月6日。網址：http://www.cbi.gov.tw/welcome.jsp。

行政院勞工保險局（2003）。「身心障礙者參加社會保險保險費補助辦法」。線上檢索日期：96年07月06日。網址：http://www.moi.gov.tw/stat/?sid=2&sid2=4。

李弘喆（2004）。〈身心障礙全球化反思——以樂山療養院爲例的歷史結構分析〉。私立東吳大學社會學系碩士論文。

林政緯（2004）。〈美國禁止身心障礙就業歧視制度之研究——兼論對我國制度建構之啓示〉。國立政治大學勞工研究所碩士論文。

邱雅珍（2002）。〈西班牙殘障福利政策〉。私立南華大學歐洲研究所碩士論文。

張雅麗（1991）。〈美國老人福利與殘障福利措施考察報告〉，《社會福利》雙月刊。第25期（8月號），頁10。

張珮如（2005）。〈台灣身心障礙者住宿機構與障礙福利政策之研究〉。國立台南大學台灣文化研究所碩士論文。

張勝成（1997）。〈開發殘障者勞動力的方式〉，殘障者勞動力開發研討會資料。行政院勞委會主辦，1997年1月7-8日，頁4-16。

教育部（2004）。「特殊教育法」。上網檢索日期：96年7月6日。

陳秋麗（2004）。〈標籤理論與成人心智障礙者之照護歷程——母親的觀點〉。國立中山大學中山學術研究所碩士論文。

黃志成（1993）。《台北市八十一年殘障人口普查研究》。台北市政府社會局委託。

黃志成、王麗美（2006）。《身心障礙者的福利服務——本土化的福利服務》。台北：亞太圖書出版社。

黃志成、王麗美、高嘉慧（2006）。《特殊教育》。台北：揚智文化。

黃惠琪（2003）。〈美國禁止身心障礙歧視法制之研究——兼論我國相關法制未來之發展〉。國立中正大學勞工研究所碩士論文。

黃靜宜（2005）。〈高雄市高中職身心障礙畢業生就業轉銜服務現況之研究〉。國立政治大學社會學研究所碩士論文。

詹火生（2000）。〈社會福利〉。載於蔡漢賢主編，《社會工作辭典》（第四版），頁307-308。台北：內政部社區發展雜誌社。

萬育維（1997）。〈如何突破殘障者就業困境——從結構與個人的觀點出發〉，殘障者勞動力開發研討會資料。頁26-40。行政院勞委會主辦，1997年1月7-8日。

萬明美（1996）。《視覺障礙教育》。台北：五南圖書出版公司。

劉紓懿（2005）。〈巴金森氏症的基因檢測與遺傳諮詢〉。國立陽明大學遺傳學研究所碩士論文。

蘇靖媛（1989）。〈養父母收養動機與收養安置方式之研究〉。中國文化大學兒童福利研究所碩士論文。

外文部分

Ceso-Zanic, J.(1989). Family placement legislation and experience in the Socialist Republic of Croatia. *Community- Altermatives, 1*(2), fall, 31-39.

Coury, J., Efthimiou, J. & Lemanowicz, J. (1982). Amatched comparison of developmental growth of institutionalized and deinstitutionalized mentally retard clients. *American Journal of Mental Deficiency, 86,* 581-587.

Landesmen, S. & Butterfield, E. (1987). Nonnalization and deinstitutionalization of mentally retarded individuals: Controversy and facts. *American Psychologist, 42,* 809-816.

Mitteler, P. (1984). Quality of life and serices for people with disabilitues. *Bulletin of the British Psycholgical Society, 37,* 218-225.

Rosen, C. E. (1989). Treatment foster home care autistic children. *Child and Youty Services, l2,* 1-2, 121-132.

Chapter 17 跨文化議題與社會福利

游美貴
英國肯特大學社會工作博士
中國文化大學社會福利學系助理教授

第一節　緒　論
第二節　多元文化的議題
第三節　跨文化與社會福利服務
第四節　結　論

全球化使不同文化的接觸日益頻繁，透過人口的移動與不同族群的互動，早已打破國與國有限的疆界。跨文化的涵義包括所有個人的不同點，如個別的族群、文化或國籍屬性、性別和性傾向、年齡、健康狀況和宗教信仰等等。本章在跨文化議題與社會福利方面，則討論原住民族和婚姻移民兩部分。

依行政院原住民族委員會二○○七年六月之公告，核定有原住民族十三族及四十三個方言別。目前原住民約占台灣人口數的2%，原住民目前面臨有家庭生計、親職教養、醫療衛生、文化斷層等等問題。因此，針對原住民族所面臨的問題，社會福利的實施，也呈現不同時期的轉變。

在許多地區與國家，婚姻提供移民的機會，也成爲最顯著的移民方式之一。這種型式連結至傳統家庭型態，遠勝於其他政治和經濟型式的移民。每年嫁來台灣的婦女，大約來自越南、印尼、柬埔寨、泰國、菲律賓和中國大陸。內政部出入國及移民署（2007）統計資料顯示，截至二○○七年五月約有十三萬的外籍配偶和二十四萬大陸籍配偶（含港澳）。婚姻仲介成爲利益的市場，所以跨國婚姻經常蒙上買賣式婚姻的刻板化印象。移民者可能面臨的實際情境，包括種族歧視、語言和文化的限制、取得好工作不易和不明確的法律地位等等。

本章認爲社會福利應發展以部落爲主體的服務，即在於發展在地化的服務處遇，使原住民眞正成爲部落的主體，尊重其在部落的自主性和多元性，讓原住民能有更多參與部落事務的機會與空間，並減少對原住民文化的誤解與操控。同樣的，當新移民透過婚姻來到台灣，她們將自己的未來託付於台灣的社會，早已爲台灣貢獻許許多多，因此她們應該值得給予尊重與支持。過度強調同化與適應的新移民服務，使得這些新移民家庭及其子女被標籤，甚至遭受歧視；社會應該重新思維，去適應

不同文化帶來的多樣性，去欣賞多元文化所產生的豐富性及對社會的正面貢獻。

第一節 緒 論

全球化使不同文化的接觸日益頻繁，透過人口的移動與不同族群的互動，早已打破國與國有限的疆界。多元族群與多元文化，是現今許多國家人口組成的情形。造成人們從一個國家遷徙至另一個國家，其中之一的原因可能是環境因素，因爲到其他國家可滿足對更好生活的渴望或需求，使得許多人往不同的國家遷移。Castles和Loughna（2004）提及兩種主要的移民形式，稱爲自願性移民（voluntary migrants）與被迫性移民（forced migrants）。前者主要是因爲經濟因素，可能發生在不同的社會階級、教育程度或技術知能，選擇（choice）是這些經濟性移民者主要的決定；他們離開家園尋求更好的未來，當然選擇也包括追求好的教育機會或是依親；這個類型的移民包括有短期的勞工移民、高技術性和投資移民、永久移民、非法移民或依親移民等等。被迫性移民則指較少選擇或者無法計畫下的遷移，主要的類型有難民、尋求政治庇護或受壓迫被人口販運（human trafficking）等等；上述被迫移民者，生存（survival）通常是他們最關心的事。

跨文化的涵義包括所有個人的不同點，如個別的族群、文化或國籍屬性、性別和性傾向、年齡、健康狀況和宗教信仰等等。在英國，因應多元化的社會，而提出「所有不同、皆是平等」（all different, all equal）的主張。這個主張代表多元文化主義的概念在英國的實施，也顯示國家必須且應該去教育人民，欣賞族群的不同，去認知不同的文化凸顯社會

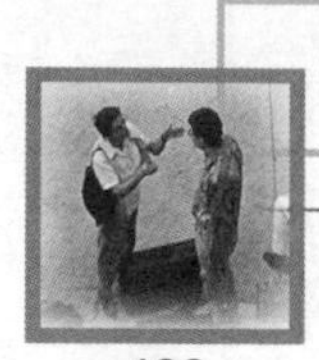

的豐富性，並鼓勵其社會的參與，享有平等的地位（Williams, 2004）。曾家達（2004）指出，在跨文化之實務工作的整合概念，包括態度、知識、技巧和研究等四方面。其中態度指對公平正義的承諾、珍視差異性、對文化差異的開放及批判性的自我反省；知識則爲瞭解特殊文化脈絡、文化的系統性、文化適應與內化、跨文化溝通與瞭解的動力；技巧爲自我情緒反應的管理、專業介入、接案與建立關係的技巧和特殊改變的策略等等（p.15）。

跨文化的議題隨著外籍配偶的增加，逐漸受到重視；因爲外籍配偶的移入，使社會感受到多元文化的不同，此時台灣才開始覺得自己邁向多元文化。其實台灣族群本來就是多元的，除有閩南、客家及後來遷台的外省族群等外，台灣的原住民族，更是族群豐富的代表。無論是因應多元族群的需求，或者是政治因素的考量，目前在中央政府的組織架構內，各族群議題均有一定的部會負責。如客家民族事務有行政院客家委員會（簡稱客委會），原住民族事務有行政院原住民族委員會（簡稱原民會），移民事務則由二〇〇七年掛牌的內政部入出國及移民署負責（簡稱移民署），外籍勞工事宜由行政院勞工委員會（簡稱勞委會）等等。

有關跨文化議題與社會福利爲本文探討的主軸，其中又以原住民族及外籍配偶與社會福利的關連較爲重視，因此，在跨文化的議題上，分別鎖定原住民與婚姻移民等兩部分探討，並結合現行社會福利在這兩部分的推展討論之。

第二節　多元文化的議題

一、原住民族

早期的原住民族僅有九族，後正名的四族為邵族（原被視為鄒族）、噶瑪蘭族、太魯閣族（原視為泰雅族）及撒奇萊雅族（原被視為阿美族），故現依行政院原住民族委員會二〇〇七年六月之公告，核定有原住民族十三族及四十三個方言別。台灣原住民族被分成兩大類型：一為具有階級性社會階層；一為較強調平權與個人能力者。前者如排灣族、魯凱族、鄒族、邵族、阿美族及卑南族；後者如布農族、泰雅族、太魯閣族、雅美族；至於賽夏族則居於兩者之間。就親屬制度而言，具有單系親屬制度的社會，如鄒族、布農族、賽夏族、阿美族、卑南等族；而非單系親屬制度，如泰雅族、太魯閣族、雅美族、魯凱族及排灣族等（黃應貴，1986）。作者參考相關資料，簡述十三族的社會文化如下：

(一)泰雅族

傳統泰雅族是屬於父系世系群，父系家長完全控制青年人未來的生活與前途，其特徵有男子繼承財產、子女與父親同居住和父子聯名制等等。父權的社會下，男性占有重要地位，體力、勇敢與獨立成為泰雅族人很重視的人格教育。但有學者指出，泰雅父母為訓練小孩獨立，故讓小孩放任成長，造成泰雅族濃厚的個人主義傾向；以致個人社會化的過程若有挫折，較難得到其他非正式社會支持（親朋好友），使得當傳統文化不斷的解構下，相對有較多的犯罪、酗酒或自殺等偏差行為產生

（許木柱，1991，轉引自黃增樟，2005）。

(二)布農族

布農族人一生與禁忌習習相關，從出生到死亡，有許多約定成俗的禁忌必須遵守。舉凡母親懷孕、生育、命名、成人結婚到死亡為止，都各有其要遵守的禮俗。如布農族有嚴密的婚姻法則（即同屬一氏族不得結婚），傳統的布農婚姻，主要由雙方家長來決定，男方家長至女方家長商討數次才能決定；過去布農族有早婚的習俗。布農族幾乎每一個月都有祭儀活動，透過祭儀鞏固部落的向心力，從中可以看出布農族是尊重生命及疼惜大自然的民族（伊斯巴拉淦・黑多弼，2004）。

(三)阿美族

阿美族是台灣原住民族中人口數最多的一族，每個村落在所選舉的頭目之領導下政治自主。阿美族早期是個母系社會，婚姻是一夫一妻制，從妻居，繼承權為母系所有（鄭依憶譯，1986）。但因受漢人制度的影響，阿美族的婚姻方式，原以女方娶男方為主，轉變為男方取女方為主；隨著婚姻方式的改變，財產也由長女繼承改為兒子繼承（許木杜，1974）。不過仍從傳統的居住部落，或者部落的親族關係中，看到以母系社會為主的形式。

(四)排灣族

排灣族是尊重社會階級制度的族群，階級制度是世代承襲，所以部落中的土地或其他有力的資源均掌握在部落頭目中。嚴格的階級制度分成有頭目、貴族、勇士及平民等四階段。家族的財產和權力由長嗣（不分男女，並系社會）繼承。因此，有些部落出現女性頭目，掌理部落決

策事宜。因為重視長嗣，且不分男女的繼承制度，傳統排灣族社會表現出兩性平等的分工模式（伊雅斯・蜀萊萊，2004）。在排灣族的婚姻規範中，明定不可有強暴及通姦的行為；並且不可以私自結婚（結婚必須有公開場合）；且離婚要有正當理由，否則不可離婚；且夫妻有養育父母的責任等等（高德福，2004）

(五)魯凱族

過去魯凱族與排灣族因為兩族的所在位置緊緊相鄰，以及類似的生活習慣，有許多的文化相似。但魯凱族與排灣族不同的是，魯凱族為父系優先，傾向長男繼承家產，故魯凱族是重男輕女的社會。魯凱族的貴族權力因分與直系或旁系的親屬而逐漸削弱。與排灣族均屬於有封建領主權團體與宗法階級之社會，社會階級分成：大頭目、貴族、士與平民；雖有同樣的組織原則，但與排灣族不同的是，有側重父系的傾向（衛惠林，1986）。

(六)雅美（達悟）族

雅美族大多居住於蘭嶼島，是台灣原住民族中較原始的一支，也是台灣原住民中唯一沒有獵首和酒的民族。由於獨居海島上，因此發展出獨特的海洋文化。雅美族的住屋一半在地下，稱為半穴居。雅美族無頭目制度，是以各家族的長老為意見領袖。漁團組織是男人捕魚時，所形成的一個組織。婚姻制度並無聘禮，或其他物質考量，盛行一夫一妻制（鄭依憶譯，1986）。受人恩惠必定回報，施人恩惠，亦需回報的特色，使得生活的重大事件，常在互助互惠下完成。如建屋、造船或婚喪喜慶等等。

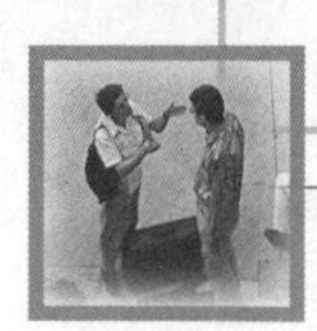

(七)賽夏族

賽夏族居住於新竹縣與苗栗縣交界的山區。又分為南、北兩大族群。北賽夏居住於新竹縣五峰鄉，南賽夏居住於苗栗縣南庄鄉。兩年一次的矮靈祭，是賽夏族為人所熟知的祭典。南、北賽夏族各有頭目一名，各家族的長老地位崇高。衛惠林（1986）指出，賽夏的村落雖分散無中心，但是氏族組織則較為發達，且有司祭權的分配，每一姓氏又負責主持不同的祭儀。

(八)卑南族

卑南族是母系社會，男女婚嫁是由男方嫁到女方家，居民分為貴族與平民兩個社會階級，但並不禁止通婚，婚姻是一夫一妻制。最具重要性的社會單位，是圍繞著共同參與的農事、打獵、獵頭及治療儀式的儀式團體（鄭依憶譯，1986）。但由於社會的改變，目前母系社會的特色，也漸漸的融入父系社會的制度（黃應貴，1986）。

(九)鄒族

鄒族是父系社會的制度，婦女被排除於許多社會活動之外。鄒族有男子集會所，少年在十二、三歲時就必須進入（夜宿）會所，接受歷史、文化、傳統技藝、狩獵的訓練。目前會所制度雖已經漸消失，但仍嚴禁女性進入會所。傳統民居裏，鄒族的男、女各有不同出入的門。鄒族裏各社設有頭目一名，部落重要事務，由頭目召集各家族的長老開會研商並決策之，長老在鄒族的社會頗受人敬重（王嵩山譯，1986）。

(十)邵族

邵族的部落組織以頭目爲中心，頭目即領袖，爲世襲。現僅德化社的邵族，仍維持頭目制度，但功能已不如從前，僅剩祭祀功能，並無司法與軍事指揮功能。邵族具有完整的部落政治體系，邵族部落內組織除了大頭目、小頭目外，德化社目前還有七位巫師（女祭司）（田哲益，2001）。

(十一)噶瑪蘭族

噶瑪蘭族是蘭陽平原已知最早的原住民，隸屬平埔族的一支，他們爲母系社會。但噶瑪蘭人是一個沒有階級的平等社會，就算再富有的家庭，也沒有奴僕。頭目是以推舉的方式產生的，部落內其他的公衆事務，則由各年齡階層的族人分工合作。噶瑪蘭族因爲故地遭漢人占據，部分族人轉而向花蓮移民，與阿美族混居與通婚，目前花蓮豐濱鄉新社村有唯一較具規模之部落（原住民族委員會，2005）。

(十二)太魯閣族

太魯閣族爲父系的小家庭組織結構社會，在家庭或親族間均以男性權威爲主。其「命名法則」是採父子聯名制，也就是子女聯父名於自己的名字之後。在同血緣的親族間，太魯閣族人嚴格的遵守著同親族不婚的禁忌。傳統上，在男女關係之間，傳統祖靈的信仰及恐懼深植於人心之中，因此族人有著極嚴格的規範：不允許未婚的青年男女，或已婚的人有越軌的行爲或動作。 在太魯閣族人的部落中，由成員共同推舉聰明正直的人爲頭目。頭目，對外代表部落，對內維持部落的安寧和諧、解決仲裁紛爭（原住民族委員會，2005）。

(十三)撒奇萊雅族

撒奇萊雅族（Sakizaya）原來分布在奇萊平原（花蓮平原）上，由於居住在精華區，常受到外來族群如噶瑪蘭族、太魯閣族、漢人的襲擊。撒奇萊雅族的聚落分布在今花蓮縣境內，主要有北埔、美崙、德興、主佈、月眉、山興、水璉、磯崎、馬立雲等部落，其餘人口散居於其他阿美族聚落及北部都會區，粗估總人口約有五千人至一萬人上下。Sakizaya一詞意義傾向「眞正之人」，是特定的一群人，使用的語言亦稱爲「Sakizaya」。在年齡階級祭儀上，「長者飼飯」的祝福典禮爲撒奇萊雅族所特有。雖然撒奇萊雅族人早期被視爲阿美族，但撒奇萊雅每四年年齡階級必種一圈的刺竹圍籬，亦是阿美族所沒有的部落特色（原住民族委員會，2007；順益台灣原住民博物館，2007）。

對於擁有原住民族的國家而言，原住民族的相關議題，不僅在立法與政策上非常重要，相關的研究也不斷被重視。聯合國更具體回應以「原住民族—新夥伴關係」爲主題，宣示一九九三年爲國際原住民年，並且以一九九五至二○○四年爲世界原住民國際十年。但如同原住民族被殖民爲各國普遍的事實，因爲被殖民所產生的壓迫與邊緣化的狀況，也是全世界原住民族所共同面臨的遭遇（謝若蘭，2006）。爲此，澳洲、紐西蘭或加拿大等擁有原住民族國家，在解決原住民有關貧窮、酗酒或家庭暴力等等議題，均不遺餘力。以澳洲而言，澳洲的原住民事務部（Department of Aboriginal Affairs）除了與衛生部（Department of Health）密切合作，共同制定原住民衛生保健計畫外，並仰賴國家原住民與島民組織的建議，制定政策和計畫，如落實社區處遇的就業計畫等等（周海娟，1994）。

目前原住民約占台灣人口數的2%，台灣的原住民也面臨許多的困境。徐右任（2005）研究指出，原住民不論在父親的教育或母親的教育，以及自己的教育年數皆不如漢人。教育程度對職業最具影響力，因為原住民教育的劣勢，對於其初次就業相當不利。陳信木等（2002）提出，居住於都會區原住民人口數，占全體原住民人數的33%。如果包括前往都市或都會地區就學、工作或定居的未設籍原住民，所謂「都市原住民」可能將近占有全體原住民人數之半。原住民遷移都市定居，主要係為找尋工作機會或謀求生活改善；但由於文化差異、語言隔閡或人力資本條件為相對劣勢；加上漢人主流社會的歧視與差別待遇，造成都市原住民的生活適應困難；舉凡就業工作、教育升學、健康醫療、住宅、經濟收入，乃至休閒文化和習俗規範等等，在在面臨挑戰與困境。綜言之，原住民分別於平均所得、教育程度、自有住屋率、失業率及平均餘命都比漢人社會低；且原住民目前面臨有家庭生計、親職教養、醫療衛生、文化斷層及都市原住民生存困境等等問題（詹火生和楊銀美，2002）。因此，針對原住民族所面臨的問題，社會福利的實施，也呈現不同時期的轉變，有關原住民社會福利服務將在第三部分討論之。

二、婚姻移民

在許多的地區與國家，婚姻提供了移民的機會，也成為最顯著的移民方式之一。如多數藉由婚姻移民至亞洲新興工業國家的婦女（Constable, 2005; Piper, 2006）。移民藉由婚姻已經成為是一種傳統的形式，這種形式連結至傳統家庭型態，遠勝於其他政治和經濟形式的移民。這些跨國婚姻大概有兩種形式，稱為安排式婚姻（arranged marriages）或婚姻透過親友介紹（marriages brokered through ethnic ties）。但無論是商業性或是親屬關係性，介於外籍新娘與新郎間的第三

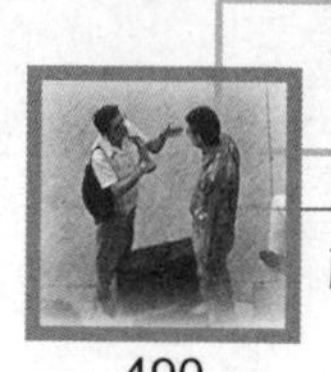

者（third parties）都是不可或缺的（Wang & Chang, 2002）。

國際移民組織（The International Organization for Migration, IOM）在二〇〇〇年估計，婦女約占所有國際移民的47.5%，且有逐年增加的趨勢。有的婦女因爲工作遷徙，有的則是因爲婚姻遷徙，婦女的移民，改變自己原來的社會角色。如從依賴者成爲家中主要的經濟來源，這樣的變遷型態被稱爲移民女性化（feminization of migration）。無論是移出或是移入的國家，這樣的趨勢都影響這些國家女性與男性的關係。婦女逐漸因爲尋求工作或是婚姻而移民，使得婦女的角色無論是在家庭、社區或者是工作場所都出現了變化，雖然有時會使婦女變成依賴者，但這在在都說明移民趨勢已轉變（IOM, 1998: 1）。

Piper（2003）指出跨國婚姻的移民，應該含括有勞動移民的意涵，因爲婚姻移民，可能改變其就業的情況。有些婦女因爲婚姻移民，工作必須要停止，並且在新的國家無法或被限制就業；有的婦女則成爲夫家所期待的勞動人口之一，尤其是成爲照顧者；有些婦女則因爲婚姻移民，開始成爲經濟提供者；無論是何種形式，都可以反應出，婚姻的移民確實與就業有相關，且不可以忽視這些婚姻移民者的權益。

另一個針對婚姻移民需討論的，則是強調爲傳宗接代的異國婚姻（Hypergamy），這個議題尤其是在重視香火延續的亞洲文化中存在著。婦女因爲婚姻移往丈夫的國度，婚姻的結合主要是爲夫家傳宗接代，這個需求被經濟與資本市場所操控（Palriwala & Uberoi, 2005）。Abraham（2005）提醒，有變遷中的社會（如印度），婚姻仍是一種集體的計畫，並非個人所能控制的，爲傳宗接代的異國婚姻，比較符合整體家庭的期待，至於妻子則可能是附屬的。這樣的架構下，婦女成爲生產的工具，進入不對等的婚姻中，造成婦女被壓迫與剝奪。

因爲教育的普及、女性角色的轉變、就業和經濟機會的提升，年輕

的台灣女性對於婚姻的看法，有更多的自主性與選擇，也不再屈就於生育年齡的限制。許多藍領階級的男性或務農者，逐漸成爲婚姻市場的弱勢；爲了傳宗接代，他們逐漸轉向至其他東南亞國家的婦女（Chen & Huang, 2006）。每年嫁來台灣的婦女，大約來自越南、印尼、柬埔寨、泰國、菲律賓和中國大陸。移民署（2007）統計資料顯示，截至二〇〇七年五月約有十三萬的外籍配偶和二十四萬大陸籍配偶（含港澳）。婚姻仲介成爲可涉及利益的市場，所以跨國婚姻經常蒙上買賣式婚姻的刻板化印象。

在台灣，這種透過第三者仲介的婚姻，文化上仍有不同的接受度，就像過去在日本或者歐美國家的郵購新娘（Mail-order brides），多數的人對於婚姻變成所謂買賣或對價行爲，抱著較爲負面的評價；加上認爲這些嫁來台灣的外籍配偶，主要是爲了改善經濟困境；所以造成這些婦女受到批判，以及不合理的對待與歧視。對於這些因婚姻移民的婦女，更有著多樣的稱呼，如外籍配偶、新移民或外籍新娘；稱這樣的婚姻爲跨國婚姻、國際婚姻或是混合婚姻等等。目前內政部較統一的稱呼爲外籍配偶，在實務界則稱她們爲新移民，以減少任何歧視性的隱晦意涵。多數的新移民嫁到台灣後被期待生兒育女傳宗接代，二〇〇五年的統計資料顯示約有十分之一的新生兒爲所謂的「新台灣之子」，雖然這些新移民對於台灣社會貢獻良多，然而台灣的社會卻不見得理解其重要性，普遍存在的歧視也出現於這些新台灣之子上（Yu & Williams, 2006）。

移民者可能面臨的實際情境，包括種族歧視、語言和文化的限制、取得好工作不易和不明確的法律地位（Menjivar & Salcido, 2002）。在台灣，這些外籍配偶因爲婚姻移民，缺乏來自原生家庭、朋友或親戚等非正式的社會支持；有些可能居住於較偏遠或貧窮的地區；另外也有相關研究顯示，外籍配偶遭遇家庭暴力的情況層出不窮，目前婦女安置庇

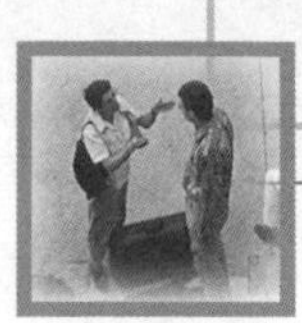

護所中，約有三分之一為外籍配偶。將外籍配偶在台灣所遭遇的種種問題，Yu和Williams（2006）歸納出幾個主要的因素：

1.被迫成為依賴者：許多的婦女因為語言或文化能力，甚至是因為居留身分的限制，在生活上有時必須仰賴先生及先生的家庭甚多；有些家庭甚至會利用這樣的機會，限制或控制這些婦女的行動（如扣留護照），以防止婦女離開或結束婚姻。

2.社會孤立：婦女離開家鄉，來到陌生的國度，因為空間的阻隔，與自己原生家庭和朋友的聯繫自然變少；初來乍到時，也尚未認識與自己處境相似的其他外籍配偶；多數婦女的生活圈，都僅僅只是以丈夫或夫家為主的社交生活。如果這些婦女的丈夫或者夫家不能友善的對待她們，更有可能使其邊緣化，甚至很少的機會接觸其他人，更遑論社會資源的應用。

3.個人期待落差：當這些外籍配偶來到台灣，發現丈夫的家庭與先前的描述有異；加上對於台灣的生活環境遭遇文化衝擊（culture shock），尤其在宗教、飲食和親族關係等等，難免有其個人期待的落差。倘若社會文化對待她們的方式，又要其扮演傳統的婦女角色，如家庭照顧者、家事服務及生兒育女等等，換句話說，並沒有視其為獨立的個體，也可能與其產生價值的衝突（value conflict）。這些期待的落差，如果沒有相關的支持或協助，外籍配偶的生活適應更顯難處。

4.發生家庭暴力或面臨離婚處境：對外籍配偶而言，若尚未取得身分證之前，即使婚姻的過程有不當對待之情事，幾乎都只能選擇容忍，因為離開此段婚姻，首當其衝的是孩子的監護及合法繼續居留於台灣的權利。因為擔心喪失這些權力，所以不願離開受虐的婚

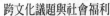

姻。但即使取得身分證，結束婚姻後，仍有一段漫長的經濟獨立生活需面對。就像許多的受虐婦女一般，因爲經濟的依賴，使得加害人可以不斷地透過威嚇的方式控制婦女，使其害怕而不敢求援，加上不斷地被灌輸，可能會遭受遣返的不當恐嚇，甚至失去既有的工作，使其面臨結束婚姻與維持婚姻的兩難。

在台灣，依據目前的規定，若要得到社會福利給付，外籍配偶需要身分證；東南亞外籍配偶至少需要四年才能取得，而大陸配偶則需要約八年。面對這些漂洋過海、離鄉背井來到台灣的婦女們，在缺乏原生家庭或社會支持，若加上婆家不公平的對待，更易陷入困境而形成社會孤立。台灣社會福利將如何更具跨文化觀點，以回應她們的需求，將在下節討論。

第三節　跨文化與社會福利服務

一、原住民福利服務

在澳洲，原住民的平均餘命約比非原住民低於十五至二十歲左右，失業率更是非原住民的六倍以上（Bishop et al., 2002）。在紐西蘭，毛利人（Maori）似乎也是與低社經地位畫上等號（Brown, 1999）。在台灣，楊美賞（2003）指出，在二○○○年時原住民婦女之平均餘命，低於一般婦女約八歲。相關的研究更提出，台灣原住民面臨有貧窮、單親家庭比例高、隔代教養問題、家庭暴力、老人與身心障礙者照顧問題、失業及醫療資源缺乏等等生活適應的問題（袁志君，2000；邱汝娜，

2003）。

雖然相關研究顯示，原住民鄉存在有不同的社會問題，但是這些問題的成因，其實來自過去不當漢化政策的歷史，以及政府早期對原住民鄉之社會福利服務的漠視。如李明政（2003）指出，部落（Tribe）是各原住民族最基本的社會共生單位，由若干個氏族或親族團體所構成，基於集體營生及傳統祭禮需要，而建立其內各種社會組織；然而早期政府採同化政策及資本主義路線，忽視原住民部落的集體性和集體權，部落的概念及界線因此模糊與瓦解。爲此，原住民最根本的困境不在於以個人的基本社經地位的背景不如外界的標準，而在於部落解體；因爲部落解體使得原住民家庭要單獨面對環境的衝擊，因此產生貧窮、人口外流、隔代教養、酗酒及自殺等等的問題（高正治和劉炯錫，1998）。

政府對於原住民鄉的社會福利服務政策，依邱汝娜（2003）提出可分爲三階段，分別爲原鄉原住民生活改進階段的社會福利服務（民國四十年至六十年）、都市原住民生活輔導階段的社會福利服務（民國六十年至八十年）及原住民族社會福利體系建制階段的社會福利服務（民國八十五年至今）。原民會委託黃源協和詹宜璋（2000）的研究建議，即以「部落群」服務基礎的原住民社會福利服務中心，採契約委託之方式來建構政府與原住民團體的夥伴關係；且認爲原鄉專職社工員之設置，其所扮演之適當角色絕非第一線之直接服務提供者，其定位應爲：(1)兼具監督、協調、資料管理、服務整合、資源連結等功能之個案管理者；(2)集中轉承各民間團體社工員相關公部門行政事務代理人角色；(3)協助部落形成自我能力——充權之使能者；(4)促進社群發展相關意識之倡導者。

依據「原住民族部落多元福利四年計畫」暨「原住民婦女人身安全方案」等政策，原民會從二○○二年開始在全省山地鄉推展原住民家庭

暨婦女服務中心（以下簡稱家婦中心）之工作，二○○三年起更擴展至平地鄉。原民會設置原住民地區家庭暨婦女服務中心實施計畫規定，家婦中心的工作項目分別有：(1)建立部落資料及輔導人口群統計資料（建立每一部落資料）；(2)個案管理與轉介（應建立完整個案記錄與個案登記本）；(3)專案服務（主動規劃、並整合當地相關團體單位，推動以全鄉或部落爲服務對象之具教育性、輔導性、發展性的團體、社區工作）；(4)建立資源網絡；(5)其他（開創性之社會工作或原民會交辦事項）。家婦中心的設立在於扮演資源倡導及中介的角色，另外透過北中南東四所大學成立專業諮詢輔導，以協助輔導家婦中心的社工員。家婦中心的設置希望可以成爲部落社會福利的窗口，強調在地化與原鄉服務的基礎下，達到對原住民鄉的服務。原民會九十五年度施政計畫（原民會，2006），推動原住民社會福利服務有：(1)推動部落福利服務，計有辦理急難救助與法律扶助、辦理原住民族地區老人暨身心障礙者居家及送餐服務及養護計畫、辦理原住民生活輔導員僱用計畫及培育原住民社會工作人員等四項；(2)推動原住民婦女人身安全方案，則爲設置原住民家庭暨婦女服務中心、推動婦女保護服務及推展婦女成長及社會參與等三項；(3)辦理原住民敬老福利生活津貼。

不過看似社會福利在原住民地區的推展有力，實際上目前服務設計仍是以居住的行政區域劃分區（村里），而非以部落爲主。李安妮（2004）認爲在政策與措施之規劃上，爲考慮到居住於都市、原鄉，還有介於都市、原鄉間的「鄉鎮」原住民，且政策／措施規劃中企圖保留／恢復的精神，是存在於傳統原住民生活中的內涵，故在規劃上，打破傳統原鄉、都會的界定，而以原住民群聚程度作爲衡量基準。換言之，無論是都市、鄉鎮或是原鄉，只要是原住民群聚處，即可視爲「部落」，而原住民散居處，則以經費補助、諮詢輔導方式，協助個別原住

民解決生活上所面臨之困境。

另外，原住民社會福利服務尚未落實在地化。在地化服務的落實，是使部落可以被充權，可不必一味依賴外來的服務，而能將服務深耕轉化於部落。就像在澳洲原住民婦女醫療保健服務方面，社區導向及社區管理的原住民醫療保健組織扮演著重要角色，特別是原住民婦女志願參與這些組織的管理及任務的執行。這些醫療保健組織提供原住民婦女與兒童一些必要的服務，例如，雪梨的Murrawina提供原住民兒童服務，墨爾本的原住民婦女戒酒所（Aboriginal Women's Alcohol Recovery Establishment）爲酗酒的原住民婦女提供服務。澳洲全國約有四十五個類似的保健服務組織，必要時國家原住民保健組織（the National Aboriginal and Islander Health Organization）可提供各個組織協助及建議。原住民婦女除參與既有的各種組織外，也基於各項不同的目的建立他們自己的委員會，例如，Alice Springs的Pitjatjantjara婦女議會、達爾文原住民婦女資源中心（The Aboriginal Women's Resource Centre in Darwin）。這些都是婦女以互助精神，發展適合其社區保健策略的成果（周海娟，1994）。

因此，開拓以部落爲主體的在地福利服務，是提供原住民社會福利服務中最適切的服務，也是目前原住民社會福利服務仍需要繼續努力的部分。讓部落的教會、公共的空間或者是社區發展協會等等在地的單位有機會參與服務。重視以原住民視角出發的服務設計，創造一個部落願意參與及協助彼此的機會，讓原住民族原有的互助共榮的傳統得以發揚。而不是一個外來且曇花一現，無法紮根的福利服務設計。就像目前推廣的社區關懷據點或是居家送餐的服務一樣，創造在地協助在地，使得原鄉社會福利體系能落實在地化的服務。

二、外籍配偶社會福利服務

政府有關外籍配偶的服務，則以余政憲（2003）在外籍與大陸配偶照顧輔導措施專案報告明確指出，針對外籍配偶的家庭可能因爲婚姻感情基礎薄弱、家庭經濟弱勢、社會支持網絡薄弱及家庭地位低落等因素，面臨有生活適應不良，衍生家庭社會問題；生育及優生保健問題，影響人口素質；停留期間工作不易，難以改善家計；教育程度低，教養子女困難；或遭受家庭暴力，社會支持網絡薄弱等等問題；內政部特別規劃外籍配偶及其子女的服務方案，包括生活適應輔導、醫療優生保健、保障就業權益、提升教育文化、人身安全保護及健全法令制度等六大重點面向。同時並開始規劃成立「入出國及移民署」，以統合輔導照顧業務；另設置外籍配偶照顧輔導基金，於二〇〇五年三月起接受申請。

在各縣市政府方面，則成立外籍暨大陸配偶服務中心（或稱新移民家庭福利服務中心），爲地方上統籌外籍暨大陸配偶及其子女的社會福利服務專責中心。各地的中心實際的服務項目與服務方案雖不盡相同，但主要在於提供外籍或大陸配偶相關福利及政策宣導；並辦理有生活適應、文化教育及資源轉介等等的各項服務。如生活適應輔導班、識字班、機車考照輔導班、家庭聯誼、子女課後照顧、通譯人才培訓及就業輔導等等。

再者，因應多元文化的需求，通譯人才資料庫的建立很重要，目前在國外有所謂「語言銀行」（Language Bank）的方案衍生，讓具備相關語言的人員可以與相關工作人員有合作的機會，透過一起工作（working together）的概念，培養出合作的默契，避免錯誤翻譯的情形（Yu & Williams, 2006）。台灣則在許多的服務中，增加五種外國語言的通譯服

務。以113婦幼保護專線爲例，目前則提供有外語服務的功能。許多的服務資訊與簡章，也加入外國語言的說明，俾利外籍配偶們使用。

然而王永慈（2005）的研究顯示，政府與民間在從事外籍暨大陸配偶服務時，相關的困境待解決的有：(1)經濟安全：經費不足、社工員不足及受服務者身分取得等等問題；(2)生活適應輔導：經費不足、外配家庭不支持、專業人力不足、宣導不易及外配學習意願不高等等的困難；(3)醫療優生保健：配套措施不足、語言溝通障礙及宣導不易等的問題；(4)提升教育文化：外配家庭不配合、宣導不易及學習意願的困難；(5)人身安全保護：外籍配偶的社會支持網絡、語言溝通障礙及文化認知差異等等的問題。

有關外籍配偶的支持方案，Williams和Yu（2006）提出有下列幾項建議：

1.專業人員需具備有文化能力（cultural competence）：服務外籍配偶時，如果對於她們所來自的文化背景、宗教信仰、民族特性、生活型態甚至是價值體系，不甚瞭解；可能產生服務輸送的困難或服務提供的目標偏移，也可能使服務提供者產生挫折感或對於外籍配偶的誤解。因此，面對這樣的需求，建議在社會工作的專業教育養成過程中，應該放入有關文化能力或多元文化議題的相關課程，使得在投入實務服務工作前可以具備基礎的文化能力。

2.對於受虐外籍配偶應瞭解婚姻對她們的意涵：對於這群因爲家庭暴力受虐的外籍配偶，服務的模式必須要瞭解婚姻是她們來到台灣很重要的意涵，所以處理婚姻的議題時，則必須瞭解她們對於婚姻的看法與認知。再者，這些機構也擔負了重要的倡導責任，長遠的角色必須協助婦女得到穩定且合法的地位；短期的目標，則是機構應

該設法使用婦女所熟悉的語言提供服務，並且服務的輸送應該減少這些婦女使用的障礙。

3.服務的本身強調充權，減少婦女的社會孤立：服務方案的設計應該以婦女爲主題，強調婦女本身的能力，提供婦女與其他外籍配偶相遇的機會；並鼓勵其成立支持性團體，充分的增權以提升其自尊與自信，降低婦女的社會孤立。

4.語言爲跨文化溝通扮演重要角色：新移民若要與主流文化之社群溝通，需透過通譯者的翻譯，因此通譯者扮演著新移民得到服務與支持的媒介者，正確的翻譯和通譯服務應該作爲提供服務的第一步。同時好的通譯服務應包括意識形態與文化內容的詮釋，如此一來才能使服務更具文化觀點，而不被錯誤的引導。

5.對於外配的服務應該要擴及其他家庭成員：往往在服務外配本身發現，其他家庭的成員才是主要需要輔導改變者，因此服務的設計應該要擴及其家庭成員，必要時爲保障外籍配偶的權益，應該立法要求其家庭成員配合之。

內政部入出國及移民署（簡稱移民署）則於二〇〇七年元月二日正式掛牌成立，將婚姻移民的事務，原只是社會問題的窄化思維，正視爲移民事務層級。未來有關移民政策、法令、輔導及人權保障等等種種事宜的規劃、擬定及執行，都由其統籌。設立專責單位除統一移民事務，亦符合國際慣例及時代需求。我們也期待移民署能發揮其功能，使台灣眞正邁向重視跨文化國家之列。

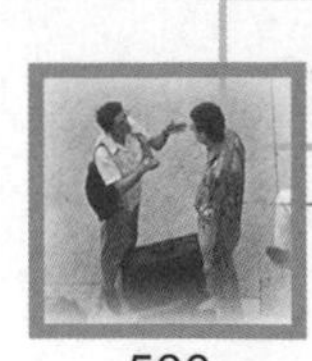

第四節　結　論

原住民的價值充滿著分享、合作、重視大自然的和諧相處、樂活在當下、對長者的敬畏、重視家族的榮耀及傾向自然現象的解釋等等，都與現今社會的資本主義與功利社會價值有所不同（Herring, 1999）。因此，我們應從原住民的殖民歷史脈絡下，重新認識原住民的議題；在知識的創造上，視原住民爲知識的主體，而非知識的客體；以充權作爲實踐原住民社會工作的依歸，及建立部落參與服務體系的決策機制等等；從原住民的世界觀出發，建構屬於原住民社會福利服務體制（王增勇，2001）。周海娟（2002）以澳洲社區發展就業方案（the Community Development Employment Projects, CDEP）計畫的成功，提出相關的建議有：(1)社區發展可扣緊社會／社區重大議題，以二合一的方式進行；(2)社區發展方案計畫的實施成效可能有輻射或循環效應，例如，原住民失業率降低、連帶產生健康問題、酗酒問題、暴力問題、教育問題等獲得改善，這些問題的改善又可回過頭來促進原住民的就業。但社區發展方案需要政府有力且具公平性的財政支持，以及地方社區的充權，在社區享有充分自主權時，才可能推出具有「文化適當性」的最佳社區發展策略。

故發展以部落爲主體的原住民福利服務，即在於發展在地化的服務處遇，此較能回應原住民族的福利需求，但正如國外的發展一般，任何的社區化及在地化的服務發展，都需要政府更具效率及行動力的財政支持。早期因爲城鄉差距，爲積極改善部落生活，花費非常多的預算經費在硬體的建設上；目前則應當花費在所謂的深化服務上，使原住民眞正成爲部落的主體，尊重其在部落的自主性和多元性，讓原住民能有更多

參與部落事務的機會與空間，並減少對原住民文化的誤解與操控。

同樣的，當新移民透過婚姻來到台灣，她們將自己的未來託付於台灣的社會，早已爲台灣貢獻許許多多，因此她們應該值得給予尊重與支持。過度強調同化與適應的新移民服務，使得這些新移民家庭及其子女被標籤，甚至遭受歧視；社會應該重新思維，去適應不同文化帶來的多樣性，去欣賞多元文化所產生的豐富性及對社會的正面貢獻。提倡具文化能力的新移民服務，則在於強調這些新移民的特色，鼓勵保有其母國文化，發展多國語言的服務途徑，同時鼓勵新移民子女學習多重語言，重視其具全球化架構下的競爭力，並使其擁有跨文化背景爲傲。除此之外，不合理及不公平的移民限制都應該消弭，外配家庭若不當對待外籍配偶，應該被阻止及嚴禁。

因應不同族群新移民的需求，除了仰賴通譯人才的幫忙，與新移民工作的相關人員，更應該具文化能力。面對新移民的需求，因爲不同的文化背景架構下，工作人員因爲訓練與資訊的不足，也會自覺自己是否充分扮演其協助的角色，或者淪爲移民政策漏洞的配合者。若要讓工作人員更妥切的提供服務，相關的訓練勢在必行，尤其是身分、監護與移民等等相關法律知識的訓練等。若工作人員都能具文化能力，從新移民的視角提供服務，將使社會福利服務的動力，在跨文化的架構下活化。

台灣向來因爲多樣的族群，而具有豐富的文化。因爲族群的多元化，所以我們應當重視族群的平等與尊重，深信台灣社會因爲跨文化更具世界觀及競爭力。

參考書目

中文部分

王永慈（2005）。《外籍與大陸配偶福利提供規劃之研究》。內政部委託研究。

陳奇祿著，王嵩山譯（1986）。〈台灣土著的年齡組織和會所制度〉，《台灣土著社會文化研究論文》。台北：聯經。

王增勇（2001）。〈建構以部落爲主體的原住民家庭暴力防治體系——加拿大經驗〉。《社會工作學刊》，8期，頁49-72。

內政部入出國及移民署（2007）。「各縣市外籍配偶與大陸配偶人數」。取得日期：2007年7月21日。網址：http://www.immigration.gov.tw/aspcode/info05.asp。

田哲益（2001）。《台灣原住民的社會文化》。台北：武陵。

伊雅斯・蜀萊萊（2004）。〈排灣族的家庭組織制度〉。論文發表於原鄉部落家庭暴力防治工作坊（主辦），「實務工作者的對話與反思」（9月16-18日）。

伊斯巴拉淦・黑多弼（2004）。〈布農族傳統信仰的節日與儀式〉。《原住民文化與福音的對話》。台北：台灣世界展望會編著。

余政憲（2003）。《外籍與大陸配偶照顧輔導措施專案報告》。取得日期：2007年7月20日。網址：http://www.ris.gov.tw/ch9/f9a-24.html。

李明政（1999）。〈台灣原住民社會福利服務建構的理念初探〉。《東吳大學社會工作學報》，5期，頁71-88。

李明政（2003）。〈原住民族的變遷與調適〉，見郭靜晃等（合編），《社會問題與適應》（下）。台北：揚智。

吳明義（2004）。〈阿美族傳統祭儀的教育價值〉，《原住民文化與福音的對話》。台北：台灣世界展望會編著。

周海娟（1994）。〈澳洲原住民婦女醫療保健服務與政策〉，《社會福利》，115

期，頁56-59。
周海娟（2002）。〈澳洲社區發展就業方案：原住民就業的搖籃〉，《社區發展季刊》。100期，頁297-313。
邱汝娜（2003）。〈台灣原住民族的社會福利〉，見郭靜晃等（合編），《社會問題與適應》（下）。台北：揚智。
徐右任（2005）。〈台灣原住民與漢人社會階層全國性樣本之比較分析〉。《彰化師大教育學報》。8期，頁125-142。
原住民族委員會（2005）。《關於原住民》。取得日期：2005年11月5日。網址：http://www.apc.gov.tw/indigene/about_indi/index.aspx。
原住民族委員會（2006）。《95年度施政計畫及施政績效》。取得日期：2006年12月3日。網址：http://www.apc.gov.tw/chinese/docList/docList_date.jsp?cateID=A000113&linkParent=54&linkSelf=54&linkRoot=4。
原住民族委員會（2007）。《關於原住民》。取得日期：2007年7月20日。網址：http://www.apc.gov.tw/life/docDetail/detail_ethnic.jsp?cateID=A000434&linkParent=233&linkSelf=233&linkRoot=8。
高正治、劉炯錫（1998）。〈台東太麻里西流域東部排灣族各部落的變遷與困境〉，《台灣原住民民族權人權學術研討會論文集》。台北：行政院原住民族委員會編印。
高德福（2004）。〈排灣族傳統文化祭儀的價值及意義〉，《原住民文化與福音的對話》。台北：台灣世界展望會編著。
許木柱（1974）。〈長光：一個母系社會的涵化與文化變遷〉。台灣大學考古人類學研究所碩士論文。
袁志君（2000）。〈貧窮家庭的福利探討——以花蓮縣秀林鄉原住民兒童爲例〉。文化大學兒童福利研究所碩士論文。
曾家達（2004）。〈整合跨文化社會工作的實務架構〉。《跨文化社會工作實務訓練工作坊》。台北：台灣社會工作專業人員協會編著。
順益台灣原住民博物館（2007）。《台灣原住民導覽——撒奇萊雅族》。取得日

期：2007年7月20日。網址：http://www.museum.org.tw/0813.htm。

楊美賞（2003）。〈原住民婦女健康問題——婚姻暴力與心理健康〉。《社區發展季刊》，101期，頁343-346。

陳信木、黃維憲、邱清榮（2002）。《「都市原住民生活輔導計畫」評估研究》。行政院原住民委員會委託研究。

詹火生、楊銀美（2002）。《我國原住民社會福利政策——以國家干預觀點分析》。取得日期：2002年5月30日。網址：http://www.npf.org.tw/PUBLICATION/SS/091/AA-R-091-017.htm。

黃淑玲（2001）。〈都市原住民婚暴狀況及社工處遇初探——以台北市某社區爲例〉，《本土心理學研究》。15期，頁113-159。

黃源協、詹宜璋（2000）。《建構山地鄉原住民社會工作體系之研究——以部落爲基礎的服務整合模式》。行政院原住民族委員會委託研究報告。

黃應貴（1986）。〈台灣土駐足的兩種社會類型及其意義〉。《台灣土著社會文化研究論文》。台北：聯經。

黃增樟（2005）。〈原住民家庭暴力與警察回應之探討——以花蓮東賽德克地區爲例〉。東華大學公共行政研究所碩士論文。

馬淵東著，鄭依憶譯（1986）。〈台灣土著民族〉，《台灣土著社會文化研究論文》。台北：聯經。

衛惠林（1986）。〈台灣土著社會的部落組織〉，《台灣土著社會文化研究論文》。台北：聯經。

謝若蘭（2006）。〈土地與記憶——從「懷坦吉條約」談原住民認同與權力〉。《台灣國際研究季刊》，1卷2期，頁129-161。

外文部分

Abraham, M. (2005). Domestic violence and the Indian diaspora in the United States. *Indian Journal of Gender Studies,* 12 (2&3), 427–52.

Blagg, H. (2000). *Crisis Intervention in Aboriginal Family Violence.* Commonwealth of

Australia.

Bishop, B. J., Higgins, D., Casella, F. & Contos, N. (2002). Reflections on practiced: ethics, race, and worldview's. *Journal of Community Psychology,* 30(6), 611-621.

Brown, M. C. (1999). Policy-induced changes in Maori mortality patterns in the New Zealand economic reform period. *Health Economics,* 8, 127-136.

Castles, S. & Loughna, S. (2004). Globalisation, migration, and asylum. in V. George & R. Page (eds), *Global Social Problems and Global Social Policy.* London: Polity Press.

Chen, Yu-Hua & Huang, Mei-Ling (2006). *Social Inequality and Intercultural Marriage in Taiwan.* The Paper presented ISA 2006 Congress: The Quality of Social Existence in a Globalising World. South Africa: Durban.

Constable, N. (2005). Introduction: cross-border marriages, gendered mobility and global hypergamy. In N. Constable (2005), *Cross-Border Marriages: Gender and Mobility in Transnational Asia.* Philadelphia: University of Pennsylvania Press.

Herring, R. D. (1999). *Counseling Native Adults,* Americans and Alaska Natives, Thousand Oaks: Sage.

International Organization for Migration (1998). *Gender Mainstreaming in IOM.* Switzerland: Geneva.

Menjivar, C. & Salcido, O. (2002). Immigrant women and domestic violence: common experiences in different counties. *Gender & Society,* 16, 6, 898-920.

Palriwala, R. & Uberoi, P. (2005). Marriage and migration in Asia: gender issues. *Indian Journal of Gender Studies,* 12 (2&3), v–xxix.

Piper, N. (2003). Wife or worker? Worker or wife: marriage and cross-border migration in contemporary Japan. *International Journal of Population Geography.* 9, 457-69.

Piper, N. (2006). Gendering the politics of migration. *International Migration Review,* 40 (1), 133-64.

Wang, Hong-Zen & Chang, Shu-Ming (2002). The commodification of international marriages: cross-border marriage business in Taiwan and Vietnam. *International*

Migration, 40(6), 93-114.

Williams, L. (2004) *Diversity and Minority Groups,* Paper presented to Tzu-Chi University Conference-Globalization and Social Problem: Migration, Diversity, Domestic Violence, Hualien 29 Nov-1 Dec 2004, Taiwan.

Williams, L. & Yu, M. (2006). Domestic Violence in Cross-border Marriage- A Case Study from Taiwan, *International Journal of Migration, Health and Social Care,* 2(3/4), 58-69. Brighton: Pavilion.

Yu, M. & Williams, L. (2006). *Migration and Women in Intercultural Marriage in Taiwan,* Paper presented to East Asian Women's Symposium: Family Policy and Improvements in Quality of Life of Local Women, Busan 20 October 2006, Korea.

Chapter 18 社會變遷底下的人口樣貌、社會圖象與福利論述

王順民
國立中正大學社會福利博士
中國文化大學社會福利學系教授

第一節 前言：快速變遷底下的台灣人口樣貌
第二節 台灣地區的社會圖象、福利作為及其人文迷思
第三節 社會變遷底下之人口樣貌、社會圖象及其論述意涵
第四節 結論：風險時代裏的個人、家庭、社會與國家的不安全？

面對瞬息萬變的台灣社會，本章主要是扣緊人口樣貌的變遷事實，試著從兒童、老人、跨國婚姻、兩岸勞動就業以及非典型家庭等等的人口對象別和情境問題別，藉以鋪陳當前台灣地區的社會圖象及其相與關聯的福利作爲，並且進一步探究背後可能隱含的人文迷思。

第一節　前言：快速變遷底下的台灣人口樣貌

當前的台灣社會已經是處於不斷在蛻變的發展狀態，以二〇〇六年爲例，台閩地區的總人口數爲22,876,527人，僅爲4.6‰的年增率，卻已呈現出人口低度成長的發展趨勢；至於，在人口屬性方面，育齡婦女總生育率爲1.115人，新生嬰兒的人數更是不到二十一萬人，早已成爲全世界最低生育率國家之一，這多少顯現出少子女化的惡化情形已經成爲相當嚴重的社會現象，再加上六十五歲以上的高齡人口已超過二百二十多萬人，這亦指陳出來台灣地區就業人口的經濟扶養比（economic dependency ratio）已是相對地沉重。

對此，我們可以從人口老化指數的觀察指標窺見一二，二〇〇六年底台閩地區的人口老化指數（六十五歲以上人口數除以零至十四歲以下人口數乘以一百）爲55.17%，老年人口依賴比（六十五歲以上人口數除以十五至六十四歲人口數乘以一百）爲13.91%，各自的比重都分別有所增加，也就是說，平均每六至七位的勞動工作年齡（十五至六十四歲）人口必須要負擔一位退休的老年人口，如此一來，更加突顯當前台灣快速的人口老化以及高齡化社會裏長期照護的沉重壓力。

再者，扣緊家庭結構、家庭功能、家庭內涵以及家庭組成等等運作界面的一般性考察，首先，在離婚現象方面，二〇〇六年平均每千位有

偶人口有12.8位離婚、平均每日離婚對數則爲177對，較十年前各自增加5.3位與78對，攀升的速度是相當驚人的，而所謂自願性單親家庭的比例自然也因而增加不少；其次，在女性就業狀況方面，女性的勞動參與率亦已從一九九一年的44.39%提升到二〇〇六年的48.68%，雖然，女性勞動的參與程度還是略低於先進國家，但是，女性多重角色壓力的問題情境卻早已浮現出來，特別是對照於二〇〇六年女性的平均失業率年爲3.71%，更是突顯女性家務、職場等等的角色負荷；再者，之於跨國婚姻所形成的集體現象（截至民國九十五年度止，在台的外籍及大陸配偶人數已達383,204人），這亦點明出來如何來爲這些新移民者及其「脆弱的多種族家庭」（vulnerable multiracial families），以提供各項社會性融入的服務措施。

連帶地，相應於結構性條件的環境變遷，衍生出來許多非典型家庭的另類組成，事實上，包括諸如以對象別爲主的單親家庭、祖孫三代家庭、重組家庭、不婚家庭、單人家庭、老年人家庭、獨生子女家庭、外配家庭與台商家庭；以及以情境別爲主的失業家庭、貧窮家庭、暴力家庭與變故家庭等，指陳出來當前台灣社會所要面對的將會是更爲嚴峻的社會福利工程，稍微地掉以輕心都可能會危及到國家的整體發展。

最後，我們列舉出包括人口密度、粗出生率、粗死亡率、人口自然增加率、幼年人口比率、工作人口比率、老年人口比率、老年人口性比率、扶養比、老化指數、離婚率、總生育率、平均餘命、每戶平均人口數、社會安全負擔率、中央政府社會安全支出率、老人現金津貼占GDP率以及住宅自有率等等人口結構與社會變項的背景環境，以作爲國際性比較（見表18-1），藉此梳理台灣經驗的獨特性；另一方面則是從先進國家的發展脈絡裏以鋪陳台灣社會未來可能採納的借鏡之處。

表18-1　台灣與其他國家發展概況對照一覽表　　比較基準：2004年

發展指標	台灣	美國	瑞典	英國	德國
人口密度：人／平方公里	627.0	29.8	22.0	246.7	231.1
粗出生率：‰	9.6	14.0	11.2	12.0	8.6
粗死亡率：‰	6.0	8.3	10.1	9.8	9.9
人口自然增加率：‰	3.6	5.7	1.2	2.2	-1.4
幼年人口比率：%	19.3	20.8	17.6	18.2	14.5
勞動人口比率：%	71.2	66.9	67.6	65.8	66.9
老年人口比率：%	9.5	12.4	17.2	16.0	18.6
性比率：%	103.5	96.6	98.3	95.8	95.7
老年人口性比率：%	101.5	71.2	75.9	74.5	--
老年人口依賴比率：%	13.3	18.5	26.5	24.3	27.8
扶養比：%	40.5	49.5	53.4	51.9	49.4
老化指數：%	49.0	59.6	98.2	88.2	128.9
離婚率：‰	2.77	3.70	2.24	--	2.59
總生育率：人	1.18	2.05	1.75	1.78	1.37
平均餘命：歲	76.4	77.4	80.3	78.3	78.5
每戶平均人口數：人	3.21	2.58	2.14	2.37	2.12
社會安全負擔率：%	4.0	6.9	15.1	6.1	14.5
中央政府社會安全支出率：%	22.8	32.0	--	39.8	54.8
老人現金津貼占GDP：%	0.1	5.3	9.2	8.1	11.7
住宅自有率：%	82.5	59.8	--	70.4	42.6
福利國家內涵	--	1.「保險型」之社會保險 2.工作地位模式 3.市場機能 4.私有化 5.放任主義 6.殘補模式	1.「福利型」之社會保險 2.公民地位模式 3.薪資比例 4.統合協商 5.民主組合主義 6.高度去商品化	1.「福利型」之社會保險 2.公民地位模式 3.市場機能 4.私有化 5.自由主義 6.勞動強制繳費	1.「保險型」之社會保險 2.工作地位模式 3.階級雙元性 4.統合協商 5.國家組合主義 6.弱勢補償性

註：每戶平均人口數統計年代爲2003年；社會安全負擔率統計年代爲2002年；中央政府社會安全支出統計年代爲2003年；老人現金津貼占GDP統計年代爲2001年。

資料來源：內政部統計資訊網。線上檢索日期：2006年7月26日；王順民（1997）。

第二節　台灣地區的社會圖象、福利作爲及其人文迷思

底下，我們將以兒童、老人、跨國婚姻、兩岸勞動就業以及非典型家庭等等的人口對象別和情境問題別，藉以鋪陳當前台灣快速社會變遷底下所形塑出來的社會圖象及其相與關聯的福利作爲，並且進一步探究背後可能隱含的人文迷思。

一、少子女化現象、福利作為與人文迷思

依照兒童及少年福利法的規定：兒童（children）指的是未滿十二歲之人，不過，如果是根據「聯合國兒童權利公約」或是國際通用的定義，兒童則是泛指的十八歲以下之人爲其保障的人口群，不過，我國民法及家庭暴力防治法對於二十歲以下之「未成年人／未成年子女」、刑法對於未滿十八歲之人以及勞動基準法對於未滿十六歲之「童工」皆設有特別保護規定。總之，不同年齡界定背後呈顯出來的是：「兒童」不僅止於生理時鐘的概念範疇，而是有其進一步糾結著包括生理、心理、性、認知與發展之多重面向的需求意涵。

基本上，就生理年齡的發展進程來看，兒童在其不同的發展階段裏，將會面臨到所謂的「十大難關」，它們分別是少子女化、身分權益、發展遲緩、托育問題、兒童虐待、心理健康問題、中輟問題、網路沉迷、休閒問題、性侵害和性交易問題，連帶所相與因應的則是包括有早療體系、學校社工、政府收養中心以及兒童身分證明等等「四大突破」的對應策略。

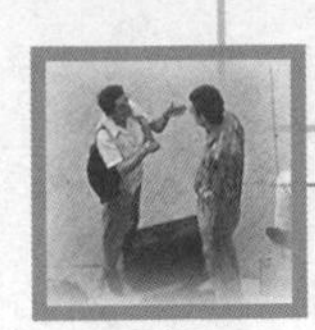

事實上，越生越少的少子女化早已成爲當前台灣社會盛行的生育型態，資料顯示未滿十二歲的人口數已經從二○○○年的3,751,124名銳減至二○○六年的3,176,997名，減少的幅度不僅高達18.1%，而且少子女化現象及其日後所要承擔的扶養壓力，更成爲一項沉重的人身負擔，對此，政府除了提供幼兒照顧、托育服務、早期療育以及兒童少年保護安置等服務措施外，研擬中的人口政策更是計畫針對學齡前子女發放兩千至一萬元的津貼補助，同時進一步搭配包括留職停薪、育嬰津貼、優先選擇就讀學校、優先承租國民住宅等等的配套措施。**表18-2**我們歸納若干先進國家對於家庭照顧施爲的通盤性考量與配套性措施。

總之，與兒童相關的人身權益理當進一步地擴及社政、勞政、教育、醫療、衛生、財政以及經濟發展等等界面思考的綜融性政策；連帶地，更有必要去釐清各種兒童津貼補助，究竟只是單純地爲了提高婦女的勞動率，還是透過積極性的親職假（parental leave）措施，以鼓勵父母雙親都能主動地參與嬰幼兒的照顧工作，抑或還是一種扣緊性別差異化

表18-2　德法義各國之家庭照顧措施比較一覽表

項目		德國	法國	義大利
親職假	期間	14週（產前6週，產後8週）	1.兩胎：產前6週，產後8週 2.三胎：產前6週，產後18週 3.雙胎胞：產前12週，產後22週 4.多胞胎：產前24週，產後18週	產後前五個月
	保險給付	不限胎數	1.第一胎與第二胎給付80%，最高16週 2.第三胎最高24週 3.多胎可達46週	母親所得80%
	提供親職給付者	健康保險	社會保險給付	雇主
	利用者比例	父親：1%-2.5% 母親：96%	只有母親申請	男性少於5%

（續）表18-2　德法義各國之家庭照顧措施比較一覽表

項目		德國	法國	義大利
家庭津貼	期間	1.一般：小於18歲 2.失業：可延長至21歲 3.就學：可延長至27歲 4.小孩身障：不限	家中兩個以上（含）小孩者，並在18歲以下者	家庭年收入低於28,853歐元而定，收入與給付數成反比
	依胎數	依胎數遞增： 1.第一胎：115.74美元 2.第二胎：138.89美元 3.第三胎以上：162.04美元	依胎數遞增： 1.第一胎：0美元 2.第二胎：93.78美元 3.第三胎以上：213.9美元 4.第四胎：334.02美元 5.第五胎：454.27美元 6.第六胎：574.39美元 7.第七胎以上：120.12美元	依家庭收入遞減： 1.收入上限為10,840歐元的四人家庭 2.收入介於26,281歐元與28,853歐元
	占男性薪資比例	-	9.5%	4%
兒童照顧	目的	單純提供有品質的教育與對兒童照顧，並非促進母親就業	讓母親可以在工作與照顧小孩之間取得平衡	以教育兒童為主，而非以母親就業為主
	費用	非常昂貴	低收入免費，其他家庭約占所得10%-15%	差異性很大
	年齡	3-6歲兒童	2.5歲開始	1.3-4歲：早期教育方案 2.3-5歲：保母
	時段	一天五個小時	全日學前照顧或家庭正式日間照顧	-
	正式照顧 <3歲 >3歲	 10% 78%	 29% 99%	 6% 95%

資料來源：吳來信等編著（2005）。

模式（gendered-differentiated model）而來的另類性別歧視。終極來看，一套捍衛家庭完善運作與兒童公共照顧的福利政策更是有它嚴肅思考的必要性！

二、高齡老化現象、福利作為與人文迷思

基本上，從高出生率高死亡率、高出生率低死亡率到低出生率低死亡率的發展趨向，點明出來台灣地區除了已完成人口轉型（demographic transition）的階段性目標外，同時也要面臨人口老化及其貧窮老年化的發展危機；連帶地，相與對應的長期照護（long-term care）亦成爲當前社會福利工作著墨的重心所在。

然而，對於高齡化社會（aging society）的老人國，除了提供相關的福利措施外，某些關於老人福利的人文迷思還是有待釐清的，比如有無針對不同之年齡層、身心狀況、經濟所得與家庭型態的老人需求內涵和服務項目，以設計出多樣不同的老人服務體系；再者，雖然是以兒子照顧、媳婦主責之家庭突顯與職務取向（task-specific of asymmetrical model），來作爲老人主要的照顧模式，但是，以家庭爲本位、以社區爲中心、以機構爲重點和以社會爲後盾的老人照顧藍圖，還是有它彼此補強和相互接軌的必要性，而這也突顯出建構照顧老年家庭以及老殘家庭之服務網絡的迫切性。

連帶地，老人經濟安全的所得轉移亦有必要將社會保險手段（退休制度）、社會救助手段（中低收入戶急難救助）以及福利津貼手段（老人生活津貼）作緊密的結合；至於，回應到滿足老人貧、病、孤、老、閒等等的多重性需求，指陳出來包括老化教育、老年教育、與老年人相處的教育等等，同樣也是不可偏廢的人文工程。最後，對於中高齡年（四十五至六十四歲）的近老族群所隱含的年齡主義（ageism）與年齡階層化（age stratification），這也是亟待破除的社會性迷思。

表18-3　台閩地區老年人生活圖象一覽表

變遷指標	2002年	2003年	2004年	2005年	2006年
65歲人口數：人	2,031,300	2,087,734	2,150,476	2,216,804	2,287,029
65-74歲人口數：人	1,259,177	1,267,163	1,282,542	1,301,622	1,323,865
75-84歲人口數：人	643,547	683,132	720,664	756,017	785,863
85歲以上人口數：人	128,576	137,439	147,270	159,165	177,301
65歲人口占總人口比：%	9.02	9.24	9.48	9.74	10.00
老年人口依賴比：%	12.8	13.0	13.3	13.5	13.91
老化指數：%	44.17	46.58	49.02	52.05	55.17
扶養比：%	41.72	40.97	40.48	39.72	39.12
75歲以上占全部老人比：%	38.01	39.30	40.36	41.28	42.11
死亡人數：人	83,099	85,706	88,291	91,931	88,845
惡性腫瘤：人	20,243	20,963	21,710	22,489	22,744
心臟疾病：人	8,893	9,193	9,963	1,091	9,418
腦血管疾病：人	9,219	9,600	9,443	10,193	9,773
糖尿病：人	6,768	7,690	7,050	8,061	7,463
肺炎：人	3,990	4,380	4,852	5,034	4,709
男性平均餘命：歲	73.22	73.40	73.60	73.72	74.57
女性平均餘命：歲	78.94	79.31	79.41	79.79	80.81
獨居老人：人	49,111	48,637	48,471	47,469	49,728
男性獨居老人：人	29,471	28,260	27,246	26,109	26,814
女性獨居老人：人	19,640	20,377	20,925	21,360	22,914
獨居老人比：%	2.42	2.33	2.24	2.14	2.17
服務成果：人次	2,152,909	3,390,707	3,635,560	4,043,731	3,921,437
電話問安：人次	321,393	670,470	546,599	619,970	612,720
關懷訪視：人次	507,622	757,030	668,998	782,840	744,797
居家服務：人次	441,629	743,073	779,331	885,947	868,357
餐飲服務：人次	800,366	1,159,477	1,567,294	1,685,081	1,649,051
陪同就醫：人次	81,899	60,657	73,338	69,893	46,512
養護機構：家	711	758	813	838	869
養護機構照顧人數：人	16,634	19,200	21,819	23,783	26,600
安養機構：家	53	49	49	47	43
安養機構照護人數：人	7,480	7,563	7,609	7,544	6,774
長期照護機構：家	15	20	24	27	32
長期照護人數：人	616	645	823	1,032	1,192
社區安養堂：家	15	12	10	10	10
社區安養堂照顧人數：人	217	186	109	112	104
老人公寓：家	4	4	4	4	5
老人公寓照顧人數：人	364	371	392	384	393
總生育率：人	1.340	1.235	1.180	1.115	1.115

資料來源：內政部統計資訊網。線上檢索日期：2007年6月20日；衛生署網站（上網日期2007年6月20日）。

三、跨國婚姻現象、福利作為與人文迷思

近年來台灣地區的社會增加主要是以外來型的婚姻移民爲主，累計從一九九七年二月至二〇〇七年五月爲止共計有391,117人（見表18-4），這其中來自於大陸地區的配偶人數有255,382人（占65.30%），第二順位的越南籍配偶人數有77,081人（占19.71%），顯現出來對於跨國婚姻現象的處理是有它多軌並進的必要性，然而，之於大陸配偶所糾雜的政治意識型態以及之於東南亞配偶所夾帶的我族中心主義，多少讓包括語言適應、生活適應、社會適應以及文化適應等等的社會性融合，產生某種社會性排除的階層化效應。

表18-4　台閩地區外籍配偶人數按國籍別分

國家別／合計	391,117人（100%）
越南	77,081人（19.71%）
印尼	26,210人（6.70%）
泰國	9,269人（2.37%）
菲律賓	6,145人（1.57%）
柬埔寨	4,510人（1.15%）
日本	2,560人（0.65%）
韓國	817人（0.21%）
大陸地區	255,382人（65.30%）
港澳地區	11,077人（2.83%）
其他	9,143人（2.34%）

註：資料統計爲1997年2月至2007年5月。

資料來源：內政部統計資訊網。線上檢索日期：2007年6月17日。

對此，除卻對於新移民所提供應急性的輔助計畫外（見表18-5），某些的人文迷思還是有待廓清討論的：

表18-5　政府對女性新移民的因應計畫

主辦機關	因應對策
外交部	建立「入國前輔導」機制，來台前提供令及權利義務資訊
內政部	提供外籍與大陸配偶外展服務，排除生活障礙
內政部、教育部	建立「語言及公民測驗」機制，證書可列為申辦其他服務參考
教育部	重視新移民子女教育問題，調整師資及教材；社區開辦多元化課程
文建會	外籍與大陸配偶議題納入「新故鄉社區營造計畫」
經濟部、勞委會	開發新移民人力資源，提供就業與創業技能訓練

資料來源：經建會（2004）。「現階段外籍與大陸配偶移入因應方案」。

1.多元文化主義裏的跨國婚姻現象：多元文化主義（multiculturalism）指涉的是人們彼此生活在一個相同的大環境裏，不同的種族與族群各自保有它獨特的文化，而且是在相當和諧、容忍與尊重底下，兼容並蓄且相濡以沫。然而，顯現在當前的台灣社會裏，主要還是偏向於消極的多元文化主義，亦即，強調消極自由的價值觀，政府公權力的介入僅是少數的特殊個案，而缺乏爭取弱勢族群集體人身權益的積極性多元文化主義，最明顯的便是外籍配偶本身學歷與證照之間轉銜認可的機制設計。
2.商品化與去商品化：商品化（commodification）指的是在資本主義社會裏，人們的需求隱含在商品的購買中，這使得勞動力也成爲商品之一，變成了一種對價關係的媒介物；而去商品化（de-commodification）指涉的是基於公民權利而享有基本需求的滿足，亦即，消除勞動力與消費服務彼此之間的內在關聯，就此而言，跨國婚配的本質已直指著某種的商品型態的物化，從而扭曲了原有的情愛與親情關係。
3.社會排除與社會包容：社會排除（social exclusion）的原意指的是針對那些不能分享經濟成果的人口族群，像是身心障礙者、老年人、藥物濫用者、犯罪青少年以及反社會者，這些人的共通點都是無法適應社會主流文化的規範，以致於淪爲弱勢團體，事實上，社會排除的本質是動態、累積與多面向的，不單只是指涉物質資源的匱乏，同時也和住宅條件、教育與機會水準、健康、歧視以及人文區位整合有關，而產生滾動的連帶效應。冀此，社會排除觀念之於跨國婚配現象則是加諸在這些外籍配偶身上更多的條件設限，像是居留身分、工作就業、子女親權監護、身心調適、人際關係以及文化認同等等的阻礙。

連帶地，相與對應的社會性包容（social inclusion）工程，就顯得必要且迫切，這其中包括有對於跨國婚姻商品化的認知覺省；「現階段移民政策綱領」的草擬；「國籍法」、「就業服務法」、「家庭暴力防治法」、「性侵害防治條例」、「內政部入出國及移民署組織條例」等法令條文的研修討論；入出國及移民署的設置、「外籍新娘生活適應實施計畫」、「外籍與大陸配偶照顧輔導措施」與「婚姻媒合定型化契約範本」的訂頒；以及提供諸如居留與定居輔導、語文訓練、生育與優生保健輔導、地方風俗民情介紹、法律諮詢轉介、經濟扶助、提供就業諮詢服務、設置外籍配偶保護諮詢專線、緊急救援和庇護安置與協助聲請保護令等等的福利服務輸送，都有它通盤檢討的必要。

總之，如何營造一個「對所有移民友善」（friendly to all immigrants）的社會情境，這將是台灣迎接這些新近移民者時所要思索的迫切課題；連帶地，從配偶本人的個體層次、外配家庭的集體層次到跨國婚配的整體層次，點明出來對於跨國婚姻現象急需一套整全多層的處遇對策。

四、兩地就業人口之生活景象、福利作為與人文迷思

近幾年來相較於大陸配偶的來台定居，台灣人遠赴大陸工作的移民情況，熱度一直都在發燒（見表18-6），粗步估計台商、台幹在大陸的人數至少超過五十萬人，如果說大陸配偶因爲婚姻移民衍生出來親職關係與就業問題，那麼，屬於產業西進暫時移民的台灣同胞及其眷屬，卻

表18-6 台灣人民進入大陸地區人次統計一覽表

年代	經境管局許可進入大陸人次	參考大陸國家旅遊局統計人次
1987年	27,911	-
1988年	236,839	437,700
1989年	195,235	541,000
1990年	60,001	948,000
1991年	14,346	946,632
1992年	6,965	1,317,770
1993年	420,948	1,526,969
1994年	433,660	1,390,215
1995年	273,388	1,532,309
1996年	97,294	1,733,897
1997年	83,420	2,117,576
1998年	134,805	2,174,602
1999年	272,082	2,584,648
2000年	511,809	3,108,677
2001年	548,764	3,441,500
2002年	712,703	3,660,600
2003年	352,432	2,730,900
2004年	75,848	3,685,300
2005年	6,453	4,109,200
2006年	7,935	4,084,974
總計	4,445,838	42,072,469

註：2004年3月起一般民眾已無須再申請許可。

資料來源：行政院大陸委員會網站。線上檢索日期：2007年6月20日。

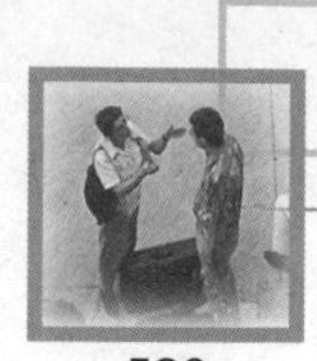

可能糾雜台商原生家庭或新婚家庭等等親職壓力、子女教育就學、生活適應與社會融合等等「在地化」的諸多難題。

根據統計，目前隨同家人赴大陸居住者有些人是就讀於台商子女學校，其餘則是分別就讀於當地學校和國際學校，事實上，這三種不同類型的學校意指著台商或台幹背後所得收入的經濟階層化現象，同時這種且戰且走的權宜做法，最終還是要面臨到政治因素干擾、課程教材銜接以及日後高等教育和學歷承認等等的結構性限制，就此而言，無論之於大陸配偶的婚姻移民以及之於台商幹部的工作移民，仿如都有「政治意識型態擺中間、兩岸人民福祉放兩邊」的較競意味。不過，值得注意的是：當台灣不斷陷入被邊緣化的地位處境時，對於「台灣大陸人」來說，包括自我、身分以及國族等等的認同課題，終將會因爲工作謀生而成爲必須要走的一段流離尋岸的歸鄉之路。

連帶地，兩地就業人口所勾勒出來的生活景象除了就業障礙、專業認證、工作權益、勞動條件等等偏屬於職場公領域的制度性保障議題外，像是婚暴、兒虐、外遇等等家庭私領域裏的各種人身議題，一直無法提供相對透明的服務網絡，就此而言，海峽兩岸理當正視同文同種的兩地就業人口及其所衍生出來的家庭運作難題，藉以共同來建構出一套華人世界家庭服務體系，亦即，採借台灣地區相對成熟專業的助人技巧，藉以將知識經驗擴散成爲大陸地區的家庭服務模式，顯然，當前比較偏向經貿活動的專業諮詢服務以及教學獎助和學術交流等等迴避政治化意識型態的消極做法，公益性質的非營利組織可以扮演兩岸人群服務的運作平台。

五、非典型家庭之福利作為與人文迷思

根據行政院主計處調查指出二○○四年台灣地區共計有708萬戶的家庭數，這其中核心家庭有330萬戶（占 46.7%）、三代同堂家庭有107.7萬戶（占15.2%）、夫婦兩人家庭有100萬戶（占14.4%）、單親家庭有54.8萬戶（占7.7%）、祖孫兩代家庭有8.2萬戶（占1.2%），值得注意的是累計的離婚人口數已經突破百萬人，並且一舉超越三十五歲以上的未婚人口數，諸此種種呈顯出對照於主流的核心家庭之各種非典型的組合方式，亦成爲未來社福作爲的焦點所在（見表18-7）。

僅以單親家庭（single-parent family）爲例，二○○四年的單親家庭共計54.8萬戶，較一九八八年成長一倍，這其中戶內有未滿十八歲子女但是以母親爲經濟戶長的單親家庭計有12.5萬戶（占74.9%），而男性單親戶則微增2,000戶，不過，慣以突顯出來的還是「家變」、「殘缺」、「受害」、「弱勢」、「失能」與「剝奪」等等的負面特徵，這亦點明了對於單親家庭的論述思考還是比較是偏重在單親結果的事實判

表18-7　我國家庭型態變遷一覽表

家庭型態	1988年	2004年	增減率：%
全體家庭（千戶）	4,735.2	7,083.4	49.6
單人家庭	283.3	704.1	148.6
夫婦家庭	362.3	1,003.7	177.1
單親家庭	273.2	548.3	100.7
祖孫家庭	39.5	81.8	107.3
核心家庭	2,799.7	3,307.2	18.1
三代家庭	790.4	1,077.5	36.3
人口數（百萬人）	20.0	22.7	13.7
平均戶量（人／戶）	4.1	3.2	-0.9

資料來源：行政院主計處網站。線上檢索日期：2006年7月27日。

斷，而非何以會是單親的原因探究，也就是說，單親是一項事件發生的結果，但是，單親的既定事實卻是涉及到之前的家庭危機以及之後的生活適應等等一連串的遭遇歷程。準此，對於單親成爲一種超乎個體層次的社會事實，是有必要將單親還原作爲一種動態之事件與情境的處遇過程，否則，任何悲情的道德性指稱，不僅無助於單親家庭生活困境的眞正解套，反而是徒增了對於當事者更多的人身譴責（blame the victim）甚至於內化成爲一種歸咎於當事者個人過錯的「受害文化」(culture of victimization)。

準此，無論是女性戶長或者男性戶長的單親家庭，思索的重點就不全然在於戶長本身的性別，而是要回到單親戶還是一種家庭型態的論述思考，也就是說，要正視的是從雙親家庭到單親家庭之結構、組成、功能、內涵等等運作層面上的蛻變，以直指出來當前家庭本身極端的脆弱與不穩定，以此觀之，一套多元家庭型態的政策綱領與服務網絡，這才是檢視單親家庭現象時所需兼具的思考格局。

最後，扣緊從貧窮女性化、貧窮男性化到單親家庭貧窮化的發展趨勢，一方面指陳出來是有必要將現行偏重在女性戶長的單親家庭政策予以分流區隔化，畢竟，之於女性單親戶的諮商輔導、經濟扶助、職業訓練、庇護安置、法律服務、醫療補助以及之於男性單親戶的托育照顧、課後輔導、親職教育、成長團體、家庭支持、生活適應等等的技術層次，確實是有它在福利項目設計以及福利服務輸送上的詳實檢討，不過，如何正視單親本身的羸弱性（vulnerability），據以建構出來涵蓋經濟安全、職業安全、健康安全以及社會安全之整全多層的支持網絡，這會是避免單親與貧窮相與結合而成爲一種宿命式因果關聯（causality）的必要作爲（見表18-8）。

表18-8　台北市單親家庭服務一覽表

提供項目	服務內容
托育與照顧服務	1.特殊境遇婦女之子女教育補助：其子女就讀立案之公私立高中職學校者，予以補助每人每學期60%之學雜費。 2.特殊境遇婦女兒童托育津貼：就托立案之私立托教機構，得申請每人每月補助1,500元的托育津貼。 3.特殊境遇婦女子女優先進公立托教機構。 4.低收入戶及危機家庭兒童托育補助：6歲以下兒童（含緩讀生），每人每月最高補助6,000元整，惟年滿五歲領有教育券者，每人每月最高補助5,200元整；國小一至二年級兒童，每人每月最高補助4,500元整；國小三至六年級兒童，每人每月最高補助3,500元整。 5.臨時托育補助：每月以40小時為限。 6.弱勢家庭兒童優先就托市立托兒所。
居住服務	1.免費借住平價住宅。 2.低收入戶1,500元房租補助。 3.單親婦女中途之家——慧心家園。
就業服務	1.就業服務：就業輔導（個案管理）；就業諮商；職業心理測驗；就業促進津貼（求職交通津貼、臨時工作津貼、訓練生活津貼、創業貸款利息補貼、就業推介媒合津貼）；創業輔導；各種就業研習班；失業給付申請、認定、再認定。 2.職業訓練：公共職業訓練；職業職訓券、電腦學習券；訓用合一（含職前訓練）；各種技能檢定。
單親家庭輔導	個案管理、福利諮詢、心理諮商、免費法律諮詢、團體輔導、親職成長講座方案等。
經濟服務	1.緊急事故發生時的短期生活補助：婦女緊急生活補助、急難救助、困苦失依兒童少年生活補助。 2.長期之生活費用補助：低收入戶生活補助、育兒補助。

資料來源：台北市社會局網站。線上檢索日期：2006年7月25日。

第三節 社會變遷底下之人口樣貌、社會圖象及其論述意涵

扣緊上述社會變遷底下的人口結構圖象及其人文迷思，思索可能隱含的福利意涵，還是要正視以下幾項基本的發展課題：

一、台灣地區的變遷圖貌與論述意涵

整體來看，政黨輪替後的台灣社會幾乎是處於緩步前進的發展型態，諸如痛苦指數、失業率、物價指數年增率、各行業每月平均薪資、每人GNP、每人GDP、平均每戶所得總收入、平均每戶可支配所得、平均每戶儲蓄、所得分配差距情形的可支配所得差距倍數和吉尼係數以及集中市場股票平均股價指數、集中市場證券總成交值、集中市場股票總成交值和上市櫃股票成交總值（見表18-9），點明出來社會變遷底下的人口結構及其相關福利需求的紓困，還是要追溯到社會安定與國家安全的結構性環境，就此而言，當重民、活民、愛民、安民以及不累民和不擾民等等基本的政治哲學，轉化成為利民、助民與富民的具體作為時，經濟自由化與社會多元化還是要回歸到政治民主化之市民社群的基本課題上，來做基進的反省思考。

二、台灣地區社會安全支出的消長情形與論述意涵

首先，就中央政府總預算中的社會福利支出來看，社會福利支出的內容包括有社會保險支出、社會救助支出、福利服務支出、國民就業支出以及醫療保健支出五項，近三年的中央社會福利支出，分占中央總歲

表18-9　近年來台灣地區生活景況一覽表

項目別	2000年	2001年	2002年	2003年	2004年	2005年
經濟成長	5.77%	-2.17%	4.25%	3.43%	6.07%	4.09%
痛苦指數	4.25%	4.56%	4.97%	4.71%	6.06%	6.43%
失業率	2.99%	4.57%	5.17%	4.99%	4.44%	4.13%
物價指數年增率	1.26%	-0.01%	-0.2%	-0.28%	1.62%	2.30%
勞動參與率	57.68%	57.23%	57.34%	57.34%	57.66%	57.78%
各行業每月平均薪資	41,938元	42,042元	41,667元	42,287元	43,021元	43,615元
每人GNP	46.0萬元	45.1萬元	46.6萬元	47.3萬元	49.4萬元	50.4萬元
每人GDP	14,519美元	13,093美元	13,163美元	13,327美元	14,271美元	15,271美元
平均每戶所得總收入	1,091,478元	1,064,136元	1,064,153元	1,064,825元	1,074,665元	1,068,312元
平均每戶可支配所得	89.1萬元	86.9萬元	87.6萬元	88.2萬元	89.1萬元	89.5萬元
平均每戶儲蓄	22.9萬元	21.1萬元	20.3萬元	21.5萬元	19.9萬元	19.3萬元
最高與最低可支配所得差距倍數	9.52倍	11.62倍	10.95倍	11.67倍	11.95倍	6.04倍
吉尼係數	0.326	0.350	0.345	0.343	0.338	0.340
集中市場股票平均股價指數	7,847.12	4,907.43	5,225.61	5,161.90	6,033.78	6,092.27
集中市場證券總成交值（單位：十億元）	30,816.71	18,421.32	21,981.36	20,512.19	24,177.8	19,073.87
集中市場股票總成交值（單位：十億元）	30,526.57	18,354.94	21,873.95	20,333.24	23,875.37	18,818.9
社福支出占GDP	5.3%	5.8%	4.9%	5.0%	4.9%	5.1%

資料來源：行政院主計處。線上檢索日期：2007年6月20日。

出預算的17.88%、17.92%及19.35%。以九十五年度而言，中央社會福利支出有3,042億餘元，占中央總歲出預算1兆5,718億餘元的19.35%，這其中又以社會保險支出最高（占9.79%），國民就業支出最低（占0.13%）（見表18-10）。

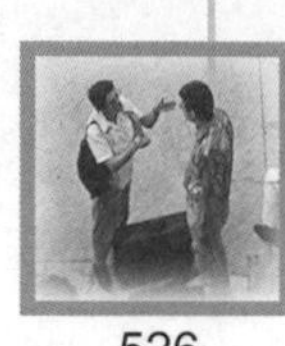

表18-10　中央政府總預算93年度至95年度社會福利支出比較分析表　單位：新台幣／億元

年度比例／支出別	93年度			94年度			95年度		
	金額	占總預算比例	占內政部比例	金額	占總預算比例	占內政部比例	金額	占總預算比例	占內政部比例
中央政府總預算	15,648			16,083			15,718		
中央政府社福支出	2,798	17.88		2,881	17.92		3,042	19.35	
社會保險支出	1,491	9.53		1,521	9.46		1,539	9.79	
社會救助支出	75	0.48		76	0.47		76	0.49	
福利服務支出	1,080	6.90		1,119	6.96		1,232	7.84	
國民就業支出	19	0.12		20	0.13		20	0.13	
醫療保健支出	133	0.85		145	0.90		174	1.11	
內政部社福支出	606	3.81	21.28	612	3.80	3.80	653	4.16	21.48
社會保險支出	277		9.89	286		9.94	302		9.92
社會救助支出	1		0.05	2		0.08	2		0.07
福利服務支出	317		11.34	323		11.19	350		11.49

資料來源：內政部社會司網站。線上檢索日期：2006年7月26日。

至於，如果是就含涵高齡、遺族、身心障礙、職業傷害、醫療保健、家庭失業、住宅以及生活保護和其他等等的社會安全支出來看，那麼，二〇〇四年台灣地區社會安全支出的總額為1兆453億元，占GDP的9.7%，平均每人的受益金額為46,157元，這其中包括有5,416億元的現金給付（占51.8%），4,715億元的實物支出（占45.1%）；如果是就制度別而言，社會安全支出是以社會保險支出的5,732億元（占54.8%）最多，年金制度支出2,386億元居次（占22.8%），而輔導失業者就業與發放老人生活津貼的福利服務支出2,106億元（占20.2%）再次之，最後順位的社會救助支出則僅有229億元（占2.2%）。

連帶地，社會安全支出裏的會保險項目主要是以全民健保3,596億元、勞工保險1,553億元以及軍公教保險440億元為主，這三者合計占社會保險支出超過九成五的比重；連帶地，年金保險中軍公教的退休撫恤

亦有近九成的比重，諸此種種突顯出來當前台灣社會安全制度的運作主要還是以回應時代背景的侍從福利和高齡者的醫療風險爲主，不僅未能達到所得重分配的消極作用，乃甚至出現資源排擠效應，而無法訴諸對於包括婦女、低階勞動者等之公民地位模式與積極促進就業的相關作爲（見表18-11）。

三、台灣地區的殘老、老殘現象及其論述意涵

累計至二〇〇六年爲止，台閩地區領有身障手冊的殘疾人士共計九十八萬多人，即將出現第一百萬名領有身障手冊的殘疾人士，也就是說，屆時每二十多名就會有一位的身障人口，約莫七個家戶便有一個家庭裏有殘疾人士。事實上，就身障人口本身的成長情形來看，已從一九八一年的166,784人（占總人口的0.92%）急遽增加爲二〇〇六年的981,015人（占總人口的4.29%），增長的變化幅度是相當驚人的，一方面可能是因爲福利給付過於優渥的人性誘因，但是，更爲根本的困境還是在於缺乏身障者基本資料庫的建構與探究，這使得各種的身障需求與福利作爲，不是各說各話無法對焦便是淪爲枝節末微與錦上添花的消極對應，以致於在老化的時間壓力底下，因爲殘障所衍生出來的各種議題現象，隨時會有一發不可收拾的發展危機。

基本上，殘老與老殘分屬兩種不同的情境意識，前者的殘老主要是因爲二度殘障或快速老化以致於相關的身障福利必須要改弦易轍，這其中最爲明顯的便是身障族群裏占第一大宗的肢體障礙類，除了造成相關的殘障福利思維必須要跟隨著肢障者的身心處境來做調整外，更直指著肢障者的安養問題，將成爲未來殘障福利的重心所在；至於，老殘現象則是指出來有三成多的殘疾人士是屬於高齡的長者，如此一來，關乎於

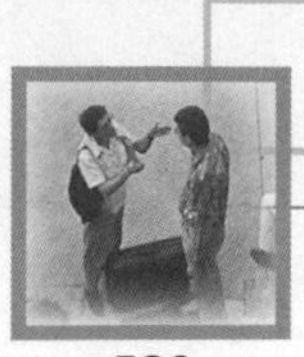

表18-11　2004年我國社會安全支出一覽表

社會安全支出金額：10,453億元		
制度別	社會保險	5,732億元（54.8%）
	全民健康保險	3,596億元（34.4%）
	軍公教保險	440億元（4.2%）
	勞工保險	1,553億元（14.9%）
	就業保險	49億元（0.5%）
	農民保險	94億元（0.9%）
	年金制度	2,386億元（22.8%）
	軍公教退休撫卹	2,100億元（20.1%）
	勞工退休準備	286億元（2.7%）
	社會救助	229億元（2.2%）
	低收入生活扶助	47億元（0.4%）
	低收入戶及身心障礙者就減免	33億元（0.3%）
	中低收入老人生活津貼	93億元（0.9%）
	其他遭受急難或災害者之救助措施	56億元（0.5%）
	福利服務	2,106億元（20.2%）
	醫療保健	414億元（4.0%）
	國民就業	169億元（1.6%）
	老農及敬老津貼	566億元（5.4%）
	身心障礙者	157億元（1.5%）
	弱勢學生各項就學補助	88億元（0.8%）
功能別	高齡	4,641億元（44.4%）
	遺族	282億元（2.7%）
	身心障礙	279億元（2.7%）
	職業傷害	59億元（0.6%）
	醫療保健	3,982億元（38.1%）
	家庭	219億元（2.1%）
	失業	218億元（2.1%）
	住宅	102億元（1.0%）
	生活保護	671億元（6.4%）
	低收入生活扶助	47億元（0.4%）
	補助縣市社會救助及福利服務	177億元（1.7%）

註：2004年社會安全收入金額爲11,467億元；包括賦稅負擔率與社會安全負擔率的國民負擔率僅爲16.8%，政府負擔63.2%（7,238億元）。

資料來源：行政院主計處網站。線上檢索日期：2006年7月27日。

老殘議題的解套勢必是要跨越社政、醫療等等的服務整合，就此而言，跨部會的統合機制設計，將是因應「殘而老」與「老會殘」之未雨綢繆的必要作爲（見表18-12）。

四、他國外來人口工作現象及其論述意涵

配合著近幾年來台灣地區整體的國家建設、外交謀略、經濟發展、社會需求、人口老化以及產業結構的變化，這使得引進包括公共工程、重大投資業、專案申請行業、家庭幫傭、監護工以及外籍船員等等高達三十多萬的廉價外勞（migrant worker）（見表18-13），成爲了相與因應的解決對策，就此而言，當外籍勞工、幫傭及其所衍生出來的各種問題已經成爲台灣地區一項社會事實的時候，這使得我們不能再以哀矜勿喜

表18-12　2006年台閩地區身障者圖貌一覽表

人數統計	總人數：981,015人；男性：569,234人、女性：411,781人
障別統計	肢障：400,254人；聽障：103,946人；重要器官失去：96,623人；多重：93,816人；慢性精神病患；91,160人；智障：87,160人；視障：51,759人；失智症：20,896人；語障：12,251人；自閉症：6,185人；植物人：4,733人；顏面損傷：3,749人；頑性癲癇症：2,583人；平衡機能障礙：1,476人；罕見疾病：704人；其他：3,720人
年齡統計	0-2歲：2,188人；3-5歲7,424人；6-11歲：24,655人； 12-14歲：13,764人；15-17歲：14,575人； 18-29歲：81,657人；30-44歲：171,099人； 45-59歲：249,923人；60-64歲：65,366人； 65歲以上：350,364人
等級統計	輕度：344,729人；中度：343,111人； 重度：183,292人；極重度：109,883人
成因統計	先天：127,055人；疾病：532,652人；意外：73,655人；交通事故：44,342人；職業傷害：29,424人；戰爭：2,697人；其他：171,190人

原始資料來源：內政部統計資訊服務網。線上檢索日期：2007年6月20日。

表18-13　台閩地區外籍勞工在台人數

年度別	總計	印尼	馬來西亞	菲律賓	泰國	越南	蒙古
1994年	151,989	6,020	2,344	38,473	105,152	-	-
1995年	189,051	5,430	2,071	54,647	126,903	-	-
1996年	236,555	10,206	1,489	83,630	141,230	-	-
1997年	248,396	14,648	736	100,295	132,717	-	-
1998年	270,620	22,058	940	114,255	133,367	-	-
1999年	294,967	41,224	158	113,928	139,526	131	-
2000年	326,515	77,830	113	98,161	142,665	7,746	-
2001年	304,605	91,132	46	72,779	127,732	12,916	-
2002年	303,684	93,212	35	69,426	111,538	29,473	-
2003年	300,150	56,437	27	81,335	104,728	57,603	-
2004年	314,034	27,281	22	91,150	105,281	90,241	59
2005年	327,396	49,094	13	95,703	98,322	84,185	79

資料來源：行政院勞工委員會網站。線上檢索日期：2007年6月20日。

的態度來面對這項隱含著深層發展危機的社會事件。

至於，關於他國外來人口的工作現象及其相關論述意涵，包括有：首先，外勞的數量已經是取代了原住民而成爲勞動力市場的主要供給來源，而它也迫使了原住民同時要面對著社會性與經濟性雙重不利的局勢，如此一來，最後發展的結果固然是紓解台灣底層勞動人力的不足，但是，原民、外勞和其他弱勢族群之間的對立，也轉換成爲隨之而來的社會成本；再者，對於外籍勞工相關的勞動人權亦有它值得商榷質疑的地方，比如說外勞並沒有享有與本國勞工相同水準的福利權益，像是薪資保障、住宅環境、失業津貼、健康照護以及退休給付等等；再者，當外勞的人權以及定居或攜眷等措施被排除時，人性因素所導致包括工作、生活以及社會不良適應的各種偏差與違法行徑，就成爲必然的發展後果。連帶地，針對集體、少量與個別之不同規模人數的外籍勞工，理當有其更爲細緻的輔導服務對策。

準此，對於戕害外勞人身權益之壓迫性結構的解套，這才是問題的癥結所在，如果還是停留在外勞名額的縮減抑或加強管理等等的鋸箭式思考，那麼，任何的外勞暴動都將只是長期以來壓制憤怒與笨拙抵抗的一種自然投射！

第四節　結論：風險時代裏的個人、家庭、社會與國家的不安全？

相迎於風險社會的發展趨勢，之於個人、家庭、社會乃甚至於整個國家，皆有其無法迴避的災害事故，因而，需要一套縝密周全的社會安全制度，只是，在邁向建制化的目標發展時，若干的社會共識還是有待進一步的澄清。

首先，一般大衆對於社會安全的觀念解讀比較是屬於宣示性質的，而一旦落實在行政與立法範疇的工具性層次上，要如何正視背後結構性限制所可能產生的實踐性落差，此一基本的提問自然還是要還原回到慣常從會議共識、政黨共識到全民社會共識之間何以跳躍的結構性解析，顯然，這當中攸關到社會安全之概念內涵與認知看法的公民論壇，一直沒有被確立建構。

其次，社會安全的相關提議比較是側重在以對象別為主的個體式福利作為，然而，無論是老人、幼兒、婦女以及外籍配偶，最終還是要回歸到以家庭為本位的福利論述（family-centered welfare discourse），一方面正視到從單一對象的個體福利、親人家庭的集體福利到社會多元的整體福利，彼此之間必要的貫通銜接，特別是對於家中主要生計負擔者之就業安全其及老小生養功能的保障機制設計；另一方面則是讓個人生

命週期移轉、家庭內世代移轉以及社會性移轉各自的所得維持效果，有其回到涵蓋保險、救助與津貼之經濟安全體系如何穩健運作的配套性考量，畢竟，傳統係以家庭成員作爲經濟扶持和安養照料的主要來源，但是，如今卻必須要面臨到後代生育率不斷下降以及自個相對老化和家庭資源銳減，因此，關於社會保險給付、稅收制度以及財務規劃，在在有它整體檢討的必要。

再者，屬於全民健康保險等等的技術性改革工程，亦有必要針對開源、節源以及外部環境影響來做通盤性的檢討，畢竟，健保背後所指涉整個制度的運作失靈現象，這才是問題的眞正關鍵所在；連帶地，普及基礎性質的國民年金雖然可以產生權利義務對等的觀念教育，但是，以勞動條件能力爲基礎的職業和商業等附加年金，亦有它對於人力資本投資、促進就業與積極勞動市場政策（active labor market policy）的基本要求。

至於攸關到絕對貧窮、相對剝奪等等國民所得分配不均的難題解套，雖然已跳脫單一社政層面的多重性論述，並且直指出來包括教育、勞政、社福、稅制等等的綜融考量，但是，對於軍公教優退制度的改革，除了要避免退休制度雙元化的現象持續惡化外，同時，也不能偏廢對於其他普羅大衆退休所得替代保障效果的詳實檢討。當然，在這裏的論述眞義更需要嚴肅思考社會福利經費以及社會安全支出除了被視爲是一項修補或是用以減低社會成本以達到短期效益的社會費用（social expense）外，是否還隱含著推動公共計畫以刺激業者或外資投資信心的社會投資（social investment）以及提供類似職業訓練或失業保險等社會消費（social consumption）的長期性效益，顯然，經續會召開的同時亦缺乏對於推動社會安全制度所應兼具的社會人文教育；連帶地，提高公益彩券盈餘作爲社會福利使用比率的共識訴求，亦缺乏道德的正當性與公

義性。

最後，這些細部性改革工程的良窳，主要還是涉及到整體外部大環境是否穩健運作，就此而言，眼前景氣不佳、百業蕭條的經濟危機（economic crisis），除了直接投射在國家稅收的財政危機（fiscal crisis）外，亦直指出來質疑政府行政體系缺乏合理可信之決策能力的理性危機（rationality crisis），乃甚至於會進一步演變成爲對於執政黨的不滿以企求政黨輪替的合法性危機（legitimate crisis）；連帶地，過去寄存於家庭或宗教所形塑的價值共識，逐漸瓦解所形成的動機危機（motivation crisis），以致於到最後瀰漫出來的盡是一種政黨與政黨、選民與政府乃甚至於個人與個人之全面性相互抵制的信任危機，顯然，如何讓信任危機所造成的傷害不致於繼續加深、擴大並斬斷社會連帶的運作基礎，這可能是經續會結束過後，朝野以及全體住民要一起共同面對的社會人文工程！

總之，相應於少子異質化、老人殘障化、婦女角色多重化、外配社會排除化、外勞結構壓迫化、台灣大陸人流離尋岸化以及一家之主生活壓力的三明治化，點明出來家庭之單薄化、老殘化、不穩定化、多樣化以及高風險化已成爲一項未來預期性的發展後果，因此，關乎於托育服務、生育津貼、居家照顧、早期療育、健康維護、國民年金以及就業促進等等工具層次的技術改革工程，終極而言，還是必須要還原回到對於迷霧、迷樣與迷思之社會安全藍圖的廓清，特別是以家庭爲本位的照顧網絡如何有效運作！？

參考書目

王順民（1997）。〈福利國家類型學試析〉，《社區發展季刊》，77期，頁145-161。

吳來信等編著（2005）。《家庭政策》。台北：空中大學。

社會叢書 19

社會問題與適應

主　　編 / 郭靜晃
作　　者 / 蔡宏昭等
出 版 者 / 揚智文化事業股份有限公司
發 行 人 / 葉忠賢
總 編 輯 / 閻富萍
地　　址 / 新北市深坑區北深路三段 260 號 8 樓
電　　話 / (02)8662-6826
傳　　真 / (02)2664-7633
E-mail / service@ycrc.com.tw
印　　刷 / 鼎易印刷事業股份有限公司
ISBN / 978-957-818-845-7
二版一刷 / 2000 年 11 月
三版三刷 / 2012 年 9 月
定　　價 / 新台幣 600 元

國家圖書館出版品預行編目資料

社會問題與適應 = Issues on social change and adaptation / 郭靜晃主編. -- 三版. -- 臺北縣深坑鄉：揚智文化, 2007.10

面； 公分. --（社會叢書；19）

含參考書目

ISBN 978-957-818-845-7(平裝)

1.社會問題

542 96018013